Stiftung Volkswagenwerk Hannover Bericht 1978/79

Stiftung Volkswagenwerk, Hannover, Oktober 1979

Postfach 81 05 09, Kastanienallee 35, D-3000 Hannover 81
Telex 9-22 965   Telefon (05 11) 83 81 - 1

Einbandgestaltung Atelier Professor Klaus Grözinger, Braunschweig
Grafiken und Tabellen Werbestudio Baars, Bovenden
Bilder Klaus P. Siebahn, Bonn
Bundespresseamt, Bonn, und L. Samaniego, Peru, S. 10
Wolfgang Krebs, Hannover, S. 12; Institutsfotos S. 104, 112
Redaktion Dr. Sabine Jeratsch
Gesamtherstellung Hubert & Co., Göttingen

ISSN 0585-3044
ISBN 3-525-85373-4

Stiftung Volkswagenwerk Hannover

Bericht 1978/79

Geographisches Institut
der Universität Kiel
Neue Universität

Vandenhoeck & Ruprecht Göttingen

Inhaltsverzeichnis

7	*Vorwort*
9	*I. Überblick*
15	Übersicht über das Förderungsprogramm
17	Förderungsüberblick 1978 – Statistiken
28	Große Einzelbewilligungen 1978/79
29	Wichtige Förderungen früherer Jahre
31	*II. Grundlagen und Arbeitsweise*
31	Grundlagen
32	Konzeption und Schwerpunkte
35	Förderungsmittel
36	Antragstellung – 38 Antragsbearbeitung
40	Bewilligungsgrundsätze
41	Information der Öffentlichkeit
43	*III. Förderungsprogramm*
43	Programm zur Förderung habilitierter Wissenschaftler
45	Schwerpunkte mit überwiegend geistes- und gesellschaftswissenschaftlicher Themenstellung
45	Wissenschaft und Technik – Historische Entwicklung und Sozialer Kontext
52	Geschichtsforschung und Geschichtsdarstellung im Europäischen Zusammenhang und Vergleich
63	Erfassen, Erschließen, Erhalten von Kulturgut als Aufgabe der Wissenschaft
77	Musiker-Gesamtausgaben (begrenzte Förderungsmaßnahme)
79	Entwicklungspsychologie
84	Deutschland nach 1945 – Entstehung und Entwicklung der Bundesrepublik und der DDR
88	Wandel und Krisenfaktoren in demokratischen Industriegesellschaften
94	Gegenwartsbezogene Forschung zur Region Vorderer und Mittlerer Orient
103	Gegenwartsbezogene Forschung zur Region Südostasien
110	Gegenwartsbezogene Forschung zur Region Osteuropa
114	Nordamerika-Studien
119	Gastarbeiterforschung – Migration und ihre sozialen Folgen

125	Schwerpunkte mit überwiegend naturwissenschaftlicher, ingenieurwissenschaftlicher und medizinischer Themenstellung
125	Zellbiologie
143	Ökogenetik
146	Physik und Chemie unkonventioneller Materialien: Herstellung und Charakterisierung
149	Mathematische Theoretische Grundlagen in den Ingenieurwissenschaften
159	Mikrochirurgie
162	Das chronisch-kranke Kind
174	Übergreifende Schwerpunkte
174	Alternsforschung
181	Archäometrie
193	Fachoffene Schwerpunkte
193	Symposienprogramm
204	Akademie-Stipendien
211	Internationale Begegnungszentren der Wissenschaft (begrenzte Förderungsmaßnahme)
213	Beendete Schwerpunkte und abschließende Programme
213	Rechtstatsachenforschung / Programm Datenschutz
218	Forschung im Bereich der Internationalen Beziehungen
223	Systemforschung / Programm Energiepolitik
231	Unkonventionelle und Folgeprojekte
243	*IV. Wirtschaftsbericht 1978*
258	Bilanz zum 31. 12. 1978
261	*Anhang*
262	Kuratorium – 263 Geschäftsstelle
267	Rechtsgrundlagen – 269 Stiftungsurkunde – 270 Satzung
273	Bewilligungsgrundsätze – 279 Reisekosten – 282 Stipendien
286	Merkblätter für Antragsteller
332	Niedersächsisches Vorab – Fachgebietsstatistik 1978
341	*Register*

Verzeichnis der Tabellen und grafischen Darstellungen

15	Übersicht über das Förderungsprogramm (1)
16	Antragseingänge, Bewilligungen und Förderungsmittel 1962–1978 (2)
19	Bearbeitungsübersicht 1978 (3)
20	Bewilligungs- und Ablehnungs-Quoten 1973–1978 nach Antragszahl und nach Antragssumme (4)
22	Förderungsstatistik 1978 nach Fachgebieten (5)
23	Bewilligte Mittel 1978 nach Wissenschaftsbereichen (6)
24	Bewilligte Mittel 1978 nach Empfängergruppen (7)
25	Bewilligte Mittel 1978 nach Verwendungsarten (8)
27	Bewilligte Mittel 1978 nach Förderungstypen (9)
244	Mittelherkunft – Entwicklung der Bruttoerträge ab 1970 (10)
248	Entwicklung der verfügbaren Förderungsmittel 1978 (11)
250	Entwicklung der Förderungsverpflichtungen seit 1970 (12)
260	Darstellung der Bilanzstruktur 1978 (13)

Bildverzeichnis

10	Bundeskanzler Schmidt und Kurator Professor Leussink in Peru
12	Sitzungen in der Geschäftsstelle: Kolloquium Internationale Beziehungen; Forschungsstrukturkommission Niedersachsen
28	Institut Zollern, Bochum
53	Europäische Expansion nach Übersee, Universität Bamberg
62	Sammlung historischer Musikinstrumente, Württembergisches Landesmuseum, Stuttgart
65	Corpus der etruskischen Spiegel, Deutsches Archäologisches Institut
85	Deutschland nach 1945, Pressekonferenz in Bonn
98	Intensivkurs für Neupersisch, Universität Bonn
104	Neulanderschließung in Thailand, Universität Gießen
121	Berufssituation türkischer Jugendlicher, Friedrich Ebert-Stiftung
127	Makromoleküle aus Bakterien, Universität Göttingen
128	Röntgenmikroskopie an lebenden Zellen, Universität Göttingen
133	Zytogenetische Untersuchungen, TH Darmstadt
151	Schwingungsverhalten von Maschinenanlagen, RWTH Aachen
152	Mikroanalyse bei der Reduktion von Eisenerzen, RWTH Aachen
158	Mikrochirurgischer Arbeitsplatz, Universität Heidelberg
167	Analyse frühkindlicher Hirnschäden, MHH, Hannover
171	Blutgerinnungsfaktoren, Medizinische Hochschule Hannover
177	Alteneinrichtungen in Hamburg, Universität Hamburg
185	Alterungsbeständigkeit von Papier, Bayerische Staatsbibliothek
187	Altägyptisches Steinmaterial und Leinen, Universität München
212	Internationales Begegnungszentrum Darmstadt

Vorwort

Nachdem der letzte Jahresbericht den bis dahin höchsten Jahresertrag seit Bestehen der Stiftung Volkswagenwerk zu verzeichnen hatte, erbrachte das Berichtsjahr 1978 aufgrund von Sonderentwicklungen nochmals eine deutliche Steigerung. Dieser hohe Ertrag ermöglichte es der Stiftung, wie im vorangegangenen Jahr Neubewilligungen über mehr als 100 Millionen DM auszusprechen – 111,2 Millionen DM gegenüber 103,1 Millionen DM im Jahre 1977 –, zugleich aber junge Aktien der Volkswagenwerk AG zu erwerben, um das durch den langjährigen Anstieg der Personal- und sonstiger Forschungskosten in seiner Leistungskraft beeinträchtigte Stiftungsvermögen wieder zu stärken; die Stiftung Volkswagenwerk ist überzeugt, auf diese Weise sowohl aktuellen als auch künftigen Förderungsnotwendigkeiten angemessen Rechnung getragen zu haben. – Das ingesamt erfreuliche Bild der finanziellen Lage wird allerdings dadurch getrübt, daß es den fortgesetzten vereinten Bemühungen der betroffenen deutschen Stiftungen noch immer nicht gelingen konnte, die zuständigen Regierungsstellen davon zu überzeugen, daß die seit Anfang 1978 wirksame körperschaftsteuerliche Schlechterstellung der gemeinnützigen Stiftungen fallen muß.

Die Stiftung Volkswagenwerk hat sich aus einer Reihe von Gründen der Förderung internationaler Wissenschaftskooperation stets besonders angenommen. Wie der vorliegende Bericht erkennen läßt, ist diese Aufgeschlossenheit neuerdings noch gewachsen. So wurden im Berichtszeitraum ausländischen wissenschaftlichen Einrichtungen mehr als 7 Millionen DM zugewendet; für Reise- und Aufenthaltskosten, die größtenteils der internationalen wissenschaftlichen Kooperation zugute kommen, hat die Stiftung insgesamt über 6 Millionen DM bereitgestellt; weitere 11 Millionen DM wurden für Internationale Begegnungszentren an deutschen Hochschulorten bewilligt. Die Förderungsschwerpunkte der Stiftung sind vielfach schon ihrer Bezeichnung nach auf eine internationale Zusammenarbeit zugeschnitten; viele Förderungsschwerpunkte sehen (in unterschiedlicher, aus dem Bericht bzw. den Merkblättern jeweils ersichtlicher Ausgestaltung) ausdrücklich Hilfen für das Anknüpfen und die Pflege von internationalem Erfahrungsaustausch und internationaler

Kooperation vor: zum Beispiel die Förderung von Arbeitstagungen, von Gastprofessuren oder von Auslandsaufenthalten zur Vorbereitung oder Durchführung von Projekten. – Die Stiftung ist im Rahmen ihrer Schwerpunkte in besonderem Maße offen für Vorhaben, die deutsche und ausländische Wissenschaftler zu gemeinsamer qualifizierter Forschung zusammenführen; sie würde sich freuen, vor allem aus Südeuropa, dem Nahen und Mittleren Osten, Südostasien und Südamerika noch mehr entsprechende Anträge zu erhalten.

Kuratorium und Geschäftsstelle der Stiftung Volkswagenwerk verbinden mit der Vorlage dieses Berichts ihren Dank an die Vielen, die sie mit oft beträchtlichem Einsatz in ihrem Förderungsbemühen unterstützt haben: an den Bund (besonders das Bundesministerium für Forschung und Technologie) und das Land Niedersachsen (besonders das Ministerium für Wissenschaft und Kunst) zugleich als den Stiftern; an die anderen Bund- und Landesressorts; an die befreundeten Wissenschafts- und Förderungsorganisationen; nicht zuletzt an die zahlreichen deutschen und ausländischen Experten, die zu den Förderungsanträgen oder zu Programmüberlegungen Stellung genommen und damit die Entscheidung in jedem einzelnen Fall mit vorbereitet und erleichtert haben.

Stiftung Volkswagenwerk
zur Förderung von Wissenschaft und Technik
in Forschung und Lehre

I. Überblick

Die Stiftung Volkswagenwerk ist eine privatrechtliche Stiftung zur Förderung von Wissenschaft und Technik in Forschung und Lehre. Sie wurde im Jahre 1961 von der Bundesrepublik Deutschland und dem Land Niedersachsen gegründet und nahm im Jahre 1962 ihre Arbeit auf. Sitz der Stiftung ist Hannover. *Stiftungsgrundlagen*

Die Stiftung verdankt ihre Entstehung einem Staatsvertrag zwischen dem Land Niedersachsen und der Bundesrepublik Deutschland, der die Auseinandersetzungen um die nach 1945 unklaren Eigentumsverhältnisse am Volkswagenwerk beendete. Nach diesem Staatsvertrag wurde die damalige Volkswagenwerk GmbH in eine Aktiengesellschaft umgewandelt, und 60 % des Aktienkapitals wurden durch Ausgabe sogenannter Volksaktien privatisiert. Der Erlös aus dem Verkauf dieser Aktien bildet das ursprüngliche Stiftungskapital von rund 1 Milliarde Mark.

Die der Stiftung Volkswagenwerk jährlich zur Verfügung stehenden Förderungsmittel stammen in erster Linie aus den Erträgen des Stiftungskapitals. Weiter hat die Stiftung Anspruch auf Dividendeneinnahmen aus dem Aktienbesitz des Bundes und des Landes Niedersachsen an der Volkswagenwerk AG. Und schließlich erzielt die Stiftung auch Erträge aus Zwischenanlagen. Von 1962 bis 1978 wurden Förderungsmittel in Höhe von insgesamt rund 1692 Millionen DM erwirtschaftet (vgl. hierzu auch S. 16 und Wirtschaftsbericht, S. 243 ff.).

Den Vorstand der Stiftung bildet ein ehrenamtlich arbeitendes Kuratorium von 14 Mitgliedern, von denen je 7 von der Bundesregierung und der Niedersächsischen Landesregierung für eine Amtszeit von fünf Jahren berufen werden. Wiederberufung ist nur einmal möglich. Das Kuratorium verwaltet die Stiftung und entscheidet insbesondere über die Vergabe der Förderungsmittel. Weitere Aufgaben sind die Festlegung des Verteilungsschlüssels für regionale und überregionale Mittel, die Aufstellung der *Kuratorium*

Auf seiner Südamerika-Reise im April 1979 überreichte Bundeskanzler Helmut Schmidt (Mitte) dem Staatspräsidenten von Peru, Morales Bermúdez (links), eine Urkunde über die Bereitschaft der Stiftung Volkswagenwerk, rd. 1 Million DM für archäometrisch-archäologische Forschungsarbeiten u. a. in Cerro Sechín (Bild unten: Ostfassade, aus dem 2. Jahrtausend v. Chr.) bereitzustellen; im Bild oben rechts: Professor Dr.-Ing. H. Leussink, Mitglied des Kuratoriums der Stiftung Volkswagenwerk. (Vgl. a. S. 186 ff.).

jährlichen Wirtschaftspläne und der Jahresrechnungen sowie die Vorlage von Jahresberichten über die Tätigkeit der Stiftung.

Das Kuratorium trifft seine Entscheidungen mit einer Mehrheit von zwei Dritteln der abgegebenen Stimmen. Die Kuratoren entscheiden selbstverantwortlich und frei von Weisungen.

Mit dem Sommer 1979 trat eine Änderung innerhalb des Kuratoriums ein, da zum 31. August 1979 die zweite Amtszeit des Vorsitzenden (erneute Berufung satzungsgemäß nicht möglich) und die erste Amtszeit fünf weiterer Kuratoren ablief. *Zusammensetzung*
Für den ausscheidenden Vorsitzenden, Professor Dr.Ing. Eduard Pestel, wurde Dr. Werner Remmers neu in das Kuratorium und zum Vorsitzenden berufen; ebenfalls neu berufen wurde Rolf Möller (beide Hannover). Wiederberufung für eine zweite Amtszeit erfolgte für Dr. Volker Hauff, Dr. Karl Klasen, Dr. Hildegard Hamm-Brücher, Professor Dr. Friedrich Thomée. Dr. Horst Heidermann ist aus dem Kuratorium ausgeschieden.

Das Kuratorium trat im Jahre 1978 zu drei Sitzungen in Hannover zusammen: am 3. März, am 23. Juni und am 1. Dezember (60. Sitzung). Am 19. Oktober 1978 übergab es im Rahmen einer Pressekonferenz in der Geschäftsstelle in Hannover den Jahresbericht 1977/78 der Öffentlichkeit. *Sitzungen*

Die Geschäftsführung der Stiftung liegt in der Hand eines vom Kuratorium bestellten Generalsekretärs; er leitet die Geschäftsstelle. Zu ihren Aufgaben gehören die Vorbereitung und Ausführung der Kuratoriumsbeschlüsse, die Vermögensverwaltung der Stiftung sowie die sachliche und wirtschaftliche Prüfung der zweckentsprechenden Verwendung der Stiftungsmittel. Das Schwergewicht ihrer Tätigkeit liegt bei der Bearbeitung der Anträge durch Einleitung und Durchführung des Begutachtungsverfahrens sowie bei der Vorbereitung, Organisation und Abwicklung der Schwerpunkte und Programme. Die Geschäftsstelle war am 1. Oktober 1979 mit 95 Mitarbeitern besetzt. *Geschäftsstelle*
Generalsekretär ist Dr. Walter Borst, sein Ständiger Vertreter Dr. Werner Seifart.

Die Förderungsmittel der Stiftung sind entsprechend der Satzung als zweckgebundene Zuwendungen an förderungswürdige Einrichtungen der Wissenschaft und Technik in Forschung und Lehre zu vergeben. Dabei ist sicherzustellen, daß sie als zusätzliche Mittel verwendet werden. Laufende *Förderungsgrundlagen*

*Sitzungen in der Geschäftsstelle der Stiftung – Bei einem Wissenschaftlichen Kolloquium am 9. Februar 1979 (oben) wurden Perspektiven und Ergebnisse der Forschungsförderung im 1978 beendeten Schwerpunkt Internationale Beziehungen (vgl. S. 218 ff.) diskutiert.
Unten: Sitzung der Forschungsstrukturkommission am 18.5.79. Die vom Niedersächsischen Minister für Wissenschaft und Kunst eingesetzte Kommission erarbeitet Vorschläge für einen gezielteren Einsatz der Vorab-Mittel zur Verbesserung der wissenschaftlichen Infrastruktur des Landes Niedersachsen (vgl. S. 36).*

Mittel dürfen nur in Ausnahmefällen über die Dauer von fünf Jahren hinaus gewährt werden. Die Stiftung stimmt ihre Aktivitäten mit wichtigen anderen Förderungseinrichtungen grundsätzlich ab; das schließt Pluralität der Förderungsmöglichkeiten im Einzelfall nicht aus.

Die Stiftung Volkswagenwerk fördert grundsätzlich im Rahmen zeitlich begrenzter Schwerpunkte. Ihr Schwerpunktprogramm wird den aktuellen Erfordernissen der Wissenschaft entsprechend fortentwickelt. Neben fächer- oder problemorientierten Schwerpunkten besteht in begrenztem Rahmen eine fachoffene Förderung, die auch dem Kontakt mit anderen Wissenschaftsbereichen dient und damit Anregungen für die weitere Entwicklung des Förderungsprogramms gibt. Das Förderungsprogramm umfaßt zur Zeit 23 Schwerpunkte vorwiegend interdisziplinären Charakters, davon etwa die Hälfte mit überwiegend geistes- und gesellschaftswissenschaftlicher Themenstellung. Die Schwerpunktauswahl der Stiftung gibt den Geistes- und Gesellschaftswissenschaften derzeit relativ mehr Gewicht, als dies die staatlichen Förderungsprogramme oder öffentlich finanzierten Förderungseinrichtungen tun, sie mißt ihnen aber nicht etwa prinzipiell größere Bedeutung bei als den Natur-, Bio- und Ingenieurwissenschaften.

Schwerpunkte

Im Jahre 1978 sind zwei neue Förderungsschwerpunkte hinzugekommen: „Deutschland nach 1945 – Entstehung und Entwicklung der Bundesrepublik und der DDR", und „Physik und Chemie unkonventioneller Materialien: Herstellung und Charakterisierung".

Das Programm der Habilitiertenförderung wurde auf alle Schwerpunkte ausgedehnt.

Der 1978 beendete Schwerpunkt „Wanderbewegungen von Arbeitnehmern in Europa" wird in modifizierter Form für drei Jahre unter dem Titel „Gastarbeiterforschung – Migration und ihre sozialen Folgen" fortgeführt.

Modifizierte Fortführung und Abschluß

Zum Abschluß der – in der bisherigen Form beendeten – Förderung der Rechtstatsachenforschung wurde ein dreijähriges Förderungsprogramm „Datenschutz und Informationsbedarf – Forschungen zur Anwendung und Weiterentwicklung rechtlicher Regelungen" beschlossen.
Nach Beendigung des Schwerpunktes Systemforschung im Jahr 1978 wurde ein begrenztes Förderungsprogramm „Forschungen zur Energiepolitik" ausgeschrieben.
Der Schwerpunkt „Forschung im Bereich der Internationalen Beziehungen" wurde beendet.

Schwerpunkt-liste Eine Übersicht über das derzeitige Förderungsprogramm findet sich auf Seite 15; Schwerpunkte, die beendet sind, aber im Berichtszeitraum noch zu Bewilligungen geführt haben, werden dort nur summarisch geführt. Die Darstellung der einzelnen Schwerpunkte und Programme folgt Seite 43 ff.

Negativliste In einer „Negativliste" sind Anliegen und Bereiche zusammengestellt, die – im wesentlichen aus satzungsrechtlichen Gründen – von der Stiftung nicht gefördert werden (vgl. S. 34 f.).

Antragstellung Anträge zur Förderung von Forschungsvorhaben können schriftlich und im allgemeinen ohne weitere Formerfordernisse an die Geschäftsstelle der Stiftung Volkswagenwerk gerichtet werden. Sie sollen so abgefaßt sein, daß sie sowohl der Stiftung als auch den von ihr zu Rate gezogenen Fachgutachtern ein für die Prüfung ausreichendes Bild des geplanten Projekts vermitteln (vgl. hierzu im einzelnen S. 36 ff.)
Die Stiftung bemüht sich um eine rasche und förderungsgerechte Bearbeitung. Voraussetzung dafür sind gut begründete und dargestellte Anträge.

Auslands-förderung Anträge aus dem Ausland sind deutschen Anträgen prinzipiell gleichgestellt, doch werden für eine nähere Prüfung Angaben über eine definierte Kooperation mit wissenschaftlichen Einrichtungen oder Wissenschaftlern in der Bundesrepublik Deutschland grundsätzlich vorausgesetzt. Eine Zusammenfassung auch in deutscher Sprache kann die Bearbeitung erleichtern und die Bearbeitungszeit verkürzen. Über ausländische Projekte entscheidet das Kuratorium in der Regel in der letzten Sitzung des Jahres.

Übersicht über das Förderungsprogramm

Schwerpunkte*/Förderungsbereiche	Bewilligungen 1978 Mio DM	Vergleichszahlen 1977 Mio DM	Bewilligungen bis 31.12.1978 insg. Mio DM
Schwerpunkte mit überwiegend geistes- und gesellschaftswissenschaftlicher Themenstellung	**39,0**	**36,1**	**164,2**
Wissenschaft und Technik – Historische Entwicklung und Sozialer Kontext (seit 1972)	2,7	6,1	18,7
Geschichtsforschung und Geschichtsdarstellung im Europäischen Zusammenhang und Vergleich (seit 1974)	4,3	2,1	12,1
Erfassen, Erschließen, Erhalten von Kulturgut (seit 1976)	8,4	8,0	17,6
Musiker-Gesamtausgaben (seit 1962; begrenzte Förderungsmaßnahme)	–	2,0	8,1
Entwicklungspsychologie (seit 1974)	0,8	4,5	7,7
Deutschland nach 1945 (seit 1978)	3,2	–	3,2
Wandel und Krisenfaktoren in demokratischen Industriegesellschaften (seit 1976)	4,7	1,3	8,5
Gegenwartsbezogene Forschung zur Region Vorderer und Mittlerer Orient (seit 1971)	1,2	1,2	12,8
Gegenwartsbezogene Forschung zur Region Südostasien (seit 1976)	4,5	1,3	5,8
Gegenwartsbezogene Forschung zur Region Osteuropa (seit 1971)	2,5	1,2	10,6
Nordamerika-Studien (seit 1976)	0,8	0,6	1,8
Gastarbeiterforschung (ab 1978; 1974–1978 „Wanderbewegungen")	1,2	3,1	7,6
Auslaufende und beendete Schwerpunkte	4,7	4,7	49,7
davon Rechtstatsachenforschung (1972–1978) mit abschließendem Förderungsprogramm „Datenschutz und Informationsbedarf"	(3,3)	(0,2)	(6,7)
Schwerpunkte mit überwiegend naturwissenschaftlicher, ingenieurwissenschaftlicher und medizinischer Themenstellung	**21,4**	**19,6**	**225,6**
Zellbiologie (seit 1975)	9,5	9,2	31,1
Ökogenetik (seit 1976)	0,9	0,6	1,5
Physik und Chemie unkonventioneller Materialien (seit 1978)	–	–	–
Mathematische und Theoretische Grundlagen in den Ingenieurwissenschaften (seit 1971)	6,2	7,6	32,1
Mikrochirurgie (seit 1975)	0,8	1,2	5,9
Das chronisch-kranke Kind (seit 1975)	4,0	1,0	20,0
Auslaufende und beendete Schwerpunkte	–	–	135,0
Übergreifende Schwerpunkte	**14,6**	**7,7**	**287,3**
Alternsforschung (seit 1973)	1,4	1,7	4,8
Archäometrie (seit 1971)	9,9	1,7	25,4
Auslaufende und beendete Schwerpunkte	3,3	4,3	257,1
davon Systemforschung (1972–30.6.1978) mit abschließendem Förderungsprogramm „Forschungen zur Energiepolitik"	(2,9)	(4,3)	(14,7)
Fachoffene Schwerpunkte	**12,5**	**0,9**	**32,6**
Symposienprogramm (seit 1966)	1,2	0,9	4,9
Akademie-Stipendien (seit 1971)	0,3	–	6,3
Internationale Begegnungszentren der Wissenschaft (begrenzte Förderungsmaßnahme)	11,0	–	19,5
Auslaufende und beendete Schwerpunkte	–	–	1,9
Unkonventionelle und Folgeprojekte	**7,6**	**26,7**	**57,0**
Frühere Förderung außerhalb der derzeitigen Schwerpunkte	–	–	**772,2**
Niedersächsisches Vorab	**16,1**	**12,1**	**351,2**
	111,2	**103,1**	**1.890,1**

* in allen Schwerpunkten auch Habilitiertenförderung (vgl. S. 43 f.)

2 Antragseingänge, Bewilligungen und Förderungsmittel 1962–1978

Jahr	Antragseingänge		Bewilligungen (ohne Nds. Vorab)		Bewilligungen mit Nds. Vorab	Erwirtschaftete Förderungsmittel	Abweichung (Erwirtschaftete Förderungsmittel ./. Bewilligungen)	
	Anzahl	Mio DM	Anzahl	Mio DM	Mio DM	Mio DM	jährlich Mio DM	kumulativ Mio DM
1962	288	274	65	53	72	90	18	18
1963	297	136	193	54	70	142	72	90
1964	728	339	420	193	212	95	−117	− 27
1965	857	240	465	137	164	111	− 53	− 80
1966	656	205	264	71	94	112	18	− 62
1967	581	243	269	78	108	111	3	− 59
1968	782	328	311	186	212	120	− 92	−151
1969	760	242	285	155	179	116	− 63	−214
1970	892	355	266	107	177	117	− 60	−274
1971	542	157	244	60	86	118	32	−242
1972	495	79	214	44	59	91	32	−210
1973	480	117	234	42	47	73	26	−184
1974	488	144	257	42	48	85	37	−147
1975	488	147	256	58	62	88	26	−121
1976	760	238	387	73	86	58	− 28	−149
1977	750	230	405	91	103	81	− 22	−171
1978	857	183	467	95	111	84	− 27	−198*
	10701	3657	5002	1539	1890	1692	−198*	

* kumulierter Vorgriff auf künftige Erträge (ohne Berücksichtigung von Rückflüssen und Stornierungen)

Förderungsüberblick 1978

Die Stiftung Volkswagenwerk hat im Jahre 1978 Bewilligungen in einer Gesamthöhe von 111,2 Millionen DM ausgesprochen. Gegenüber dem Vorjahr (103,1 Millionen DM) konnte das Bewilligungsvolumen nicht unwesentlich gesteigert werden.

Aus Tafel 2 „Antragseingänge, Bewilligungen und Förderungsmittel 1962–1978" (S. 16) geht hervor, daß die Stiftung seit 1962 über 10700 Anträge bearbeitet und rund 5000 Projekte bewilligt hat. Das Gesamtvolumen der Bewilligungen erreichte – einschließlich Niedersächsisches Vorab – 1890 Millionen DM. Die im gleichen Zeitraum erwirtschafteten Förderungsmittel (vgl. hierzu Wirtschaftsbericht, S. 243 ff.) betrugen 1692 Millionen DM.

1962–1978

Von den 1978 bewilligten 111,2 Millionen DM entfallen 16,1 Millionen DM auf das Niedersächsische Vorab (vgl. hierzu Satzung § 8, S. 271 f. und S. 36, 331 ff.); die verbleibenden 95,1 Millionen DM verteilen sich mit 60,4 Millionen DM auf überregionale und 34,7 Millionen DM auf regionale Einrichtungen (vgl. hierzu S. 36). In den überregionalen Bewilligungen sind 7,2 Millionen DM (rd. 7,6 % der Bewilligungen ohne Niedersächsisches Vorab) für 46 Projekte ausländischer wissenschaftlicher Einrichtungen enthalten, davon 3,7 Millionen DM im europäischen, 3,5 Millionen DM im außereuropäischen Ausland.

In der „Übersicht über das Förderungsprogramm" (Tafel 1, S. 15) ist die Verteilung des Bewilligungsvolumens in der schwerpunktgebundenen und nicht schwerpunktgebundenen Förderung dargestellt.

Schwerpunktstatistik

Vom Umfang der bewilligten Mittel her sind für 1978 besonders hervorzuheben die Schwerpunkte „Internationale Begegnungszentren der Wissenschaft" (11 Millionen DM), „Archäometrie" (9,9 Millionen DM), „Zellbiologie" (9,5 Millionen DM), „Erfassen, Erschließen, Erhalten von Kulturgut" (8,4 Millionen DM) und „Mathematische und Theoretische Grundlagen in den Ingenieurwissenschaften" (6,2 Millionen DM).

Die Schwerpunktgruppe mit überwiegend geistes- und gesellschaftswissenschaftlicher Themenstellung, mit zwölf fast die Hälfte der derzeitigen Schwerpunkte, hat im Berichts- wie im Vorjahr mit 35 Prozent den größten Anteil am Bewilligungsvolumen. Auf die sechs Schwerpunkte des bio-, natur- und ingenieurwissenschaftlichen Bereichs entfallen rund 20 Prozent, 13 Prozent auf die drei fachübergreifenden Schwerpunkte, deren Hauptgewicht durch die überwiegend naturwissenschaftlich ausgerichtete

Archäometrie (knapp 10 %) ebenfalls bei den Natur- und Ingenieurwissenschaften liegt. Daher verschieben sich die Relationen bei der Aufteilung nach Wissenschaftsbereichen und Fachgebieten (vgl. Tafeln 5 und 6), in denen auch die Bewilligungen aus übergreifenden und fachoffenen Schwerpunkten sowie die unkonventionellen und Folgeprojekte fachlich aufgegliedert sind.

Bearbeitungsübersicht

Die ohne das Niedersächsische Vorab bewilligten 95,1 Millionen DM verteilen sich auf 467 Projekte. Aus statistisch bereits in den Vorjahren erfaßten Bewilligungen für Schwerpunktprogramme kommen 98 Freigaben über zusammen 15 Millionen DM hinzu; insgesamt wurden damit 565 Anträge positiv entschieden (1977: 486 Anträge). Das Finanzvolumen dieser Anträge konnte um 16 auf 110,1 Millionen DM gekürzt werden. Die Entwicklung läßt sich aus Tafel 3 (S. 19) ablesen.

282 Projekte mit einem Antragswert von 89,7 Millionen DM wurden abgelehnt oder haben sich anderweitig erledigt – in der Anzahl nahezu gleich wie 1977 (286 Projekte mit 114,2 Millionen DM). Damit wurden insgesamt 847 Anträge über 215,8 Millionen DM entschieden (1977: 772 Anträge über 242,8 Millionen DM).

Die Gesamtzahl der im Jahre 1978 zu bearbeitenden Anträge (ohne Niedersächsisches Vorab) betrug 1159 mit einem Finanzvolumen von 313,3 Millionen DM. Das ist gegenüber 1977 (1074 Anträge mit 373,3 Millionen DM) eine Steigerung in der Anzahl um rd. 8 % und ein Rückgang in der Summe um rd. 16 %.

Neu eingereicht wurden im Berichtsjahr 857 Anträge über zusammen 182,8 Millionen DM (einschließlich 77 Anträge auf Nachbewilligung über zusammen 1 Million DM); damit ist hier die Anzahl um 14 % angestiegen (1977: 750 Anträge), die Summe um etwa 20 % gesunken (1977: 229,9 Millionen DM). Ein Bestand von 302 Anträgen über 130,5 Millionen DM war aus dem Vorjahr übernommen worden (1977: 324 mit 143,5 Millionen DM); für etwa die gleiche Anzahl – 312 Anträge – stand am Jahresende eine Entscheidung noch aus.

Bewilligungs- und Ablehnungsquoten

Tafel 4 (S. 20) macht das wechselnde Verhältnis von Bewilligungen und Ablehnungen in den Jahren 1973–1978 sichtbar. Während sie sich bezüglich der Summen 1978 – ebenso wie im Durchschnitt seit 1972 – etwa die Waage halten, übersteigt in den letzten Jahren die Anzahl der bewilligten Anträge deutlich die der Ablehnungen. Das resultiert daraus, daß gerade ein großer Teil der Anträge mit kleineren und mittleren Antragssummen (etwa bis 200 000 DM) der Schwerpunktkonzeption und den qualitativen Anforderungen der Stiftung entspricht. Tatsächlich ergibt die

Bearbeitungsübersicht 1978 (ohne Nds. Vorab)

	Anzahl	Mio DM
Antragsbestand am 31.12.1977	302	130,5
Zugang im Jahre 1978	857	182,8
Gesamtbestand zu bearbeitender Anträge	1159	313,3
entschiedene bzw. erledigte Anträge (./.)	847	215,8
Antragsbestand am 31.12.1978	312	97,5

Aufgliederung der entschiedenen bzw. erledigten Anträge

Bewilligungen	467	95,1
Freigaben aus Programmbewilligungen	98	15,0
Antragskürzungen	–	16,0
Ablehnungen und anderweitige Erledigungen	282	89,7
	847	215,8

4 Bewilligungs- und Ablehnungs-Quoten 1973–1978 nach Antragszahl und nach Antragssumme

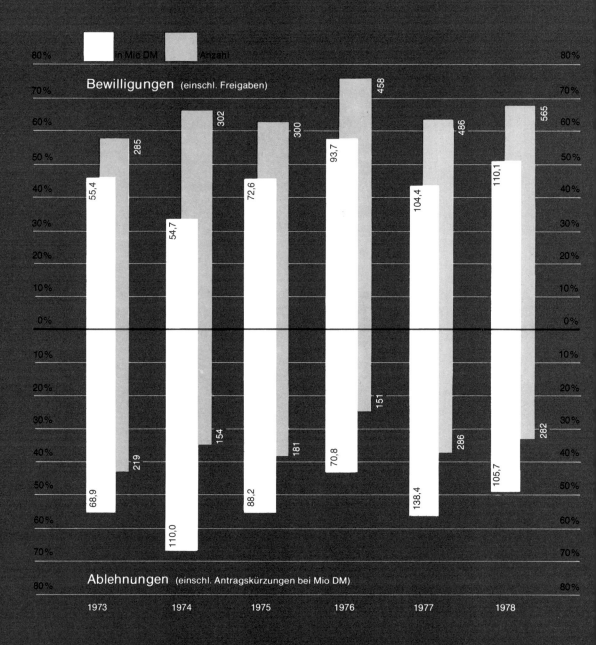

Statistik für 1976 bis 1978, daß fast drei Viertel aller bewilligten Anträge Bewilligungssummen bis 200000 DM aufweisen, davon mehr als die Hälfte Beträge bis 50000 DM. Die Stiftung fördert also keineswegs nur oder vorwiegend größere Vorhaben.

Tafeln und Schaubilder 5 bis 8 zeigen die Bewilligungen von 1978 einschließlich Freigaben aus Programmbewilligungen (auch früherer Jahre) nach Fachgebieten und Wissenschaftsbereichen, Empfängergruppen, Verwendungsarten.

In der Förderungsstatistik nach Fachgebieten und Wissenschaftsbereichen und der entsprechenden Aufgliederung bewilligter Mittel (Tafeln 5 und 6, S. 22 f.) sind durch Einbeziehung der Freigaben aus Programmbewilligungen alle 1978 ausgesprochenen Einzelbewilligungen erfaßt und auch die Förderungsmittel aus fachoffenen Schwerpunkten fachlich zugeordnet worden. Hervorzuheben sind in den Geistes- und Gesellschaftswissenschaften die Anteile von Geschichte (10,9 Millionen DM = 10,8 %) und Sozialwissenschaften (9,6 Millionen DM = 9,5 %), im natur- und biowissenschaftlichen Bereich die Anteile von Medizin (9,3 Millionen DM = 9,2 %) und Biologie (8,7 Millionen DM = 8,6 %). *Fachgebiete*

Aus Tafel 7 „Bewilligte Mittel 1978 nach Empfängergruppen" (S. 24) ist erkennbar, daß die prozentualen Anteile der wissenschaftlichen Hochschulen und der ausländischen wissenschaftlichen Einrichtungen sich leicht erhöht haben. Andere wissenschaftliche Einrichtungen (Position 2) konnten über nahezu den gleichen Betrag verfügen wie im Vorjahr, sind jedoch im Anteil an der Gesamtsumme der Bewilligungen auf 37 % zurückgegangen und entsprechen damit wieder dem Durchschnitt der Jahre 1975 und 1976. *Empfängergruppen*

Tafel 8 „Bewilligte Mittel 1978 nach Verwendungsarten" (S. 25) zeigt, daß die Personalkosten gegenüber dem Vorjahr erheblich zugenommen haben (58,1 % zu 46,5 %), ohne allerdings den Stand von 1966 (63,6 %) zu erreichen. Ebenso sind die laufenden Sachkosten nicht nur in der Summe, sondern auch im Verhältnis (von 12,5 % auf 16 %) angestiegen, während die einmaligen Sachkosten von ihrem 1977 sehr hohen Anteil von 41 % auf 25,9 % zurückgegangen sind. Eine vergleichende Betrachtung der Kostenarten über die Jahre hinweg läßt erkennen, daß infolge hoher Einzelbewilligungen für Geräte und Bauten (1977: Radioteleskop 17,5 Millionen DM, 1978: Internationale Begegnungszentren 11 Millionen DM) das tatsächliche Kostenverhältnis nicht deutlich wird; in der *Verwendungsarten*

Förderungsstatistik 1978 nach Fachgebieten (ohne Nds. Vorab)

Fachgebiet	Antragseingang (einschl. Nachbew.)		Bewilligungen und Freigaben		
	Anzahl	TDM	Anzahl	TDM	v. H.
Geistes- und Gesellschaftswissenschaften	**559**	**112.799**	**365**	**54.106**	**53,4**
Theologie	3	127	3	268	0,3
Rechtswissenschaft	36	5.930	16	5.688	5,6
Wirtschaftswissenschaften	59	9.889	34	3.756	3,7
Sozialwissenschaften	116	35.128	68	9.634	9,5
Verwaltungswissenschaft	5	543	4	170	0,2
Philosophie	4	258	4	215	0,2
Psychologie	58	12.108	36	3.996	3,9
Pädagogik	23	4.220	11	2.689	2,7
Alte und Orientalische Kulturen	35	8.859	23	4.101	4,0
Sprachwissenschaften und Literaturwissensch.	55	6.905	45	5.119	5,1
Volkskunde	3	1.277	1	266	0,3
Geschichte	107	14.870	77	10.925	10,8
Kunstwissenschaften	19	4.265	15	1.844	1,8
Musikwissenschaft	5	1.289	4	1.235	1,2
Völkerkunde	2	1.409	1	455	0,4
Wissenschafts- und Technikgeschichte und Wissenschaftsforschung	16	2.170	17	2.262	2,2
Verschiedene Fächer	13	3.552	6	1.483	1,5
Biowissenschaften	**178**	**44.138**	**108**	**18.755**	**18,5**
Biologie	97	23.191	43	8.728	8,6
Medizin	71	19.686	59	9.315	9,2
Veterinärmedizin	3	185	–	–	–
Agrarwissenschaften	4	1.039	4	685	0,7
Forstwissenschaft	1	25	1	25	–
Verschiedene Fächer	2	12	1	2	–
Mathematik und Naturwissenschaften	**65**	**12.229**	**49**	**10.971**	**10,8**
Mathematik	7	557	5	520	0,5
Physik	18	3.563	12	1.472	1,5
Chemie	12	3.284	10	1.810	1,8
Geologie und Mineralogie	9	2.339	6	1.556	1,5
Geographie	15	1.103	11	713	0,7
Verschiedene Fächer	4	1.383	5	4.900	4,8
Ingenieur- und Angewandte Wissenschaften	**42**	**8.046**	**29**	**6.439**	**6,4**
Allgemeine Ingenieurwissenschaften	9	821	12	3.309	3,3
Architektur, Städtebau und Landesplanung	10	2.008	4	438	0,4
Bauingenieurwesen	8	2.085	3	423	0,4
Bergbau und Hüttenwesen	3	649	3	344	0,4
Maschinenwesen	6	1.707	4	1.755	1,7
Elektrotechnik	3	515	2	76	0,1
Informatik	2	64	1	94	0,1
Verschiedene Fächer	1	197	–	–	–
Begegnungszentren	**1**	**1.000**	**2**	**11.000**	**10,9**
Summe	**845**	**178.212**	**553**	**101.271**	**100,0**
Programmvorschläge	12	8.800			
Anträge insgesamt	**857**	**187.012**			
Davon entfallen auf Freigaben aus Programmbewilligungen auch früherer Jahre	98	18.320	98	14.971	
Programmbewilligungen			455	86.300	
(fachlich nicht aufgliederbar)			12	8.800	
Gesamtbewilligungsvolumen			**467**	**95.100**	

Bewilligte Mittel 1978 nach Wissenschaftsbereichen (ohne Nds. Vorab)

		Mio DM
101,3 Mio DM		
Geistes- und Gesellschaftswissenschaften 53,4% 54,1 Mio DM		
	Geschichte	10,9 Mio DM
	Sozialwissenschaften	9,6 Mio DM
	Rechtswissenschaften	5,7 Mio DM
	Sprachwissenschaften/Literaturwissenschaft	5,1 Mio DM
	Andere	22,8 Mio DM
		54,1
Naturwissenschaften 10,8% 11,0 Mio DM	Mathematik und Physik	2,0 Mio DM
	Chemie, Geologie und Mineralogie	3,4 Mio DM
	Andere	5,6 Mio DM
		11,0
Biowissenschaften 18,5% 18,8 Mio DM	Medizin	9,3 Mio DM
	Biologie	8,7 Mio DM
	Agrarwissenschaften	0,8 Mio DM
		18,8
Ingenieurwissenschaften 6,4% 6,4 Mio DM	Allgemeine Ingenieurwissenschaften	3,3 Mio DM
	Andere	3,1 Mio DM
		6,4
Begegnungszentren 10,9% 11,0 Mio DM		11,0
		101,3

	Mio DM
darin enthalten: Freigaben aus Programmbewilligungen, auch früherer Jahre	−15,0
	86,3
statistisch noch nicht aufgeteilte Bewilligungen	8,8
Bewilligungsvolumen des Jahres	95,1

7 Bewilligte Mittel 1978 nach Empfängergruppen (ohne Nds. Vorab)

101,3 Mio DM

Wissenschaftliche Hochschulen
56%
56,5 Mio DM

Andere wissenschaftliche Einrichtungen
37%
37,6 Mio DM

Ausländische wissenschaftliche Einrichtungen
7%
7,2 Mio DM

	1978 %	(1977) %	1978 Mio DM	(1977) Mio DM
Wissenschaftliche Hochschulen	56	(52)	56,5	(46,8)
Andere wissenschaftliche Einrichtungen	37	(43)	37,6	(38,0)
Ausländische wissenschaftliche Einrichtungen	7	(5)	7,2	(4,1)
	100%	(100%)	101,3	(88,9)

darin enthalten: Freigaben aus Programmbewilligungen, auch früherer Jahre	−15,0	(−13,4)
	86,3	(75,5)
statistisch noch nicht aufgeteilte Bewilligungen	8,8	(15,5)
Bewilligungsvolumen des Jahres	**95,1**	**(91,0)**

Bewilligte Mittel 1978 nach Verwendungsarten (ohne Nds. Vorab)

8

101,3 Mio DM

Personalkosten
58,1 %
58,9 Mio DM

Laufende Sachkosten
16,0 %
16,2 Mio DM

Einmalige Sachkosten
25,9 %
26,2 Mio DM

	1978 %	(1977) %	1978 Mio DM	(1977) Mio DM
wissenschaftliches Personal	43,1	(35,9)	43,7	(31,9)
sonstiges Personal	14,2	(9,2)	14,4	(8,2)
Stipendien (Ausbildung)	0,8	(1,4)	0,8	(1,2)
Reisekosten	6,2	(5,6)	6,3	(5,0)
Druckbeihilfen	0,6	(0,7)	0,6	(0,6)
sonstige laufende Sachkosten	9,2	(6,2)	9,3	(5,5)
Bauten/Grund und Boden	14,0	(7,4)	14,2	(6,6)
Geräte	10,2	(32,8)	10,3	(29,2)
sonstige Beschaffungen	1,7	(0,8)	1,7	(0,7)
	100,0	(100,0)	101,3	(88,9)
darin enthalten: Freigaben aus Programmbewilligungen, auch früherer Jahre			−15,0	(−13,4)
			86,3	(75,5)
statistisch noch nicht aufgeteilte Bewilligungen			8,8	(15,5)
Bewilligungsvolumen des Jahres			95,1	(91,0)

25

Regel sind rund zwei Drittel der Ausgaben für Forschungsprojekte Personalkosten und ein Drittel Sachkosten.

Förderungs- Aufschlußreich ist eine Gegenüberstellung der Anteile nach Anzahl und
typen Finanzvolumen bei den Förderungstypen (Tafel 9, S. 27): Die Forschungsprojekte stehen mit etwa drei Fünftel der Gesamtbewilligungen nach Anzahl (61,1 %) und Volumen (63,7 %) weit an der Spitze.
Bei den mit großem Abstand folgenden sieben anderen Förderungstypen zeigt sich zum Teil eine erhebliche Verschiebung des Anteils zwischen Anzahl und Summe: Knapp ein Achtel der Mittel wurden für nur 1,3 % der Bewilligungsanzahl bei der Förderung von Gebäuden und Grundstücken verbraucht; an dritter Stelle des Mittelverbrauchs stehen die Starthilfen mit einem Zehntel der Gesamtmittel für 1,4 % der Anzahl. Nach der Bewilligungsanzahl stehen dagegen die wissenschaftlichen Veranstaltungen an zweiter Stelle mit etwa einem Achtel der Gesamtzahl, aber nur 2,2 % der bewilligten Mittel; es folgt die Gruppe Stipendien und Nachwuchsförderung mit etwa 11 % der Anzahl bei 3,2 % der Mittel.

Bewilligte Mittel 1978 nach Förderungstypen (ohne Nds. Vorab)

9

Bewilligungen				Mio DM	
338	61,1 %	Forschungsvorhaben		64,6	63,7 %
93	16,8 %	Wissenschaftl. Veranstaltungen		2,2	2,2 %
60	10,9 %	Stipendien/Ausbildungsprogramm		3,2	3,2 %
4	0,7 %	Habilitiertenförderung		0,6	0,6 %
8	1,4 %	Starthilfen (z. B. Institutsgründung, Lehrstuhlfinanzierung)		10,9	10,7 %
7	1,3 %	Gebäude/Grundstücke		14,1	13,9 %
28	5,1 %	Editionen, Druckbeihilfen		1,9	1,9 %
7	1,3 %	Geräte		2,5	2,5 %
8	1,4 %	Sonstiges		1,3	1,3 %
553	100,0 %			101,3	100,0 %
		darin enthalten: Freigaben aus Programmbewilligungen, auch früherer Jahre		−15,0	
				86,3	
		statistisch noch nicht aufgeteilte Bewilligungen		8,8	
		Bewilligungsvolumen des Jahres		95,1	

Überblick über die größten Einzelbewilligungen 1978/79

Institut Zollern

10 Millionen DM wurden der Alexander von Humboldt-Stiftung als weitere Mittel für das von ihr betreute Programm zur Förderung Internationaler Begegnungszentren der Wissenschaft zur Verfügung gestellt.

4,5 Millionen DM dienen als Starthilfe eines Instituts für Ausländisches und Internationales Finanz- und Steuerwesen an der Universität Hamburg.

3,8 Millionen DM wurden dem Lehrstuhl III für Soziologie der Universität Mannheim für Vergleichende Analysen der Sozialstruktur mit Massendaten (VASMA) bewilligt.

3,4 Millionen DM (davon 1,7 Mill. DM über das Niedersächsische Vorab) sind zum Ausbau eines spätklassizistischen Gebäudes als Forschungsstätte für das Georg-Eckert-Institut für Internationale Schulbuchforschung in Braunschweig bestimmt.

3 Millionen DM beträgt eine Starthilfe an das Deutsche Bergbau-Museum Bochum für das „Institut Zollern" als Fachstelle für Grundlagenforschung an Kulturdenkmälern.

Mit 1,6 Millionen DM kann das Bayerische Landesamt für Denkmalpflege ein physikalisch-chemisches Zentrallaboratorium mit den Forschungsschwerpunkten Gesteins- und Glaskonservierung einrichten.

1,5 Millionen DM wurden dem Institut für Schweißtechnik und Werkstofftechnologie der Universität Braunschweig zur Beschaffung einer rechnergesteuerten, servohydraulischen Materialprüfmaschine bewilligt;

1,3 Millionen DM dem Institut für Medizinische Mikrobiologie der Universität Mainz zur Erforschung der Wirkung endogener Makromoleküle auf Zellen des Immunsystems;

Je 1,2 Millionen DM wurden dem Fachbereich 3 der Universität Trier zugesprochen für Quellenerschließungen zur Geld- und Währungsgeschichte Mitteleuropas im späten Mittelalter und der frühen Neuzeit

und dem Rahmenprogramm sowie 12 daran beteiligten Einzelprojekten über „Inflation und Wiederaufbau in Deutschland und Europa 1914–1924" (Betreuung: Historische Kommission, Berlin);

je 1,1 Millionen DM dem Zentrum für Kinderheilkunde des Universitätsklinikums Frankfurt/M. zur Weiterführung der Arbeiten an einer gezielten Chemotherapie der Leukämie im Kindesalter und

der Kommission für Geschichte des Parlamentarismus und der politischen Parteien für einen Projektverbund „Grundlegung und Festigung der parlamentarischen Demokratie in der Bundesrepublik Deutschland".

Je rund 1 Million DM stellte die Stiftung für archäologische und archäometrische Forschungsarbeiten in Griechenland und Peru bereit.

Wichtige Förderungen früherer Jahre

Bildungsforschung und Ausbildungsförderung

Bereits mit Beginn ihrer Tätigkeit hatte sich die Stiftung dieses Bereichs angenommen, der durch andere Institutionen in den sechziger Jahren nur unzureichend gefördert wurde. Mit der gezielten, inzwischen abgeschlossenen Förderung mittels verschiedener Einzelprogramme (insgesamt knapp 350 Millionen DM) hat die Stiftung wesentliche wissenschafts- und bildungspolitische Impulse gegeben.

Stipendienprogramme. Auf Stipendien entfielen davon etwa 150 Millionen DM für über 30 Programme (größtenteils inzwischen ebenfalls abgeschlossen); allein rund 50 Millionen DM betrug das 1962 gegründete „Stiftung Volkswagenwerk Stipendium" für Promotionen und Zweitstudien, 75 Millionen DM das Programm zur Ausbildungsförderung von Mathematikern und Naturwissenschaftlern im Höheren Schuldienst (beide beendet).

Hochschul-Informations-System (HIS) GmbH, Hannover. Gegründet als Instrument für eine effiziente Nutzung der Hochschulen durch Kapazitätsuntersuchungen und Rationalisierung. Für Start und Anlauffinanzierung von HIS bis zur Übernahme in öffentliche Trägerschaft wurden rund 45 Millionen DM aufgewendet.

Deutsches Institut für Fernstudien (DIFF) in Tübingen (über 20 Millionen DM). Ebenfalls gegründet, um dringenden Hochschulproblemen zu begegnen, und inzwischen von der öffentlichen Hand übernommen.

Der Curriculumforschung, die vor allem durch die Initiative der Stiftung in der Bundesrepublik eine breitere und tragfähige Basis erhielt, dienten 18,5 Millionen DM; verschiedene Programme im Vorschul-, Schul- und Hochschulbereich. Außerdem 15,4 Millionen DM zur Gründung und als Starthilfe für das Institut für die Pädagogik der Naturwissenschaften (IPN) in Kiel.

Radio-Astronomie

Etwa ein Jahrzehnt nach der Errichtung des bisher größten vollbeweglichen Radioteleskops der Welt in Effelsberg/Eifel, das die Stiftung mit rd. 28,6 Millionen DM gefördert hatte, stellte sie 1977 und 1979 ebefalls der Max-Planck-Gesellschaft Mittel für den Bau eines 30-m-Spiegel-Teleskops als internationales Gemeinschaftsprojekt zur Verfügung (rund 19,5 Millionen DM).

Molekulare und Physikalische Biologie

Von 1963 bis 1975 Förderung mit knapp 100 Millionen DM. Dadurch wurde diesem interdisziplinären Forschungsbereich in der Bundesrepublik wesentlich zum Durchbruch verholfen. Seit 1975 Förderung der Stiftung begrenzt auf den Bereich der Zellbiologie (rund 31 Millionen DM; s. auch S. 125 ff.).

Institut für Molekularbiologische Forschung (GMBF), Braunschweig-Stöckheim, seit 1976 als Institut der Gesellschaft für Biotechnologische Forschung (GBF) in öffentlicher Hand; erstes Großforschungsinstitut in diesem Bereich: Startfinanzierung mit rund 45 Millionen DM.

EMBO. 1965 Starthilfe über 3 Millionen DM für die Gründung der europäischen Organisation für Molekularbiologie und die Planung eines europäischen Gemeinschaftsinstituts. Das inzwischen durch ein Abkommen mehrerer europäischer Staaten in Heidelberg gegründete Institut wurde 1978 eingeweiht.

Medizinische Forschung und Lehre

Gesamtförderung 1962 bis 1978 rund 130 Millionen DM, davon über 10 Millionen DM für Reform der medizinischen Ausbildung und Ausbildungsförderung.

Zur Einführung der Computer-Tomographie (Hirnscanner und Ganzkörper-Tomographen) in der medizinischen Forschung der Bundesrepublik Deutschland 13 Millionen DM.

Biomedizinische Technik.
26,6 Millionen DM seit 1968 zur Einführung dieses interdisziplinären Gebietes an den wissenschaftlichen Hochschulen der Bundesrepublik und zur Förderung des wissenschaftlichen Nachwuchses. Starthilfe für zwei Departments für Biomedizinische Technik in Aachen und Erlangen-Nürnberg (Bewilligungen zusammen 7 Millionen DM).

Starthilfen für medizinische Forschungsinstitute:

- Forschungsinstitut für Kinderernährung der Förderergesellschaft Kinderernährung e. V. in Dortmund (eingeweiht 1968; 2,45 Millionen DM)

- Seuchenlaboratorium des Heinrich-Pette-Instituts für experimentelle Virologie und Immunbiologie an der Universität Hamburg (Bau 1967–1969; 2,5 Millionen DM)

- Klinisches Institut zur Erforschung des Herzinfarktes der Universität Heidelberg (eingeweiht 1973; 2,7 Millionen DM)

- Diabetes-Forschungsinstitut der Gesellschaft zur Förderung der Erforschung der Zuckerkrankheit e. V. in Düsseldorf (eingeweiht 1968; 6 Millionen DM)

- Zentralinstitut für Seelische Gesundheit als überregionales Modellinstitut für Sozialpsychiatrische Forschung und Therapie in Mannheim (eingeweiht 1976; 7,6 Millionen DM)

Beispiele aus den Sozialwissenschaften

Zentralarchiv für Empirische Sozialforschung Köln. Rund 1,2 Millionen DM 1965–1970 für den Ausbau des 1960 gegründeten Instituts zu einer überregionalen Einrichtung der sozialwissenschaftlichen Forschung in der Bundesrepublik für die Speicherung, Rückgewinnung und Analyse von Umfragedaten (inzwischen mit öffentlichen Mitteln weitergeführt).

Starthilfe in den Jahren 1967–1970 zur Errichtung des Sozialwissenschaftlichen Forschungszentrums an der Universität Erlangen-Nürnberg.

Gastlehrstühle in USA. 1,2 Millionen DM Startfinanzierung ab 1965 für den Theodor-Heuss-Lehrstuhl an der New School für Social Research, New York. Seit 1976 durch Schenkung der Bundesrepublik Deutschland an die USA im Fortbestand gesichert, ebenso ein an der Georgetown University in Washington, D. C., startfinanzierter Lehrstuhl.

Internationale Zeitbudget-Studie. Wesentlicher Beitrag Ende der 60er Jahre zur Realisierung dieser multinationalen Vergleichsuntersuchung eines Ost-West-Projekts, das vom „Wiener Zentrum für Forschung und Dokumentation in den Sozialwissenschaften" koordiniert wurde.

Soziale Indikatoren. Beispiel für die Wirkungsmöglichkeit auch vergleichsweise geringerer Förderungsmittel: Zwei mit zusammen 10 000 DM unterstützte Symposien im Jahr 1972 führten zur Gründung der „Sektion Soziale Indikatoren" der Deutschen Gesellschaft für Soziologie und weckten auch das öffentliche Interesse an sozialstatistischen Datensammlungen. – Auf breiter Basis, aber soziale Indikatoren einschließend, bauen die HIWED-Projekte (Historical Indicators of the Western European Democracies) auf, die eine historisch vergleichende Analyse der „Entwicklung westeuropäischer Wohlfahrtsstaaten" zum Ziele haben (rund 600 000 DM).

II. Grundlagen und Arbeitsweise

Grundlagen

Die Stiftung Volkswagenwerk wurde als eine selbständige Stiftung bürgerlichen Rechts von der Bundesrepublik Deutschland und dem Land Niedersachsen im Jahre 1961 gegründet. Ihr wurde von den Stiftern die Aufgabe gestellt, Wissenschaft und Technik in Forschung und Lehre zu fördern. Sie verfügt über eigenes Stiftungsvermögen, ist unabhängig und in ihren Entscheidungen autonom. Einzelheiten zu Organisation und Verwaltung, Satzung und Rechtsgrundlagen sind den Seiten 9 ff. und dem Anhang zu entnehmen.

Status und Aufgaben

Die Stiftung Volkswagenwerk kann ihre Mittel flexibel einsetzen. Sie wird zum Beispiel dort tätig, wo für wichtige Projekte öffentliche Mittel nicht oder nicht schnell genug zur Verfügung stehen oder wo die überregionale Organisation eines Projekts komplizierte, seiner zügigen Verwirklichung entgegenstehende Zuständigkeitsfragen aufwirft.

Nach der Satzung müssen die Mittel der Stiftung Volkswagenwerk zusätzlich verwendet werden; die Mittel sollen also nicht die eigentlichen Unterhaltsträger der geförderten Einrichtungen, insbesondere nicht den Staat, entlasten. Sie sollen auch nicht zur Deckung von Etatlücken herangezogen werden oder andere Geldgeber veranlassen, ihre Zuwendungen entsprechend zu kürzen. Die Satzung der Stiftung sieht weiter vor, daß die Förderungsmittel als zweckgebundene Zuwendungen zu vergeben sind. Damit wird eine pauschale Gewährung allgemeiner, nicht spezifizierter Zuschüsse ausgeschlossen. Die Stiftung finanziert daher keine Vorhaben, deren Zielsetzung und Mittelbedarf nicht festliegen. Sie stellt auch nicht anderen forschungsfördernden Einrichtungen Mittel für deren allgemeine Förderungsarbeit zur Verfügung.

Förderungsmittel

Die Stiftung kann Förderungsmittel für alle Verwendungsarten bereitstellen. So kann sie zum Beispiel Personal- und Reisemittel vergeben, die Beschaffung von Geräten, Büchern, Arbeitsmaterialien für Forschungsprojekte ermöglichen oder die Bereitstellung von Räumen unterstützen. In besonderen Fällen fördert sie auch die Errichtung und Ausrüstung neuer

Forschungsstätten oder Institute durch Starthilfen. Da die Stiftung bei der privaten Natur ihrer Gelder nicht an staatliches Haushaltsrecht gebunden ist, kann sie ihre Förderungsmittel der jeweils gegebenen speziellen Situation entsprechend besonders flexibel einsetzen. Die bewilligten Mittel sind nicht an Haushaltsjahre gebunden und verfallen nicht am Schluß eines Kalenderjahres.

Die privatrechtliche Natur der Stiftung stellt sie in ihren Entscheidungen auch frei vom Gleichbehandlungsgrundsatz und vom Zwang, ablehnende Entscheidungen näher zu begründen.

Konzeption und Schwerpunkte

Konzeption — Das Kuratorium der Stiftung Volkswagenwerk sieht es als seine Aufgabe an, die Aktivitäten der Stiftung in den Gesamtrahmen von Forschung und Lehre und ihrer Förderung einzufügen. Dabei besteht das besondere Anliegen der Stiftung darin, solche Themen und Gebiete aufzugreifen, die vom Staat oder von anderen forschungsfördernden Stellen aus verschiedenen Gründen nicht oder noch nicht ausreichend berücksichtigt werden. Auch wenn das Gesamtförderungsvolumen der Stiftung quantitativ nicht mit dem des Staates oder dem der Deutschen Forschungsgemeinschaft zu vergleichen ist, so kann sie doch, zumal durch Schwerpunktbildung, Entwicklungen stimulieren, Einseitigkeiten ausgleichen und Modelle schaffen helfen.

Die Stiftung Volkswagenwerk richtet ihre Initiativen besonders auf Forschungsgebiete, die im internationalen Vergleich entweder nicht hinreichend gefördert werden oder in Rückstand geraten sind, sowie auf interdisziplinäre und internationale bzw. überregionale Kooperation im wissenschaftlichen Bereich. Dabei nimmt sie sich vorzugsweise solcher Vorhaben und Schwerpunktbereiche an, die – möglicherweise erst längerfristig – zum Erkennen oder Lösen gesellschaftlich wichtiger Aufgaben beitragen können.

Kontakte, Abstimmung — Die Stiftung ist darauf angewiesen, Anregungen aus der Wissenschaft für ihr Förderungsprogramm zu erhalten. Diesem Ziel dienen zum Beispiel das fachlich nicht begrenzte Symposienprogramm sowie die Finanzierung exzeptionell förderungswürdiger Projekte außerhalb der Schwerpunkte. Ihm dienen aber auch Gespräche mit Gutachterkreisen, Kontakt-, Arbeits- und Informationsveranstaltungen mit Vertretern der Wissenschaft sowie Informations- und Abstimmungsgespräche mit zuständigen Ministerien und wissenschaftsfördernden Institutionen.

Ihr Förderungsprogramm ist nicht starr. Vielmehr werden die Schwerpunkte jeweils den Erfordernissen der Wissenschaftssituation angepaßt. Die folgende Aufstellung enthält die zur Zeit bestehenden Förderungsschwerpunkte. In Einzelfällen können daneben auch Vorhaben von ungewöhnlichem Zuschnitt gefördert werden, die sich diesen Schwerpunkten nicht zuordnen lassen.

Die Förderungsschwerpunkte

Schwerpunkte mit überwiegend geistes- und gesellschaftswissenschaftlicher Themenstellung

Schwerpunkteliste

- Wissenschaft und Technik – Historische Entwicklung und Sozialer Kontext
- Geschichtsforschung und Geschichtsdarstellung im Europäischen Zusammenhang und Vergleich
- Erfassen, Erschließen, Erhalten von Kulturgut als Aufgabe der Wissenschaft
- Musiker-Gesamtausgaben (begrenzte Förderungsmaßnahme)
- Entwicklungspsychologie
- Deutschland nach 1945 – Entstehung und Entwicklung der Bundesrepublik und der DDR
- Wandel und Krisenfaktoren in demokratischen Industriegesellschaften
- Gegenwartsbezogene Forschung zur Region Vorderer und Mittlerer Orient
- Gegenwartsbezogene Forschung zur Region Südostasien
- Gegenwartsbezogene Forschung zur Region Osteuropa
- Nordamerika-Studien
- Gastarbeiterforschung – Migration und ihre sozialen Folgen (modifizierte Fortführung des Schwerpunktes „Wanderbewegungen")

Schwerpunkte mit überwiegend naturwissenschaftlicher, ingenieurwissenschaftlicher und medizinischer Themenstellung

- Zellbiologie
- Ökogenetik
- Physik und Chemie unkonventioneller Materialien: Herstellung und Charakterisierung
- Mathematische und Theoretische Grundlagen in den Ingenieurwissenschaften
- Mikrochirurgie
- Das chronisch-kranke Kind

Übergreifende Schwerpunkte

    Alternsforschung

    Archäometrie

Fachoffene Schwerpunkte

    Symposienprogramm

    Akademie-Stipendien

    Internationale Begegnungszentren der Wissenschaft (begrenzte Förderungsmaßnahme)

Programme In allen Schwerpunkten besteht die Möglichkeit zur Habilitiertenförderung (vgl. S. 43 f.)

Zum Abschluß der 1978 beendeten Schwerpunkte Rechtstatsachenforschung und Systemforschung wurden zwei Förderungsprogramme zu wichtigen Einzelthemen beschlossen:

    Datenschutz und Informationsbedarf – Forschungen zur Anwendung und Weiterentwicklung rechtlicher Regelungen (Ausschreibung)

    Forschungen zur Energiepolitik (Ausschreibung)

In keinem Fall stellt die Stiftung Volkswagenwerk den wissenschaftlichen Wert oder die Qualifikation von Projekten in Frage, die nicht in ihr Förderungsprogramm einzuordnen sind.

Negativliste In einer „Negativliste" hat die Stiftung Volkswagenwerk solche Anliegen und Bereiche zusammengestellt, die im wesentlichen aus satzungsrechtlichen Gründen von der Stiftung nicht gefördert werden. Die Stiftung möchte mit dieser aus der Förderungspraxis entstandenen, nicht abschließenden Aufstellung möglichen Interessenten eine Hilfe geben und ihnen eventuell eine mühevolle Antragstellung ersparen. Auch diese „Negativliste" enthält keine Werturteile. Sie umfaßt:

    Pauschale Erhöhungen zur Deckung von Institutsetats oder Schließung von Etatlücken

    Erstattung anderweitig gewährter Vorfinanzierung

    Errichtung von Kapitalstiftungen

    Entwicklungs- und Erprobungsarbeiten zu wissenschaftlich bereits gelösten Problemen

    Auswertung von Patenten

Nicht gemeinnützige Projekte
Karitative Anliegen
Aus- und Aufbau von Krankenhäusern
Bestrahlungsgeräte, die zugleich der Therapie dienen sollen
Schulen und Fachschulen
Volkshochschulen und sonstige Einrichtungen der Erwachsenenbildung
Studentenwohnheime, Studentenzentren
Studienkollegs
Kongresse und Ausstellungen
Aufstockung von Beihilfen für Auslandsreisen, die von anderer Seite bereits gefördert werden
Aufstockung von Stipendien, die von anderer Seite gewährt werden
Druckkostenzuschüsse ohne Verbindung mit Stiftungsprojekten
Erwerb, Vervollständigung oder Unterhaltung von Sammlungen aller Art.

Die Stiftung Volkswagenwerk geht in ihrer Förderungsarbeit von dem Grundsatz aus, keine Vorhaben zu fördern, *Weitere Grundsätze*

die in den erklärten und ausreichend geförderten Aufgabenbereich anderer Förderungsstellen fallen,

deren Förderung die Wiederaufnahme eines abgeschlossenen Programms der Stiftung bedeuten würde.

Vorhaben, die über einen Zeitraum von fünf Jahren hinaus laufende Kosten verursachen, fördert die Stiftung grundsätzlich nur, wenn es gesichert erscheint, daß nach diesem Zeitraum die laufenden Kosten von anderer Seite getragen werden.

Förderungsmittel

Die jährlich zur Verfügung stehenden Förderungsmittel der Stiftung Volkswagenwerk stammen aus der Anlage des Stiftungsvermögens, den jährlichen Gewinnen, die der Stiftung aus der Beteiligung der Bundesrepublik Deutschland und des Landes Niedersachsen an der Volkswagenwerk Aktiengesellschaft zustehen, sowie aus sonstigen Erträgen. Das Kapital der Stiftung beträgt mehr als 1 Milliarde DM. *Herkunft der Mittel*

Niedersächsisches Vorab — Von den Förderungsmitteln hat das Kuratorium der Stiftung einen Teilbetrag entsprechend den Vorschlägen des Niedersächsischen Landesministeriums (Landesregierung) zu vergeben. Dieses sogenannte Niedersächsische Vorab umfaßt den Gegenwert der jährlichen Dividende, die das Land Niedersachsen aus seiner Beteiligung an der Volkswagenwerk Aktiengesellschaft an die Stiftung abführt, sowie 10 v.H. der übrigen Erträge und der Erträge aus der Beteiligung des Bundes an der Volkswagenwerk Aktiengesellschaft nach Abzug der anteiligen Verwaltungskosten.

Vorschläge für einen gezielten Einsatz der Vorab-Mittel mit stärkeren forschungspolitischen Akzenten werden seit Ende 1978 von einer Forschungsstrukturkommission erarbeitet, die der Niedersächsische Minister für Wissenschaft und Kunst zur Verbesserung der Wissenschaftsinfrastruktur des Landes berufen hat.

Überregionale und regionale Mittel — Die übrigen Förderungsmittel werden für regionale und überregionale wissenschaftliche Einrichtungen vergeben. Der vom Kuratorium festgelegte Verteilungsschlüssel (§ 8 Abs. 3 der Satzung) bestimmt, daß von diesen Mitteln 75 v.H. auf überregionale Einrichtungen und 25 v.H. auf regionale Einrichtungen in den Ländern entfallen. Die Aufschlüsselung auf die einzelnen Länder orientiert sich an der Anzahl der Lehrstühle und der Einwohnerzahl, die im Verhältnis 3:1 berücksichtigt werden. Auf Einrichtungen innerhalb eines jeden Landes entfallen jedoch mindestens 500 000 DM im Jahr.

Antragstellung

Die Stiftung versucht, ihr Förderungsangebot auch durch Pressemitteilungen, Anzeigen und öffentliche Ausschreibungen so bekanntzumachen, daß mögliche Interessenten vollständig, gleichmäßig und rechtzeitig über die Förderungsmöglichkeiten informiert werden. Die im Rahmen ausgeschriebener Programme eingehenden Anträge werden in der Regel zusammenhängend behandelt und mit denselben Fachleuten beraten, mit denen die Ausschreibungsgrundlagen erarbeitet wurden.

Hinweise zur Antragstellung — Die Stiftung bearbeitet Anträge im allgemeinen nur im Rahmen ihrer Schwerpunkte. Anträge können schriftlich und in der Regel jederzeit ohne weitere Formerfordernisse an die Geschäftsstelle der Stiftung Volkswagenwerk gerichtet werden. Die Anträge sollen – auch sprachlich – so abgefaßt sein, daß sie sowohl der Stiftung als auch den von ihr zu Rate gezogenen Fachgutachtern ein verständliches und für die Prüfung ausreichendes Bild des geplanten Projekts vermitteln. Fachliche Ausführungen können dem Antrag gegebenenfalls auch als Anlage beigegeben werden.

Als Anhalt für die im allgemeinen benötigten Informationen seien die folgenden Punkte genannt:

- Kurze, möglichst aussagefähige Bezeichnung des Vorhabens
- Zusammenfassung (1 bis 2 Seiten); bei auslandsbezogenen Anträgen zusätzlich auch in englischer Sprache
- Ausführliche Darstellung (Begründung und Zielsetzung, Methoden, ggf. Hypothesen)
- Erwartete Ergebnisse in Bezug zum gegenwärtigen Forschungsstand
- Eigene Vorarbeiten zum Thema
- Name, Ausbildung und ggf. Arbeitsbereich der am Projekt maßgeblich Beteiligten
- Konkrete Angaben zu wissenschaftlicher Kooperation und Kontakten
- Durchführungsplan mit Angaben zum zeitlichen Ablauf
- Kostenplan
- Angaben über Vorlage dieses Antrags oder thematisch verwandter Anträge bei anderen Förderungsinstitutionen
- Bezeichnung des vorgesehenen Bewilligungsempfängers

Für spezielle Angaben, die für eine Förderung von Veranstaltungen benötigt werden, vgl. Merkblatt 1 / Symposienprogramm im Anhang.

Die Stiftung kann Förderungsmittel nur an wissenschaftliche Einrichtungen vergeben. Bei Antragstellern außerhalb des unmittelbaren Hochschulbereichs und der Max-Planck-Gesellschaft sind daher Angaben auch notwendig zu Rechtsform, Satzung, Besetzung der Organe und Gremien, Gemeinnützigkeit, Etatgestaltung und Haushaltsprüfung der zu fördernden Einrichtung. Nicht institutionalisierte Projektgruppen werden um detaillierte Informationen zur rechtlichen und organisatorischen Zuordnung gebeten. Soweit ein Tätigkeitsbericht der antragstellenden Einrichtung vorliegt, wird um Übersendung gebeten.

Die Antragsbearbeitung wird erheblich erleichtert, wenn der Kostenplan nach folgenden Positionen gegliedert ist: *Kostenplan*

- Personalmittel
   Wissenschaftliches Personal
   Sonstiges Personal
- Laufende Sachmittel
   Reisekosten
   Sonstige laufende Sachkosten (z. B. Verbrauchsmaterial)

- Einmalige Sachmittel
    Geräte
    Sonstige einmalige Beschaffungen (z. B. Literatur, Baumittel)

In jedem Fall sollten die einzelnen Positionen – auch im Verhältnis zur vorhandenen Ausstattung – ausführlich begründet werden. Beim Personal sollten nicht nur die Einstufung der beantragten Stelle, sondern auch die tatsächlich erforderlichen Beträge (ohne Vorwegnahme eventueller künftiger Tariferhöhungen) auf der Grundlage der geltenden Tarifverträge beziffert werden. Bei Geräten mit einem Anschaffungswert über 150 000 DM sind zunächst die Möglichkeiten des Hochschulbauförderungsgesetzes zu prüfen und das Ergebnis im Antrag mitzuteilen.

Da die Stiftung satzungsgemäß laufende Personal- und Sachmittel nur in Ausnahmefällen über die Dauer von fünf Jahren hinaus gewähren darf, benötigt sie bei Projekten mit längerer Laufzeit – insbesondere wenn Starthilfen erbeten werden – Angaben über die Sicherstellung der künftigen Finanzierung.

Auslands-
anträge
Anträge aus dem Ausland sind deutschen Anträgen prinzipiell gleichgestellt, doch setzt eine nähere Prüfung grundsätzlich Angaben über eine definierte Kooperation mit wissenschaftlichen Einrichtungen oder Wissenschaftlern in der Bundesrepublik Deutschland voraus.

Anträgen, die nicht in deutscher Sprache abgefaßt sind, soll eine deutschsprachige Zusammenfassung beigegeben werden; dies kann die Bearbeitung erleichtern und eventuell die Bearbeitungszeit verkürzen. Über ausländische Projekte entscheidet das Kuratorium in der Regel in der letzten Sitzung eines Jahres; Auslandsanträge sollten der Geschäftsstelle daher bis spätestens Juni vorliegen.

Antragsbearbeitung

Abstimmung
Gemäß ihrer Satzung hat die Stiftung Volkswagenwerk zu den vorgelegten Anträgen Stellungnahmen der für die zu fördernden Einrichtungen zuständigen obersten Behörden einzuholen. Im allgemeinen handelt es sich dabei um Kultus- bzw. Wissenschaftsministerien der Länder oder um Ressorts des Bundes. Bei größeren Projekten ist eine vorherige Abstimmung des Antragstellers mit den jeweils in Frage kommenden Behörden zweckmäßig. Dies gilt insbesondere für Projekte mit Folgekosten, die von der Stiftung Volkswagenwerk nicht übernommen werden können. Die Einhaltung eines Dienstweges über die Behörden wird von der Stiftung Volkswagenwerk weder gefordert noch angestrebt. In der Praxis hat es sich als günstig erwiesen, wenn die Antragsteller ihre Anträge gleichzeitig

sowohl der Stiftung als auch ihren obersten Behörden zuleiten. Die Arbeit der Stiftung wird erleichtert, wenn der Verkehr zwischen ihr und den Stellen, an denen die zu fördernde wissenschaftliche Arbeit geleistet wird, zügig und unkompliziert abläuft.

Die bei der Stiftung Volkswagenwerk eingehenden Anträge werden meist einzeln, in geeigneten Fällen in Gutachtergesprächen oder Arbeitskreisen von Fachleuten begutachtet. *Begutachtung*

Im Unterschied zu anderen Förderungseinrichtungen hat die Stiftung Volkswagenwerk keinen festen Gutachterstamm. Sie wählt ihre Gutachter stets neu nach den Erfordernissen des einzelnen Antrags aus, um sich möglichst des jeweils kompetentesten Urteils zu versichern. Dabei werden je nach Antrag Fachleute aus verschiedenen Disziplinen, darunter gegebenenfalls auch solche aus dem außeruniversitären Bereich und aus dem Ausland befragt. Im Durchschnitt werden zu einem Vorhaben etwa drei Wissenschaftler um ihr Votum gebeten – bei großen, strittigen oder interdisziplinären Vorhaben mehr, bei einfachen weniger. Insgesamt waren es 1978 rund 1850 gutachterliche Stellungnahmen, davon rund 200 aus dem Ausland.

Die Stiftung legt großen Wert auf die Vertraulichkeit des Gutachterverfahrens, um gerade auch in problematischen Fällen ein rückhaltloses Votum zu ermöglichen und damit allen Anträgen und Antragstellern gerecht zu werden.

Das Kuratorium entscheidet im allgemeinen in mündlicher Verhandlung. Es finden jährlich mehrere Kuratoriumssitzungen statt, die von der Geschäftsstelle vorbereitet werden. Zur Beschleunigung der Entscheidungen ist aber auch ein schriftliches Abstimmungsverfahren möglich. Kleinere Projekte kann der Generalsekretär entscheiden, sofern darin aufgeworfene Fragen nicht eine Behandlung durch das Kuratorium erforderlich machen. In jedem Fall wird das Kuratorium unterrichtet. Normalerweise ist bei umfangreichen Projekten bis zur Mitteilung einer Entscheidung mit einer Bearbeitungszeit von mindestens sechs Monaten zu rechnen. Aus einer Reihe von Erwägungen, besonders zur Wahrung der absoluten Vertraulichkeit der Begutachtung und der Kuratoriumssitzungen, sieht die Stiftung grundsätzlich davon ab, Entscheidungen, zum Beispiel auch Ablehnungen, zu begründen. Sie bittet hierfür um Verständnis. *Entscheidung*

Die Ausführung der Kuratoriumsentscheidungen ist Aufgabe des Generalsekretärs und der Geschäftsstelle. Dazu gehören auch in begrenztem Umfang Nachbewilligungen, zum Beispiel für anders nicht auszugleichende Kosten- und Tariferhöhungen. Ferner zählen hierzu die Prüfung der Verwendungsnachweise sowie die Ergebnisbewertung. *Abwicklung*

Bewilligungsgrundsätze

Im Falle einer Bewilligung werden der geförderten wissenschaftlichen Einrichtung die Mittel zur eigenverantwortlichen Bewirtschaftung überlassen. Die mit den Bewilligungen verbundenen Bedingungen, Auflagen und Anregungen dienen dazu, die Zweckbindung der Zuwendungen sicherzustellen, eine optimale Ausnutzung der Stiftungsmittel zu gewährleisten und den Verwendungsnachweis zu erleichtern. Soweit die zu fördernde Einrichtung an allgemeine staatliche oder an spezielle Grundsätze zur Bewirtschaftung von „Mitteln Dritter" gebunden ist, sind diese im Rahmen der Bewilligungsgrundsätze der Stiftung Volkswagenwerk anzuwenden.

Zum wesentlichen Inhalt der Bedingungen gehört:

Zweckbindung / Wirtschaftlichkeit — Die bewilligten Mittel sind wirtschaftlich und sparsam zu verwenden. Sie dürfen nur zum unmittelbaren Bewilligungszweck verwendet werden. Um zu vermeiden, daß Gelder zinslos bei den Förderungsempfängern ruhen, werden die Mittel grundsätzlich erst zur Verfügung gestellt, wenn sie tatsächlich benötigt werden. Beim Einkauf sind Rabatt- und Skontomöglichkeiten auszuschöpfen (z.B. Forschungsrabatte).

Umdisposition — Größere finanzielle Abweichungen wie auch sachliche Umdispositionen bedürfen der vorherigen Einwilligung der Stiftung.

Personal- und Reisekosten — Vergütungen für Mitarbeiter sind der Tätigkeit und den örtlichen (Instituts-) Verhältnissen anzupassen. Werden Reisemittel bewilligt, gelten für inländische Bewilligungsempfänger die Grundsätze des Reisekostenrechts des öffentlichen Dienstes, für ausländische Bewilligungsempfänger die bei ihnen gültigen Reisekosten-Richtlinien. Für Aufenthaltskosten ausländischer Wissenschaftler, die als Gäste eingeladen werden, kann die Stiftung besondere Rahmensätze festlegen.

Geräte — Ist die Anschaffung von größeren Geräten vorgesehen, hilft die Deutsche Gesellschaft für chemisches Apparatewesen e.V. (DECHEMA), Frankfurt/M., auf Bitte der Stiftung Volkswagenwerk bei Auswahl und Beschaffung. Bei der Bewilligung von Geräten wird vorausgesetzt, daß diese auch anderen wissenschaftlichen Einrichtungen zur Verfügung stehen, soweit das den Bewilligungszweck nicht beeinträchtigt; weitere Voraussetzung ist, daß die sachgemäße Nutzung, Unterbringung und Wartung sichergestellt sind. Die für Energieverbrauch, Versicherung, Wartung, Reparaturen, Ersatzteile usw. entstehenden laufenden Kosten werden von der Stiftung nicht übernommen.

Spätestens nach Abschluß der Förderungsmaßnahme ist der rechnerische Nachweis über die Verwendung der Mittel zu führen und über Verlauf und Ergebnisse des Vorhabens zu berichten. *Verwendungsnachweis*

Die Stiftung legt Wert darauf, daß die Projektergebnisse der Öffentlichkeit zugänglich gemacht werden. *Veröffentlichung*

Wenn sich unmittelbar aus einem Förderungsprojekt der Stiftung wirtschaftliche Gewinne, Kostenerstattungen oder andere Erträge (einschließlich solcher aus Schutzrechten) ergeben, so ist dies der Stiftung alsbald mitzuteilen. Die Stiftung behält sich vor, hieraus die Rückzahlung ihrer Förderungsmittel oder eine angemessene Beteiligung zu verlangen. Das gilt regelmäßig nicht für Einnahmen aus Publikationen. *Gewinnbeteiligung*

Die Bewilligung kann zurückgenommen werden, wenn die Mittel nicht mindestens zum Teil innerhalb von zwei Jahren in Anspruch genommen worden sind. Die Stiftung behält sich vor, die Bewilligung zu widerrufen und gezahlte Gelder zurückzufordern, wenn die Bewilligungsbedingungen nicht beachtet, insbesondere die Mittel nicht zweckentsprechend verwendet werden oder der Verwendungsnachweis nicht erbracht wird. Aus wichtigem Grund oder bei Wegfall wesentlicher Voraussetzungen für eine erfolgreiche Durchführung kann die Stiftung die Förderung eines Vorhabens einstellen. *Rücknahme Widerruf Einstellung*

Die – ab Oktober 1979 in einer überarbeiteten Fassung verwendeten – Bewilligungsgrundsätze sind im Anhang wiedergegeben.

Information der Öffentlichkeit

Die Stiftung Volkswagenwerk legt besonderen Wert auf die Information der Öffentlichkeit. Einmal sieht sie sich verpflichtet, als gemeinnützige Organisation der Wissenschaftsförderung öffentlich Rechenschaft über ihre Tätigkeit abzulegen; zum anderen ist sie bemüht, das Interesse der Öffentlichkeit für Wissenschaft und Technik zu stärken. Diesen Zielen dienen nicht nur die Jahresberichte, in denen ausführlich über die Tätigkeit der Stiftung und ihr Förderungsprogramm berichtet wird, sondern auch die etwa wöchentlich herausgegebenen Pressemitteilungen über einzelne Förderungsprojekte sowie Presseveranstaltungen. So führte die Stiftung im März 1978 gemeinsam mit der Europäischen Union der Gesellschaften der Wissenschaftsjournalisten eine Informationsreise zu geförderten Institutionen und Projekten in Niedersachsen durch. Weite Beachtung in den Medien fanden auch eine Pressekonferenz über den Förderungsschwerpunkt „Deutschland nach 1945" am 18. Juni 1979 in

Bonn (vgl. S. 84) und eine Pressereise am 19./20. Juli 1979 im Raum Düsseldorf/Dortmund, auf der vier Projekte aus den Schwerpunkten „Erfassen, Erschließen, Erhalten von Kulturgut" und „Archäometrie" vorgestellt wurden.

In der Schriftenreihe der Stiftung Volkswagenwerk (bisher 17 Bände) erscheinen in lockerer Folge Bestandsaufnahmen und Berichte zu aktuellen wissenschaftlichen Fragen. Solche Studien dienen in der Regel als Orientierungshilfe bei der eigenen Schwerpunktplanung der Stiftung. Sie werden in der Schriftenreihe publiziert, wenn die Ergebnisse von weitergehendem öffentlichen Interesse sind (vgl. Publikationsverzeichnis im Anhang). Die Stiftung bringt ihre Veröffentlichungen regelmäßig Parlamentariern in Bund und Ländern, Ministerien, Institutionen und Organisationen, soweit sie mit Forschung und Forschungsförderung befaßt sind, sowie Presse, Funk und Fernsehen zur Kenntnis. Ihre Adressenkartei enthält ca. 15 000 Anschriften vorwiegend von Institutionen aus dem Wissenschaftsbereich.

In unregelmäßiger Folge, etwa dreimal im Jahr, erscheinen die für die Wissenschaftsverwaltungen ausgelegten „Informationen" zur Unterrichtung über Kuratoriumsbeschlüsse, über neue Ausschreibungen und über Inhalt und Stand von Förderungsprogrammen.

Durch Merkblätter für Antragsteller und durch Ausschreibungen, auch in Wochen- und Tageszeitungen bzw. Fachzeitschriften, informiert die Stiftung darüber hinaus über einzelne Schwerpunkte und Programme.

In einer neuen Reihe „Die Stiftung Volkswagenwerk informiert" sind die Förderungsmöglichkeiten in einzelnen Wissenschafts- und Sachbereichen als Kurzinformationen schnell überschaubar zusammengefaßt*.

Für ausländische Wissenschaftler und Institutionen gibt eine Broschüre in englischer Sprache (Survey) einen Überblick über Förderungsgrundlagen, -möglichkeiten und Schwerpunkte der Stiftung.

Die Handbibliothek der Stiftung umfaßt zur Zeit rund 10 000 Bände (bei einem jährlichen Zugang von etwa 700 bis 1000); zahlreiche weitere Publikationen, die beispielsweise als Belege zu sehr speziellen Forschungsthemen eingehen, werden als Dauerleihgaben an die Niedersächsische Landesbibliothek abgegeben, wo sie auch anderen Benutzern zur Verfügung stehen.

---

* Erschienen sind:
– , Biologie – Medizin, Förderung in den Biowissenschaften. 1978
– , Gesellschaftswissenschaften, Forschungsförderung. 1979
– , Archäometrie – Kulturgut, Förderung geistes- und naturwissenschaftlicher Vorhaben zu kulturhistorischen Quellen und Objekten. 1979

III. Förderungsprogramm

Die statistischen Übersichten, ebenso wie der Wirtschaftsbericht, sind in strikter Abgrenzung auf Daten des abgeschlossenen Kalenderjahres 1978 bezogen; die Berichterstattung zu den Förderungsschwerpunkten erstreckt sich dagegen möglichst weit in das Jahr 1979, im allgemeinen etwa bis Mai 1979. Die aufgeführten Projekte umfassen bei allen geltenden Schwerpunkten neben Neubewilligungen auch noch im Berichtszeitraum laufende Forschungsprojekte aus Bewilligungen früherer Jahre.
Während der Drucklegung konnten noch einige wichtige Kuratoriumsbeschlüsse der 62. Sitzung im Juni 1979 berücksichtigt werden.

Programm zur Förderung habilitierter Wissenschaftler

Merkblatt 23
S. 327 ff.

Die seit Juni 1977 bestehende Möglichkeit der Förderung habilitierter Wissenschaftler, bisher auf fünf Förderungsschwerpunkte begrenzt, ist im Dezember 1978 auf alle Schwerpunkte der Stiftung Volkswagenwerk ausgeweitet worden.
Das Angebot, das eine Förderung im Rahmen konkreter Forschungsprojekte vorsieht, richtet sich an besonders qualifizierte jüngere Wissenschaftler, die dem Hochschullehrernachwuchs zuzurechnen sind und deren Verbleiben an der Hochschule dringend erwünscht ist, deren Zukunft an den Hochschulen jedoch wegen der schlechten Berufungschancen in den nächsten Jahren ungesichert ist.

Die Stiftung Volkswagenwerk will mit dieser Förderungsmaßnahme einen ihren Möglichkeiten und Prinzipien entsprechenden Beitrag zur Sicherung des wissenschaftlichen Nachwuchses leisten; sie verfolgt dabei die gleichen Bestrebungen wie die Deutsche Forschungsgemeinschaft im „Heisenberg-Programm".

Bewerber, habilitiert oder mit vergleichbarer Qualifikation, sollten nicht älter als 35 Jahre sein; der Projektantrag sollte über eine Hochschule oder über eine andere wissenschaftliche Einrichtung gestellt werden, die den

Bewerber für den Förderungszeitraum als wissenschaftlichen Mitarbeiter einstellen kann. Neben den Personalkosten für den Bewerber (in der Regel nach BAT Ib) und einer Ersatzgeldpauschale in Höhe von 200 DM monatlich kann die Stiftung auch gegebenenfalls erforderliche Sach- und Reisekosten, eventuell auch für einen Forschungsaufenthalt im Ausland, übernehmen.

Anträge sollten neben Informationen zum geplanten Projekt – das in seiner Thematik einem der Schwerpunkte der Stiftung zurechenbar sein muß – auch Angaben zu wissenschaftlichem Werdegang und bisheriger Forschungs- und Lehrtätigkeit der Bewerber (mit Publikationsliste und Referenzen) enthalten.

Bisherige Förderung

Seit der Bekanntmachung des Programms im Herbst 1977 ist eine Vielzahl von Anfragen zur Habilitiertenförderung eingegangen; 18 konkrete Anträge wurden gestellt.

Von den bis Juni 1979 ausgesprochenen sechs Bewilligungen über rund 1 Million DM wurde eine (Schwerpunkt „Nordamerika-Studien") nicht in Anspruch genommen, da inzwischen die Berufung auf einen Lehrstuhl erfolgte. Die anderen fünf Habilitiertenförderungen wurden in den Schwerpunkten „Geschichtsforschung und Geschichtsdarstellung im Europäischen Zusammenhang und Vergleich" (Priv.-Doz. Dr. K. Krüger, Fachbereich Geschichtswissenschaften, Universität Marburg) und „Zellbiologie" bewilligt (Priv.-Doz. Dr. G. O. Kirst, Botanisches Institut der Technischen Hochschule Darmstadt; Priv.-Doz. Dr. F. Wunderlich, Institut für Biologie II, Universität Freiburg/Br.; Priv.-Doz. Dr. D. Marmé, Institut für Biologie III, Universität Freiburg/Br.; Priv.-Doz. Dr. M. Schönharting, Institut für Biologische Chemie, Universität Hohenheim).

Schwerpunkte mit überwiegend geistes- und gesellschaftswissenschaftlicher Themenstellung

Wissenschaft und Technik – Historische Entwicklung und Sozialer Kontext

Merkblatt 15
S. 305 ff.

Wissenschaft und Technik sind seit geraumer Zeit selbst Gegenstand wissenschaftlicher Betrachtung geworden. Vor allem die Arbeiten von Thomas Kuhn zur Wissenschaftsgeschichte und die sich daran anschließende Diskussion haben deutlich gemacht, daß die Frage, wie sich Wissenschaft entwickelt, selbst wissenschaftlich umstritten ist. Gleichzeitig zeigt die tägliche nichtwissenschaftliche Erfahrung, daß Wissenschaft und Technik das Leben der heutigen Menschen in immer noch steigendem Maße beeinflussen. *Thematik*

Die Stiftung Volkswagenwerk hat angesichts dieser Situation 1975 einen Schwerpunkt eingerichtet, der der Förderung historischer Wissenschafts- und Technikforschung dienen soll. Dabei zeigt die Benennung „Wissenschaft und Technik – Historische Entwicklung und Sozialer Kontext" an, daß das Förderungsangebot sich auf Forschungen zur Bedingtheits- und Wirkungsgeschichte bezieht, d. h., daß die Gesamtsituation von Wissenschaft und Technik innerhalb der Gesellschaft, die sie bedingenden Faktoren, die von ihnen ausgeübten Wirkungen sowie ihre Wechselbeziehungen miteinander berücksichtigt werden sollen. Vorhaben der Wissenschaftsforschung im weiteren Sinne können einbezogen werden, sofern in ihnen auch historische Aspekte angesprochen sind.

Für die Einrichtung des Schwerpunktes war mitbestimmend, daß die Forschung dort, wo sie Wissenschaft und Technik selbst zu ihrem Gegenstand macht, interdisziplinär vorgehen muß, wodurch besondere Probleme und damit häufig auch erhöhte Kosten entstehen. Auch sollen durch den Schwerpunkt insbesondere solche Vorhaben gefördert werden, die dazu beitragen könnten, die wissenschaftlichen Kontakte deutscher Forscher zu wissenschaftlichen Institutionen im Ausland zu intensivieren und etwaige in der Bundesrepublik Deutschland gegenüber anderen Ländern bestehende Forschungsrückstände auszugleichen. *Förderungsmöglichkeiten*
Entsprechend ist bei der Förderung von Forschungsprojekten nicht nur an einzelne Wissenschaftler gedacht, sondern vor allem an interdisziplinär und international zusammengesetzte Arbeitsgruppen. Auch zu fördernde

wissenschaftliche Veranstaltungen sollen möglichst eine interdisziplinäre und internationale Zusammenarbeit herbeiführen. Nachwuchsförderung kann im Zusammenhang mit Forschungsprojekten erfolgen, aber auch (zahlenmäßig begrenzt) durch Stipendien an Graduierte für Studien außerhalb ihrer eigenen Fächer; letzteres setzt voraus, daß ein ausgewiesener Vertreter der jeweiligen Disziplin eine Anleitung der Stipendiaten übernimmt.

Bisherige Förderung

Im Jahre 1978 wurden für 16 Vorhaben 2,7 Millionen DM zur Verfügung gestellt. Insgesamt wurden in diesem Schwerpunkt bisher 18,7 Millionen DM bewilligt.

Planung eines energiehistorischen Museums

Wissenschaftshistoriker, Energiewissenschaftler, Didaktiker und Museumsfachleute haben im Februar 1978 im Haus der Technik, Essen, Möglichkeiten für die Einrichtung eines energiehistorischen Museums als Fach- und Spezialmuseum erörtert, das die Zusammenhänge zwischen Energie, Wissenschaft, Technik, Wirtschaft und Gesellschaft darstellen soll. Die von der Stiftung Volkswagenwerk geförderte Tagung erbrachte als eines ihrer Ergebnisse die Übereinstimmung, daß die Gründung eines solchen Hauses einer vielseitigen und umfassenden wissenschaftlichen Vorbereitung und Planung, d.h. einer genauen Konzeption bedarf. Für diese Vorarbeiten hat die Stiftung der Gesellschaft der Förderer des Energiemuseums Hamm e.V. (Dr. H. Tigges) 538 000 DM zur Verfügung gestellt. In Abstimmung mit einem Wissenschaftlichen Beirat, dem Fachleute aus Hochschulen, Museen und der Industrie angehören, sowie mit Unterstützung des Hauses der Technik, Essen (Prof. Dr. E. Steinmetz), soll eine Konzeption für die Darstellung der energiehistorischen Grundlagen, der energiewissenschaftlichen Voraussetzungen und zur Museumsdidaktik erarbeitet werden, die auch anderen Museen zugute kommen könnten.

Entwicklungsprozesse technischer Neuerungen

Die Struktur des Entwicklungsprozesses technischer Neuerungen und die sie bestimmenden Faktoren werden in einem Gemeinschaftsprojekt der Technischen Hogeschool Twente, Enschede/Niederlande (Dr. A.L. van Schelven, Dr. H.J. Zacher) und dem Seminar für Sozialwissenschaften der Universität Hamburg (Prof. Dr. U. Troitzsch) untersucht. Es soll der Entwicklung von etwa 25 solcher Neuerungen aus dem Zeitraum von 1850 bis 1960 nachgegangen werden; stellvertretend für das Gesamtvorhaben können die Ammoniaksynthese, der Bessemer-Konverter, Nylon und Perlon, die Triode und die Polaroid-Fotografie genannt werden. Ob die technik-geschichtlichen Untersuchungen am Ende allgemeine Aussagen über Strukturen und Mechanismen zulassen, nach denen der Entwicklungsprozeß technischer Neuerungen abläuft, bleibt zunächst abzuwarten. Das Projekt, für das die Stiftung Volkswagenwerk insgesamt rund 257 500 DM zur Verfügung gestellt hat, nimmt Anregungen auf, wie sie sich aus einer ebenfalls von der Stiftung geförderten Studie zum Stand der Technikgeschichte in der Bundesrepublik Deutschland* ergeben haben.

Einen neuen Zugang zur Entwicklung der Mathematik in der ersten Hälfte des 19. Jahrhunderts will ein Projekt des Instituts für Didaktik der Mathematik der Universität Bielefeld (Prof. Dr. M. Otte) erschließen (492 000 DM). Das Institut – von der Stiftung startfinanziert und mehrfach bei Forschungsvorhaben unterstützt – will dabei nicht einfach das historische Hervortreten einzelner mathematischer Kenntnisse und Ideen im Sinne einer bloßen Bestandsaufnahme nachzeichnen, sondern anhand dieser Fallstudie das Verhältnis zwischen Wissenschafts- und Bildungsprozeß untersuchen. Es geht also darum, die Entstehung der moderneren Mathematik und ihres wissenschaftlichen Selbstverständnisses in ihrer sozialhistorischen Bedingtheit und wissenschaftshistorischen Bedeutsamkeit herauszuarbeiten. Das besondere Augenmerk soll auf die Wechselwirkung zwischen wissenschaftlicher Mathematik und Schulmathematik, also zwischen Wissenschaft und Lehre und Ausbildung gelegt werden. Zu untersuchen ist auch die Rolle der durch die industrielle Revolution erhöhten Bildungsanforderungen und ihre Auswirkungen auf das Schulsystem, ebenso wie die Ausstrahlungskraft der Ecole Polytechnique in Paris, die mit ihrer neuartigen Kombination von Grundlagenforschung, angewandter Forschung und systematischer Ausbildung des technischen und wissenschaftlichen Nachwuchses auch die deutsche wissenschaftspolitische Diskussion beeinflußte.

Mathematik im 19. Jahrhundert

Mit der Bereitstellung von bisher insgesamt etwa 11 Millionen DM hat die Stiftung Volkswagenwerk maßgeblich dazu beigetragen, daß an der Herzog August Bibliothek, Wolfenbüttel (Prof. Dr. P. Raabe), eine auch international viel beachtete Stätte geisteswissenschaftlicher Forschung entsteht. Die Bibliothek führt seit 1975 ein Forschungsprogramm zur europäischen Kulturgeschichte der frühen Neuzeit durch, in dem Wissenschafts- und Technikgeschichte besondere Berücksichtigung findet. Das Forschungsprogramm umfaßt Symposien und andere wissenschaftliche Veranstaltungen, Forschungsprojekte sowie die Vergabe von Stipendien. Bewerbungen und Informationswünsche dazu sind an die Herzog August Bibliothek, Geschäftsstelle für das Forschungsprogramm, Postfach 227, 3340 Wolfenbüttel, zu richten.

Wolfenbütteler Forschungsprogramm

---

* W. RAMMERT, Technik, Technologie und technische Intelligenz in Geschichte und Gesellschaft. Report Wissenschaftsforschung Nr. 3, Bielefeld 1975.

Nachdem im August 1977 die Niedersächsische Landesregierung beschlossen hat, die Aktivitäten der Herzog August Bibliothek als Forschungsstätte später in die Finanzierung des Landes zu übernehmen, hat das Forschungsprogramm im Jahre 1978 einen weiteren Impuls vor allem dadurch erfahren, daß Professor Dr. Walther Killy, bisher Bern, als Forschungsprofessor für die Bibliothek gewonnen werden konnte. Er wurde im September 1978 vom Niedersächsischen Minister für Wissenschaft und Kunst in sein Amt eingeführt.

Im Jahre 1978 konnten mit den Mitteln der Stiftung in Wolfenbüttel 21 wissenschaftliche Veranstaltungen durchgeführt und 3 Forschungsprojekte begonnen bzw. fortgesetzt werden. 39 Stipendiaten arbeiteten für 2 bis 12 Monate über unterschiedliche Themen, zum Beispiel:

Beschreibende Fachprosa im 15. und 16. Jahrhundert

Politische Flugschriften

Zur Entwicklung neuer geistiger und politischer Führungsschichten an der Wende vom späten Mittelalter zur frühen Neuzeit

Studien über Leonardo da Vinci

Der Buchhandel in der zweiten Hälfte des 16. Jahrhunderts

Dramen deutscher Sprache zwischen 1624 und 1650

Verzeichnis der von Lessing benutzten und zitierten Schriften

Die politische Theorie der Aufklärung

Diderot und die Enzyklopädie

Stammbücher, Emblembücher und Probleme der Leserforschung

Geschichte der Brechungsgesetze

Gesetzgebung als gestaltendes Element der Politik

Lessing und die literarische Zensur

Zur Kulturgeschichte des 17. Jahrhunderts

Die deutsche Architekturtheorie zwischen 1500 und 1800

Georg Ernst Stahl und die vitalistische Medizin im 18. Jahrhundert

Musikwissenschaftliche Quellen des Mittelalters

Allgemeine Staatslehre und öffentliches Recht im 17. Jahrhundert

1978/79 bewilligte und laufende (*) Projekte

Augsburg   Universität Augsburg, Lehrstuhl für romanische Literaturwissenschaft (Prof. Dr. H. Krauß)
* *Romanische Zeitschrift für Literaturgeschichte*

Freie Universität Berlin, Wissenschaftliche Einrichtung 3, Institut für Soziologie (Prof. Dr. W. Lepenies) Berlin
Gaslicht und elektrisches Licht – Zwei Phasen der Industrialisierung der künstlichen Beleuchtung im 19. Jahrhundert

Technische Universität Berlin, Institut für Geschichtswissenschaften (Prof. Dr. R. Rürup). Stipendium für Dipl.-Ing. H. Petzold
* *Studium der Technikgeschichte*

Technische Universität Berlin, Institut für Philosophie, Wissenschaftstheorie, Wissenschafts- und Technikgeschichte (Prof. Dr. H. Poser)
Workshop „Sozialgeschichte der Mathematik"

Technische Universität Berlin, Institut für Philosophie, Wissenschaftstheorie, Wissenschafts- und Technikgeschichte (Prof. Dr. F. Rapp)
* *Forschungsprojekt „Determinanten der technischen Entwicklung"*

Universität Bielefeld, Fakultät für Pädagogik, Philosophie, Psychologie (Dr. M. Wolff) Bielefeld
Die Historisierung des Naturbildes

Universität Bielefeld, Forschungsschwerpunkt Wissenschaftsforschung (Dr. G. Küppers)
Die Nobelpreise in Physik und Chemie 1901–1916

Universität Bielefeld, Institut für Didaktik der Mathematik (Prof. Dr. M. Otte)
Zum Verhältnis von Wissenschafts- und Bildungsprozeß – dargestellt am Beispiel der Entwicklung der Mathematik im 19. Jahrhundert

Universität Bochum, Abt. für Geschichtswissenschaft, Lehrstuhl für Wirtschafts- und Technikgeschichte (Prof. Dr. A. Timm) Bochum
* *Probleme der Wirtschafts- und Ingenieurwissenschaften 1840–1920. Komparative Studien zur Entwicklung zweier wissenschaftlicher Disziplinen in Deutschland/Österreich, England, den USA und Frankreich unter besonderer Berücksichtigung des Wissenschaftstransfers*

Universität Bochum, Geographisches Institut
* *Forschungsvorhaben „Enzyklopädie der Entdecker und Erforscher der Erde"*

Universität Bochum, Geographisches Institut (Prof. Dr. M. Büttner)
* *Geschichte der Geographie im 17. und 18. Jahrhundert*

Universität Bonn, Seminar für Soziologie (Prof. Dr. J. Stagl) Bonn
* *Arbeitstagung zur Frühgeschichte der Statistik*

Technische Hochschule Darmstadt, Institut für Geschichte (Prof. Dr. A. Paulinyi) Darmstadt
* *Forschungsvorhaben „Entwicklung produktionsreifer Fertigungsverfahren in der chemischen Industrie des Rhein-Main-Gebietes (ca. 1870–1900)"*

Düsseldorf Verein Deutscher Ingenieure, Düsseldorf (Prof. Dr. A. Huning)
* *Analyse technischer Normen und Richtlinien hinsichtlich der Berücksichtigung außertechnischer Ziele und Werte*

Erlangen Universität Erlangen-Nürnberg, Institut für Geschichte (Prof. Dr. M. Stürmer)
* *Das alte Handwerk – Bedingungen seiner letzten Blüte im 18. Jahrhundert am Beispiel der Ebenisterie in Deutschland, Frankreich und England*

Essen Haus der Technik e. V., Essen (Prof. Dr. E. Steinmetz)
Symposion „Nutzung der Technikgeschichte zur Darstellung der Zusammenhänge zwischen Energie, Wissenschaft, Technik, Wirtschaft und Gesellschaft"

Göttingen Max-Planck-Institut für Geschichte, Göttingen (Prof. Dr. R. Vierhaus)
Die Anfänge der kulturellen Anthropologie – Die Laufbahn Edward B. Tylors (1832–1917)

Hamburg Universität Hamburg
* *Forschungsprojekt „Grundlagen von Wissenschaft und Ethik" des Inter-University-Centre of Post-Graduate Studies Dubrovnik*

Universität Hamburg, Institut für Geschichte der Naturwissenschaften (Dr. Ch. Huenemörder)
* *Forschungsvorhaben „Nachgelassene Papiere von M. J. Hagerty zur chinesischen Biologie"*

Universität Hamburg, Seminar für Sozialwissenschaften (Prof. Dr. U. Troitzsch)
und
Technische Hogeschool Twente, Enschede/Niederlande (Dr. A. L. van Schelven, Dr. H. J. Zacher)
Untersuchungen zu determinierenden Faktoren und zur Struktur des Entwicklungsprozesses technischer Neuerungen (ca. 1850–1960)

Universität Hamburg, Seminar für Sozialwissenschaften, Abt. Sozial- und Wirtschaftsgeschichte (Prof. Dr. U. Troitzsch)
* *Die Technologie des Manufakturwesens in Deutschland im 18. Jahrhundert unter Berücksichtigung des sozio-ökonomischen Kontextes*

Universität Hamburg, Institut für Geschichte der Naturwissenschaften, Mathematik und Technik (Prof. Dr. C. J. Scriba)
Wissenschaftshistorischer Forschungsaufenthalt in den USA

Hamm Gesellschaft der Förderer des Energie-Museums Hamm e. V., Hamm (Dr. H. Tigges, Prof. Dr. E. Steinmetz)
Erarbeitung der Konzeption eines energiehistorischen Museums

Hannover Leibniz-Gesellschaft e. V., Hannover (Dr. W. Totok)
* *Druckkostenzuschuß zu den Supplementbänden 17 und 18 der Studia Leibnitiana „Leibniz in Paris"*

Niedersächsische Landesbibliothek, Hannover (Dr. W. Totok) *Hannover*
* *Edition und wissenschaftliche Aufarbeitung ausgewählter mathematischer Handschriften des Leibniz-Nachlasses*

Universität Heidelberg, Institut für Sozial- und Wirtschaftsgeschichte (Prof. Dr. W. Conze, Prof. Dr. R. Deutsch) *Heidelberg*
Die marxistische Geschichtsschreibung der jeweiligen Gegenwart

Universität Karlsruhe, Institut für Maschinenkonstruktionslehre (Priv.-Doz. Dr.-Ing. R. Feiertag) *Karslruhe*
Vorstudie zum Projekt „Technologiewandel von der Mechanik zur Elektronik"

Universität Kiel, Historisches Seminar (Prof. Dr. K. D. Erdmann) *Kiel*
* *Geschichte der internationalen Historikerkongresse im Reflex der historisch-methodischen und der politischen Entwicklung seit der Jahrhundertwende*

Universität Köln, Philosophisches Seminar (Prof. Dr. Elisabeth Ströker) *Köln*
* *Grundlagen der chemischen Wissenschaft in ihrer historischen Entwicklung während der zweiten Hälfte des 18. Jahrhunderts*

Universität Konstanz, FB Philosophie und Geschichte (Prof. Dr. J. Mittelstrass) *Konstanz*
Reisebeihilfe für wissenschaftshistorische Studien in England

Gesellschaft für Wissenschaftsgeschichte e. V., Mainz (Prof. Dr. F. Krafft) *Mainz*
Internationaler Austausch von Wissenschaftshistorikern

Universität Marburg, FB Geschichtswissenschaften, Fachgebiet Sozial- und Wirtschaftsgeschichte (Dr. R. Lenz) *Marburg*
* *Erfassung und wissenschaftliche Auswertung deutschsprachiger Leichenpredigten*

Universität Marburg, Institut für Geschichte der Medizin (Prof. Dr. A. Geus)
* *Indices naturwissenschaftlich-medizinischer Periodica vom Anbeginn bis 1850*

Universität Marburg, Institut für Geschichte der Pharmazie (Prof. Dr. R. Schmitz)
Die Entstehung der Chemie als selbständige wissenschaftliche Disziplin im 18. und 19. Jahrhundert

Bayerische Akademie der Wissenschaften, Kepler-Kommission, München (Prof. Dr. L. Biermann) *München*
* *Bearbeitung des handschriftlichen Nachlasses astronomischen Inhalts von Johannes Kepler*

Deutsches Museum, Forschungsinstitut für die Geschichte der Naturwissenschaften und der Technik, München (Prof. Dr. J. O. Fleckenstein)
* *Bearbeitung und Edition des Nachlasses von C. A. von Steinheil*

Oldenburg   Universität Oldenburg, FB IV, Mathematik, Naturwissenschaften (Prof. Dr. M. Folkerts)
* *Materialien zur Geschichte der europäischen Mathematik in Mittelalter und Renaissance*

Tübingen   Universität Tübingen, Philosophisches Seminar (Prof. Dr. H. Fahrenbach)
* *Strukturen sprachtheoretischen Denkens vom Rationalismus bis zur Romantik*

Wolfenbüttel   Deutsche Gesellschaft für die Erforschung des 18. Jahrhunderts, Wolfenbüttel (Dr. W. Schmidt-Biggemann)

Druckkostenzuschuß „Das 18. Jahrhundert als Epoche"

Herzog August Bibliothek, Wolfenbüttel (Prof. Dr. P. Raabe)
* *Einrichtung einer Forschungsprofessur*

Weitere Mittel für das Forschungsprogramm zur europäischen Kulturgeschichte der frühen Neuzeit

Weitere Mittel für den Bau eines Forschungsgebäudes

Beim Forschungsvorhaben „Europäische Expansion nach Übersee in der frühen Neuzeit" werden unter Leitung von Prof. Dr. E. Schmitt (Lehrstuhl für Neuere Geschichte der Universität Bamberg) bisher schwer zugängliche Quellen übersetzt, kommentiert und in 7 Bänden ediert (Bewilligung 671 000 DM; S. 57; s. a. Bericht 1976/77, S. 46).

Merkblatt 14
S. 303
Geschichtsforschung und Geschichtsdarstellung im Europäischen Zusammenhang und Vergleich

---

Thematik   Der Schwerpunkt „Geschichtsforschung und Geschichtsdarstellung im Europäischen Zusammenhang und Vergleich" soll zur Entwicklung der internationalen Geschichtsforschung und zur Behandlung aktueller Probleme des nationalen Geschichtsbewußtseins nicht nur der Deutschen anregen. Für eine vergleichende europäische Geschichtsforschung, die zu einem europäischen Geschichtsbild und zu einem neuen Verständnis der nationalen Besonderheiten innerhalb dieses Rahmens beitragen könnte, fehlen bisher Gesamtdarstellungen ebenso wie Forschungsarbeiten zu bedeutsamen Einzelproblemen.

Förderungs-   Der Schwerpunkt stellt ein weiteres Angebot an die historischen Wissen-
möglichkeiten   schaften dar, wobei Forschungsprojekte und wissenschaftliche Kommunikation im gesamten Bereich der Sozial-, Verfassungs-, Wirtschafts-, Kirchen-, Rechts- und der politischen Geschichte gefördert werden können, soweit sich die Themen innerhalb der angegebenen Zielrichtung und Grenzen bewegen.

Besonderer Wert wird auf international kooperativ angelegte Projekte gelegt. Die Förderung kurzfristiger Auslandsaufenthalte soll es auch jüngeren Wissenschaftlern ermöglichen, sich mit dem Wissensstand in anderen Ländern vertraut zu machen.

Unter Europa wird hier der geschichtliche Zusammenhang der westlichen Zivilisation einschließlich Polens, Böhmens und Ungarns verstanden als eine Region, in der sich die entscheidenden Institutionen und Trägergruppen der modernen Welt und ihre großen geistigen Bewegungen originär herausgebildet und zusammen eine die ganze Welt verändernde Dynamik geschaffen haben. Dabei sind eingeschlossen die Geschichte der europäisch geprägten überseeischen Siedlungsgebiete vor allem englischer und spanischer Sprache, die Wirkung Europas auf diese Gebiete sowie deren Rückwirkung auf Europa. Die Grenzen des angesprochenen Bereichs, der zeitlich etwa von der Karolinger-Zeit bis hin zur Gegenwart anzusetzen ist, sollen jedoch nicht starr gezogen werden. So kann es sich auch als notwendig erweisen, russische und andere ostchristliche Bereiche einzubeziehen oder auch Entwicklungen der ausgehenden Antike, sofern sie die europäische Geschichte im oben umrissenen engeren Sinn wesentlich beeinflußt haben.

Vorrang haben Vorhaben, die sich auf „geistige Bewegungen", wie Reformation und Gegenreformation, Aufklärung, Nationalismus u.ä., beziehen, auf „Institutionen" – beispielsweise mittelalterliche Stadt, bürokratischer Rechtsstaat, liberale Demokratie – oder auf „Aktionen" (z.B. Türkenabwehr, Kreuzzüge, Kolonisation, Revolutionen). Von der Förderung ausgenommen sind ausschließlich nationalgeschichtliche Untersuchungen.

Bisherige Förderung

Seit Beginn der Förderung im Jahre 1975 bis Anfang 1979 konnten Bewilligungen über insgesamt rund 12,1 Millionen DM ausgesprochen werden. Im Jahre 1978 wurden für 26 Vorhaben rund 4,3 Millionen DM bewilligt, wobei 2 große Verbundthemen hervorzuheben sind.

Inflation und Wiederaufbau 1914–1924

Ein Gastaufenthalt, den Professor Dr. G.D. Feldman (Berkeley/USA) 1975 im Rahmen eines von der Stiftung Volkswagenwerk geförderten Gastprofessorenprogramms bei der Historischen Kommission zu Berlin e.V. verbrachte, und ein von ihm geleitetes Symposion haben neben einer umfangreichen Publikation* auch zu einer großangelegten Zusammenarbeit von deutschen, französischen, englischen und amerikanischen Historikern mit (bisher) insgesamt 31 Einzelprojekten zur Inflationsgeschichte geführt. Die Wissenschaftler trafen im Juni 1978 bei einem ebenfalls von der Stiftung geförderten Symposion erneut bei der Historischen Kommission in Berlin zur gemeinsamen Beratung und Abstimmung der Projekte zusammen. Zur weiteren Koordinierung und für ein Rahmenprogramm,

---

* Historische Prozesse der deutschen Inflation, 1914–1924. Bearb. und hrsg. von O. Büsch und G.D. Feldman. Einzelveröffentlichungen der Historischen Kommission zu Berlin, Band 21, Berlin 1978.

das bis 1983 jährlich je eine Arbeitstagung von Projektleitern und -mitarbeitern vorsieht, hat sich ein Lenkungsausschuß konstituiert, dem außer Professor Feldman (USA) die Professoren C.-L. Holtfrerich (Berlin), G. A. Ritter (München) und B.-C. Witt (Kassel) angehören. Die organisatorische Durchführung liegt bei der Historischen Kommission zu Berlin. Für das Rahmenprogramm „Inflation und Wiederaufbau in Deutschland und Europa 1914–1924" und 12 der Einzelprojekte hat die Stiftung im Jahre 1978 insgesamt 1 225 000 DM zur Verfügung gestellt.

Ein dem vorhergehenden thematisch verwandtes und durch gegenseitige personelle Beteiligung auch verbundenes Projekt „Die Interdependenz politischer und wirtschaftlicher Entwicklungen in der Innen- und Außenpolitik des Versailler Staatensystems 1919–1939" hat im Jahre 1978 das Institut für Europäische Geschichte (Prof. Dr. K. O. von Aretin) in Mainz begonnen (986 500 DM). In enger Zusammenarbeit mit Historikern und Wirtschaftshistorikern aus West- und Osteuropa sowie den USA sollen komparative Studien zur Wechselwirkung von wirtschaftlicher Entwicklung und politischer Entscheidung im Europa der Zwischenkriegszeit im gesamteuropäischen Rahmen durchgeführt werden. Ein wesentliches Ziel ist, die Studien auch auf bisher vernachlässigte Gebiete auszudehnen. So werden neben den westlichen Industriestaaten die ost- und südosteuropäischen Agrarstaaten besondere Berücksichtigung finden. Die Förderung durch die Stiftung ermöglicht es dem Institut, das für das Projekt einen Wissenschaftlichen Beirat bestellt hat, Stipendien zu vergeben, Archivreisen zu finanzieren sowie Kolloquien und Arbeitstagungen zu veranstalten. Eine internationale Tagung zum Thema „Südosteuropa im Spannungsfeld der Großmächte 1919–1939" ist für den Herbst 1979 vorgesehen.

Wirtschaft und Politik in der Zwischenkriegszeit

Ein umfangreiches Forschungsprojekt, das sich die vollständige Rekonstruktion der Geld- und Währungsverhältnisse in Mitteleuropa, möglichst von ca. 1300 bis 1800, zum Ziel gesetzt hat, wird am Fachbereich 3 der Universität Trier (Prof. Dr. F. Irsigler) vorbereitet. Mit Hilfe der EDV soll ein Arbeitsmittel für die Wirtschaftsgeschichte, vor allem für die Geschichte der Preise und Löhne und für die Erforschung von Konjunkturen und Krisen geschaffen werden, das die Durchführung von überregionalen bis internationalen Untersuchungen einerseits und Langzeitstudien andererseits erheblich erleichtern würde. Für das auf fünf Jahre veranschlagte Vorhaben hat die Stiftung Volkswagenwerk rund 1,2 Millionen DM bereitgestellt.

Geld- und Währungsgeschichte Mitteleuropas

Am Lehrstuhl für Mittelalterliche Geschichte der Universität Augsburg (Prof. Dr. R. Kottje) fördert die Stiftung die Erfassung und Untersuchung der frühmittelalterlichen kontinentalen Bußbücher (6–12. Jh.). Die

Frühmittelalterliche Bußbücher

55

Bußbücher – Zusammenstellungen von abgestuften Bußbestimmungen für Vergehen unter Berücksichtigung der sozialen Stellung des Täters (Mann/Frau; Kleriker/Laie usw.) – haben sich, von Irland kommend, zunächst über die fränkische Kirche, dann über die Kirchen Englands, Spaniens und Italiens verbreitet. Sie bilden eine bedeutsame Quellengattung des europäischen Mittelalters, die jedoch wegen der mangelnden Erschließung weder von der Kirchen- und Rechtsgeschichte noch von der allgemeinen Sozialgeschichte hinreichend genutzt und ausgewertet werden konnte. Nach einer Tagung im April 1978, die dem Austausch der Fachleute über methodische Probleme diente, plant Professor Kottje nun, die gesamte handschriftliche Überlieferung zu erfassen, eine Bußbücherbibliographie zu erstellen, Sachindices zu erarbeiten und kritische Editionen herauszugeben.

Arbeitskämpfe in Europa 1885–1895 Streiks und Aussperrungen in Deutschland, Frankreich und Großbritannien in der Zeit von 1885–1895 sollen am Institut für Sozialgeschichte Braunschweig-Bonn (Dr. K. Klotzbach) vergleichend untersucht werden (205 000 DM). Für die Geschichte der Industrialisierung stellen diese Jahre in vielerlei Hinsicht eine Epochengrenze dar, in der sich die größte Streikwelle des 19. Jahrhunderts abspielte. Das explosionsartige Anschwellen der Arbeitskämpfe erfaßte alle damaligen Industrienationen und war mit einem entsprechend starken Anwachsen der Arbeitsorganisationen verbunden. Kennzeichen dieser Jahre waren auch die Nichtverlängerung des Sozialistengesetzes und der Sturz Bismarcks in Deutschland, die Wiedergründung und der parlamentarische Aufstieg sozialistischer Parteien in Frankreich, Belgien und auch in Großbritannien, die Gründung der sozialistischen Zweiten Internationale, die Durchsetzung des 1. Mai als internationaler Kampftag, der Beginn des New Unionism in Großbritannien, die Hochphase des Anarchismus in den USA und die erstmalige Anwendung des politischen Massenstreiks in Frankreich und Belgien. Das Projekt wird sich sowohl auf quantitative (Streik-) Statistiken wie auf qualitative Quellen (Presse, Archivmaterial) stützen.

1978/79 bewilligte und (*) laufende Projekte

Aachen Technische Hochschule Aachen, Historisches Institut (Prof. Dr. R. Hildebrandt)
* *Internationale Wirtschaft und Politik in der ersten Hälfte des 17. Jahrhunderts – Quellen und Studien zu den Paler-Rehlingen*

Augsburg Universität Augsburg, Lehrstuhl für Mittelalterliche Geschichte (Prof. Dr. R. Kottje)
Erfassung und Untersuchung der frühmittelalterlichen kontinentalen Bußbücher

Universität Augsburg, Lehrstuhl für Neuere und Neueste Geschichte (Prof. Dr. J. Becker)
Symposion „Internationale Beziehungen in der Weltwirtschaftskrise 1929–1933"

Gesamthochschule Bamberg, FB Geschichte und Geographie, Lehrstuhl für Neuere Geschichte (Prof. Dr. E. Schmitt) — *Bamberg*
* *Forschungsprojekt „Dokumente zur europäischen Expansion in der frühen Neuzeit (15. bis 18. Jahrhundert)"*

University of California, Berkeley, Department of History, Institute of International Studies (Prof. Dr. G. D. Feldman) — *Berkeley / USA*
Eine politische und soziale Geschichte der deutschen Inflation

University of California, Berkeley, Department of History, Institute of International Studies (Prof. Dr. G. D. Feldman)
Beamtenschaft, Beamtenverbände und Inflation. Untersuchungen zur sozialen und politischen Entwicklung der deutschen Beamten 1914–1924 im europäischen Vergleich

University of California, Berkeley, Department of History, Institute of International Studies (Prof. Dr. G. D. Feldman)
Politik und Gesellschaft in den Nachwirkungen der Inflation – Schuldenaufwertung in der Weimarer Republik

University of California, Berkeley, Department of History, Institute of International Studies (Prof. Dr. G. D. Feldman)
Landwirtschaftliche Entwicklung und agrarische Interessengruppen im Rheinland und in Westfalen 1914–1924

Freie Universität Berlin, FB 13, Geschichtswissenschaften (Prof. Dr. K. Elm) — *Berlin*
Kolloquium „Observanz- und Reformbewegungen im spätmittelalterlichen Ordenswesen"

Freie Universität Berlin, FB 13, Geschichtswissenschaften (Prof. Dr. A. Imhof)
* *Geschichte des Gesundheitswesens im 18. und 19. Jahrhundert im Rahmen der gesamteuropäischen sozial- und wirtschaftsgeschichtlichen Entwicklung*

Freie Universität Berlin, FB 13, Geschichtswissenschaften (Prof. Dr. E. Nolte)
Marxismus und industrielle Revolution

Freie Universität Berlin, FB 13, Geschichtswissenschaften (Prof. Dr. W. von Stromer)
und
Universität Trier, FB III, Geschichtliche Landeskunde (Prof. Dr. F. Irsigler)
Hochfinanz und Politik in Mittel- und Nordwesteuropa im 12. und 13. Jahrhundert

Freie Universität Berlin, Zentralinstitut für Sozialwissenschaftliche Forschung (Dr. J. Brockstedt)
* *Sozialstruktur und Mobilität in Schleswig-Holstein und Dänemark 1803–1864*

Berlin Technische Universität Berlin, Institut für Geschichtswissenschaft (Prof. Dr. R. Rürup)
Die Stadt Essen in der Inflation 1914–1924

Historische Kommission zu Berlin (Prof. Dr. O. Büsch)
Symposion „Inflation und Wiederaufbau in Deutschland sowie West- und Mitteleuropa 1914–1924"

Historische Kommission zu Berlin (Prof. Dr. O. Büsch)
Rahmenprogramm für das Projekt „Inflation und Wiederaufbau in Deutschland und Europa 1914–1924"

Bielefeld Universität Bielefeld, Fakultät für Geschichtswissenschaft (Prof. Dr. J. Kocka)
Unternehmens-Rationalisierung in der Rekonstruktionsperiode nach dem Ersten Weltkrieg. Studien zur Diskussion und Praxis der Rationalisierung in der Industrie Deutschlands und Frankreichs, 1917/18–1927/28

Universität Bielefeld, Fakultät für Geschichtswissenschaft (Prof. Dr. R. Koselleck)
* *Handbücher und Traktate für den Gebrauch des Kaufmanns. Eine Untersuchung über Entwicklung, Formen und Verbreitung kaufmännischen Wissens vom 16. bis ins frühe 19. Jahrhundert*

Universität Bielefeld, Fakultät für Geschichtswissenschaft (Prof. Dr. R. Koselleck)
* *Forschungsprojekt „Kriegerdenkmäler"*

Bochum Universität Bochum, Abt. für Geschichtswissenschaft (Prof. Dr. H. Mommsen)
Die Sozial- und Wirtschaftspolitik der Ruhrgebietsstädte nach dem Ersten Weltkrieg

Universität Bochum, Abt. für Geschichtswissenschaft (Prof. Dr. H. Mommsen)
Tarifpolitik im Ruhrbergbau im Spannungsfeld von Tarifautonomie und sozialpolitischem Staatsinterventionismus

Universität Bochum, Abt. für Geschichtswissenschaft (Prof. Dr. W. Schulze)
und
Universität Saarbrücken, FB 5, Grundlagen- und Geschichtswissenschaften (Prof. Dr. P. Blickle)
* *Konflikte im agrarischen Bereich vom 14. bis zum 18. Jahrhundert im europäischen Vergleich*

Bonn Institut für Sozialgeschichte Braunschweig-Bonn, Bonn-Bad Godesberg (Dr. K. Klotzbach)
* *Das Bild des revolutionären Frankreich in der sozialistischen deutschen Arbeiterbewegung vor dem Ersten Weltkrieg: 1789–1848–1871*

Institut für Sozialgeschichte Braunschweig-Bonn, Bonn-Bad Godesberg (Dr. K. Klotzbach)
Die Arbeitskämpfe in Europa 1885–1895

Universität Bremen, Fachbereich 1 (Prof. Dr. I. Geiss) *Bremen*
* *Elementarkurs für Geschichte*

Universität Bremen, Studienbereich VII (Prof. Dr. H.-G. Haupt)
* *Die ökonomische und politische Bedeutung des Kleinbürgertums in Frankreich und Deutschland vor 1914*

Universität Erlangen-Nürnberg, Seminar für Sozial- und Wirtschaftsgeschichte *Erlangen* (Prof. Dr. H. Kellenbenz)
* *Unternehmerische Aktivitäten deutscher Kaufleute und Bankiers in Frankreich im europäischen Rahmen, 1750–1815*

Universität Frankfurt/M., Institut für Rechtsgeschichte (Prof. Dr. D. Simon) *Frankfurt*
* *Ius Graeco-Romanum in Byzanz, Südosteuropa und Italien*

Max-Planck-Institut für Europäische Rechtsgeschichte, Frankfurt/M. (Prof. Dr. H. Coing)
* *Deutsche Studenten in Orléans 1546–1602*

Universität Freiburg/Br., Kanonistisches Seminar (Prof. Dr. U. Mosiek) *Freiburg*
* *Inventorium der Handschriften kanonistischen Inhalts bis 1600*

Universität Gießen, Historisches Seminar (Prof. Dr. F. Heyer) *Gießen*
* *Wirtschaft und Gesellschaft während der napoleonischen Herrschaft in Europa*

Max-Planck-Institut für Geschichte, Göttingen (Prof. Dr. R. Vierhaus) *Göttingen*
Arbeitstagung „Anthropologie und Geschichte / Arbeitsprozesse"

Universität Heidelberg, Konfessionskundliches Seminar (Prof. Dr. F. Heyer) *Heidelberg*
* *Kirchen als Träger zwischeneuropäischer Kommunikation in der Emanzipationsgeschichte der südosteuropäischen Völker*

Deutsches Archäologisches Institut, Abt. Istanbul (Prof. Dr.-Ing. W. Müller- *Istanbul* Wiener)
Die Niederlassung der Lateiner in Konstantinopel

Universität Köln, Historisches Seminar (Prof. Dr. O. Engels) *Köln*
* *Series episcoporum ecclesiae catholicae occidentalis ab initio usque ad annum 1198*

Universität Köln, Historisches Seminar (Prof. Dr. R. Lill)
* *Probelauf zum Forschungsprojekt „Partizipation und Integration im Nationalstaat. Die Parteien der christlichen Demokratie"*

Universität Köln, Seminar für Wirtschafts- und Sozialgeschichte (Dr. G. Philipp)
* *Herausgabe, Einleitung und kritische Kommentierung des ökonomischen Synodus der Herrnhuter Brüdergemeinde in Taubenheim 1753*

Konstanz Universität Konstanz, FB Philosophie und Geschichte (Prof. Dr. A. Borst)
Weiterführung des Projekts „Die Alpen und Europa im Spätmittelalter"

Universität Konstanz, FB Philosophie und Geschichte (Prof. Dr. D. Groh)
* *Forschungsvorhaben „Sozialgeschichte und Theorie der Geschichtswissenschaft – am Beispiel der kleindeutsch-preußischen Historiographie"*

Konstanzer Arbeitskreis für mittelalterliche Geschichte e. V., Konstanz (Prof. Dr. M. Hellmann)
Arbeitstagung „Die Ritterorden nach der Kreuzfahrerzeit"

London Institute of Contemporary History and Wiener Library, London (Prof. W. Laqueur)
* *Faschismusforschung – Eine Bestandsaufnahme*

Leo Baeck Institute, London (Dr. A. Paucker)
* *Revolution und Evolution in der deutsch-jüdischen Geschichte: 1848 in historischer Perspektive*

Mainz Institut für Europäische Geschichte, Mainz (Prof. Dr. K. O. von Aretin)
* *Symposion „Der Berliner Kongreß von 1878"*

Institut für Europäische Geschichte, Mainz (Prof. Dr. K. O. von Aretin)
Die Interdependenz politischer und wirtschaftlicher Entwicklungen in der Innen- und Außenpolitik des Versailler Staatensystems 1919–1939

Marburg Universität Marburg, FB Geschichtswissenschaften (Prof. Dr. R. Schneider). Habilitiertenförderung für Priv.-Doz. Dr. K. Krüger
Die ständischen Verfassungen Dänemarks und Schwedens in der frühen Neuzeit – Modelle einer europäischen Typologie

München Universität München, Institut für Geschichte (Prof. Dr. Th. Nipperdey)
Bayerischer Staat und Industrie in Inflation und Wiederaufbau. Die Vertretung bayerischer Unternehmerinteressen im Reich

Universität München, Institut für Geschichte Osteuropas und Südosteuropas (Prof. Dr. E. Hösch)
Konfessionalität und Nationalität Bosniens und der Herzegowina in der türkischen Epoche

Universität München, Institut für Neuere Geschichte (Prof. Dr. G. A. Ritter)
Auswirkungen inflationärer Wirtschaftsentwicklung auf die soziale Lage der Arbeiterschaft und die staatliche Sozialpolitik. Eine vergleichende Untersuchung der Arbeiterschaft in der deutschen und amerikanischen Eisen- und Stahlindustrie

Universität München, Institut für Neuere Geschichte (Prof. Dr. G. A. Ritter)
Gewerbestruktur, soziale Schichtung und Lage der Arbeiter 1910–1924, dargestellt am Beispiel von Augsburg und Linz

Universität München, Kunsthistorisches Seminar (Prof. Dr. W. Braunfels)
* *Studien zur Geschichte der Kunst im Heiligen Römischen Reich deutscher Nation*

Universität Münster, Institut für Wirtschafts- und Sozialgeschichte (Prof. Dr. R. Tilly)   *Münster*
Die Sparkassen in Westfalen 1900–1933, unter besonderer Berücksichtigung der Inflation von 1914–1923

Universität Münster, Institut für Wirtschafts- und Sozialgeschichte (Prof. Dr. R. Tilly)
* *Vergleichende Analyse industrieller Großunternehmen in Deutschland, Frankreich, Großbritannien und den USA 1870–1914*

Institut für vergleichende Städtegeschichte, Münster (Prof. Dr. H. Stoob)
* *Bibliographie zur Städtegeschichte Deutschlands – Zentralkatalog zum Städtewesen in Mitteleuropa*

St. Antony's College, Oxford/Großbritannien (Dr. A. J. Nicholls)   *Oxford*
* *Symposion „Imperialismus und Rassismus in Großbritannien und Deutschland vor 1914"*

Universität Saarbrücken, Institut für Alte Geschichte (Prof. Dr. W. Eck)   *Saarbrücken*
Series episcoporum ecclesiae catholicae occidentalis, Band II

Universität Stuttgart, Institut für Sozialforschung (Prof. Dr. A. Nitschke)   *Stuttgart*
Vision und Visionsliteratur im Mittelalter

Universität Trier, FB III, Geschichtliche Landeskunde (Prof. Dr. F. Irsigler)   *Trier*
Geld- und Währungsgeschichte Mitteleuropas im späten Mittelalter und in der frühen Neuzeit

Universität Trier, FB III, Fach Neuere Geschichte – Neueste Geschichte (Prof. Dr. G. Birtsch)
* *Vergleichende Geschichte der Grund- und Freiheitsrechte in Europa von den Widerstandslehren des 17. Jahrhunderts bis zum Zeitalter der europäischen Revolutionen 1848*

Universität Wien, Institut für Wirtschafts- und Sozialgeschichte (Prof. Dr. M. Mitterauer)   *Wien*
* *Strukturwandel der Familie im europäischen Vergleich*

Ein Renaissance-Kabinettschrank mit eingebautem Orgelwerk (Tirol, um 1590). Für die katalogmäßige Erschließung historischer Musikinstrumente erhält das Württembergische Landesmuseum Stuttgart 150 000 DM (S. 75).

Erfassen, Erschließen, Erhalten von Kulturgut als Aufgabe der Wissenschaft

Als Kulturgut im Sinne des Schwerpunktes werden historische Objekte, Dokumente und Phänomene verstanden, die für das kulturelle Erbe der Völker von Bedeutung sind. Die wissenschaftliche Aufarbeitung dieser materiellen und immateriellen Güter soll sich auf Dokumentation, Auswertung und Sicherung erstrecken. Der Schwerpunkt ist damit sachbezogen und nicht primär thematisch ausgerichtet. Er wird ergänzt durch den methoden-orientierten, auf Zusammenarbeit zwischen Geistes- und Naturwissenschaftlern angelegten Schwerpunkt Archäometrie (vgl. S. 181 ff.)*. Die Stiftung will den mit Bewahrung von Kulturgut betrauten wissenschaftlichen Einrichtungen – Archiven, Bibliotheken, Denkmalämtern, Museen usw. – ermöglichen, stärker als bisher Forschungsaufgaben zu erfüllen. Darüber hinaus soll vor allem die quellenorientierte Forschung in den verschiedenen geisteswissenschaftlichen Fächern gefördert werden. Die Stiftung würde es begrüßen, wenn die Hochschulen im größeren Umfange derartige Aufgaben aufgriffen und sachkundliche Themen stärker in die Studienpläne einbezögen. So könnten auch neue Modelle einer Zusammenarbeit mit den Kulturgut bewahrenden Einrichtungen erprobt werden.

Thematik

Die folgende Aufstellung gibt einen Überblick über die Bereiche, die im Vordergrund des Interesses stehen. Dazu werden in Klammern die Fachgebiete genannt, an die sich das Förderungsangebot der Stiftung vornehmlich richtet:

- Erforschung von Denkmälern (Archäologie, Architektur- und Technikgeschichte, Bau- und Bodendenkmalpflege, Kunstgeschichte, Vor- und Frühgeschichte)
- Aufnahme von bedrohtem Natur- und Kulturgut in ausgewählten Regionen (Archäologie, Paläontologie, Völkerkunde, Volkskunde, Vor- und Frühgeschichte)
- Wissenschaftliche Erfassung der Bestände in kleineren Museen und Spezialsammlungen (Kunst- und Musikgeschichte; Vor- und Frühgeschichte; Geschichte der Naturwissenschaften, Medizin und Technik; Volks- und Völkerkunde; Paläontologie)

---

* Zur Information für Antragsteller vgl. auch die Schrift:
Die Stiftung Volkswagenwerk informiert: Archäometrie – Kulturgut. Förderung geistes- und naturwissenschaftlicher Vorhaben zu kulturhistorischen Quellen und Objekten. Hannover 1979.

- Erschließung von Archiv- und Bibliotheksbeständen (mit Archivalien und anderen geschriebenen oder gedruckten Quellen arbeitende, insbesondere geschichtswissenschaftliche Disziplinen)

Im Zusammenhang mit den hier aufgeführten Bereichen kann auch die wissenschaftlich fundierte Konservierung und Restaurierung von Kulturgut (Kunstwissenschaften, Naturwissenschaften und technische Wissenschaften) unterstützt werden (vgl. hierzu auch Schwerpunkt „Archäometrie", S. 181 ff.).

Förderungsmöglichkeiten In diesem Schwerpunkt unterstützt die Stiftung Forschungsprojekte und Arbeitstagungen durch Vergabe von Personal-, Reise- und Sachmitteln an wissenschaftliche Einrichtungen.

Als Kriterien für eine Förderung gelten:
- die wissenschaftliche Aussagekraft des Kulturguts
- die Gefährdung des Kulturguts
- die wissenschaftliche Qualifikation des Vorhabens
- die Verwertbarkeit der Erkenntnisse für die Öffentlichkeit

Die Stiftung kann weder Erwerb und Vervollständigung noch die Unterhaltung von Sammlungen unterstützen. Die Gewährung von Druckkostenzuschüssen ist in Ausnahmefällen möglich, dann aber auf Vorhaben beschränkt, die bereits von der Stiftung gefördert worden sind. Soweit andere Förderungsorganisationen im Rahmen definierter längerfristiger Programme ebenfalls die wissenschaftliche Aufarbeitung von Kulturgut unterstützen, vermeidet es die Stiftung Volkswagenwerk, in diesen Bereichen zusätzlich tätig zu werden. Das gilt beispielsweise für Vorhaben zur Erschließung von Spezialbeständen in wissenschaftlichen Bibliotheken, die die Deutsche Forschungsgemeinschaft fördert.

Entwicklung Zu dem 1976 eingerichteten Schwerpunkt „Erfassen, Erschließen, Erhalten von Kulturgut als Aufgabe der Wissenschaft" sind bis Ende 1978 insgesamt 137 Anträge über zusammen mehr als 46 Millionen DM eingegangen, davon 62 Anträge über insgesamt 21 Millionen DM im Jahre 1978. Diese Zahlen belegen das Interesse der mit der Bewahrung von Kulturgut betrauten Institutionen an einer wissenschaftlichen Erfassung und Erschließung ihrer Bestände. Bei der Mehrzahl der beantragten Projekte geht es um die Aufarbeitung von Spezialsammlungen. Dabei zeigt sich, daß insbesondere einige „kleinere" geisteswissenschaftliche Fächer das Förderungsangebot der Stiftung aufgreifen. So kommt in den

Im Rahmen des internationalen Corpus der Etruskischen Spiegel bearbeitet das Deutsche Archäologische Institut die etwa 260 Bronzespiegel, die sich in deutschen Sammlungen befinden (Bewilligung rd. 232 000 DM). Vor der Dokumentation werden die kostbaren und oft brüchigen Handspiegel in den Labors des Römisch-Germanischen Zentralmuseums in Mainz gereinigt, restauriert und technologisch untersucht (S. 73).

verschiedenen Anfragen und Anträgen von Vertretern der Vor- und Frühgeschichte sowie der Volkskunde ein wachsendes Interesse an methodischen Fragen zur Sacherschließung zum Ausdruck. Andere Bereiche des Kulturguts sind unter den Anträgen nach wie vor wenig vertreten. Trotz des zunehmenden allgemeinen Interesses an der Fotografie und ihrer Geschichte scheinen bisher die Voraussetzungen für quellenorientierte Forschung in Bild- und Filmarchiven noch nicht gegeben zu sein.

Bisherige Förderung 1978 sind 8,4 Millionen DM für 39 Projekte bewilligt worden, von 1976 bis 1978 insgesamt 17,6 Millionen DM. Vielfach können die Mittel für größere Förderungsvorhaben nur stufenweise freigegeben werden, weil die Voraussetzungen für die Durchführung des gesamten Projekts noch nicht hinreichend geklärt sind. Zeitlich begrenzte Erprobungsphasen sollen dazu dienen, einen Überblick über die Breite der Materialbasis zu gewinnen oder die erforderlichen Erfassungsmethoden zu entwickeln. In solchen Fällen kommt der Beratung von Antragsinteressenten, die häufig auch mit der Arbeitsweise der Stiftung nicht vertraut sind, besondere Bedeutung zu. Sie schließt auch Bemühungen ein, eine frühzeitige Abstimmung geplanter Projekte mit anderen Personen und Institutionen zu erreichen, die mit den entsprechenden Gebieten und vergleichbaren Projekten und Verfahren vertraut sind oder koordinierende Funktionen haben.

Buchrestaurierung Bereits 1977 beschloß das Kuratorium ein Programm zur Restaurierung wertvoller Altbestände in den wissenschaftlichen Bibliotheken der Bundesrepublik Deutschland. Eine von der Stiftung berufene Expertenkommission hat bis Ende 1978 neun wissenschaftliche Bibliotheken in verschiedenen Teilen der Bundesrepublik besucht und danach jeweils Empfehlungen für die Erhaltung der dort gefährdeten Drucke und Handschriften gegeben – in den meisten Fällen zur Gewährung einer Starthilfe für die Ersteinrichtung einer Restaurierungswerkstatt (deren Fortfinanzierung vom Unterhaltsträger zu sichern ist).

1978 erhielten: die Staats- und Universitätsbibliothek Hamburg (Prof. Dr. H. Braun) 236 000 DM, um von zwei in der Buchrestaurierung erfahrenen Buchbindern in vier Jahren die kulturgeschichtlich besonders wertvolle Uffenbach-Wolfsche Briefsammlung restaurieren zu lassen; die Niedersächsische Landesbibliothek, Hannover (Dr. W. Totok), eine Starthilfe von 257 700 DM zur Einrichtung und fünfjährigen Unterhaltung einer Restaurierungswerkstatt, in der zunächst die besonders wichtigen hannoverschen Bestände an Pergament- und Papierhandschriften des Mittelalters und der frühen Neuzeit instand gesetzt werden sollen; das Zentralinstitut für Kunstgeschichte in München (Prof. Dr. W. Sauerländer) 175 500 DM für die Restaurierung wertvoller Buchbestände des 16. bis 18. Jahrhunderts, die wegen starker Schäden nur noch beschränkt für die Benutzung zur Verfügung stehen.

Diese einzelnen Förderungsmaßnahmen können eine langfristige Strukturplanung für die restauratorische Versorgung der wissenschaftlichen Bibliotheken in der Bundesrepublik Deutschland nicht ersetzen. Die Stiftung erwartet jedoch von dem Programm, daß es die Unterhaltsträger durch frühzeitige finanzielle Beteiligung von der Notwendigkeit umfassenderer und längerfristiger Lösungen überzeugt, in deren Rahmen auch die anstehenden Fragen und Probleme der Restauratorenausbildung und der Grundlagenforschung für die Papierrestaurierung geregelt werden müßten.

Dem Bundesarchiv, Koblenz (Prof. Dr. H. Booms), und der Generaldirektion der Staatlichen Archive Bayerns, München (Dr. W. Jaroschka), sind insgesamt 334 400 DM für die Sicherung, Ordnung und Verzeichnung der in ihren Beständen befindlichen 43 000 politischen Plakate bewilligt worden. Dabei handelt es sich um die umfangreichsten deutschen Sammlungen dieser Art, die zeitlich vom Kaiserreich bis zur Gegenwart reichen und die Tätigkeit der politischen Parteien, Verbände und Vereine in den Kriegs- und Friedenszeiten der letzten hundert Jahre belegen. Sie bilden eine wichtige Quelle für die kunst-, kultur-, sozial- und geschichtswissenschaftliche Forschung. Die vielfach brüchigen Plakate verschiedenen Formats müssen geordnet, restauriert, mikroverfilmt und wissenschaftlich bearbeitet werden. Die dazu erhobenen Angaben (Herausgeber, veranlassendes Ereignis, Datum und Grafiker) werden mit Hilfe der Datenverarbeitungsanlage des Bundesarchivs zu entsprechenden Registern aufbereitet und damit der Forschung nach verschiedenen Gesichtspunkten zugänglich gemacht. *Politische Plakate*

Auch im westlichen Ausland unterstützt die Stiftung die Erschließung wichtiger Archivbestände zur neueren deutschen Geschichte. Das Institute of Contemporary History, London (Prof. W. Laqueur), wird vor Überführung der Wiener Library nach Israel deren Bestände an Presseausschnitten und dokumentarischem Material zur Geschichte Mittel- und Westeuropas seit Ausbruch des Ersten Weltkrieges mikroverfilmen (177 000 DM). Durch Filmkopien soll das bisher in der Bundesrepublik nicht vorhandene und von der Forschung benötigte Material über das Institut für Zeitgeschichte, München (Prof. Dr. M. Broszat), der deutschen Wissenschaft zugänglich gemacht werden. Die Förderung erfolgt in enger Abstimmung *Ausländische Archive* mit der Deutschen Forschungsgemeinschaft, die die Verfilmung von Zeitschriften aus dem Bestand der Wiener Library unterstützt.

Das Leo Baeck Institute, New York (Dr. F. Grubel), dessen Archiv als wichtigste spezialisierte Sammelstelle für handschriftliches Material über deutsches Judentum zahlreiche Nachlässe bedeutender Juden des deutschsprachigen Raums umfaßt, erhielt 300 000 DM, um während eines Zeitraums von dreieinhalb Jahren einen umfangreichen Katalog mit Namens-, Orts- und Sachindices zu erarbeiten, der auswärtigen Wissenschaftlern die Bestellung von Kopien der für ihre Forschung wichtigen Archivalien ermöglicht.

Sammlung Prinzhorn   Für die wissenschaftliche Katalogisierung und museumstechnische Sicherung der Sammlung Prinzhorn hat die Psychiatrische Klinik der Universität Heidelberg (Prof. Dr. W. Janzarik) rund 350 000 DM erhalten. Die von dem Kunstliebhaber und Arzt Hans Prinzhorn um 1920 zusammengetragene Kollektion besteht aus etwa 6000 Zeichnungen, Aquarellen, Stichen, Ölmalereien, Plastiken und textilen Arbeiten psychisch Kranker, die häufig Ähnlichkeiten mit Werken expressionistischer Künstler aufweisen. Die meist auf gänzlich ungeeignetem und äußerst vergänglichem Material gestalteten Arbeiten müssen vor der Katalogisierung zunächst geordnet, geeignet untergebracht und restauriert werden. Durch die anschließende wissenschaftliche Bearbeitung der Prinzhorn-Sammlung sind wichtige Erkenntnisse für die psychotherapeutische und die kunstgeschichtliche Forschung zu erwarten.

Moderne Kunst   Mit dem Projekt „Restaurierung moderner und zeitgenössischer Kunstobjekte" hat sich das Restaurierungszentrum der Landeshauptstadt Düsseldorf (Dr. A. Althöfer) gefährdetem Kulturgut von heute zugewandt (469 000 DM). Die Künstler der Gegenwart verwenden vielfach für ihre Arbeiten und Objekte ausgefallene Materialien und Techniken, deren Kenntnis für die Erhaltung der (häufig mit beträchtlichen öffentlichen Mitteln erworbenen) Kunstwerke wichtig ist. Das Restaurierungszentrum Düsseldorf will in einer vierjährigen Untersuchung, insbesondere von Klebern, Oberflächen und Materialkombinationen moderner Kunstwerke, in engem Kontakt mit interessierten Wissenschaftlern und zeitgenössischen Künstlern eine Dokumentation der verwendeten Materialien und Techniken erstellen, die später für Erhaltungsfragen moderner Kunst zur Verfügung stehen wird.

Denkmalpflege   Dem Landeskonservator Rheinland, Bonn (Projektleiter: Prof. Dr. H. P. Hilger), wurden für das Forschungsvorhaben „Innenausstattungen des späteren 19. und beginnenden 20. Jahrhunderts in kirchlichen Bauten des Rheinlandes" 240 500 DM bewilligt. Während eines Zeitraums von einem Jahr erfassen und untersuchen zwei Kunsthistoriker und zwei Restauratoren Wandmalereien, Plastiken, Mobiliar, Beichtstühle und Orgelprospekte in 14 noch vollständig erhaltenen Kirchen des Historismus im Rheinland, um diese vom Verfall bedrohten Gesamtkunstwerke zu dokumentieren.

Zur Erfassung und Dokumentation der Sepulkralkultur des Klassizismus, der Romantik und des Biedermeier erhielt die Arbeitsgemeinschaft Friedhof und Denkmal e.V., Kassel (Dr. H.-K. Boehlke), 718 000 DM. Die vierjährige Bestandsaufnahme von Friedhöfen und Grabmälern sowie von Archiv- und Dokumentationsmaterial über den Totenkult des deutschsprachigen Raums in der Zeit von 1750 bis 1850 soll die Grundlage schaffen für die Erarbeitung von Typologien und zur Erforschung von Ursachen und Hintergründen der sich in dieser Zeit abzeichnenden Entwicklungen. An den verschiedenen Untersuchungen in der Bundesrepublik Deutschland, in der DDR, der Schweiz und Österreich werden sich neben Kunsthistorikern auch Archäologen, Architekten, Denkmalpfleger und Kunstsoziologen beteiligen.

Generell ist erkennbar, daß sich zunehmend auch außerhalb der staatlichen Denkmalpflege Wissenschaftler und Institute um die häufig stagnierende Erfassung und Erschließung von Denkmälern bemühen.

Für die Fortführung der Grabung in der Grube Messel bei Darmstadt sind dem Naturkundemuseum und Forschungsinstitut Senckenberg, Frankfurt/M. (Prof. Dr. W. Schäfer), weitere 600 000 DM bewilligt worden. In den Ölschiefern dieser Grube, die vor 50 Millionen Jahren durch Ablagerungen eines Urwaldsees bei subtropischem bis tropischem Klima entstand, konnten bereits zahlreiche Fossilien freigelegt werden, unter ihnen ein vollständig erhalten gebliebenes Urpferdchen und eines der ältesten Exemplare von schweineartigen Großsäugern. Nach der Bereitstellung von insgesamt 1,2 Millionen DM für die Grabungs-, Präparierungs- und Konservierungsarbeiten während des ihr maximal möglichen Förderungszeitraums von fünf Jahren erwartet die Stiftung nun, daß die Fortfinanzierung dieser für die Wissenschaft und die Öffentlichkeit gleichermaßen wichtigen Untersuchungen von anderer Seite gewährleistet wird. *Grube Messel*

Am Frobenius-Institut der Universität Frankfurt/M. (Prof. Dr. E. Haberland) hatte die Stiftung in früheren Jahren die Bearbeitung des Atlas Africanus unterstützt, einer systematisierten Dokumentation kultureller *Lehmarchitektur*

Phänomene Afrikas. Schon damals ergaben sich Anregungen für die Erfassung westafrikanischer Lehmarchitektur, für deren dreijährige Durchführung jetzt 455 000 DM bewilligt wurden. Die Verbreitung neuer Baumaterialien und der allgemeine Kulturwandel tragen neben klimatischen Einflüssen zum Verfall dieser vergänglichen Zeugnisse einer eigenständigen afrikanischen Architektur bei. Eine Arbeitsgruppe aus zwei Völkerkundlern und einem Architekten wird in den westafrikanischen Staaten Mali und Obervolta in engem Kontakt mit afrikanischen Kulturbehörden und Wissenschaftlern die wichtigsten Formen ländlicher und städtischer Lehmbauten erfassen und die zu ihrem Verständnis erforderlichen Daten über die historische Entwicklung der Architektur und der Gesellschaftsstruktur erheben. Eine umfassende Dokumentation der Ergebnisse ist vorgesehen.

Ägyptische Kunst — Bereits im Jahresbericht 1975/76 war ein Projekt des Pelizaeus-Museums in Hildesheim und des Kestner-Museums, Hannover, erwähnt worden, das eine Katalog-Publikation als Loseblatt-System erproben sollte, um die zahlreichen ägyptischen Altertümer in deutschen Museen schnell und kostengünstig zu erfassen und der wissenschaftlichen Forschung zugänglich zu machen. Die Initiative der beiden Museen hat inzwischen zu dem internationalen Projekt „Corpus Antiquitatum Aegyptiacarum (CAA)" geführt.

Nach einem internationalen Symposion zur Auswertung der Erprobungsphase (rd. 52 000 DM) wurden zur Fortführung des deutschen Beitrags für drei Jahre rund 677 000 DM an das Pelizaeus-Museum in Hildesheim (Dr. A. Eggebrecht), das Ägyptologische Institut der Universität Heidelberg (Prof. Dr. J. Assmann, Dr. Erika Feucht) und das Ägyptische Museum, Berlin (Dr. J. S. Karig), bewilligt. Das Kestner-Museum, Hannover (Prof. Dr. P. Munro), ist weiterhin beteiligt. Es ist vorgesehen, unter der Federführung des Pelizaeus-Museums die Bestände mehrerer kleinerer ägyptologischer Sammlungen in Bremen, Darmstadt, Frankfurt, Göttingen, Mainz und Wiesbaden vollständig zu publizieren.

1978/79 bewilligte und (*) laufende Projekte

Erforschung von Denkmälern

Berlin — Deutsches Archäologisches Institut, Berlin (Dr.-Ing. W. Hoepfner)
 * *Peter Behrens' Wiegand-Haus und die klassizistische Antikenrezeption in Berlin*

Deutsches Archäologisches Institut, Berlin (Dr.-Ing. W. Hoepfner)
Theorie und Praxis in der archäologischen Denkmalpflege

Universität Bonn, Orientalisches Seminar (Prof. Dr. K. Lech) *Bonn*
Vorprojekt zur Erfassung und Erschließung der Moschee Sehzade Külliyesi in Istanbul

Landeskonservator Rheinland, Bonn (Prof. Dr. H. P. Hilger)
Forschungsvorhaben „Innenausstattungen des späteren 19. und beginnenden 20. Jahrhunderts in kirchlichen Bauten des Rheinlandes"

Technische Hochschule Darmstadt, Institut für Baunormung (Prof. Dipl.-Ing. G. Behnisch) *Darmstadt*
* Forschungsvorhaben „Eisen- und Glaskonstruktionen der ersten Industrialisierungsphase in Großbritannien und Irland"

Universität Erlangen-Nürnberg, Geographisches Institut (Prof. Dr. E. Wirth) *Erlangen*
* Wissenschaftliche Aufbereitung und Auswertung von Architekturaufnahmen zum Bazar von Aleppo

Universität Frankfurt/M., Institut für Vorgeschichte (Prof. Dr. H. Müller-Karpe) *Frankfurt*
Erarbeitung eines historisch-archäologischen Führers Vorgeschichte – Antike – Frühmittelalter

Universität Hannover, Institut für Bau- und Kunstgeschichte (Prof. Dr. C. Meckseper) *Hannover*
* Vorprojekt für die Bestandsaufnahme und Dokumentation mittelalterlicher Burgen in der Bundesrepublik Deutschland

Deutsches Archäologisches Institut, Abt. Istanbul (Prof. Dr.-Ing. W. Müller-Wiener) *Istanbul*
* Teil-Wiederherstellung des Theodosius-Bogens und Untersuchung des Theodosius-Forums in Istanbul

Deutsches Archäologisches Institut, Abt. Istanbul (Prof. Dr.-Ing. W. Müller-Wiener)
* Untersuchung und Sanierungsplanung in zwei Wohngebieten der Altstadt Istanbuls

Arbeitsgemeinschaft Friedhof und Denkmal e. V., Kassel (Dr. H.-K. Boehlke) *Kassel*
Erfassung und Dokumentation der Sepulkralkultur des Klassizismus, der Romantik und des Biedermeier

Universität Köln, Kunsthistorisches Institut, Abt. Architektur (Prof. Dr.-Ing. G. Binding) *Köln*
Erfassen romanischer Wohnbaureste in Deutschland

Amt für Vor- und Frühgeschichte der Hansestadt Lübeck (Prof. Dr. G. Fehring) *Lübeck*
* Vorprojekt zur wissenschaftlichen Erschließung älterer archäologischer Funde aus der Hansestadt Lübeck

Amt für Vor- und Frühgeschichte der Hansestadt Lübeck (Prof. Dr. G. Fehring)
Symposion „Erschließung archäologischer Funde des 13. bis 19. Jahrhunderts für Fragen von Archäologie und Städtegeschichte, Kultur-, Wirtschafts- und Sozialgeschichte"

München Bayerisches Nationalmuseum, München (Dr. L. Kriss-Rettenbeck)
Münchener Grabdenkmäler des 19. Jahrhunderts

Aufnahme von bedrohtem Natur- und Kulturgut in ausgewählten Regionen

Aurich Forschungsinstitut der Ostfriesischen Landschaft, Aurich (Dr. H. Ramm, Prof. Dr. H. Siuts)
Gerät und Arbeit der Bauern, Fischer und Landhandwerker in Ostfriesland von 1850 bis 1950

Cloppenburg Museumsdorf Cloppenburg (Dr. H. Ottenjann)
* *Erfassen, Erschließen und Erhalten der materiellen Volkskultur im Altkreis Bersenbrück*

Frankfurt Universität Frankfurt/M., Frobenius-Institut (Prof. Dr. E. Haberland)
Aufnahme westafrikanischer Lehmarchitektur in Mali und Obervolta

Forschungsinstitut Senckenberg, Naturmuseum Senckenberg, Frankfurt/M. (Prof. Dr. W. Schäfer)
Fortsetzung der paläontologischen Grabungsarbeiten in der „Grube Messel"

Großweil Freilicht-Museum des Bezirks Oberbayern, Großweil (Dr. O. Schuberth)
Die alten bäuerlichen Arbeitsgeräte in Oberbayern

Mainz Akademie der Wissenschaften und der Literatur, Mainz (Dr. G. Brenner)
* *Sammlung deutscher Inschriften in Rheinland-Pfalz, Saarland und Hessen*

Marburg Deutsche Morgenländische Gesellschaft, Marburg, (Dr. W. Voigt, Prof. Dr. K. Jettmar)
* *Aufnahme besonders gefährdeten Kulturguts in Baltistan (Pakistan)*

München Universität München, Institut für Indologie und Iranistik (Prof. Dr. D. Schlingloff, Dr. Eva Dargyay)
* *Bestandsaufnahme und Bearbeitung des Brauchtums und der materiellen Kultur der Ladakhi*

Saarbrücken Universität Saarbrücken, FB Neuere Sprach- und Literaturwissenschaft (Prof. Dr. W. Haubrichs, Prof. Dr. H. Ramge)
Orts- und Flurnamenarchiv des Saarlandes und der deutschsprachigen Gebiete Lothringens

Universität Tübingen, Institut für Urgeschichte (Prof. Dr. H. Müller-Beck) *Tübingen*
Dokumentation von Bodendenkmälern im Gebiet des Staudammprojektes Unterer Euphrat in der Türkei

Wissenschaftliche Erfassung der Bestände in kleineren Museen und Spezialsammlungen

Kunstsammlungen, Stadt Augsburg (Prof. Dr. B. Bushart) *Augsburg*
* Erstellung eines umfassenden Inventars der Münzsammlung

Deutsches Archäologisches Institut, Berlin (Prof. Dr. V. M. Strocka) *Berlin*
Bearbeitung des deutschen Beitrags zum internationalen Corpus der etruskischen Spiegel

Staatliche Museen Preußischer Kulturbesitz, Museum für islamische Kunst, Berlin (Prof. Dr. K. Brisch)
Erprobung des Loseblatt-Katalogs für die Erfassung islamischer Kunstwerke in deutschen Museen

Freies Deutsches Hochstift, Frankfurter Goethe-Museum, Frankfurt/M. (Dr. D. Lüders) *Frankfurt*
* Erarbeitung eines wissenschaftlichen Kataloges der Gemälde des Frankfurter Goethe-Museums

Universität Göttingen, Geologisch-Paläontologisches Institut und Museum (Dr. H. Jahnke, Dr. S. Ritzkowski) *Göttingen*
* Wissenschaftliche Erschließung und Konservierung der geologisch-paläontologischen Sammlungen

Museum für Hamburgische Geschichte, Hamburg (Prof. Dr. J. Bracker) *Hamburg*
Katalogmäßige Grundlagenforschung zunftbezogener Sachdokumente mit vergleichender archivalischer und kulturhistorischer Einordnung

Universität Heidelberg, Archäologisches Institut (Dr. Hildegund Gropengießer, Prof. Dr. T. Hölscher) *Heidelberg*
* Erarbeitung eines wissenschaftlichen Kataloges der antiken Bronzen im Antikenmuseum des Archäologischen Instituts der Universität Heidelberg

Universität Heidelberg, Psychiatrische Klinik (Prof. Dr. W. Janzarik, Dr. Inge Jarchov)
Wissenschaftliche Katalogisierung und museumstechnische Sicherung der Sammlung Prinzhorn

Pelizaeus-Museum, Hildesheim (Dr. A. Eggebrecht) in Zusammenarbeit mit dem *Hildesheim*
Kestner-Museum, Hannover
und

Hildesheim Staatliche Museen Preußischer Kulturbesitz, Ägyptisches Museum, Berlin (Dr.
(Forts.) J. S. Karig)
und
Universität Heidelberg, Ägyptologisches Institut (Prof. Dr. J. Assmann, Dr. Erika Feucht)
Corpus Antiquitatum Aegyptiacarum

Pelizaeus-Museum, Hildesheim (Dr. A. Eggebrecht)
Symposion zur Erprobung des Loseblattkatalogs für die Erfassung ägyptischer Altertümer in deutschen Museen

Roemer-Museum, Hildesheim (Dr. W. Konrad)
* *Wissenschaftliche Erfassung der prähistorischen Sammlung des Roemer-Museums*

Roemer-Museum, Hildesheim (Dr. W. Konrad)
Wissenschaftliche Erfassung der Groteschen Schmetterlingssammlung

Karlsruhe Universität Karlsruhe, Institut für Baugeschichte (Prof. Dr.-Ing. W. Schirmer)
* *Systematische Erfassung und Kopierung von Planmaterialien des Architekten Friedrich Weinbrenner*

München Universität München, Institut für Vor- und Frühgeschichte, Provinzialrömische und Vorderasiatische Archäologie (Prof. Dr. G. Ulbert)
* *Erfassung, Dokumentation und wissenschaftliche Bearbeitung archäologischer Funde aus dem römischen Kastell in Burghöfe/Donau*

Bayerisches Nationalmuseum, München (Dr. L. Kriss-Rettenbeck)
* *Weiterführung des deutschen Hafner-Archivs im Bayerischen Nationalmuseum*

Deutsches Museum, München (Th. Stillger)
Erschließung der Plansammlung des Deutschen Museums

Staatliche Münzsammlung, München (Dr. H. Küthmann)
Erstellung eines handbuchähnlichen Katalogs der Sammlung von Rechenpfennigen

Münster Universität Münster, Seminar für Biblische Zeitgeschichte (Prof. Dr. E. Zenger)
Erfassen und Erschließen der in der Perserzeit nach Palästina importierten Artefakte

Westfälisches Landesmuseum für Kunst und Kulturgeschichte, Münster (Prof. Dr. P. Berghaus)
Wissenschaftliche Dokumentation und Veröffentlichung der Skizzenbücher von August Macke

Nürnberg Germanisches Nationalmuseum, Nürnberg (Dr. A. Schönberger)
* *Dokumentation des ländlichen Schmucks in Süddeutschland*

Württembergisches Landesmuseum, Stuttgart *Stuttgart*
Katalogmäßige Erschließung der Sammlung historischer Musikinstrumente

Württembergisches Landesmuseum, Stuttgart (Prof. Dr. C. Z. von Manteuffel)
Wissenschaftliche Erfassung, Erschließung und Erhaltung des Verlagsarchivs J. F. Schreiber

Erschließung von Archiv- und Bibliotheksbeständen

Gesamthochschule Bamberg, Lehrstuhl für Neuere Deutsche Literaturwissenschaft (Prof. Dr. S. Sudhof) *Bamberg*
Erschließung und Verzeichnung der Bibliothek von Friedrich Heinrich Jacobi

Bergbau Archiv, Bergbau-Museum, Bochum (Dr. Evelyn Kroker) *Bochum*
Wissenschaftliche Erschließung und Aufbereitung der Akten der deutschen Kohlenbergbau-Leitung

Hessisches Staatsarchiv, Darmstadt (Prof. Dr. E. Franz) *Darmstadt*
* *Aufarbeitung und Erschließung der personengeschichtlichen Dokumentationsbestände des „Instituts zur Erforschung historischer Führungsschichten" in Bensheim*

Stiftung Westfälisches Wirtschafts-Archiv, Dortmund (Dr. O. Dascher) *Dortmund*
Sozial- und wirtschaftsgeschichtliche Erschließung des Archiv-Bestandes Johann Caspar Harkort

Akademie der Wissenschaften zu Göttingen (Prof. Dr. W. Zimmerli) *Göttingen*
* *Erarbeitung eines Index deutschsprachiger Zeitschriften des 18. Jahrhunderts*

Joachim-Jungius-Gesellschaft der Wissenschaften e. V., Hamburg *Hamburg*
* *Sichten, Bewahren und Erschließen von historischen Privatbibliotheken der Zeit bis um 1840*

Bundesarchiv, Koblenz (Prof. Dr. H. Booms) *Koblenz*
Sicherung und Erschließung der Plakatsammlung des Bundesarchivs Koblenz

Institute of Contemporary History and Wiener Library, London (Prof. W. Laqueur) *London*
Sicherheitsverfilmung des Pressearchivs und von dokumentarischem Material der Wiener Library

Nordostdeutsches Kulturwerk e. V., Lüneburg (Dr. K. H. Gehrmann) *Lüneburg*
Zuschuß für den Bibliotheksneubau des Deutschen Archivs für Kulturgut des Nordostens

Universität Marburg (Dr. L. Heusinger) *Marburg*
* *Bilddokumentation „Kunst in Deutschland" (Marburger Index)*

München   Generaldirektion der Staatlichen Archive Bayerns, München (Dr. W. Jaroschka)
Erschließung einer Sammlung politischer Plakate im Bayerischen Hauptstaatsarchiv in München

Münster   Universität Münster, Englisches Seminar (Prof. Dr. B. Fabian)
Geschichte der Sammlung von englischsprachigem Schrifttum in der Staats- und Universitätsbibliothek Göttingen im 18. Jahrhundert

New York   Leo Baeck Institute, New York (Dr. F. Grubel)
Zuschuß für die dreijährige wissenschaftliche Bearbeitung und Veröffentlichung des Katalogs der Archivbestände

Nürnberg   Germanisches Nationalmuseum, Nürnberg (Dr. A. Schönberger)
* *Probelauf für die Erstellung einer Stecherkartei der illustrierten Werke (bis Sept. 1978)*

Stuttgart   Landesarchivdirektion Baden-Württemberg, Stuttgart (Prof. Dr. G. Haselier)
* *Erschließung des Archivbestandes „Württembergisches Landeswohlfahrtswerk"*

Wissenschaftliche Konservierung und Restaurierung

Berlin   Staatliche Museen Preußischer Kulturbesitz, Gemäldegalerie, Berlin (Prof. Dr. H. Bock)
Untersuchungen zur Mal- und Restauriertechnik sogenannter „Tüchlein" am Beispiel des „Bildnis einer Fürlegerin" von Albrecht Dürer

Bremen   Universität Bremen, Bibliothek (E. G. O. Wenske)
Symposion über Restaurierung von Buchmalerei und Tinten

Düsseldorf   Restaurierungszentrum der Landeshauptstadt Düsseldorf (Dr. H. Althöfer)
Forschungsprojekt „Restaurierung moderner und zeitgenössischer Kunstobjekte"

Hamburg   Universität Hamburg, Staats- und Universitätsbibliothek (Prof. Dr. H. Braun)
Erhaltung der Uffenbach-Wolfschen Briefsammlung für Aufgaben der Wissenschaft

Hannover   Niedersächsische Landesbibliothek, Hannover (Dr. W. Totok)
Erhaltung kulturhistorischer Pergament- und Papierhandschriften für Aufgaben der Wissenschaft

München   Zentralinstitut für Kunstgeschichte, München (Prof. Dr. W. Sauerländer)
Restaurierung von Buchbeständen des 16. bis 18. Jahrhunderts

Stuttgart   Institut für Technologie der Malerei der Staatlichen Akademie der Bildenden Künste, Stuttgart (Dr. U. Schießl)
Studien über materialimitierende Fassungen an Bildwerken und dazugehörigen Ensembles aus Holz und Stuck im 18. Jahrhundert in Süddeutschland

Musiker-Gesamtausgaben (begrenzte Förderungsmaßnahme)

Thematik

Die Stiftung Volkswagenwerk unterstützt die Erarbeitung historisch-kritischer Gesamtausgaben der Werke von Johann Sebastian Bach, Christoph Willibald Gluck, Joseph Haydn, Wolfgang Amadeus Mozart, Arnold Schönberg, Franz Schubert und Richard Wagner. Für die Gesamtausgaben werden alle Fassungen, Stadien und Bestandteile eines Werkes — also auch Skizzen und Entwürfe — untersucht. Die beteiligten Musikwissenschaftler wenden bei der Erarbeitung des authentischen musikalischen Textes die heute vorhandenen Erkenntnismöglichkeiten zur Lösung von Echtheitsfragen und zur Klärung der Entstehungsprozesse an. Ausgehend von dem wissenschaftlichen Prinzip der Vollständigkeit werden die musikalischen Denkmäler durch die Editionen für Forschung und Aufführungspraxis aufbereitet.

Bisherige Förderung

Seit dem Jahre 1962 sichert die Stiftung die Fortführung der Neuen Bach-Ausgabe, der Gluck-Gesamtausgabe, der Neuen Mozart-Ausgabe und der Haydn-Gesamtausgabe durch Gewährung von Zuschüssen. 1965 konnte außerdem die Bearbeitung der Schönberg-Gesamtausgabe und der Neuen Schubert-Ausgabe sowie 1967 die Arbeit an der Wagner-Gesamtausgabe aufgenommen werden. Die drei Editionen werden auch heute noch überwiegend von der Stiftung finanziert. Insgesamt hat sie für die sieben Musiker-Gesamtausgaben 8,1 Millionen DM bewilligt.

Übergangs-finanzierung

Auf die Notwendigkeit einer einheitlichen Trägerschaft und einer langfristigen finanziellen Sicherung dieser für das Ansehen der deutschen Musikwissenschaft in der Welt wichtigen Unternehmen weist die Stiftung seit Jahren hin. Insbesondere in der von ihr in Auftrag gegebenen Veröffentlichung „Musikalisches Erbe und Gegenwart — Musiker-Gesamtausgaben in der Bundesrepublik Deutschland"* wird erläutert, warum die Stiftung Volkswagenwerk als private Förderungsorganisation mit nur begrenzten Mitteln nicht in der Lage ist, die Zukunft der sieben Editionsunternehmen zu gewährleisten. Im Jahre 1977 hat die Konferenz der Akademien der Wissenschaften in der Bundesrepublik Deutschland, vertreten durch die Akademie der Wissenschaften und der Literatur in Mainz, die zentrale Betreuung der bisher von der Stiftung finanzierten Musiker-Gesamtausgaben und die Koordinierung der Bemühungen zu ihrer Überführung in eine öffentliche Trägerschaft übernommen. Die Konferenz erscheint für

---

* H. BENNWITZ/G. FEDER et al. (Hrsg., Musikalisches Erbe und Gegenwart. Musiker-Gesamtausgaben in der Bundesrepublik Deutschland. Bärenreiter Verlag, Kassel 1975 (siehe auch Publikationsverzeichnis im Anhang).

diese Aufgabe geeignet, weil sie auch die bereits von der öffentlichen Hand getragenen Vorhaben „Musikforschung" im Rahmen des Akademieprogramms betreut und auf die fachkundige Beratung durch den Ausschuß für Musikwissenschaftliche Editionen zurückgreifen kann, dem namhafte Wissenschaftler der Bundesrepublik Deutschland angehören. Mit der 1978 von der Stiftung übernommenen Übergangsfinanzierung der sieben Musiker-Gesamtausgaben bis Ende 1979 (1,2 Millionen DM) verknüpft sie die Erwartung, daß Bund und Länder gemeinsam die langfristige Finanzierung der für die deutsche und internationale Musikforschung überaus wichtigen Editionen sicherstellen werden.

1978/79 bewilligte und (*) laufende Projekte

Augsburg Deutsches Mozart-Komitee „Pro Mozart"/Deutsche Mozart-Gesellschaft e.V., Augsburg (A. Vierbacher, Dr. W. Plath)
   * *Fortführung der historisch-kritischen Gesamtausgabe der Werke Wolfgang Amadeus Mozarts*

Göttingen Johann-Sebastian-Bach-Institut e.V., Göttingen (Prof. Dr. G. von Dadelsen, Dr. A. Dürr)
   * *Fortführung der historisch-kritischen Ausgabe des Gesamtwerkes von Johann Sebastian Bach*

Kassel Internationales Quellenlexikon der Musik e.V., Kassel-Wilhelmshöhe (Dr. H. Heckmann, Dr. W. Rehm)
   * *Abschließende Bearbeitung der Serie A/I „Einzeldrucke vor 1800" des Internationalen Quellenlexikons der Musik*

Köln Joseph-Haydn-Institut e.V., Köln (Prof. Dr. W. Niemöller, Dr. G. Feder)
   * *Fortführung der historisch-kritischen Gesamtausgabe der Werke Joseph Haydns*

Mainz Akademie der Wissenschaften und der Literatur, Mainz (Dr. G. Brenner)
   * *Fortführung der Gesamtausgabe der Werke Christoph Willibald Glucks*

Konferenz der Akademien der Wissenschaften in der Bundesrepublik Deutschland, Mainz (Dr. G. Brenner)
Abschließende Übergangsfinanzierung der Musiker-Gesamtausgaben

Gesellschaft zur Förderung der Arnold-Schönberg-Gesamtausgabe e.V., Mainz (Dr. G. Brenner)
   * *Fortführung der Arnold-Schönberg-Gesamtausgabe*

Gesellschaft zur Förderung der Richard-Wagner-Gesamtausgabe e.V., Mainz (Dr. G. Brenner)
   * *Fortführung der wissenschaftlichen Gesamtausgabe der musikalischen Werke Richard Wagners*

Internationale Schubert-Gesellschaft e. V., Tübingen (Prof. Dr. W. Gerstenberg, Dr. W. Dürr) — *Tübingen*

* *Fortführung der Franz-Schubert-Gesamtausgabe*

Entwicklungspsychologie

Merkblatt 12 S. 299 ff.

Der Schwerpunkt, dessen Laufzeit 1980 enden soll, wurde 1974 eingerichtet, vor allem um die Infrastruktur entwicklungspsychologischer Forschung in der Bundesrepublik Deutschland zu verbessern. Im Mittelpunkt standen daher zunächst die Förderung von nationaler und internationaler Koordination, Kooperation und Kommunikation sowie die Nachwuchsförderung besonders durch Forschungsstipendien. Die Stiftung Volkswagenwerk wurde dabei durch ein Gremium aus neun deutschen Entwicklungspsychologen unterstützt. — *Thematik*

Seit Ende 1977 ist der Schwerpunkt vor allem auf problemorientierte entwicklungspsychologische Forschungsprojekte gerichtet, jedoch sind weiterhin Vorhaben zur Verbesserung der Infrastruktur des Wissenschaftsbereiches einbezogen.

Neben qualifizierten Forschungsprojekten können auch Workshops zu bestimmten Problemstellungen, vor allem in Form von Methodentraining, und Forschungsseminare zur Fort- und Weiterbildung gefördert werden (jeweils mit begrenzter Teilnehmerzahl). Ferner ist vorgesehen, Gastaufenthalte ausländischer Wissenschaftler zu kurzfristiger Mitarbeit an Forschungsprojekten sowie Gastprofessuren an Hochschulen der Bundesrepublik zu unterstützen. Forschungsstipendien, die in begrenzter Anzahl für deutsche Nachwuchswissenschaftler an wissenschaftlichen Einrichtungen vergeben werden können, sollen – vor allem über die Mitarbeit an Projekten im Ausland – eine zusätzliche Ausbildung vermitteln oder zur Planung eigener Projekte dienen. — *Förderungsmöglichkeiten*

Seit 1974 sind insgesamt 7,7 Millionen DM bereitgestellt worden. Im Jahre 1978 wurden 20 Einzelbewilligungen über zusammen rund 3,4 Millionen DM ausgesprochen, davon 2,6 Millionen DM aus früher bereitgestellten Mitteln. Zu den im ersten Halbjahr 1978 ausgeschriebenen beiden Themenbereichen „Kognitive Entwicklung als Aufbau von Strukturen der Informationsverarbeitung" und „Entwicklung handlungsleitender Systeme" sind 25 Anträge über zusammen 8,4 Millionen DM eingegangen. Für 12 Forschungsprojekte konnten insgesamt rund 2,4 Millio- — *Bisherige Förderung* nen DM bewilligt bzw. bereitgestellt werden (in einigen Fällen sind vor Freigabe der Mittel noch bestimmte Voraussetzungen zu klären). Die Ausschreibung war mit 4 Millionen DM dotiert; die verbliebenen 1,6 Millionen DM stehen weiterhin für Vorhaben aus den genannten Themenbereichen zur Verfügung. Entsprechende Anträge können laufend geprüft werden.

Schule und Selbstkonzept

Zu den Ausschreibungsprojekten gehört eine Längsschnittanalyse „Entwicklung des Selbstkonzepts und selbstbezogener Kognitionen in Abhängigkeit von sozialen Vergleichssituationen in schulischen Bezugsgruppen" des Seminars für Allgemeine Didaktik und Schulpädagogik der Pädagogischen Hochschule Rheinland, Abteilung Aachen (Prof. Dr. R. Schwarzer); dafür wurden 126 800 DM zur Verfügung gestellt. Sie hat zum Ziel, die Einstellungen von Schülern zu sich selbst und den eigenen Fähigkeiten im Zusammenhang mit Erfolg und Versagen in der Schule zu untersuchen. Ausgangspunkt ist die Frage, inwieweit ein gutes Selbstkonzept für gute Schulergebnisse erforderlich ist und inwieweit umgekehrt gute Leistungen das Selbstkonzept der Schüler verbessern. Die Gründe und die besonderen Bedingungen für die Einstellungen zu sich selbst und ihre Veränderungen sind bisher nicht genügend erforscht. Von den Ergebnissen werden, über die theoretische Bedeutung für die Entwicklungspsychologie hinaus, Ansätze für die pädagogische Praxis erwartet, zum Beispiel dazu, wie man in der Schule durch bestimmte Organisationen und durch das Lehrerverhalten den Prozeß einer Selbstwertbeeinträchtigung und Leistungsverschlechterung aufhalten kann.

Entwicklungsprozesse im Alter

Um das Selbstbild – diesmal im höheren Lebensalter – geht es auch bei einer Untersuchung des Fachbereichs Psychologie der Universität Oldenburg (Prof. Dr. Sigrun-Heide Filipp) zu inter- und intraindividuellen Differenzen in der Wahrnehmung und Verarbeitung von subjektiv erlebten Persönlichkeitsveränderungen (132 800 DM). Dabei sollen Auslöser und Verarbeitungsprozeß subjektiv erlebter Veränderungen durch Vergleiche innerhalb von Untersuchungsgruppen gleichen Alters und zwischen unterschiedlichen Altersjahrgängen erfaßt werden (Kohorten-Vergleich). Im Unterschied zu herkömmlichen Verfahren geht die Untersuchung nicht von vordefinierten Persönlichkeitsdimensionen aus, sondern sie läßt diese von den Befragten jeweils selbst definieren. Mit Hilfe der Lebenslaufperspektive werden Aufschlüsse erwartet über Unterschiede innerhalb derselben Jahrgangsgruppe, die auf unterschiedliche Lebenserfahrungen zurückzuführen sind, und über Unterschiede zwischen verschiedenen Jahrgängen (z.B. 70- und 80jährigen), die auf verschiedenartigen historischen Erfahrungen beruhen.

Sprachentwicklung

Eine Forschungsgruppe „Kleinkind" im Zentrum für Empirische Pädagogische Forschung an der Erziehungswissenschaftlichen Hochschule Rheinland-Pfalz, Landau (Prof. Dr. K. Ingenkamp), befaßt sich seit einigen Jahren mit der Sprachentwicklung von Kindern, den dafür verantwortlichen Bedingungen und den Möglichkeiten, in der Sprachentwicklung zurückgebliebenen Kindern zu helfen. Das Projekt (231 000 DM) soll den Zusammenhang zwischen häuslicher Lernumwelt und Sprachentwicklung von Kindern über einen längeren Zeitraum untersuchen. Dabei wird unter Lernumwelt nicht Beruf oder Schulausbildung der Eltern verstanden, sondern die Art und Weise, wie Eltern ihre Kinder erziehen, was sie ihren Kindern bieten und was sie von ihnen erwarten. Die Forschergruppe versucht deshalb, die entscheidenden Aufschlüsse über die Bedingungen und Möglichkeiten des Lernens in der Familie im intensiven Gespräch mit Müttern und Vätern zu erhalten. Die Untersuchung begann mit vierjährigen Kindergartenkindern und ihren Eltern; der Kontakt zu den Familien soll bis zum Schulanfang erhalten bleiben. Die so gesammelten Informationen sollen dazu beitragen, ergänzende Kindergartenprogramme zu entwickeln, Eltern bei der Erziehung ihrer Kinder zu beraten und Kindern mit Sprachentwicklungsstörungen zu helfen.

Vater-Kind-Beziehungen

Die Interaktionen von Vater und Kind und ihre Auswirkungen sind, anders als die Mutter-Kind-Beziehungen, bisher kaum untersucht. Hier setzt ein Projekt der Forschungsgruppe Entwicklungsbiologie am Max-Planck-Institut für Psychiatrie, München (Prof. Dr. H. Papoušek): „Die väterliche Rolle in der Verhaltensentwicklung des Säuglings" an (rd. 375 000 DM). Mit der sogenannten Mikroanalyse soll das Verhalten von Vätern im Umgang mit Säuglingen untersucht werden. Beobachtet und analysiert werden die Struktur der väterlichen Sprache, Abstandsregulation, Blickverhalten und andere Komponenten des averbalen Verhaltens während der Interaktion mit dem Kind. Außerdem sollen Änderungen des Verhaltens und des emotionalen Zustandes beim Säugling und deren Interpretation durch den Vater festgestellt sowie vorsprachliche Lautäußerungen des Säuglings im Kontakt mit dem Vater erfaßt werden. Die Forschungsgruppe erhofft sich Erkenntnisse über das Frühstadium der Sozialisation des Kindes, die fundierte Ratschläge für die Erziehung im ersten Lebensjahr ermöglichen und damit helfen können, elterlichen Fehlhaltungen vorzubeugen.

1978/79 bewilligte und (*) laufende Projekte

Aachen Pädagogische Hochschule Rheinland, Abt. Aachen, Seminar für Allgemeine Didaktik und Schulpädagogik (Prof. Dr. R. Schwarzer)
Entwicklung des Selbstkonzepts und selbstbezogener Kognitionen in Abhängigkeit von sozialen Vergleichssituationen in schulischen Bezugsgruppen

Augsburg Universität Augsburg, Lehrstuhl für Psychologie (Prof. Dr. R. Oerter)
und
Eidgenössische Technische Hochschule Zürich, Institut für Verhaltenswissenschaft (Prof. Dr. H. Fischer)
* *Forschungsvorhaben „Stufenübergreifende Komponente bei der Entwicklung des mathematischen Denkens im Kindes- und Jugendalter"*

Berlin Freie Universität Berlin, FB Erziehungswissenschaften, Institut für Psychologie (Prof. Dr. Hellgard Rauh)
Teilnahme fünf deutscher Entwicklungspsychologen an einem europäischen Forschungsseminar in Torún/Polen

Freie Universität Berlin, FB Erziehungswissenschaften, Institut für Psychologie (Prof. Dr. Hellgard Rauh)
Der Aufbau kognitiver Strukturen als Äquilibrationsprozeß

Freie Universität Berlin, FB Erziehungswissenschaften, Institut für Sozialpädagogik, Erwachsenenbildung (Prof. Dr. E. K. Beller)
* *Untersuchung zu den Sozialisationsbedingungen in Familien und Krippen, zur Förderung frühkindlicher Entwicklung und zur Fortbildung von Erziehern von Kindern unter drei Jahren*

Freie Universität Berlin, FB 16, Germanistik (Prof. Dr. Uta Quasthoff)
Entwicklung kognitiver und sprachlicher Strukturen am Beispiel des Erzählens in natürlichen Interaktionssituationen

Technische Universität Berlin, Institut für Psychologie (Prof. Dr. R. K. Silbereisen)
und
Universität Saarbrücken, Fachrichtung Psychologie (Prof. Dr. L. H. Eckensberger)
Entwicklung und verhaltensregulierende Funktion von Handlungs- und Konfliktlösungsvorstellungen

Bonn Universität Bonn, Psychologisches Institut (Prof. Dr. Rudinger). Reise- und Aufenthaltskosten zur Teilnahme an Methodenworkshops in den USA

Frankfurt Universität Frankfurt/M., Institut für Psychologie (Prof. Dr. V. Sarris)
Entwicklung der Informationsintegration bei Kindern

Universität Frankfurt/M., Institut für Psychologie (Prof. Dr. V. Sarris). Stipendium für Dr. F. Wilkening für einen einjährigen Forschungsaufenthalt in den USA
Planung und Durchführung von Untersuchungen zum Thema „Entwicklung der Informationsintegration bei Kindern"

The Hebrew University of Jerusalem, Department of Psychology, Human Development Center, (Prof. Dr. J. Shanan) — *Jerusalem*
Persönlichkeit und kultureller Hintergrund als Bestimmungsfaktoren für Alternsprozesse in den mittleren Lebensjahren

Universität Kiel, Institut für die Pädagogik der Naturwissenschaften/IPN (Dr. H. Spada) — *Kiel*
Workshop zur Vorbereitung eines Forschungsvorhabens „Vergleichende Analyse und gemeinsame Anwendung verschiedener Forschungsrichtungen zur Analyse der Denkentwicklung"

Universität Kiel, Institut für Psychologie (Dr. W. Hommers)
Forschungsstipendium für einen Aufenthalt am Center for Human Information Processing, University of California, San Diego

Erziehungswissenschaftliche Hochschule Rheinland-Pfalz, Landau, Zentrum für Empirische Pädagogische Forschung (Prof. Dr. K. Ingenkamp) — *Landau*
Der Einfluß häuslicher und institutioneller Lernumwelt auf die Sprachentwicklung 4- bis 6jähriger Kinder

Universität Mannheim, Lehrstuhl für Psychologie III (Prof. Dr. Th. Herrmann) — *Mannheim*
Faktoren der Entwicklung von Gedächtnisschemata bei narrativen Diskursen

Max-Planck-Institut für Psychiatrie, München (Prof. Dr. H. Papoušek, B. A. Eble) — *München*
Die väterliche Rolle in der Verhaltensentwicklung des Säuglings

Universität Münster, FB 8, Psychologie (Prof. Dr. W. Keil) — *Münster*
Entwicklung von Repräsentationssystemen. Analyse von Aufnahme-, Repräsentations- und Wiedergabeprozessen von bildlichen Handlungsepisoden im Alter von 5–13 Jahren

Universität Oldenburg, FB Psychologie (Prof. Dr. Sigrun-Heide Filipp) — *Oldenburg*
Untersuchung zu inter- und intraindividuellen Differenzen in der Wahrnehmung und Verarbeitung von subjektiv erlebten Persönlichkeitsveränderungen

Universität Osnabrück, FB 3, Lehrstuhl für Psychologie (Prof. Dr. H. W. Krohne) — *Osnabrück*
Untersuchungen über die Entwicklungsbedingungen von Ängstlichkeit und Angstabwehrsystemen

Universität Osnabrück, Abt. Vechta, FB Erziehung und Sozialisation (Dr. H. Geuss)
Entwicklung und Informationsauffassungs- und -verarbeitungsstrategien beim Erlernen des Lesens (EIVEL)

Universität Regensburg, Lehrstuhl für Psychologie (Prof. Dr. K. E. Grossmann) — *Regensburg*
Untersuchungen über den Zusammenhang zwischen emotionalen und intellektuellen Unterschieden bei Zweijährigen und Unterschieden in der Eltern-Kind-Beziehung, insbesondere der elterlichen Unterstützung

Salzburg Universität Salzburg, Psychologisches Institut (Dr. H. Wimmer)
Stipendium für einen einjährigen Forschungsaufenthalt in den USA

Trier Universität Trier, FB 1, Psychologie (Dr. W. Hussy)
Entwicklung informationsreduzierender und -generierender Strukturen als lebenslanger Prozeß

Merkblatt 22
S. 323 ff.

Deutschland nach 1945 – Entstehung und Entwicklung der Bundesrepublik und der DDR

Deutschland nach 1945 – Auf einer Pressekonferenz am 18. Juni 1979 in Bonn hat die Stiftung den neuen Förderungsschwerpunkt vorgestellt; dabei berichteten Wissenschaftler – die Professoren Dr. R. Morsey, Dr. M. Broszat und Dr. H. Booms (von rechts) über ihre Forschungsprojekte.

Thematik Der 1978 eingerichtete Schwerpunkt soll dem in der jüngsten Zeit stark angewachsenen öffentlichen und wissenschaftlichen Interesse an der Entwicklung in Deutschland nach dem Zweiten Weltkrieg Rechnung tragen. Er umfaßt Vorhaben zur empirischen, quellenmäßig gesicherten Erforschung der politischen, wirtschaftlichen, sozialen und kulturellen Entwicklung in Deutschland seit 1945, d. h. im Deutschland der unmittelbaren Nachkriegszeit sowie in der Bundesrepublik und in der DDR. Dabei ist der Schwerpunkt nicht als Förderungsangebot für eine verengte nationalgeschichtliche Betrachtung zu verstehen: die deutsche Entwicklung sollte vielmehr einbezogen werden in die allgemeine, durch internationale Entwicklungen geprägte Nachkriegsgeschichte.

Förderungsmöglichkeiten Gefördert werden können Forschungsvorhaben über

- Westliche Besatzungszonen/Bundesrepublik Deutschland
  Gründungsgeschichte
  (die Umbruchs- und Gründungsphase bis Mitte der 50er Jahre)

- Westliche Besatzungszonen/Bundesrepublik Deutschland
  Verlaufsgeschichte
  (mittelfristige, etwa bis Mitte der 60er Jahre sich vollziehende Entwicklungen und gleitende Veränderungsprozesse)

- Sowjetische Besatzungszone (SBZ)/DDR
  Konzentration auf die zeitgeschichtliche Erforschung der Frühphase bis in die zweite Hälfte der 50er Jahre unter Beachtung der besonderen Quellensituation. Der Zeitraum bis Mitte der 60er Jahre sollte nur dann einbezogen werden, wenn es sich um die Erforschung von Entwicklungen handelt, die schwerpunktmäßig in der Frühphase der SBZ/DDR angelegt sind.

In eingeschränktem Umfang ist auch die Förderung von Quelleneditionen möglich, wenn

- eine angemessene Relation zwischen Aufwand und späteren Verwendungsmöglichkeiten besteht
- es sich um zentrale Vorhaben von besonderer, auch forschungspolitischer Bedeutung handelt oder
- besondere methodische Probleme modellhaft gelöst werden sollen

Eine Startförderung größerer Editionsvorhaben kann nur gewährt werden, wenn eine spätere Fortsetzung der Arbeiten durch Abschlußfinanzierung gesichert ist.

Der Schwerpunkt steht fachübergreifenden Forschungen offen, soweit diese zeitgeschichtlich und entwicklungsorientiert und quellenmäßig fundiert sind. Besonders erwünscht ist das Einbeziehen völker-, staatsrechtlicher und sonstiger rechtspolitischer Fragestellungen in zeitgeschichtliche Zusammenhänge.

Gefördert werden können ferner internationale Kooperationsvorhaben, die der internationalen Verflechtung der deutschen Nachkriegsentwicklung entsprechen, und Koordinationsbestrebungen zur Erforschung von Teilbereichen durch Arbeitsgemeinschaften oder Arbeitstagungen.

Bisherige Förderung Das große Interesse an diesem Schwerpunkt zeigte sich bereits während seiner Vorbereitung (bis Dezember 1978) in einer größeren Anzahl von eingegangenen Anträgen, so daß seit Beginn der Förderung 12 Bewilligungen über insgesamt 3,7 Millionen DM ausgesprochen werden konnten.

US-Zone Dem Institut für Zeitgeschichte, München (Prof. Dr. M. Broszat), wurden 736 000 DM für ein Vorhaben „Politik und Gesellschaft in der US-Zone" bereitgestellt, in dem eine mehrbändige, Darstellung und Dokumentation vereinende Bearbeitung der mikro- und makroperspektivischen Entwicklungen in der US-Zone auf politischem, sozialem und kulturellem Gebiet erfolgen soll. Dabei werden nicht nur die Akten der US-Militärregierung in Deutschland ausgewertet, deren Erschließung die Stiftung bereits seit 1975 fördert, sondern auch deutsche Parallelüberlieferungen systematisch herangezogen.

Parlamentarische Demokratie in der BRD Einen Zuschuß von insgesamt 1,1 Millionen DM erhielt die Kommission für Geschichte des Parlamentarismus und der Politischen Parteien, Bonn-Bad Godesberg (Prof. Dr. R. Morsey), für ein aus mehreren Teilen bestehendes Verbundprojekt. Neben einer vorläufigen Gesamtdarstellung der Geschichte des parlamentarischen Systems der Bundesrepublik Deutschland sollen drei für die Frühentwicklung der Bundesrepublik besonders wichtige Gesetzgebungswerke (Lastenausgleichsgesetz, Bundesverfassungsgerichtsgesetz, Montan-Mitbestimmungsgesetz) in ihrer Entstehungsgeschichte dokumentiert werden.

Edition der Kabinetts-Protokolle Das Bundesarchiv, Koblenz (Prof. Dr. H. Booms), erhielt eine Startförderung von 540 000 DM für die Edition der ersten Bände der Kabinettsprotokolle der Bundesregierung 1949 bis 1953, um – nach Ablauf der Freigabefrist für amtliche Unterlagen von 30 Jahren – diese für die frühe Geschichte der Bundesrepublik außerordentlich bedeutsamen Materialien für Wissenschaft und Öffentlichkeit zugänglich zu machen. Durch Hinweise auf die Aktenüberlieferungen der Bundesministerien zu den einzelnen Themenbereichen der Kabinettssitzungen wird diese Edition zugleich ein Wegweiser zu den umfangreichen Aktenbeständen der Bundesregierung und der Verwaltung.

Geschichte der Bundeswehr Ein weniger aufwendiges Projekt (200 300 DM) an der Hochschule der Bundeswehr, München (Prof. Dr. K. von Schubert), soll eine wissenschaftlich fundierte Gesamtdarstellung der Entwicklungsgeschichte der

Bundeswehr ermöglichen, die es zur Zeit trotz ihres fast 25jährigen Bestehens noch immer nicht gibt. Vor dem Hintergrund der politischen Entwicklung der Bundesrepublik sollen wesentliche Aspekte des inneren Aufbaus, der innenpolitischen Verankerung und der Einbindung der Bundeswehr in das westliche Bündnis analysiert werden. Neben bereits vorliegenden Detailstudien sollen das zugängliche Quellenmaterial und insbesondere auch ausgedehnte Befragungen seinerzeit leitender Akteure herangezogen werden.

Der Pädagogischen Hochschule Berlin (Prof. Dr. B. Schmoldt) wurden Anfang 1979 240 000 DM für ein dreijähriges Vorhaben über „Zielkonflikte um das Berliner Schulwesen zwischen 1948 und 1962" bewilligt. Auf einer umfassenden Quellengrundlage sollen die schulpolitischen Rahmenbedingungen und die Entwicklung der Unterrichtswirklichkeit in Berlin für den Zeitraum von der Revisionsphase des Einheitsschulgesetzes von 1948 bis zum Beginn der umfassenden Reformphase der 60er Jahre untersucht werden. Die Berliner Entwicklung wird wegen ihrer vielfältigen Unterschiede zur Schulpolitik in den Ländern der Bundesrepublik für besonders interessant gehalten. *Schulpolitik*

Eine für die Beurteilung der deutschen Nachkriegsentwicklung aufschlußreiche „Sicht von Außen" wird von dem Verbundprojekt einer amerikanischen Forschungsgruppe erwartet. Das Social Process Research Institute des Departments of Political Science, University of California, Santa Barbara (Prof. Dr. P. H. Merkl), will in vier Teilprojekten die soziale und politische Entwicklung in süddeutschen Kleinstädten seit 1945 untersuchen. Im Mittelpunkt dieses mit sozialwissenschaftlichen Methoden (Quellenstudien, Befragungen, statistische Erhebungen) arbeitenden Projekts stehen der Kreis Rosenheim und die Stadt Wasserburg am Inn. Dafür wurden rund 275 000 DM bereitgestellt. *Sozialer und politischer Wandel in kleinen Städten*

1978/79 bewilligte und laufende (*) Projekte

Freie Universität Berlin, FB Politische Wissenschaft (Dr. D. Staritz) *Berlin*
Die Entwicklung des Planungssystems und der Partizipation an Planungs- und Leitungsentscheidungen in der SBZ/DDR seit 1945

Pädagogische Hochschule Berlin (Prof. Dr. B. Schmoldt)
Zielkonflikte um das Berliner Schulwesen zwischen 1948 und 1962

Kommission für Geschichte des Parlamentarismus und der Politischen Parteien, *Bonn*
Bonn-Bad Godesberg (Prof. Dr. R. Morsey)
Projektverbund Grundlegung und Festigung der parlamentarischen Demokratie in der Bundesrepublik Deutschland

Essen Gesamthochschule Essen, Fach Geschichte (Prof. Dr. L. Niethammer)
Auswertung einer Umfrage über Bestände und Projekte zur Oral History

Frankfurt Wirtschaftspolitische Gesellschaft von 1947, Frankfurt/M. (U. von Pufendorf)
Planung eines Forschungsvorhabens „Aufarbeitung der Geschichte der Jahre zwischen 1945 und 1949"

Göttingen Universität Göttingen, Seminar für Mittlere und Neuere Geschichte (Prof. Dr. Helga Grebing)
Edition von Briefen sozialistischer deutscher Antifaschisten über das Dritte Reich und die erste Nachkriegszeit, 1945–1948/49

Koblenz Bundesarchiv, Koblenz (Prof. Dr. H. Booms)
Editionsvorhaben Kabinettsprotokolle der Bundesregierung

München Institut für Zeitgeschichte, München (Prof. Dr. M. Broszat)
Politik und Gesellschaft in der US-Zone

Institut für Zeitgeschichte, München (Prof. Dr. M. Broszat)
* Systematische Auswertung und Kopierung der Akten der amerikanischen Militärregierung in Deutschland

Hochschule der Bundeswehr, München (Prof. Dr. K. von Schubert)
Die Entwicklungsgeschichte der Bundeswehr 1955–1975

New York American Council on Germany, New York (D. Klein)
Berlin – Symbol der Konfrontation, Prüfstein der Entspannung

Santa Barbara/USA University of California, Santa Barbara, Social Process Research Institute (Prof. Dr. P. H. Merkl)
Die gesellschaftliche und politische Entwicklung süddeutscher Kleinstädte von 1945 bis zur Gebietsreform

Trier Universität Trier, FB III, Geschichte (Prof. Dr. W. Schieder)
Amerikanische Europapolitik und deutsche Arbeiterbewegung – Gesellschaftspolitik im Zeichen des Ost-West Konflikts 1945–1949

Merkblatt 20 S. 313 ff. # Wandel und Krisenfaktoren in demokratischen Industriegesellschaften

Thematik Der Förderungsschwerpunkt „Wandel und Krisenfaktoren in demokratischen Industriegesellschaften" wurde nach einjähriger Vorbereitung Ende 1977 in die Schwerpunktliste aufgenommen. Sein Ziel ist, Analysen gegenwärtiger und zukünftiger Probleme der industriell fortgeschrittenen Demokratien – der Länder Westeuropas, Nordamerikas und Japan – und darauf aufbauende Lösungsanstöße zu fördern. Dies wird sich nur durch theoretisch fundierte und empirisch abgesicherte Projekte einlösen lassen. Die Entwicklung und Bearbeitung neuer komplexer Fragestellungen im Rahmen des Schwerpunktes wird in erster Linie als Grundlagenforschung verstanden, was Praxisrelevanz und Anwendungsbezug nicht ausschließt. Vor allem bei Langzeitstudien wird auf laufende wissenschaftliche Kommunikation während der Projektarbeit Wert gelegt.

Darüber hinaus soll der Schwerpunkt die Möglichkeit bieten, bei Bedarf gezielte Hilfen für den Ausbau qualifizierter sozial- und wirtschaftswissenschaftlicher Forschungskapazität in der Bundesrepublik und eine verstärkte Forschungskooperation in Europa zu geben.

Der Förderungsschwerpunkt bezieht sich auf Strukturprobleme in Politik und Administration, auf Zusammenhänge zwischen ökonomisch-sozialer und technischer Entwicklung, insbesondere auch im Hinblick auf wachsende weltwirtschaftliche Verflechtungen, sowie auf Veränderungen im Bereich der Sozialstruktur, der Werte und des Verhaltens.

Dabei räumt die Stiftung (bis 1982) Forschungsprojekten zu folgenden Problemkreisen Priorität ein: *Förderungsmöglichkeiten*

- Wirtschaftswachstum, Wohlfahrtsentwicklung und technischer Fortschritt
- Weltwirtschaft und nationale Wirtschaftspolitik
- Funktionsprobleme des parlamentarischen Systems
- Öffentliche Dienstleistungen
- Wertwandel

Unberührt davon können besonders qualifizierte Anträge auch zu anderen Themenbereichen geprüft werden, soweit sie zentrale Fragestellungen im Sinne des Schwerpunktes betreffen.

Vorrangig gefördert werden Projekte, die einem oder mehreren der folgenden Kriterien genügen: Vergleichende Forschung, internationale Zusammenarbeit, Verbundprojekte, fachübergreifende Zusammenarbeit, Literaturaufarbeitung, Methoden neuesten Entwicklungsstandes oder Weiterentwicklung von Forschungsmethoden.

Die Stiftung fördert Forschungsprojekte sowohl einzelner Wissenschaftler als auch von Arbeitsgruppen, Modelle zur Verbesserung der Infrastruktur der Forschung, forschungsintensive Nachwuchsausbildung, Arbeitstagungen und Seminare sowie Auslandsaufenthalte zur Vorbereitung und Durchführung von Projekten. Nähere Einzelheiten hierzu gehen aus Merkblatt 20 mit Anlage (S. 313 ff.) und der Informationsschrift zur Forschungsförderung „Gesellschaftswissenschaften" (vgl. Publikationsverzeichnis im Anhang, S. 347) hervor.

Bisherige Förderung Die Stiftung Volkswagenwerk bewilligte bisher bereits insgesamt 8,5 Millionen DM für 20 Projekte, die dem neuen Schwerpunkt zugerechnet werden können, davon im Jahre 1978 rund 4,7 Millionen DM für 7 Vorhaben.

Sozialstruktur (VASMA) Im Mittelpunkt der Förderung stand die bisher größte Bewilligung der Stiftung für ein einzelnes Forschungsvorhaben in der empirischen Sozialforschung: Dem Lehrstuhl für Soziologie III der Universität Mannheim (Prof. Dr. W. Zapf) wurden für das auf fünf Jahre angelegte Projekt „Vergleichende Analysen der Sozialstruktur mit Massendaten (VASMA)" 3,8 Millionen DM bereitgestellt. In Zusammenarbeit mit dem Bundesinstitut für Bevölkerungsforschung, Wiesbaden, wollen die Mannheimer Wissenschaftler Daten aus den USA, Großbritannien, Frankreich und Deutschland erschließen und aufbereiten und daraus u. a. Aussagen über historische und nationale Entwicklungen der Beschäftigungsstruktur, über Lebenszyklus, Lebensverläufe und Altersstruktur, die Benachteiligung von Frauen und zur regionalen Verteilung von Lebenschancen ableiten. Die beteiligten Wissenschaftler wollen große Individual- und Aggregatdatensätze auswerten, die durch die Current Population Surveys (USA), die General Household Surveys (Großbritannien), Erhebungen des Institut Nationale de la Statistique et des Etudes Economics (INSEE, Frankreich) sowie eine Reihe von Berufs- und Volkszählungen und Mikrozensen für das Deutsche Reich und die Bundesrepublik Deutschland gewonnen wurden. Auf dieser Grundlage soll die Gesellschaftsanalyse in vier bislang vernachlässigten Richtungen vorangetrieben werden. Anders als bei den meist enger begrenzten Fragestellungen und Gegenständen der Umfrageforschung und deskriptiven Sozialstatistik werden Probleme untersucht, die mehrere institutionelle Ordnungen und Lebensbereiche verknüpfen. Im Gegensatz zur vorherrschenden Querschnittsbetrachtung der Sozialstruktur werden insbesondere Fragestellungen aufgegriffen, in denen die Dimensionen der Zeit – der Lebenszeit und der historischen Zeit – von entscheidender Bedeutung sind. Abweichend von der herkömmlichen individuenbezogenen Betrachtungsweise sollen im VASMA-Projekt auch Familien, Haushalte, Organisationen und Regionen auf gesamtgesellschaftlicher Ebene als Untersuchungseinheiten dienen.

Schließlich sollen historische und internationale Vergleiche die Dynamik gesellschaftlicher Strukturen aufdecken und erklären helfen. – Zur Methodik erhofft man sich den Nachweis, daß Verfahren der Datenaufbereitung und -auswertung, wie sie bisher schon bei kleineren Bevölkerungsstichproben angewandt werden, auch auf große Erhebungen der amtlichen Statistik übertragen werden können.

Das Institut für Wirtschafts- und Sozialwissenschaften – Soziologie – der Universität Münster (Prof. Dr. H. Hartmann) erhielt 260 200 DM für eine vergleichende Studie in den USA, Großbritannien und der Bundesrepublik Deutschland über Auswirkungen sozialer Differenzierungsprozesse auf die organisatorische Entwicklung kollektiver Interessenvertretungen von Angestellten 1960–1977. Mit der Studie wird eine am Lehrstuhl von Professor Hartmann bereits seit einigen Jahren betriebene systematische Gewerkschaftsforschung fortgesetzt. Ausgangsthese ist die Annahme, daß soziale Differenzierungsprozesse innerhalb der Angestelltenschaft besondere organisatorische Anpassungsprobleme für Gewerkschaften und Berufsorganisationen mit sich bringen, deren Aktivitäten auf eine Rekrutierung von Angestellten abzielen. Die sozialen Differenzierungsprozesse führen zu einem allmählichen Verlust traditioneller Legitimationsmuster der Berufsorganisationen und Gewerkschaften gegenüber den Angestellten, weil sie ihren Vertretungsanspruch nicht mehr mit einer einheitlichen Mentalität der Angestellten legitimieren können. Deshalb differenzieren sich diese Organisationen selbst immer stärker. Eine Untersuchung entsprechender Vertretungsorganisationen in der Bundesrepublik soll mit einer Auswahl ähnlicher Organisationen in England – dort wird mit den Universitäten Oxford und Warwick zusammengearbeitet – und in den Vereinigten Staaten konfrontiert und verglichen werden.

Gewerkschaftsforschung

Der Gesellschaft für Regionale Strukturentwicklung e. V., Bonn, stellte die Stiftung Anfang 1979 für ein Verbundvorhaben zum Thema „Einfluß des Strukturwandels auf Ballungsräume" 739 600 DM zur Verfügung. Das Projekt geht aus von der Überlegung, daß Wirtschaftswachstum, Wohlfahrtsentwicklung und technischer Fortschritt auch innerhalb von Teilräumen industriell fortgeschrittener Demokratien zu differenzierten Entwicklungen führen. Die Regionalwissenschaft müsse neben den Untersuchungen zu Entwicklungsproblemen gering entwickelter Gebiete mit vorherrschender Landwirtschaft auch die wissenschaftlichen Grundlagen für die Entstehung des Ballungsprozesses und seine Wirkungen erarbeiten. Eine Gesamtbetrachtung sei notwendig, um die Raumwirkungen aller regional gezielten wie regional nicht gezielten politischen Aktivitäten zu erfassen. Im Rahmen von Einzelprojekten sollen daher acht auf Ballungs-

Strukturwandel in Ballungsräumen

räume bezogene Themen bearbeitet werden, von denen die Stiftungsfinanzierung vier ermöglicht:

Der Einfluß des säkularen Strukturwandels auf Wirtschaftskraft und Versorgungsbedarf in Ballungsgebieten (Prof. Dr. H. Zimmermann, Universität Marburg)

Analyse der spezifischen Produktionsgesetzmäßigkeiten der Ballungsgebiete auf der Basis der Arbeitsmarktregionen unter Zugrundelegung des Potentialansatzes (Prof. Dr. P. Klemmer, Universität Bochum)

Verwaltungsorganisation als Instrument der Ballungsraumpolitik, insbesondere Organisation der öffentlichen Planung in Ballungsräumen (Prof. Dr. F. Wagener, Hochschule für Verwaltungswissenschaften, Speyer)

Der Einfluß der Umweltpolitik auf die wirtschaftliche Entwicklung in den Ballungsräumen und die Möglichkeit einer ballungsraumspezifischen Umweltpolitik (Prof. Dr. K.-H. Hansmeyer, Universität Köln)

Vier weitere Forschungsvorhaben, die dem von der Gesellschaft koordinierten Verbund angehören, behandeln Probleme der Finanzverfassung, der Flächennutzung, des Verkehrs und der Landwirtschaft in Ballungsgebieten. Einzel- und Gesamtberichte werden in etwa zwei bis drei Jahren die Ergebnisse dokumentieren.

1978/79 bewilligte und laufende (*) Projekte

Bochum   Universität Bochum, Astronomisches Institut (Prof. Dr. Th. Schmidt-Kaler)
Untersuchungen zum Problem Bevölkerungsrückgang und Alterssicherungssystem

Bonn   Gesellschaft für Regionale Strukturentwicklung e. V., Bonn (P. Broicher)
Einfluß des Strukturwandels auf Ballungsräume

Konrad-Adenauer-Stiftung e. V., Sozialwissenschaftliches Institut, Bonn
* *Soziale und politische Auswirkungen von Frauenarbeitslosigkeit*

Bremen   Universität Bremen (Prof. Dr. R. Zoll)
Arbeiterbewußtsein in der Wirtschaftskrise in der norddeutschen Küstenregion

Brighton/ Großbritannien   The University of Sussex, Brighton/Großbritannien, Centre for Contemporary European Studies (Prof. F. Duchêne) – in Zusammenarbeit mit dem Institut für Weltwirtschaft an der Universität Kiel (Prof. Dr. G. Fels)
* *Internationale Implikationen der Industriepolitik in Westeuropa*

Colchester/ Großbritannien   University of Essex, Colchester/Großbritannien, European Consortium for Political Research / ECPR (Prof. J. Blondel)
* *Probleme der Regierungssysteme in Westeuropa*

Institut für Systemtechnik und Innovationsforschung der Fraunhofer Gesellschaft, Karlsruhe (Prof. Dr. H. Krupp) *Karlsruhe*
Außenwirtschaftlich bedingte technologische Anpassungserfordernisse bei der Herstellung chemischer Produkte in der Bundesrepublik Deutschland

Universität Köln, Zentralarchiv für empirische Sozialforschung (Prof. Dr. P. Flora) *Köln*
Einrichtung eines Datenarchivs über Wachstumsprozesse und Strukturveränderungen der westeuropäischen Gesellschaften

Trade Policy Research Centre, London (H. Corbert) *London*
* *Zuschuß zur Startfinanzierung einer Vierteljahreszeitschrift „The World Economy"*

Universität Mannheim, Lehrstuhl für Soziologie (Prof. Dr. M. R. Lepsius) *Mannheim*
Reaktionen und Vermittlungen von Planungsbetroffenen. Fallstudie zu Bürgerinitiativen gegen die Neubaustrecke Mannheim–Stuttgart der Deutschen Bundesbahn

Universität Mannheim, Lehrstuhl für Soziologie III (Prof. Dr. W. Zapf)
Vergleichende Analysen der Sozialstruktur mit Massendaten (VASMA)

Universität Mannheim, Lehrstuhl für Soziologie III (Prof. Dr. W. Zapf)
fortgeführt an der
Universität Köln, Forschungsinstitut für Soziologie (Prof. Dr. P. Flora)
* *Forschungsprojekt „Die Entwicklung der westeuropäischen Wohlfahrtsstaaten (HIWED II)"*

Universität München, Institut für Psychologie, Abt. für Organisations- und Wirtschaftspsychologie (Prof. Dr. L. von Rosenstiel) *München*
* *Die Motivation des generativen Verhaltens. Eine sozio-ökonomische Analyse unter dem Aspekt des Wandels der Werthaltungen*

Ifo-Institut für Wirtschaftsforschung, München (Priv.-Doz. Dr. K.-H. Oppenländer)
und
Institut für Angewandte Wirtschaftsforschung, Tübingen (Prof. Dr. A. E. Ott)
* *Bestimmungsgründe des Konsum- und Investitionsverhaltens in der Bundesrepublik Deutschland seit den fünfziger Jahren – Eine theoretische und empirische Analyse konjunktureller und struktureller Aspekte*

Universität Münster, Institut für Wirtschafts- und Sozialwissenschaften – Soziologie (Prof. H. Hartmann Ph. D.) *Münster*
* *Anlauffinanzierung einer Rezensionszeitschrift im Fach Soziologie („Soziologische Revue")*

Universität Münster, Institut für Wirtschafts- und Sozialwissenschaften – Soziologie (Prof. H. Hartmann Ph. D.)
Auswirkungen sozialer Differenzierungsprozesse auf die organisatorische Entwicklung kollektiver Interessenvertretungen von Angestellten: Eine vergleichende Studie in den USA, Großbritannien und der Bundesrepublik Deutschland 1960–1977

Speyer Hochschule für Verwaltungswissenschaften, Speyer (Prof. Dr. H. Klages)
Arbeitstagungen zur „Werteproblematik", veranstaltet von einer internationalen Arbeitsgruppe „Indikatoren sozialer Probleme und Werteproblematik"

Wien Centre Européen de Coordination de Recherche et de Documentation en Sciences Sociales, Wien (Prof. A. Schaff)
Workshop „Methodological Reflection and Empirical Practice in Comparative Social Science Research"

Gegenwartsbezogene Forschung zur Region Vorderer und Mittlerer Orient

Merkblatt 4
S. 292 ff.

Thematik / Förderungsmöglichkeiten — Der seit 1971 bestehende Förderungsschwerpunkt wurde eingerichtet, um gegenüber der traditionell historisch-philologisch ausgerichteten Orientalistik an den deutschen Hochschulen eine stärker gegenwartsbezogene Forschung zu dieser Region*, vor allem in den Geistes- und Sozialwissenschaften, zu unterstützen. Auch naturwissenschaftliche Vorhaben werden berücksichtigt, soweit sie einen eindeutigen Regionenbezug aufweisen. Es können Forschungsprojekte, wissenschaftliche Veranstaltungen und Sprachausbildung gefördert werden. Das Stipendienprogramm wurde 1978 beendet.

Entwicklung — Seit 1971 hat die ökonomische und politische Bedeutung des Orients eher noch zugenommen, wie die Veränderungen in Afghanistan und im Iran, aber auch die Entwicklung des israelisch-arabischen Konflikts und die Energieinteressen der Industriestaaten an der Region beweisen. Deshalb ist auch unabhängig von der Förderung der Stiftung Volkswagenwerk, die bisher rund 12,8 Millionen DM umfaßt, eine zunehmende Eigendynamik des wissenschaftlichen und öffentlichen Interesses festzustellen. Die Stiftung sieht hierin eine Bestätigung für ihre bisherige Förderung.

Förderung seit 1971 — Seit 1971 hat die Stiftung 108 Bewilligungen über rund 12 Millionen DM ausgesprochen. Zur Aufteilung nach Fachgebieten vgl. nachstehende Tabelle (Stand Mai 1979):

* Vgl. hierzu auch: R. BÜREN, Gegenwartsbezogene Orientwissenschaft in der Bundesrepublik Deutschland. Gegenstand, Lage und Förderungsmöglichkeiten. Schriftenreihe der Stiftung Volkswagenwerk [Bd. 13], Göttingen 1974 (s. Publikationsverzeichnis im Anhang).

Fachgebiet	Bewilligungen		
	Anzahl	TDM	v. H.
Rechtswissenschaft	3	531,5	4,5
Wirtschaftswissenschaft	5	1447,3	12,1
Soziologie	5	501,0	4,2
Politikwissenschaft	6	1388,6	11,6
Pädagogik	1	80,0	0,7
Sprachwissenschaft	14	2258,9	18,9
Geschichte	8	791,3	6,6
Ethnologie	4	172,1	1,4
Geographie	18	760,9	6,4
Biologie	2	477,4	4,0
Veterinärmedizin	1	285,0	2,4
Agrarwissenschaft	5	1080,6	9,1
Ingenieurwissenschaft	1	578,4	4,9
Nicht fachgebunden	6	432,5	3,6
Stipendien	29	1139,7	9,6
Insgesamt	108	11925,2	100,0

Im Jahre 1978 wurden insgesamt 1,2 Millionen DM für 10 Vorhaben neu bewilligt und 11 Stipendien im Ausbildungsförderungsprogramm vergeben (vgl. S. 96 f.). In den vorangegangenen Jahren hatten größere und auf die Folgewirkung zielende Bewilligungen besondere Akzente gesetzt: Startfinanzierung von zwei Lehrstühlen – für Politik / Zeitgeschichte und Wirtschaftswissenschaft dieser Region – an der Freien Universität Berlin; Förderung zweier interdisziplinärer Forschungsgruppen in Göttingen/Hohenheim und an der Universität Bonn; Entwicklung moderner Intensivsprachkurse für Arabisch durch das Goethe-Institut München und für Persisch durch das Seminar für orientalische Sprachen an der Universität Bonn.

Förderung 1978

Von den Neubewilligungen des Berichtszeitraums sind u. a. hervorzuheben:

Ein Projekt (200000 DM) des Max-Planck-Instituts für Ausländisches und Internationales Patent-, Urheber- und Wettbewerbsrecht, München (Prof. Dr. F. K. Beier), „Das Patentwesen in der arabischen Welt", von dem auch für die Praxis der Wirtschaftsbeziehungen wichtige Einsichten in die tatsächliche Rechtssituation auf diesem Gebiet in den arabischen Staaten erwartet werden.

Patentwesen

In einem fachübergreifend angelegten Vorhaben des Deutschen Orient-Instituts Hamburg (Dr. U. Steinbach), an dem ein Rechtswissenschaftler, ein Orientalist und ein Politikwissenschaftler beteiligt sind, soll die Interdependenz zwischen dem islamischen Rechtssystem und der wirtschaftlichen und sozialen Entwicklung in Saudi-Arabien dargestellt und analy-

Islamisches Recht und Entwicklung

siert werden. Die Stiftung hat Anfang 1978 hierfür 301 000 DM bewilligt. In dem Vorhaben wird dem Rechtssystem eine Schlüsselposition zugemessen, weil seine „heiligen" Grundlagen in unmittelbarem Zusammenhang mit den saudi-arabischen Re-Islamisierungstendenzen zu sehen sind. Im Mittelpunkt steht die Frage, auf welche Weise und mit welchen Auswirkungen die sozio-ökonomische Entwicklung das Rechtssystem in Saudi-Arabien beeinflußt und welche besonderen Züge umgekehrt das spezifische Rechtssystem dem sozio-ökonomischen Entwicklungsprozeß verleiht.

Ägyptische Gegenwartsliteratur

An der Germanistischen Abteilung der Universität Kairo wird in den nächsten Jahren eine Gruppe junger ägyptischer Germanisten unter Betreuung von Professor Dr. W. Falk (Universität Marburg, zeitweilig Gastprofessor in Kairo) und eines Beirats, dem auch bekannte ägyptische Germanisten angehören, ein Forschungsprojekt zur neueren ägyptischen Literatur durchführen. Dabei sollen strukturalistische Fragestellungen und Untersuchungsmethoden auf ausgewählte literarische Werke angewendet werden. Bei der Durchführung ist der Deutsche Akademische Austauschdienst – Außenstelle Kairo – behilflich. Von dem Projekt wird eine wünschenswerte Ergänzung durch Forschungsaktivitäten der bisher überwiegend auf Sprachausbildung konzentrierten Arbeit der Kairoer Germanistische Abteilung (Prof. Dr. Mustafa Maher) erwartet.

Ausbildungsförderungsprogramm (beendet)

Am 31. Dezember 1978 endete die Antragsmöglichkeit für das spezielle dem Schwerpunkt zugeordnete Ausbildungsförderungsprogramm nach mehrjähriger Laufzeit. An Stipendienmitteln wurden insgesamt bis Mai 1979 für 29 Vorhaben rund 1,2 Millionen DM vergeben (vgl. Tabelle S. 95), davon entfallen auf den Berichtszeitraum für 11 Stipendien rund 300 000 DM.

Mit diesem Förderungsangebot hatte die Stiftung graduierten Nachwuchskräften aller Disziplinen die Möglichkeit eröffnet, sich (allein oder in einer Forschungsgruppe unter der Leitung eines in der Regionenforschung erfahrenen Wissenschaftlers) durch ergänzende Sprach- und Kulturstudien oder durch eine wissenschaftliche Arbeit auf Probleme des heutigen Orients zu spezialisieren. Das rege Interesse und die besonders im Berichtsjahr vermehrte Stipendiennachfrage sowie die für die Bearbeitung vorgesehenen Themen lassen erkennen, daß das politische Geschehen im Orient – und ganz besonders das Minoritätenproblem in den arabischen Staaten – zunehmendes Interesse bei Nichtorientalisten, vor allem bei Sozial- und Politikwissenschaftlern, findet. Andererseits wurden durch politische Instabilität einiger Länder dieser Region und verzögerte

Forschungsgenehmigungen die empirischen Untersuchungen vielfach erschwert.

Fünf der Stipendiaten waren in zwei größere, kooperativ angelegte Forschungsvorhaben einbezogen, die fächerübergreifend im iranisch-afghanischen und iranisch-türkischen Grenzgebiet durchgeführt werden („Sistan-Projekt" und Untersuchungen über „Transformationen traditioneller Verhältnisse iranischer Völker in peripheren Siedlungsgebieten"). Außer 19 Forschungsstipendien mit einer Dauer von ein bis drei Jahren konnten 10 kurzfristige Stipendien für die Teilnahme an dem vom Goethe-Institut, München, in Kochel und Kairo veranstalteten Intensivkurs „Modernes Arabisch" vergeben werden. Die Stiftung glaubt, mit diesem Stipendienprogramm Impuls und Anregung zu weiteren Forschungen gegeben zu haben.

1978/79 bewilligte und laufende (*) Projekte

Gesamthochschule Bamberg, Lehrstuhl für Geographie (Prof. Dr. H. Becker) *Bamberg*
Druckbeihilfe für die Publikation „Resultate aktueller Jemenforschung, eine Zwischenbilanz"

Universität Bayreuth, Lehrstuhl Kulturgeschichte I (Prof. Dr. K. Dettmann) *Bayreuth*
Druckbeihilfe für die Publikation „Lahore. Entwicklung und räumliche Ordnung seines zentralen Geschäftsbereichs"

Freie Universität Berlin, FB 11, Institut für Ethnologie (Prof. Dr. L. Krader). Forschungs- und Ausbildungsstipendium für W. Holzwarth *Berlin*
Wirtschaftlicher und sozialer Wandel einer iranischen Bevölkerungsgruppe in peripherem Siedlungsgebiet

Freie Universität Berlin, FB 11, Institut für Ethnologie (Prof. Dr. L. Krader). Forschungs- und Ausbildungsstipendium für Frau A. Nippa
* *Handel und Verkehr im städtischen Leben des Euphrat-Tales in der Provinz Dair al-Zur während des 20. Jahrhunderts*

Freie Universität Berlin, FB 11, Philosophie und Sozialwissenschaft (Prof. Dr. C. Colpe, Dr. P. Bumke, Dr. H. G. Kippenberg)
* *Forschungsvorhaben „Transformation traditioneller Verhältnisse iranischer Völker in peripheren Siedlungsgebieten"*

Freie Universität Berlin, FB 15, Politische Wissenschaft (Prof. Dr. F. Ansprenger). Forschungs- und Ausbildungsstipendium für Frau Dr. Z. Önder-Demm
* *Die gesellschaftlichen und ökonomischen Grundlagen des Übergangs vom Kemalismus zur abhängigen Reproduktion*

Am Seminar für Orientalische Sprachen (Prof. Dr. T Nagel) bei der Universität Bonn wird mit Mitteln der Stiftung (360 000 DM) ein Intensivkurs für Neupersisch entwickelt. Das akustische und schriftliche Material stellt ein Sprachlehrprogramm von etwa 18 Wochen Dauer dar (S. 95 u. 99).

Freie Universität Berlin, FB Wirtschaftswissenschaften (Prof. Dr. K.-P. Kisker).   Berlin
Forschungs- und Ausbildungsstipendium für R. Döbele
Erdölwirtschaft, Entwicklungsplanung und Industrialisierung im Iran

Freie Universität Berlin, FB Wirtschaftswissenschaften (Prof. Dr. K. H. Strothmann). Forschungs- und Ausbildungsstipendium für Dipl.-Kfm. A. Müller
* *Unternehmerentscheidungen im Iran – Entscheidungsträger und Informationsverhalten im Investitionsgüterbereich*

Freie Universität Berlin, Institut für Islamwissenschaft (Prof. Dr. B. Johansen)
* *Artikulation religiösen Bewußtseins in der arabisch-islamischen Gesellschaft – Ein Beitrag zur Erforschung der sozialen, politischen und ökonomischen Funktionen islamischer Institutionen in den arabischen Gesellschaften Nordafrikas, 1700–1940*

Universität Bochum, Institut für Entwicklungsforschung und Entwicklungspolitik   Bochum
(Prof. Dr. W. Kraus)
und
Deutsches Orient-Institut, Hamburg (Dr. U. Steinbach)
* *Probleme und Zukunftsaussichten der arabischen Wirtschaftsintegration – Ein Beitrag zu Integrationsproblemen unterentwickelter Länder*

Universität Bochum, Institut für Entwicklungsforschung und Entwicklungspolitik
(Prof. Dr. K. Ringer)
* *Beteiligungsformen im Rahmen von Produktionskooperationen mit Entwicklungsländern im Vorderen Orient, dargestellt am Beispiel Ägypten, Irak und anderen arabischen Vergleichsländern sowie des Irans und der Türkei*

Universität Bochum, Institut für Entwicklungsforschung und Entwicklungspolitik
(Prof. Dr. K. Ringer)
* *Die Liberalisierung der Wirtschaftspolitik Ägyptens*

Universität Bonn, Interdisziplinäre Forschungsgruppe „Vorderer Orient" an der   Bonn
Universität (Prof. Dr. K. E. Rohde)
* *Die wechselseitige Beeinflussung von Wirtschaft, Kultur und Gesellschaft im modernen Bahrain*

Universität Bonn, Seminar für Orientalische Sprachen (Prof. Dr. T. Nagel)
Erstellung eines Intensivkurses für Neupersisch

Deutsche Gesellschaft für Auswärtige Politik e. V., Bonn (Prof. Dr. K. Kaiser)
* *Die Beziehungen zwischen der Bundesrepublik Deutschland und den Arabischen Staaten*

Universität Erlangen-Nürnberg, Geographisches Institut (Prof. Dr. F. Wirth)   Erlangen
Handwerk und Gewerbe in vorderasiatischen Städten

Erlangen Universität Erlangen-Nürnberg, Institut für Außereuropäische Sprachen und Kulturen (Prof. Dr. W. Fischer)
* *Projektverlängerung „Einführung in die arabische Schriftsprache unter Ausarbeitung neuer didaktischer Methoden"*

Universität Erlangen-Nürnberg, Institut für Außereuropäische Sprachen und Kulturen (Prof. Dr. W. Fischer)
* *Untersuchungen zur deutsch-arabischen Kontrastivgrammatik*

Essen Universität Essen, FB Philosophie, Religions- und Sozialwissenschaften (Prof. Dr. W. Ruf)
* *Die „Sozialistischen Dörfer" in der Entwicklungsstrategie Algeriens*

Freiburg Universität Freiburg/Br., Orientalisches Seminar (Prof. Dr. H. R. Roemer). Stipendium für Dipl.-Volksw. L. Ullrich
* *Ergänzende Fachstudien der Islamwissenschaft*

Deutsche Morgenländische Gesellschaft, Freiburg/Br. (Prof. Dr. H. R. Roemer)
* *Erarbeitung eines arabisch-deutschen Wörterbuchs*

Göttingen Universität Göttingen, Geographisches Institut (Prof. Dr. F. Scholz)
* *Analyse von Ablauf, Ergebnis und Tendenz der jungen Entwicklung im nomadischen Lebensraum der kleinen, erdölreichen Golfstaaten: Kuwait, Vereinigte Arabische Emirate und Oman*

Universität Göttingen, Geographisches Institut (Prof. Dr. H. J. Nitz). Stipendium für W. Zimmermann zur Teilnahme am Sprachkurs „Modernes Arabisch"

Universität Göttingen, Geographisches Institut (Prof. Dr. F. Scholz)
Die Bedeutung der Integration von Nomaden im Prozeß des wirtschaftlichen, sozialen und politischen Aufbaus Omans, dargestellt am Beispiel der Nordprovinz Musandam

Universität Göttingen, Geographisches Institut (Prof. Dr. F. Scholz). Forschungs- und Ausbildungsstipendium für Sabine Hagen
Veränderungen und Entwicklungstendenzen im Nomadentum der Türkei seit dem Zweiten Weltkrieg am Beispiel der südtürkischen Küstenregion

Universität Göttingen, Institut für Ausländische Landwirtschaft (Prof. Dr. F. Kuhnen). Forschungs- und Ausbildungsstipendium für Dipl.-Sozialwirt K. Klennert
* *Außerbetriebliche Erwerbstätigkeit bei landwirtschaftlichen Kleinbewirtschafterhaushalten in Entwicklungsländern*

Universität Göttingen, Institut für Ausländische Landwirtschaft (Dr. D. Mai) – Forschungsvorhaben der Universitäten Göttingen und Stuttgart-Hohenheim
* *Mechanisierung der Landwirtschaft und sozialökonomische Entwicklung im Vorderen und Mittleren Orient*

Göttingen

Universität Göttingen, Institut für Völkerkunde (Prof. Dr. E. Schlesier, Prof. Dr. P. Fuchs). Stipendium für Dr. H. Löser zur Teilnahme am Sprachkurs „Modernes Arabisch"

Universität Göttingen, Seminar für Iranistik (Prof. Dr. D. N. MacKenzie)
* *Projektverlängerung „Einflußnahme europäischer Politik auf die außen- und innenpolitische Entwicklung des Iran zwischen 1914 und 1933"*

Universität Göttingen, Seminar Wissenschaft von der Politik (Prof. Dr. B. Tibi)
* *Auswirkungen der Mineralöl-Preiserhöhungen der Jahre 1971–1974 auf die Industrialisierungsprojekte in Algerien im Rahmen einer Untersuchung des algerischen Weges der Überwindung von Unterentwicklung*

Hamburg

Universität Hamburg, Historisches Seminar (Prof. Dr. H. Mejcher)
* *Forschungsprojekt „Nachkriegsplanung für den Nahen Osten 1939–1946: Arabische Bestrebungen und alliierte Politik"*

Universität Hamburg, Seminar für Sozialwissenschaften (Prof. Dr. J. Friedrichs). Forschungs- und Ausbildungsstipendium für Dipl.-Ing. Rita Helmholtz
Analyse des Verhaltens ägyptischer Frauen in öffentlichen Bereichen – Eine sozialräumliche Feldstudie in Kairo

Deutsches Orient-Institut, Hamburg (Dr. U. Steinbach)
* *Die Ba'th-Entwicklungsstrategie im Irak – Ein Modell für die arabische Welt?*

Deutsches Orient-Institut, Hamburg (Dr. U. Steinbach)
Recht und sozialer Wandel. Zur Interdependenz zwischen sozialökonomischer Entwicklung und Rechtssystem in Saudi-Arabien

Max-Planck-Institut für Ausländisches und Internationales Privatrecht, Hamburg (Prof. Dr. K. Zweigert). Stipendium für Dr. K. Dilger zur Teilnahme am Sprachkurs „Modernes Arabisch"

Hannover

Universität Hannover, Lehrstuhl für Kulturgeographie, Geographisches Institut (Prof. Dr. E. Grötzbach). Forschungs- und Ausbildungsstipendium für J. Bierwirth
Die städtischen Siedlungen im Sahel von Sousse – Tunesische Mittel- und Kleinstädte zwischen Tradition und Moderne

Tierärztliche Hochschule Hannover, Institut für Parasitologie (Priv.-Doz. Dr. A. Liebisch)
* *Empirische Felduntersuchungen zur geographischen Verbreitung und zur Ökologie von Zecken als Krankheitsüberträger bei landwirtschaftlichen Nutztieren im Nahen Osten*

Heidelberg

Universität Heidelberg, Erziehungswissenschaftliches Seminar (Prof. Dr. V. Lenhart). Forschungs- und Ausbildungsstipendium für Gisela Frommer
* *Lehrerbildung in Afghanistan*

Heidelberg Universität Heidelberg, Fachgruppe Öffentliches Recht (Prof. Dr. R. Bernhardt). Forschungs- und Ausbildungsstipendium für P. Göpfrich
Völkerrechtliche Aspekte der jüngsten Libanonkrise, unter besonderer Berücksichtigung der Rolle der Arabischen Liga bei der Streiterledigung

Universität Heidelberg, Institut für Politische Wissenschaft (Prof. Dr. E. Nohlen). Forschungs- und Ausbildungsstipendium für Dipl.-Volkswirt H. Mattes
* *Die Bedeutung des Erdölsektors für sozio-ökonomische Strukturveränderungen in der Arabischen Republik Libyen*

Universität Heidelberg, Institut für Tropenhygiene und Öffentliches Gesundheitswesen am Südasien-Institut (Prof. Dr. H. J. Diesfeld). Forschungs- und Ausbildungsstipendium für Inge Hönekopp
* *Kommunikationsprobleme bei der Gesundheitsversorgung von Mutter und Kind in der Arabischen Republik Jemen*

Kairo Deutscher Akademischer Austauschdienst, Bonn, zugunsten: Universität Kairo, Germanistische Abt. (Prof. Dr. W. Falk)
Forschungsvorhaben zur ägyptischen Gegenwartsliteratur

Mainz Universität Mainz, Institut für Zoologie (Prof. Dr. R. Kinzelbach)
Ökologie und Zoogeographie des Orontes/Syrien

Mannheim Universität Mannheim, Geographisches Institut (Prof. Dr. Ch. Jentsch)
Tagung der Arbeitsgemeinschaft Afghanistan

Marburg Universität Marburg, FB Geographie (Prof. Dr. E. Ehlers)
* *Ausbildungs- und Forschungsvorhaben „Sistan-Projekt"*

München Universität München, Geschwister-Scholl-Institut für Politische Wissenschaft (Prof. Dr. P. Noack). Stipendium für M. Kuderna
Teilnahme am Sprachkurs „Modernes Arabisch"

Goethe-Institut, München (Dr. H. Harnischfeger, Dr. H. Klopfer)
Verlängerung und Abschluß der Entwicklung eines Intensivkurses „Modernes Arabisch"

Max-Planck-Institut für Ausländisches und Internationales Patent-, Urheber- und Wettbewerbsrecht, München (Prof. Dr. F. K. Beier)
Das Patentwesen in der arabischen Welt

Rom Istituto Affari Internazionali, Rom (Prof. C. Merlini)
* *Forschungsvorhaben „Konflikte und Kooperation im Bereich des Roten Meeres – Regionale Gleichgewichte und strategische Implikationen"*

Saarbrücken Universität Saarbrücken, Sozialpsychologische Forschungsstelle für Entwicklungsplanung (Prof. Dr. E. E. Boesch). Stipendium für H. Gall
Teilnahme am Sprachkurs „Modernes Arabisch"

Universität Stuttgart-Hohenheim, Institut für Agrarsoziologie, Landwirtschaftliche *Stuttgart-*
Beratung und Angewandte Psychologie (Prof. Dr. U. Planck) *Hohenheim*
Weiterführung des Projekts „Auswirkungen der syrischen Agrarreform"

Universität Tübingen, Geographisches Institut (Prof. Dr. G. Schweizer). For- *Tübingen*
schungs- und Ausbildungsstipendium für A. Jebens
Wirtschafts- und sozialgeographische Untersuchungen zum ländlichen Heimgewerbe in Nordafghanistan

Universität Tübingen, Orientalisches Seminar (Prof. Dr. J. van Ess)
Wörterbuch Tigrinya-Deutsch

Gegenwartsbezogene Forschung zur Region Südostasien

Die Region Südostasien – der Schwerpunkt bezieht die Länder Birma, *Thematik*
Thailand, Malaysia, Singapur, Vietnam, Laos, Kambodscha, Indonesien,
Philippinen und Papua-Neuguinea ein – ist auch nach der Beendigung des
direkten Engagements der USA in Indochina im Blickfeld der Weltöffentlichkeit geblieben. Die vietnamesische Flüchtlingsproblematik, die Vorgänge in Kambodscha und der chinesisch-vietnamesische Konflikt sind
Beispiele dafür. Aber auch die Entwicklungsprobleme der Region sowie
die Bemühungen von fünf Regionalstaaten zu einem Zusammenschluß in
der Association of Southeast Asian Nations (ASEAN) finden weitreichende Beachtung.
Der Schwerpunkt soll dazu beitragen, deutsche wissenschaftliche Bemühungen in den Ländern Südostasiens zu stärken, die bisher nur auf vereinzelten Forschungstraditionen und sehr begrenzten wissenschaftlichen
Kontakten in der Region aufbauen können*.

Ein weiteres Ziel des Schwerpunktes ist die Unterstützung der wissen- *Förderungs-*
schaftlichen Entwicklung in Südostasien selbst. Dem dient die Förde- *möglichkeiten*
rungsmöglichkeit kooperativer Gemeinschaftsvorhaben deutscher und
südostasiatischer Wissenschaftler bzw. wissenschaftlicher Institutionen.
Neben Forschungsprojekten können wissenschaftliche Veranstaltungen,
die Entwicklung und modellhafte Erprobung von Sprachkursen sowie
Gastaufenthalte von Wissenschaftlern gefördert werden. Ein ergänzendes

---

* Vgl. auch B. DAHM, Die Südostasienwissenschaft in den USA, in Westeuropa und
in der Bundesrepublik Deutschland. Ein Bericht im Auftrag des Instituts für Asienkunde, Hamburg. Schriftenreihe der Stiftung Volkswagenwerk [Bd. 15], Göttingen
1975 (siehe auch Publikationsverzeichnis im Anhang).

Spontane Neulanderschließung in Thailand – Die sozialen, ökonomischen und ökologischen Auswirkungen ungelenkter Agrarkolonisation durch Urwaldrodung untersuchen Wissenschaftler des Geographischen Instituts der Universität Gießen unter Leitung von Prof. Dr. H. Uhlig (82 000 DM; S. 105 f. u. 108). Abgebrannte und verkohlte Waldreste in der Trockenzeit sind ein typisches Bild. Unten: Gehöft mit Maisfeldern in einem vor 3 Jahren gerodeten Urwald.

Stipendienprogramm soll Nachwuchswissenschaftlern die Spezialisierung auf Regionalstudien in Südostasien ermöglichen (siehe Stipendien-Grundsätze, S. 282 ff.).

Zusätzlich wurde 1978 ein begrenztes Sonderprogramm zur Forschungs- und Ausbildungsförderung in Südostasien in Geistes- und Sozialwissenschaften eingerichtet. In diesem Sonderprogramm können wissenschaftliche Institutionen in Südostasien Förderungsmittel für Forschungsvorhaben von mittlerer Größe, für Ausbildungsaktivitäten speziell für Graduierte und für den Hochschullehrernachwuchs sowie für Arbeitstagungen und Sachausstattungen erhalten.

Sonderprogramm Südostasien

Eine Kooperation mit deutschen Wissenschaftlern ist erwünscht, aber nicht Voraussetzung der Förderung. (Einzelheiten zu diesem Sonderprogramm sind der englischsprachigen Informationsbroschüre „Stiftung Volkswagenwerk – Southeast Asian Programme" zu entnehmen, die von der Geschäftsstelle angefordert werden kann.)

Die Förderung der Gegenwartsbezogenen Südostasienforschung beträgt seit 1976 insgesamt 5,8 Millionen DM, davon wurden 1978 rund 1,5 Millionen DM für 20 Vorhaben bewilligt und 3 Millionen DM für das Sonderprogramm bereitgestellt zur Direktförderung in Südostasien.

Bisherige Förderung

Ein Kooperationsvorhaben, bei dem eine südostasiatische Institution für Planung und Durchführung maßgeblich verantwortlich ist, stellt das von der University of Santo Tomas, Manila/Philippinen, unter beratender Beteiligung des Instituts für Entwicklungspolitik der Universität Freiburg/Br. (Prof. Dr. Th. Dams) entworfene Ausbildungsprogramm dar, das die Stiftung mit insgesamt 410 000 DM unterstützt. In diesem Programm, das ausbildungs- und praxisbezogene Forschungsaufgaben integriert, soll eine Gruppe von 25 Fachleuten für die Schulverwaltung und Schulentwicklungsplanung ausgebildet werden. Da bisher auf den Philippinen für diese Aufgaben keine einheimischen Experten vorhanden sind, wird dem Programm von der University of Santo Tomas eine große Bedeutung für die Gesamtentwicklung des philippinischen Bildungswesens zugemessen.

Schulplanung Philippinen

Die sozio-ökonomischen Existenzbedingungen der Agrarbevölkerung stehen – entsprechend ihrem hohen Anteil an der Gesamtbevölkerung in den Ländern Südostasiens – im Mittelpunkt einer ganzen Gruppe geförderter Forschungsvorhaben:

Agrarfragen

Professor Dr. H. Uhlig, Geographisches Institut der Universität Gießen, untersucht mit einigen Mitarbeitern die Erweiterung des Nahrungsmittel-

Thailand

spielraums durch die Erschließung neuer landwirtschaftlicher Nutzflächen auf Kosten von Waldgebieten in Thailand. Diese Rodung durch Neusiedlung hat in Thailand von 1960 bis 1975 zu einer Verringerung der bewaldeten Fläche von 55 auf 38 Prozent der Gesamtfläche geführt. Die Rodung erfolgt sowohl als geplante Besiedlungsmaßnahme, die zum Teil auf ausländischer Entwicklungshilfe beruht, als auch in wilder, häufig behördlicherseits verbotener Landnahme.

In interdisziplinärer Kooperation verfolgt ein ernährungswissenschaftliches Team der Universität Gießen unter Leitung von Dr. C. Leitzmann die Frage, ob bzw. inwieweit sich die Ernährungsgewohnheiten dieser Neusiedler unter den anders gearteten ökonomischen, sozialen und Umweltbedingungen im Vergleich zu ihren Herkunftsgebieten ändern. – Für beide Projekte, die in enger Kooperation mit thailändischen Hochschulinstituten durchgeführt werden, hat die Stiftung zusammen 260 000 DM bereitgestellt.

Lombok / Indonesien Professor Dr. W. Röll, Abt. Geographie der Gesamthochschule Kassel, untersucht gemeinsam mit Dr. G. R. Zimmermann (Geographisches Institut der Universität Braunschweig) unter Beteiligung von Wissenschaftlern der Universitas Gadjah Mada, Yogyakarta, und der Universitas Negeri in Mataram, Lombok, die Grundbesitzverhältnisse in einem Teil der indonesischen Insel Lombok. Die Grundbesitzverhältnisse geben wegen des mit ihnen verbundenen Abgabe-, Steuer- und Bewirtschaftungssystems Aufschluß über die ökonomischen Existenzbedingungen der dortigen Landbevölkerung, ihre soziale Differenzierung, ihre Entwicklungsmöglichkeiten und Entwicklungshemmnisse.

Parallel dazu werden (betreut von Prof. Röll, GHS Kassel) von K. Brehm in einem Projekt, das Ausbildung mit Forschung verbindet, Ursachen, Motive und Ablauf von Migrationsprozessen im Raum Yogyakarta untersucht.

Symposion Dem sozialen Wandel der bäuerlichen Bevölkerung in Südostasien war auch ein interdisziplinäres Symposion gewidmet, das das Geographische Institut der Universität Gießen (Prof. Dr. H. Uhlig) im Mai 1979 zusammen mit Professor Dr. W. Röll (GHS Kassel) mit Hilfe der Stiftung (rd. 8000 DM) veranstaltete. Beteiligt waren u.a. Geographen, Ethnologen, Soziologen und Agrarwissenschaftler, die aus ihren Feldforschungen berichteten.

Malaysia und Indonesien Den Lebensbedingungen ländlicher und städtischer Unterschichten in Malaysia und Indonesien gelten Untersuchungen von Professor Dr.

H. D. Evers (Fakultät für Soziologie der Universität Bielefeld, z. Z. Gastprofessor an der University of Indonesia in Jakarta). Dabei sollen die Veränderungen des Selbstversorgungssystems von Angehörigen unterer Bevölkerungsschichten im ökonomischen und sozialen Wandel beobachtet werden.

Von dem Stipendienangebot wurde zunächst nur zögernd Gebrauch gemacht; bewilligt wurden im Berichtszeitraum für 4 Stipendien 200 000 DM. Eine regere Inanspruchnahme konnte aufgrund der sich erst allmählich konstituierenden Südostasienforschung auch noch nicht erwartet werden. Hinzu kommt, daß die Planungen für empirische Felduntersuchungen zeitraubend und meist mit vorbereitenden Auslandsaufenthalten zur Materialsammlung in den Archiven der ehemaligen Kolonialmächte verbunden sind. Gerade für Nachwuchswissenschaftler, die noch keine umfassende Regionenkenntnis besitzen, wirkt sich die häufige Ungewißheit, ob sie eine Forschungsgenehmigung erhalten, erschwerend aus. Vielfach bedeuten Kooperationsbemühungen mit Forschungseinrichtungen in der Region, die von der Stiftung begrüßt und gefördert werden, erheblichen zusätzlichen Zeitaufwand, so daß die Forschungsvorhaben langfristiger Vorbereitung bedürfen.

Forschungsstipendien

Dem Institut für Tropische Veterinärmedizin der Universität Gießen (Prof. Dr. H. Fischer) wurden Anfang 1979 für ein Ausbildungs- und Forschungsvorhaben „Empirische Untersuchungen über Morbidität und Mortalität sowie Biologie und Pathologie von Sumpfbüffeln in Thailand" 62 640 DM bewilligt. Damit erhalten zwei jüngere Veterinärmediziner die Möglichkeit, an Forschungsvorhaben der Chulalongkorn Universität in Bangkok und der Wasserbüffel-Forschungsstation in Surin/Thailand, verbunden mit empirischen Untersuchungen in Zentral-Thailand, mitzuarbeiten. Derartige Forschungen sind in der Region wichtig, um die Ernährungslage zu verbessern und das Defizit an tierischem Eiweiß abzubauen.

Thailand/ Veterinärmedizin

1978/79 bewilligte und laufende (*) Projekte

Freie Universität Berlin, FB Neuere fremdsprachliche Philologien, Institut für Romanische Philologie (Prof. Dr. R. Daus)
Die Portugiesen in Südostasien

Berlin

Technische Universität Berlin, Institut für Bildungs- und Gesellschaftswissenschaften (Prof. Dr. W. Karcher)
Die Ausbildung an indonesischen Universitäten – Institutionelle Determinanten

Bielefeld Universität Bielefeld, Fakultät für Linguistik und Literaturwissenschaft (Prof. Dr. J. S. Petöfi). Forschungs- und Ausbildungsstipendium für Sherida Altehenger-Smith
* *Sprachplanung in Singapur – Ihre Normen und ihre sozio-linguistischen Auswirkungen*

Universität Bielefeld, Fakultät für Soziologie (Prof. Dr. H.-D. Evers)
Die soziale Organisation des Subsistenzbereichs – Untersuchungen über Urbanisierung und soziale Entwicklung in Südostasien

Universität Bielefeld, Fakultät für Soziologie (Prof. Dr. H.-D. Evers). Forschungs- und Ausbildungsstipendium für W. Clauss
Sozio-ökonomische Strukturen und bäuerliches Bewußtsein in ausgewählten Dörfern Nord-Sumatras

Bonn Universität Bonn, Institut für Agrarpolitik, Marktforschung und Wirtschaftssoziologie (Prof. Dr. H. Kötter, Prof. Dr. K. H. Junghans). Forschungs- und Ausbildungsstipendien für Annette Benad und Susanne Gura
Forschungsvorhaben „Sumatra-Projekt"

Freiburg Universität Freiburg/Br., Institut für Völkerkunde (Dr. St. Seitz)
* *Kultureller Wandel in südostasiatischen Wildbeuterkulturen*

Gießen Universität Gießen, Geographisches Institut (Prof. Dr. H. Uhlig)
Traditionelle und marktwirtschaftliche Anbauformen – Spontane und geplante Neulanderschließung als Probleme der ländlichen Entwicklung in Südostasien. Fallstudie Thailand

Universität Gießen, Geographisches Institut (Prof. Dr. H. Uhlig)
Symposion „Wandel bäuerlicher Lebensformen in Südostasien"

Universität Gießen, Institut für Ernährungswissenschaft (Dr. C. Leitzmann)
Die Erfassung von Ernährungsgewohnheiten und Ernährungsstatus sowie Maßnahmen zur Verbesserung der Ernährungssituation nach spontaner oder geplanter Umsiedlung von Bevölkerungsgruppen in Thailand

Universität Gießen, Institut für Tropische Veterinärmedizin (Prof. Dr. H. Fischer). Forschungs- und Ausbildungsstipendien für F. Harbers und Evelyn Mathias
Empirische Untersuchungen über Morbidität und Mortalität sowie Biologie und Pathologie von Sumpfbüffeln in Thailand

Hamburg Universität Hamburg, Abt. Thailand, Burma und Indochina im Seminar für Sprache und Kultur Chinas (Prof. Dr. K. Wenk)
Die politischen Ideen und die soziale Kritik des thailändischen Publizisten Thien Wan sowie sein Einfluß auf die Entwicklung des politischen Denkens in Thailand

Universität Hamburg, Abt. Thailand, Burma und Indochina im Seminar für Sprache und Kultur Chinas (Prof. Dr. K. Wenk)
Symposion „Tradition und Wandel in Vietnam"

Universität Hamburg, Institut für Internationale Angelegenheiten (Dr. R. Hanisch)
Rechtsetzung und Rechtspraxis im Agrarsektor der Philippinen – Eine empirische Untersuchung

Universität Hamburg, Seminar für Indonesische und Südseesprachen (Prof. Dr. H. Kähler)
Theater der Gegenwart in Indonesien – Volkstheater in Nord-Sumatra (Toba-Batak) und modernes Theater auf Java, dargestellt an ausgewählten Beispielen

Universität Hannover, Geographisches Institut, Lehrstuhl für Wirtschaftsgeographie (Prof. Dr. L. Schätzl) *Hannover*
Sozio-ökonomische Auswirkungen des energiewirtschaftlichen Strukturwandels in Malaysia

Gesamthochschule Kassel, Abt. Geographie (Prof. Dr. W. Röll). Forschungs- und Ausbildungsstipendium für K. Brehm *Kassel*
Die räumliche Mobilität im Bereich des Oberzentrums Yogyakarta – Zentral-Java

Gesamthochschule Kassel, Abt. Geographie (Prof. Dr. W. Röll) – in Zusammenarbeit mit dem Geographischen Institut der Universität Braunschweig (Dr. G. R. Zimmermann)
Probleme der agraren Grundbesitzverfassung auf Lombok/Indonesien

Bundesinstitut für Ostwissenschaftliche und Internationale Studien, Köln (Dr. H. Vogel) *Köln*
Geschichte der Birmanischen Kommunistischen Partei

University of Santo Tomas, Manila (Rev. F. Fermin O. P.) *Manila*
und
Universität Freiburg/Br., Institut für Entwicklungspolitik (Prof. Dr. Th. Dams)
Kombiniertes Forschungs- und Ausbildungsprogramm zur Schulentwicklung und -verwaltung auf den Philippinen

Universität Marburg, FB Wirtschaftswissenschaften (Prof. Dr. J. Röpke) *Marburg*
* Neuerungsverhalten in Entwicklungsländern (Singapore–Malaysia–Indonesien); nationale und internationale Bestimmungsgründe

Universität Regensburg, FB Wirtschaftswissenschaft (Prof. Dr. L. Hoffmann). Forschungs- und Ausbildungsstipendium für F. von Kirchbach *Regensburg*
Die Wirtschaftspolitik der ASEAN-Länder gegenüber ausländischen Direktinvestitionen

Universität Saarbrücken, Sozialpsychologische Forschungsstelle für Entwicklungsplanung (Prof. Dr. E. E. Boesch) *Saarbrücken*
Psychologische Voraussetzungen der Stadt-Land-Migration in Thailand

Institute of Southeast Asian Studies, Singapore (Prof. K. S. Sandhu) *Singapore*
Surplace-Fellowship-Programm für Südostasienstudien

Merkblatt 8
S. 294 ff. **Gegenwartsbezogene Forschung zur Region Osteuropa**

Thematik / Förderungsmöglichkeiten

In dem 1971 eingerichteten Förderungsschwerpunkt zur gegenwartsbezogenen Osteuropaforschung können Forschungsprojekte, der wissenschaftliche Gedankenaustausch, die internationale Kooperation sowie der wissenschaftliche Nachwuchs und die Ausbildung in osteuropäischen Sprachen gefördert werden. Das Förderungsprogramm umfaßt Entwicklungen und Probleme der Länder Ost- und Südosteuropas in der Zeit nach der Gründung der Sowjetunion oder nach dem Zweiten Weltkrieg, gegebenenfalls auch die unmittelbare Vorgeschichte. Angesprochen sind vor allem Zeitgeschichte sowie Politik-, Sozial- und Wirtschaftswissenschaft, aber auch die Bereiche Bildungs- und Ausbildungsfragen und soziologische Sprach- und Literaturwissenschaft.

Bisherige Förderung

In diesem Schwerpunkt wurden seit 1971 Bewilligungen über rund 10,6 Millionen DM ausgesprochen. Im Jahre 1978 konnten 12 Forschungsvorhaben mit rund 2,5 Millionen DM gefördert werden.

Sozialstruktur der UdSSR

Eine auf sieben Bände angelegte kommentierte Quellen- und Materialsammlung zur Sozialstruktur der UdSSR 1917–1953 wird am Fachbereich I der Universität Bremen (Prof. Dr. W. Eichwede) ediert (540 000 DM). Mit diesem Vorhaben sollen die Zusammenhänge von politischer Herrschaft, sozialer Umwälzung und Industrialisierung sowie deren Widersprüche und Funktionalität in der sozialgeschichtlichen Entwicklung der UdSSR dokumentiert werden. Konzentriert auf die Produktions-, Arbeits- und Lebensverhältnisse soll die Edition einen Einblick in die konkrete soziale Realität der Sowjetunion von der Revolution bis zum Ende der Stalin-Ära vermitteln. Die systematische Aufarbeitung vielfältiger sozialgeschichtlicher Quellen, die ohne Vorbild auch in der sowjetischen Literatur ist, soll nicht nur durch Schließung von Forschungslücken die wissenschaftliche Diskussion anregen, sondern auch einem breiten Kreis von Interessenten – Lehrern und Studenten, Medien und politischer Bildung – Material und Quellen zur Geschichte der UdSSR in die Hand geben. Durch eine enge Kooperation mit anderen wissenschaftlichen Instituten und angrenzenden Forschungsvorhaben im In- und Ausland sollen internationale Forschungsergebnisse einbezogen werden. Das Projekt wird von einem wissenschaftlichen Beirat begleitet.

Sozialistische Wirtschaftsdemokratien

Dem Institut für Außenhandel- und Überseewirtschaft der Universität Hamburg (Prof. Dr. K.-E. Schenk) wurden für die Untersuchung der „Entscheidungsprozesse in sozialistischen Wirtschaftsbürokratien bei

Interaktionen mit westlichen Marktwirtschaften" 246 000 DM bewilligt. Bei Ost-West-Kooperationen auf wirtschaftlichem und technologischem Gebiet ergeben sich häufig Probleme, die zu einem erheblichen Teil auf mangelnder Kenntnis der bürokratischen Entscheidungsstrukturen und -prozesse in sozialistischen Ländern beim westlichen Partner beruhen. Die Untersuchung soll einen theoretischen Bezugsrahmen erarbeiten, der die spezifischen Verhaltensweisen sozialistischer Wirtschaftsbürokratien im Umgang mit westlichen Kooperationspartnern aus den besonderen strukturellen Bedingungen ihrer Organisations-, Informations- und Entscheidungssysteme ableiten kann. Dieses theoretische Erklärungsmodell, das auch gewisse Eigengesetzlichkeiten des Verhaltens im internen Interaktionszusammenhang der Bürokratien erfaßt, soll am Beispiel eines aktuellen und durch besondere Verhaltensunsicherheit gekennzeichneten Kooperations- und Entscheidungsbereichs, des intersystemaren Technologietransfers, überprüft werden.

Eine theoretische und empirische Analyse „Arbeitskräfteknappheit und Probleme der Effizienz des Arbeitskräfteeinsatzes in der Sowjetunion" wird am Osteuropa-Institut, München (Prof. Dr. G. Hedtkamp), mit 328 000 DM gefördert. Seit einigen Jahren beeinflussen in der Sowjetunion Arbeitskräfteknappheit und mangelnde Effizienz des Arbeitskräfteeinsatzes spürbar das Wachstum des Sozialprodukts. Nachdem es der sowjetischen Beschäftigungspolitik in der Vergangenheit, verglichen mit anderen osteuropäischen Ländern, gut gelungen war, Arbeitslosigkeit in kurzer Zeit zu beseitigen und ein hohes Beschäftigungsniveau zu erhalten, gilt es nunmehr, neue Steuerungsinstrumente zu entwickeln. Aufgrund der besonderen arbeitsrechtlichen Regelungen, demographischen Faktoren und institutionellen Bedingungen bei Einführung arbeitsstimulierender Anreizsysteme sowie der spezifischen Verhaltensweisen der sowjetischen Arbeitskräfte ergeben sich dabei besondere ideologische und wirtschaftspolitische Probleme, die im Westen bisher wenig beachtet wurden. Die geplante Untersuchung ist so angelegt, daß die Analyse der ökonomischen, juristischen und soziologischen Besonderheiten des sowjetischen Beschäftigungssystems die bisherige Entwicklung erklären und eine Beurteilung der jetzt zur Diskussion stehenden Planungsmethoden ermöglichen soll.

Sowjetische Beschäftigungspolitik

Das Deutsche Institut für Internationale Pädagogische Forschung, Frankfurt/M. (Prof. Dr. W. Mitter), untersucht seit 1976 „Probleme der Hochschulbildung in sozialistischen Staaten in ihrem Bezug zum Verhältnis von Qualifikations- und Beschäftigungsstruktur" mit dem Ziel einer vergleichenden Analyse der Hochschulsysteme in den Ländern ČSSR, DDR,

Hochschulbildung und Beschäftigungsstruktur in sozialistischen Staaten

Polen, Rumänien, UdSSR sowie – in einem orientierenden Vergleich – Ungarn und Bulgarien. Bisher liegen 13 Werkstattberichte über den Hochschulbereich bzw. die Beschäftigungsprobleme von Arbeitskräften mit Hochschulabschluß in diesen Ländern vor. Im Vordergrund des Projekts, das die Stiftung mit rund 598 000 DM unterstützt hat, steht die These, daß die enge Wechselbeziehung von Bildungs- und Wirtschaftssystemen in der bildungspolitischen und pädagogischen Theorie und Praxis verankert ist und sich in der Verzahnung von Qualifikations- und Beschäftigungsstruktur äußert. Aufbauend auf dem breiten länderspezifischen Material sollen in einem Anschlußprojekt, für das inzwischen weitere 250 000 DM bewilligt wurden, die bisher in der vergleichenden Bildungsforschung verwendeten Hypothesen systematisiert und Kriterien für einen internationalen Vergleich entwickelt werden. Als Ergebnisse werden Instrumente und Argumente zur Beurteilung und Vergleichbarkeit von Länderstudien für Bildungsforschung ebenso wie für Bildungspolitik, -planung und -verwaltung erwartet.

Tod und Unsterblichkeit Tod und Unsterblichkeit in der Sowjetliteratur ist Thema einer Untersuchung des Instituts für Slawistik der Universität Erlangen-Nürnberg (Prof. Dr. J. Schütz), das mit 113 000 DM gefördert wird. Obwohl die Fortführung der langen Tradition religiöser, speziell christlicher Behandlung dieses Themenkomplexes in Belletristik und Lyrik in der Sowjetunion nach der Oktoberrevolution nicht mehr opportun oder ganz unmöglich war, hat sich eine künstlerische Verarbeitung dieses Themas – oft in verschlüsselter Form – in der sowjetischen Literatur fortgesetzt. Die Untersuchung soll die vielfältigen und versteckten Einzelaspekte, Lösungsansätze und Unsterblichkeitstheorien, die abweichend vom ideologischen Anspruch des Marxismus-Leninismus in der sowjetischen Belletristik und Lyrik entwickelt wurden, in einer Gesamtdarstellung zusammenfassen.

1978/79 bewilligte und laufende (*) Projekte

Berlin Freie Universität Berlin, Osteuropa-Institut (Prof. Dr. G. Kennert)
Druckbeihilfe für die Symposienbeiträge „Von der Revolution zum Schriftstellerkongreß"

Deutsche Gesellschaft für Osteuropakunde e. V., Berlin (O. Wolff von Amerongen)
Förderung internationaler wissenschaftlicher Kooperation im Rahmen des Second World Congress on Soviet and East European Studies 1980

Bochum Universität Bochum, Institut für Pädagogik (Prof. Dr. O. Anweiler)
Technische Bildung und Berufsorientierung in der Sowjetunion und in Frankreich

Universität Bremen, FB I, Arbeitslehre/Politik (Prof. Dr. W. Eichwede) *Bremen*
Sozialstruktur der UdSSR 1917–1953. Quellen- und Materialsammlung

Universität Erlangen-Nürnberg, Institut für Slawistik (Prof. Dr. J. Schütz) *Erlangen*
Tod und Unsterblichkeit in der Sowjetliteratur

Universität Frankfurt/M., Historisches Seminar, Osteuropäische Geschichte (Prof. Dr. A. Fischer) *Frankfurt*
* *Sowjetische Deutschlandpolitik 1945–1955*

Deutsches Institut für Internationale Pädagogische Forschung, Frankfurt/M. (Prof. Dr. W. Mitter)
Kriterien eines internationalen Vergleichs des Verhältnisses von Qualifizierung und Berufseingliederung von Hochschulabsolventen

Universität Göttingen, Institut für Völkerrecht (Prof. Dr. G. Zieger) *Göttingen*
Symposion „Rechtliche und wirtschaftspolitische Beziehungen zwischen den Integrationsräumen in West- und Osteuropa"

Universität Göttingen, Seminar für Slavische Philologie (Prof. Dr. A. de Vincenz)
Verlängerung des Vorhabens zur Entwicklung eines Intensivkurses „Russische Phonetik für Anfänger"

Universität Hamburg, Historisches Seminar (Prof. Dr. K.-D. Grothusen) *Hamburg*
Symposion „Jugoslawien – 30 Jahre ‚eigener Weg'. Zwischenbilanz einer sozialistischen Entwicklungsstrategie"

Universität Hamburg, Institut für Außenhandel und Überseewirtschaft (Prof. Dr. K.-E. Schenk)
Entscheidungsprozesse in sozialistischen Wirtschaftsbürokratien bei Interaktionen mit westlichen Marktwirtschaften

Universität Köln, Institut für Ostrecht (Prof. Dr. B. Meissner) *Köln*
* *Osteuropäischer Reformkommunismus und „Eurokommunismus"*

Bundesinstitut für Ostwissenschaftliche und Internationale Studien, Köln (Dr. H. Vogel)
* *Die Deutschen in der Sowjetunion – Geschichte einer nationalen Minderheit vom Zweiten Weltkrieg bis zur Gegenwart*

Bundesinstitut für Ostwissenschaftliche und Internationale Studien, Köln (Dr. H. Vogel)
Macht und Konflikt im Sozialismus am Beispiel Rumäniens

Universität Mannheim, Slavisches Seminar (Prof. Dr. J. Matesić) *Mannheim*
Verlängerung des Forschungsvorhabens „Erstellung phraseologischer Wörterbücher: Serbokroatisch bzw. Serbokroatisch-Deutsch"

Mannheim	Institut für Deutsche Sprache, Mannheim (Prof. Dr. H. Moser) * *Erarbeitung einer deutsch-serbokroatischen Grammatik*
München	Universität München, Institut für Geschichte Osteuropas und Südosteuropas (Prof. Dr. E. Hösch) * *Die technisch-industrielle Umgestaltung von überwiegend agrarischen Ländern. Die Region Donauraum als interdisziplinäres Forschungsparadigma einer Modernisierung* Universität München, Institut für Geschichte Osteuropas und Südosteuropas, für Albanien Institut e. V. (Dr. P. Bartl) * *Die Agrarfrage in der Politik der Partei der Arbeit Albaniens* Osteuropa-Institut, München (Prof. Dr. G. Hedtkamp) *Arbeitskräfteknappheit und Probleme der Effizienz des Arbeitskräfteeinsatzes in der Sowjetunion*
Münster	Universität Münster, Institut für Genossenschaftswesen (Prof. Dr. E. Boettcher) *Die Entwicklung und Stellung der baltischen Staaten innerhalb der Sowjetunion* Universität Münster, Institut für Genossenschaftswesen (Prof. Dr. E. Boettcher, Prof. Dr. F. Haffner) *Genossenschaftliche Organisationsformen in den Planwirtschaften Osteuropas und der DDR*
Paderborn	Gesamthochschule Paderborn, Lehrstuhl für Wirtschaftspolitik (Prof. Dr. P. Dobias) *Fortführung und Abschluß des Forschungsvorhabens „Stabilität und Wandel des jugoslawischen Wirtschaftssystems"*
Saarbrücken	Universität Saarbrücken, FB 8, Neue Sprach- und Literaturwissenschaften (Prof. Dr. W. Gesemann) * *Produktions- und Rezeptionsbedingungen des sowjetrussischen und tschechischen Dramas seit 1964*
Tübingen	Universität Tübingen, Institut für Osteuropäische Geschichte und Landeskunde (Prof. Dr. D. Geyer) * *Studien zur russischen Revolutionsgeschichte*

Merkblatt 19
S. 310 ff. ## Nordamerika-Studien

Thematik In dem 1977 nach einjähriger Vorbereitung eingerichteten regionenbezogenen Schwerpunkt werden Forschungsvorhaben über politische, wirtschaftliche, gesellschaftliche und geistige Entwicklungen und Strukturen in den USA und Kanada im 20. Jahrhundert, bei deutlichem Gegenwartsbezug auch im 19. Jahrhundert, gefördert. Von besonderem Interesse ist dabei die Auseinandersetzung mit spezifisch amerikanischen Theorien und Lösungsansätzen zu gegenwärtigen politischen, gesellschaftlichen und wirtschaftlichen Problemen der Industriegesellschaft und mit davon abweichenden europäischen Ansätzen. Entsprechende Forschungen sollten einen komparatistischen Ansatz verfolgen und einen eigenständigen Beitrag auch für den Stand der Forschung in Nordamerika selbst leisten. Sie bedeuten damit zugleich eine regionenbezogene Ergänzung der im Schwerpunkt „Wandel und Krisenfaktoren in demokratischen Industriegesellschaften" (vgl. S. 88 ff.) unter anderem erwünschten vergleichenden Studien. Die Förderung von Arbeiten zur amerikanischen Sprach- und Literaturwissenschaft ist nicht einbezogen.

Neben Forschungsprojekten ist auch die Förderung des wissenschaftlichen Nachwuchses durch eine begrenzte Anzahl von Langzeitstipendien für Promovierte vorgesehen, ferner die Intensivierung der europäisch-nordamerikanischen wissenschaftlichen Zusammenarbeit durch Unterstützung von Arbeitstagungen und Seminaren (siehe auch Symposienprogramm, S. 193 f. und S. 287 ff.) sowie von Gastaufenthalten. *Förderungsmöglichkeiten*

Das Förderungsprogramm richtet sich in erster Linie an deutsche und westeuropäische Wissenschaftler. Förderungsanträge können daher grundsätzlich nur von wissenschaftlichen Einrichtungen in der Bundesrepublik Deutschland oder einem anderen westeuropäischen Land gestellt werden. Anträge aus dem europäischen Ausland müssen, den Prinzipien der Auslandsförderung der Stiftung entsprechend, Angaben über eine Zusammenarbeit mit wissenschaftlichen Einrichtungen oder mit Wissenschaftlern in der Bundesrepublik Deutschland enthalten. Wissenschaftler aus den USA und Kanada können an dem Förderungsprogramm nur dann teilhaben, wenn eine definierte Kooperation mit deutschen wissenschaftlichen Einrichtungen nachgewiesen wird, von denen auch der Antrag, zumindest ein Zusatzantrag, ausgehen müßte.

Bis Anfang 1979 konnten Bewilligungen über insgesamt rund 2,8 Millionen DM ausgesprochen werden. Im Jahre 1978 wurden für 4 Vorhaben rund 0,8 Millionen DM bewilligt. *Bisherige Förderung*

Bereits 1977 hat die Stiftung Volkswagenwerk für eine Untersuchung deutsch-amerikanischer Wanderungsbewegungen des 19. und 20. Jahrhunderts im Kontext der Sozialgeschichte beider Länder dem Historischen Seminar der Universität Hamburg (Prof. Dr. G. Moltmann) 500 000 DM zur Verfügung gestellt. *Einwanderungsgeschichte*

Deutsche Arbeiter in Chikago, 1850–1910

Ebenfalls der deutsch-amerikanischen Migrationsgeschichte ist das Projekt „Sozialgeschichte der deutschen Arbeiter in Chikago, 1850–1910" des Amerika-Instituts der Universität München (Prof. Dr. F. G. Friedmann, Dr. H. Keil) gewidmet (rd. 549 000 DM). Chikago war in der zweiten Hälfte des 19. Jahrhunderts ein schnell expandierendes Industrie- und Bevölkerungszentrum mit sich rasch verändernder Wirtschafts- und Beschäftigungsstruktur. Vor diesem Hintergrund soll die Berufs- und Alltagswelt deutscher Arbeiter, ihre soziale Schichtung sowie ihre gesellschaftliche und kulturelle Auseinandersetzung mit einer im Industrialisierungsprozeß befindlichen städtischen Umwelt und mit den Normen der dominanten Kultur rekonstruiert werden. Gegenwartsbezogenes Interesse gewinnt die Untersuchung unter anderem dadurch, daß sie eine vergleichende Perspektive auf die Gastarbeiterproblematik in der Bundesrepublik Deutschland eröffnen kann.

Amerikanische Arbeiter- und Immigrationsgeschichte

Ein Symposion im November 1978 zur amerikanischen Arbeiter- und Einwanderergeschichte, veranstaltet vom Fachbereich 7 der Universität Bremen (Prof. Dr. D. Hoerder) und mit 53 000 DM gefördert, führte Wissenschaftler aus 13 west- und osteuropäischen Ländern, den USA und Australien zusammen. Es ergab unter anderem, daß die deutschen Einwanderer in den Vereinigten Staaten nicht, wie vielfach angenommen, vor allem Siedler in Pennsylvania und im Mittleren Westen gewesen waren, sondern daß der Hauptstrom sich ab Mitte der 1880er Jahre als Arbeiter in New York, Chikago und anderen großen Städten niederließ. Ein weiteres wichtiges Ergebnis war, daß die Einwandererbewegungen nicht als einheitliche deutsche, irische u. a. Einwanderung anzusehen sind, sondern als Wellen innerhalb der einzelnen Volksgruppen, zwischen denen mit Methoden der Sozialgeschichte erhebliche Unterschiede ausgemacht werden können. Ausführliche Berichte über die Tagung werden voraussichtlich erscheinen in: „american studies: an international newsletter"; „Amerikastudien" (Zs. der Dt. Gesellschaft für Amerikastudien); „Labor History".

Politische Institutionen und gesellschaftliche Veränderungen

In einigen hochindustrialisierten demokratischen Gesellschaften scheint sich seit etwa 15 Jahren ein grundlegender politisch-institutioneller Wandel zu vollziehen; während bis in die 60er Jahre hinein die durch Verfassung und Tradition vorgegebenen politischen Institutionen wie Exekutive, Legislative, Parteien und zum Teil auch Verbände die ihnen idealtypisch zugeschriebenen Funktionen weitgehend erfüllten, scheint dies heute mehr und mehr in Frage gestellt zu sein. Neue Formen politischer Willensbildung wie Bürgerinitiativen, Nachbarschaftsgruppen und ad hoc-Zusammenschlüsse entwickeln sich neben den herkömmlichen Institutionen und haben möglicherweise deren Funktion zum Teil übernommen. Dies am Beispiel der USA auf kommunaler, einzelstaatlicher und bundesstaatlicher Ebene genauer zu untersuchen, ist das Ziel des Projekts „Neuere Entwicklungen im amerikanischen Regierungs- und Gesellschaftssystem", für das die Stiftung Volkswagenwerk dem Seminar Wissenschaft von der Politik der Universität Göttingen (Prof. Dr. P. Lösche) Anfang 1979 rund 787 000 DM zur Verfügung gestellt hat. – Speziell mit „Public Interest Groups in den Vereinigten Staaten von Amerika" beschäftigt sich ein thematisch ergänzendes Projekt des Seminars für Politische Wissenschaft der Universität Köln (Prof. Dr. P. Graf Kielmansegg), für das rund 75 000 DM bewilligt wurden.

Seit Mitte der 70er Jahre sind weite Bereiche der amerikanischen Außenpolitik in Bewegung gekommen. Im Verlauf der ersten Jahre der Administration Carter haben zwei Problemzonen der internationalen Politik besondere Aufmerksamkeit gefunden: der Nahe Osten und Afrika südlich der Sahara. Beide Regionen sind geprägt von einer explosiven politischen Lage; sie haben große wirtschaftliche Bedeutung für die westlichen Industrienationen, stehen im Mittelpunkt weltpolitischer Auseinandersetzungen der Großmächte und sind mit Europa in mannigfaltiger historischer, politischer und wirtschaftlicher Weise verbunden. Die zukünftige Entwicklung beider Regionen hängt letztlich aber vom amerikanischen Engagement ab.

Amerikanische Außenpolitik im Wandel

Wie reagiert eine Weltmacht auf grundlegende Veränderungen der internationalen Lage? Welche Politik betreiben und betrieben die Vereinigten Staaten speziell im Hinblick auf die genannten Regionen? Welche Faktoren hat infolgedessen die Bundesrepublik Deutschland für ihre eigene Außenpolitik zu beachten? Diesen Fragen soll das Projekt „Die amerikanische Außenpolitik im Wandel" nachgehen, für das Anfang 1979 dem Forschungsinstitut der Deutschen Gesellschaft für Auswärtige Politik e. V., Bonn (Prof. Dr. K. Kaiser, H. Trebesch), rund 378 000 DM zur Verfügung gestellt worden sind.

1978/79 bewilligte und laufende (*) Projekte

Freie Universität Berlin, Zentralinstitut für Sozialwissenschaftliche Forschung (Prof. Dr. H. Wollmann)
Symposion „Erfahrungsaustausch zum Stand der amerikanischen und deutschen Evaluierungsforschung – Wissenschaftliche Analyse und Bewertung staatlicher Handlungsprogramme"

Berlin

Bonn Deutsche Gesellschaft für Auswärtige Politik e. V., Bonn (Prof. Dr. K. Kaiser, H. Trebesch)
Die amerikanische Außenpolitik im Wandel – Die Nahost- und Afrika-Politik der Vereinigten Staaten unter Präsident Carter

Bremen Universität Bremen (Prof. Dr. St. Leibfried)
* *Forschungsaufenthalt in den USA zu dem Projekt „Struktur und Entwicklung des Sozialhilfesystems und des Sozialhilferechts in den USA und der Bundesrepublik Deutschland"*

Universität Bremen, FB 7 (Prof. Dr. D. Hoerder)
Symposion „American Labor and Immigrant History-Recent European Research"

Dortmund Pädagogische Hochschule Dortmund, Arbeitsstelle für Schulentwicklungsforschung/ASF (Prof. Dr. H.-G. Rolff)
Krisen der Schulentwicklung in der Bundesrepublik und in den USA – Analysen und Methoden der Krisenbewältigung

Frankfurt Universität Frankfurt/M., Historisches Seminar (Prof. Dr. K. Schwabe)
Forschungen über „Deutsche Revolution und Wilson-Frieden"

Göttingen Universität Göttingen, Seminar Wissenschaft von der Politik (Prof. Dr. P. Lösche)
Neuere Entwicklungen im amerikanischen Regierungs- und Gesellschaftssystem

Hamburg Universität Hamburg, Historisches Seminar, Überseegeschichtliche Abt. (Prof. Dr. G. Moltmann)
* *Deutsch-amerikanische Wanderbewegungen des 19. und 20. Jahrhunderts im Kontext der Sozialgeschichte beider Länder*

Köln Universität Köln, Seminar für Politische Wissenschaft (Prof. Dr. P. Graf Kielmannsegg)
Public Interest Groups in den Vereinigten Staaten von Amerika

München Universität München, Geschwister-Scholl-Institut für Politische Wissenschaft (Prof. Dr. P. C. Ludz)
* *Forschungsvorhaben „Politische Theorie in den USA"*

Universität München, Amerika-Institut (Prof. Dr. Fr. G. Friedmann, Dr. H. Keil)
Sozialgeschichte der deutschen Arbeiter in Chicago 1850–1910

Trier Universität Trier, FB III, Geographie, Archäologie, Politikwissenschaft (Prof. Dr. H. Schroeder-Lanz)
Deutsch-kanadisches Kolloquium „Stadtgestalt-Forschung"

Gastarbeiterforschung – Migration und ihre sozialen Folgen

Merkblatt 13
S. 301 ff.

Im Jahre 1978 wurde der Förderungsschwerpunkt „Wanderbewegungen von Arbeitnehmern in Europa (einschließlich der außereuropäischen Entsendeländer) – Forschungen zu Ursachen und Wirkungen" nach gut vier Jahren in bisheriger Form beendet. Er wird ab 1979, modifiziert und thematisch konzentriert, unter dem Titel „Gastarbeiterforschung – Migration und ihre sozialen Folgen" für drei Jahre weitergeführt.

Entwicklung

Vorrang hat in dem neu ausgerichteten Schwerpunkt die Erforschung der Integrationshemmnisse und Integrationsmöglichkeiten für ausländische Arbeitnehmer und deren Familien, vor allem durch zusammenfassende Grundlagenforschung. Einzelprojekte werden nur zu Themenkomplexen berücksichtigt, in denen noch wesentliche Datenlücken bestehen. Der Grundlagenforschung sollen verstärkt handlungsorientierte Modellvorhaben im kommunalen Bereich, vor allem für die Zielgruppen Jugendliche und Frauen, an die Seite treten. Eine Förderung durch die Stiftung ist grundsätzlich nur für den Forschungsteil von Modellprojekten und für die wissenschaftliche Begleitung möglich.

Thematik / Förderungsmöglichkeiten

Projekte über Ausländerkinder, schulische Ausbildung und den Spracherwerb haben im Schwerpunkt keine Priorität mehr. Die beiden ersten Themenbereiche finden bei einer Reihe anderer staatlicher und privater Förderungsstellen Berücksichtigung. Projekte zum Spracherwerb hat die Stiftung in der ersten Phase ihres Gastarbeiterschwerpunktes bereits in einem Sonderprogramm gefördert.

Entsprechend der neuen Schwerpunktsetzung unterstützt die Stiftung entsendeländerbezogene Forschungen besonders dann, wenn sie den Integrationsaspekt berücksichtigen. Sie beschränkt sich dabei auf solche Vorhaben, die von wissenschaftlichen Instituten *in* den südeuropäischen Entsendeländern in Zusammenarbeit mit deutschen Wissenschaftlern unternommen werden.

Ein weiteres Ziel ist die Auswertung von Ergebnissen bereits geförderter Projekte, die Koordination laufender Forschungen und die kontinuierliche Umsetzung von Forschungsergebnissen in die Praxis. Die Stiftung wird hierbei von Professor Dr. H. Korte (Bochum) als wissenschaftlichem Berater unterstützt.

Es können Forschungsprojekte und wissenschaftliche Veranstaltungen gefördert werden.

Für die Gastarbeiterforschung konnten im Rahmen des Schwerpunktes „Wanderbewegungen von Arbeitnehmern in Europa" von 1974 bis 1978 Bewilligungen über insgesamt rund 7,6 Millionen DM ausgesprochen

Bisherige Förderung

werden. Im Jahre 1978 wurden für 15 Vorhaben 1,2 Millionen DM und weitere 1,9 Millionen DM aus Mitteln der Ausschreibung von 1977 „Deutsch für ausländische Arbeitnehmer" vergeben.

Deutsch für ausländische Arbeitnehmer

Vier der aufgrund der Ausschreibung geförderten Projekte wurden bereits im letzten Bericht vorgestellt. Als neu bewilligtes fünftes ist ein Vorhaben der Betriebseinheit Sozialisation der Universität Frankfurt/M. (Prof. Dr. H. Müller, Dipl.-Päd. Petra Szablewski) über „Kommunikation und Spracherwerb bei nichterwerbstätigen ausländischen Frauen" zu nennen, für das rund 429 000 DM bewilligt wurden. Die Projektgruppe hat sich zum Ziel gesetzt, fundierte Vorschläge für die Gestaltung erfolgreicher Sprachkurse für Frauen aus verschiedenen Ländern (insbesondere jedoch Türkinnen) zu erarbeiten. Es soll die Grundstruktur eines Deutschkurses entwickelt werden, der der speziellen Situation dieser Frauen entspricht und ihnen ermöglicht, kontinuierlich an einem Kurs teilzunehmen.

Nur wenige Kinder ausländischer Gastarbeiter kommen zu einer abgeschlossenen Berufsausbildung. Ein Projekt des Forschungsinstituts der Friedrich-Ebert-Stiftung (Dr. U. Mehrländer) analysiert die Berufsverläufe türkischer Jugendlicher in Deutschland durch eine Repräsentativ-Befragung mit dem Ziel, Voraussetzungen für bessere Berufschancen zu erkennen (Bewilligung 330 000 DM; s. S. 123 u. Bericht 1977/78, S. 111).

Griechische Gastarbeiter

Drei Projekte befassen sich mit der Situation von griechischen Arbeitnehmern und ihren Familien in der Bundesrepublik und mit den Auswirkungen der Gastarbeiterwanderung in Griechenland selbst.

Gesundheitsstörungen

318 000 DM erhielt das Klinikum der Freien Universität Berlin (Prof. Dr. R. Remschmidt, Dr. Ch. Steinhausen) zur Untersuchung psychischer Störungen bei Kindern griechischer Arbeitnehmer. In dem Vorhaben sollen Lern- und Leistungsstörungen, emotionale und Verhaltensstörungen sowie chronische bzw. rezidivierende körperlich begründete Krankheiten bei Kindern griechischer Arbeitnehmer in West-Berlin erfaßt werden.

Rückwanderungsfragen

Das Institut für Geographie der Universität Münster (Prof. Dr. C. Lienau) untersucht mit rund 194 000 DM die „Rückwanderung griechischer Gastarbeiter und Regionalstruktur ländlicher Räume in Griechenland". Eine Ergänzung dazu bildet das Vorhaben der Fakultät für Soziologie der Universität Bielefeld (Prof. Dr. H.-D. Evers) „Remigration und Sozialstruktur – Arbeitskräfterückwanderung und deren Auswirkungen in urbanen Räumen Griechenlands", für das rund 138 000 DM bewilligt wurden.

Professor Lienau will in ländlichen Räumen Griechenlands Art und Umfang der Rückwanderung, Ortswahl, Regionalstruktur der potentiellen Aufnahmeräume sowie deren ökonomische und sozialstrukturelle Aufnahmekapazität untersuchen. Im Ergebnis soll der Zusammenhang zwischen Reintegrationsproblemen und bestimmten Elementen der Regional-

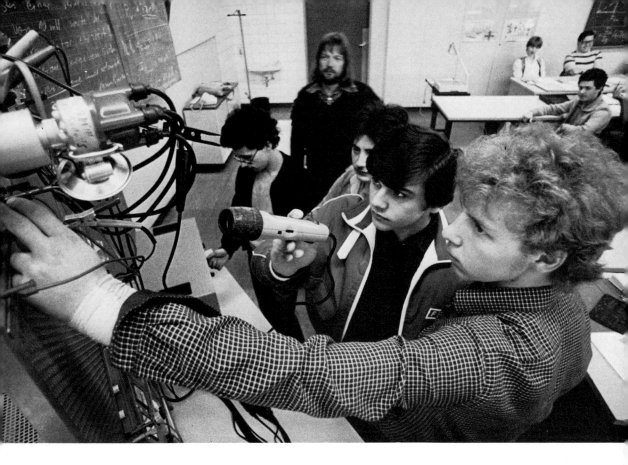

struktur dargestellt und eine Basis für regionalplanerische Maßnahmen gefunden werden.

Demgegenüber konzentriert sich das Projekt von Professor Evers auf die städtischen Gebiete Griechenlands. Es verbindet eine gesamtgesellschaftliche Analyse der durch Rückwanderung ausgelösten Veränderungen in der Sozialstruktur mit einer Untersuchung durch Befragung von rückkehrenden Griechen über individuelle Einflüsse der Rückwanderung auf ihre soziale und ökonomische Lage.

Das Institut für Stadt- und Regionalplanung der Technischen Universität Berlin untersucht unter Leitung von Professor Dr. R. Mackensen die Zukunftserwartungen von türkischen Gastarbeiterfamilien in Berlin (237 000 DM). Es geht am Beispiel der Türken um Formen, Schwierigkei-

Zukunftserwartungen von Türken

ten und absehbare Entwicklungen der Auseinandersetzung ausländischer Familien mit ihrer deutschen Umwelt. Dabei soll analysiert werden, wie sich die Berufsvorstellungen und das soziale Verhalten der Kinder von türkischen Gastarbeiterfamilien vor dem Hintergrund ihrer Erfahrungen in Schule, Umwelt und im Arbeitsprozeß verändern. Die Untersuchungsergebnisse sollen einen praxisbezogenen Beitrag für mögliche Hilfs- und Beratungsmaßnahmen öffentlicher und privater Institutionen leisten.

Bestandsaufnahme über Forschungsergebnisse Mit 35 000 DM trägt die Stiftung zu einer Bestandsaufnahme der quantitativen und qualitativen Ergebnisse sozialwissenschaftlicher Forschungsprojekte hinsichtlich einwanderungswilliger ausländischer Arbeitnehmer und ihrer Familien bei, die unter Federführung des Instituts für Arbeitssoziologie und Arbeitspolitik der Universität Bochum (Prof. Dr. H. Korte) von einer Gruppe deutscher Sozialwissenschaftler durchgeführt wird. Die Arbeitsgruppe ist aus dem Kolloquium über Gastarbeiterforschung entstanden, das die Stiftung 1977 mit Wissenschaftlern geförderter Projekte abgehalten hat. Sie schließt auch Mitglieder des vom Bundesministerium für Forschung und Technologie geförderten Projektverbundes zur Gastarbeiterforschung ein. Die Bestandsaufnahme soll im Herbst 1979 in einem weiteren Kolloquium zur Diskussion gestellt werden. Anschließend ist ein Memorandum über Einwanderungsprobleme geplant, das politische Orientierungshilfen geben soll.

1978/79 bewilligte und laufende (*) Projekte

Ankara Middle East Technical University, Ankara, Fakultät für Verwaltungswissenschaften, Forschungsgruppe für Ökonomie (Dr. A. S. Gitmez)
* *Forschungsvorhaben „Rückwanderung türkischer Arbeiter: Auswirkungen und Implikationen für eine Migrationspolitik"*

Berlin Freie Universität Berlin, FB 3, Klinikum Charlottenburg (Prof. Dr. H. Remschmidt, Dr. Ch. Steinhausen)
Psychische Störungen bei Kindern griechischer Arbeitnehmer

Freie Universität Berlin, FB 16, Germanistik (Prof. Dr. W. Dieckmann, H. Barkowski M. A.)
Deutsch für ausländische Arbeitnehmer – Projektgebundenes und projektorientiertes Sprachlernen im Wohnbereich

Technische Universität Berlin, Institut für Stadt- und Regionalplanung (Prof. Dr. R. Mackensen)
Zukunftsperspektiven von Gastarbeiterfamilien am Beispiel der Türken in Berlin

Pädagogische Hochschule Berlin, Theorie und Praxis der Primarstufe (Prof. Regine Reichwein). Stipendium für Ulrike Schlingmann
Fremdsprachige Kinder-Lehrerausbildung und Unterricht

Institut für Zukunftsforschung, Gesellschaft für Zukunftsfragen e. V. Berlin/Hannover, Berlin (Dipl.-Kfm. H. Buchholz)
* *Forschungsvorhaben „Lernstatt im Wohnbezirk" der „Cooperative Arbeitsdidaktik (cad)"*

Universität Bielefeld, Fakultät für Soziologie (Prof. Dr. H.-D. Evers)   Bielefeld
Remigration und Sozialstruktur – Arbeitskräfterückgang und deren Auswirkungen in urbanen Räumen Griechenlands

Universität Bochum, Institut für Arbeitssoziologie und Arbeitspolitik (Prof. Dr.   Bochum
H. Korte)
Bestandsaufnahme der Ergebnisse sozialwissenschaftlicher Forschungsprojekte hinsichtlich einwanderungswilliger ausländischer Arbeitskräfte und ihrer Familien

Forschungsinstitut der Friedrich-Ebert-Stiftung, Bonn-Bad Godesberg (Dipl.-   Bonn
Volksw. Ursula Mehrländer)
* *Berufliche Situation türkischer Jugendlicher in der Bundesrepublik Deutschland*

Universität Bremen, Studienbereiche 7 und 4 (Prof. Dr. Antje-Katrin Menk, Prof.   Bremen
Dr. Ina Kurth)
Lernen in der Fremdsprache

Universität Frankfurt/M., Betriebseinheit Sozialisation (Prof. Dr. H. Müller, Dipl.-   Frankfurt
Päd. Petra Szablewski)
Kommunikation und Spracherwerb bei nichterwerbstätigen ausländischen Frauen

Pädagogische Hochschule Freiburg/Br., Forschungsstelle ausländische Arbeiterkin-   Freiburg
der (Prof. Dr. W. Roth)
* *Forschungsprojekt „Schulische und außerschulische Sozialisation ausländischer Arbeiterkinder"*

Pädagogische Hochschule Freiburg/Br., Forschungsstelle ausländische Arbeiterkinder (Prof. Dr. W. Roth)
Symposion „Ausländische Schüler – Schulversagen und Sonderschulüberweisung"

Internationales Arbeitsamt, Forschungsabteilung für das Weltbeschäftigungspro-   Genf
gramm, Genf (W. R. Böhning)
* *Wanderbewegungen von Arbeitnehmern in Europa: Einfluß auf die Entwicklung eines Herkunftslandes (Jugoslawien) und Kapitalbewegungen als Alternative zur Aufnahme von ausländischen Arbeitnehmern (Bundesrepublik Deutschland)*

Universität Gießen, Institut für Agrarsoziologie (Prof. Dr. E. Harsche)   Gießen
Vorstudie zum Projekt „Regionale Orientierung der Rückwanderungen von Gastarbeitern und Motivationsstruktur anlageorientierten Sparverhaltens"

Kiel	Universität Kiel, Institut für Soziologie (Prof. Dr. L. Clausen)
	Wirtschaftliche und soziale Entwicklungseinflüsse durch Gastarbeiterwanderungen. Eine Pilotstudie in einem andalusischen Dorf
Madrid	Gabinete de Estudios Sobre Emigracion, Madrid (Dr. M. Gomez Santiago)
	Einstellungen spanischer Gastarbeitereltern zur Integration ihrer Kinder in der Bundesrepublik
Münster	Universität Münster, Institut für Geographie (Prof. Dr. C. Lienau)
	Rückwanderung griechischer Gastarbeiter und Regionalstruktur ländlicher Räume in Griechenland
Neuss	Pädagogische Hochschule Rheinland, Abt. Neuss, Forschungsgruppe ALFA (Prof. Dr. H. H. Reich)
	Auswirkungen der familiaren Kommunikationsstruktur auf die Berufsorientierung am Beispiel türkischer Jugendlicher in der Bundesrepublik Deutschland
Tübingen	Universität Tübingen, Soziologisches Seminar (Prof. Dr. H. Braun)
	Der Arbeitsemigrant nach seiner Rückkehr
Urbino/Italien	Universität Urbino, Facolta di Lettere e Filosofia (Prof. Dr. P. Kammerer)
	Reintegrationsprobleme rückkehrender Arbeitskräfte in Süditalien/Apulien
Wuppertal	Gesamthochschule Wuppertal, FB Sprach- und Literaturwissenschaften (Prof. Dr. J. M. Meisel)
	Der Verlauf des ungesteuerten Zweitspracherwerbs bei Arbeitern aus Italien und Spanien
Zürich	Universität Zürich, Soziologisches Institut (Prof. Dr. H. J. Hoffmann-Nowotny) – in Zusammenarbeit mit Prof. Dr. K. O. Hondrich, Universität Frankfurt/M.
	Verlängerung und Abschluß der deutschen Teilstudie „Institutionelle Determinanten der Konzentration und Segregation von ausländischen Arbeitnehmern in urbanen Räumen westeuropäischer Einwanderungsländer"

Schwerpunkte mit überwiegend naturwissenschaftlicher, ingenieurwissenschaftlicher und medizinischer Themenstellung

Zellbiologie

Der Schwerpunkt Zellbiologie, seit Frühjahr 1975 im Förderungsprogramm der Stiftung, ist auf die Erforschung der biologischen Funktion von Zellen als den kleinsten autonomen Lebenseinheiten ausgerichtet. Sie bildet ein immer bedeutsamer werdendes Teilgebiet moderner biologischer Forschung. Dabei geht es nicht nur um ein tieferes Verständnis der Vorgänge, die das komplexe Zellgeschehen, zum Beispiel bei der Übersetzung der Erbinformation in andere Bausteine des Lebens oder bei der Regulation des Wachstums, bestimmen. Von besonderem Interesse sind auch Untersuchungen über Ursachen und Folgen von zellulären Fehlregulationen, die als Krankheiten in Erscheinung treten können, wie zum Beispiel bei einer Entartung von Stoffwechselprozessen oder bei Krebs. Die Stiftung möchte mit ihrem Schwerpunkt die Grundlagenforschung in einem auch für die Medizin bedeutsamen Bereich unterstützen. Sie beabsichtigt aber nicht, in solchen Gebieten tätig zu werden, in denen schon umfangreiche Förderungsprogramme von anderer Seite bestehen.

Thematik

Das Förderungsangebot wendet sich an Botanik, Zoologie, Genetik, Mikrobiologie, Virologie, Immunbiologie und gleichermaßen an medizinisch ausgerichtete Fachgebiete, wie zum Beispiel Humangenetik, Pharmakologie, Toxikologie und klinische Biochemie. Bevorzugt wird die Zusammenarbeit verschiedener Fachgebiete unterstützt.
Gefördert werden Forschungsprojekte und wissenschaftliche Veranstaltungen mit begrenzter Teilnehmerzahl (vgl. die entsprechenden Hinweise zum Schwerpunkt Symposienprogramm, S. 193 ff.).

Förderungsmöglichkeiten

Die in diesem Schwerpunkt entwickelte Förderungsthematik umfaßt vor allem folgende Fragenkreise:
- Regulation der Genaktivität und der Zelldifferenzierung
- Wechselbeziehung von Struktur und Funktion in und zwischen Zellen einschließlich der Rolle der Zellmembran
- Mechanismen der Selbst-Fremd-Erkennung
- Ursachen und Folgen zellulärer Fehlregulation bei Pflanzen, Tieren und Menschen

Abgrenzung Von einer Förderung ausgeschlossen sind Vorhaben, die sich in biochemischen oder physiologischen Untersuchungen mit einzelnen Stoffwechselreaktionen jeweils isoliert befassen, ohne die biologische Gesamtfunktion der Zelle mit in Betracht zu ziehen.

Gentechnologie In das Gebiet der Zellbiologie fallen auch Untersuchungen zur Neukombination von Nukleinsäuren. Die Stiftung erwartet, daß die hierfür vom Bundesministerium für Forschung und Technologie sowie von anderen Institutionen aufgestellten Richtlinien voll beachtet werden und daß bereits der Antrag darauf im einzelnen eingeht. Unabhängig davon behält sich die Stiftung weiterhin eine abwartende Haltung bei der Förderung sogenannter gentechnologischer Vorhaben vor.

Bisherige Förderung Seit Einrichtung des Schwerpunktes Zellbiologie im Jahre 1975 unterstützte die Stiftung 115 Vorhaben mit insgesamt 33,5 Millionen DM einschließlich der rund 11,7 Millionen DM für 47 Projekte 1978/79.

Physiologisch und genetisch aktive Makromoleküle aus Bakterien – Im Institut für Mikrobiologie (Prof. Dr. F. Mayer) der Universität Göttingen werden Enzyme und Nukleinsäuren aus Bakterien elektronenmikroskopisch und biochemisch untersucht (Bewilligung 168 000 DM). Einzelne isolierte Enzymmoleküle können bei hoher Vergrößerung auf dem an das Elektronenmikroskop angeschlossenen Fernsehbildschirm abgebildet werden (S. 138).

Regulation der Genaktivität und der Zelldifferenzierung

Bei den im Schwerpunkt bisher geförderten Vorhaben stehen solche im Vordergrund, die sich mit dem Fragenkomplex der Regulation der Genaktivität und der Zelldifferenzierung befassen. Auch im Berichtszeitraum zeichnete sich dieser Trend ab.

Mit 17 Vorhaben entfiel etwa ein Drittel der 1978/79 unterstützten Projekte auf den genannten Themenkreis. Die dafür aufgewendeten rund 4 Millionen DM kamen Forschungen zugute, in deren Mittelpunkt die Regulation der mit Vermehrung, Wachstum, Differenzierung, Transformation und Fusion zusammenhängenden zellulären Prozesse stand. Beispielhaft seien folgende Projekte näher geschildert:

Biologische Prozesse der Pubertät Mit den die Pubertät auslösenden biologischen Prozessen befaßt sich die Arbeitsgruppe von Professor Dr. W. Engel, Institut für Humangenetik der Universität Göttingen. Am Modell der pubertierenden weiblichen und männlichen Ratte will die Arbeitsgruppe zeigen, wie die Hormone der Hirnanhangdrüse über einen Botenstoff auf die Keimdrüsen einwirken. Weiterhin wird untersucht, welche regulatorischen Einflüsse Hormone der Nebennierenrinde auf die Hormone der Hirnanhangdrüse über die Aktivierung eines den Botenstoff abbauenden Enzyms haben. Von dieser Studie, für die die Stiftung 562 500 DM zur Verfügung stellte, können wichtige Erkenntnisse über Ursachen und Behandlungsmöglichkeiten von Pubertätsstörungen erwartet werden.

Um lebende Zellen mit hoher Auflösung abzubilden, wird ein Röntgenmikroskop unter Ausnutzung der Synchrotronstrahlung gebaut, wie sie z. B. bei Elektronenspeicherringen entsteht (750 000 DM). Die Untersuchungen werden in der Optischen Arbeitsgruppe (Prof. Dr. G. Schmahl) der Universitäts-Sternwarte Göttingen durchgeführt (S. 138 u. Bericht 1977/78, S. 116 ff.).

Mit Fragen der Entwicklungsgenetik befaßt sich ein am Max-Planck-Institut für Biologie in Tübingen, Abteilung Immungenetik (Prof. Dr. J. Klein), mit rund 635 700 DM gefördertes Vorhaben. Um Entwicklungsvorgänge zu verstehen, müssen zunächst die an diesem Prozeß beteiligten Gene und deren Produkte identifiziert werden. Bei dem geförderten Projekt geht es um Untersuchungen zum Mechanismus der t-Genwirkung bei der embryonalen Entwicklung der Maus. Voraussetzung für die Arbeiten ist die Verfügbarkeit und Selektion spezifischer Mutanten. Bei der Maus sind solche Entwicklungsmutationen und Gengruppen bekannt, die die embryonale und postnatale Entwicklung steuern (t-Komplex). Der t-Komplex ist zusammen mit gekoppelten Gensystemen ein ideales Modell für Untersuchungen der Entwicklung von Säugetieren.

Entwicklungsgenetik

Wechselbeziehungen von Struktur und Funktion in und zwischen Zellen

Etwa die gleiche Anzahl geförderter Projekte umfaßt der Themenkreis der Wechselbeziehung von Struktur und Funktion in und zwischen Zellen. Hierunter lassen sich solche Vorhaben zusammenfassen, die Zellstrukturen, wie Chromosomen, Zellorganellen und Membranen, unter dem Aspekt der Integration in den Gesamthaushalt der Zelle mit Methoden der Biochemie und der Morphologie untersuchen. Hierbei sind in zunehmendem Maße zellbiologische Fragestellungen in einem interdisziplinären Verbund zwischen Biochemikern und Strukturforschern unter anderem auch mit Mikromethoden zu lösen.

Im Berichtszeitraum unterstützte die Stiftung in diesem Bereich 19 Projekte mit insgesamt 4 Millionen DM.

Welche genetischen und biochemischen Eigenheiten zu einer stabilen artspezifischen Symbiose beitragen, wird in einem Vorhaben am Pflanzenphysiologischen Institut der Universität Göttingen, Abteilung für Experimentelle Phykologie (Prof. Dr. W. Wießner), untersucht. Die Stiftung stellte dafür rund 136 000 DM zur Verfügung. Im einzelnen geht es um die biochemischen, strukturellen oder membrangebundenen Eigenheiten einer Grünalge, die einen Einzeller, nämlich das Pantoffeltierchen, veranlassen, diese Alge nicht als Nahrung zu benutzen, sondern als Partner für eine Symbiose zu wechselseitigem Vorteil bei der Nahrungsversorgung. Professor Wießners Arbeitsgruppe gelang es, die beiden Organismen voneinander zu trennen, isoliert in Massenkultur zu züchten und als Symbioseeinheit zu kultivieren. Dieses Modell könnte auch zur Beantwor-

Ursachen der Symbiose

tung einer weiteren Frage beitragen, wie nämlich im Verlaufe der biologischen Entwicklungsgeschichte grüne Zellorganellen, die Chloroplasten, sich aus einer stabilen Endosymbiose heraus entwickelt haben.

Wechselwirkung zwischen Nerv und Muskel

Das Projekt „Immunchemische, zellbiologische und genetische Charakterisierung der Peptiduntereinheiten des Acetylcholin-Rezeptors", durchgeführt am Lehrstuhl für Neurobiologie der Universität Heidelberg unter Leitung von Professor Dr. Melitta Schachner und für drei Jahre mit 546 000 DM unterstützt, soll zur Aufklärung von nervenabhängiger Muskelaktivität beitragen. Muskel und Nerv stehen in einem wechselseitigen Abhängigkeitsverhältnis zueinander: Der Muskel degeneriert, wenn er nicht richtig innerviert ist; umgekehrt verkümmert der Nerv, wenn der Muskel mit ihm nicht in Kontakt steht. Die Wechselwirkung zwischen Muskel und Nerv erfolgt mit Hilfe von sogenannten Transmittersubstanzen, deren Wirkungsweise auf bestimmte Strukturen der Zelloberfläche noch unklar ist und vielfältiger molekularer und genetischer Grundlagenforschung bedarf. Die geplanten Studien können auch die Voraussetzungen zur Aufklärung genetischer Defekte bei verschiedenen Arten der muskulären Versorgungsstörung und krankhaften Muskelschwäche bilden.

Mikropräparation

Mikropräparative Techniken an einzelnen Zellen versprechen in Zukunft einen wichtigen Beitrag für neue Ansätze und Lösungen zellbiologischer wie molekularbiologischer Fragen. Darüber hinaus deuten sich vielversprechende Anwendungsmöglichkeiten in den gesamten Biowissenschaften an. Für ein Projekt, das die weitere Entwicklung und Erprobung von Mikrotechniken für zellbiologische Forschung zum Thema hat, wurden dem Institut für Experimentelle Pathologie, Abteilung für Membranbiologie und Biochemie, am Deutschen Krebsforschungszentrum in Heidelberg (Prof. Dr. W. W. Franke) 476 000 DM bewilligt. Im Vordergrund der Untersuchungen steht die Mikropräparation von Zellorganellen, Zellkernstrukturen und die biochemische Aufarbeitung von Makromolekülen in biologisch aktive Untereinheiten. Mit Mikrotechniken werden hochgereinigte Substanzen in das Zellinnere injiziert (z. B. artfremde Erbsubstanz in Eizellen von Krallenfröschen), um eine Genaktivierung mit histochemischen und elektronenmikroskopischen Methoden auf subzellulärer Ebene nachweisen zu können. Bei dem geförderten Projekt sollen Mikromethoden nicht nur im interdisziplinären Verbund weiterentwickelt, sondern auch an interessierte Wissenschaftler der verschiedensten Fachgebiete weitervermittelt werden. Die damit gegebene Ausbildungsmöglichkeit ist vor allem für die deutsche Zellbiologie von Vorteil, um einen methodischen Rückstand aufzuholen.

Mechanismen der Selbst-Fremd-Erkennung

Seit Einrichtung des Schwerpunktes Zellbiologie nimmt der in der Förderungsthematik an dritter Stelle genannte Problemkreis: Mechanismen der Selbst-Fremd-Erkennung einschließlich der davon bestimmten Prozesse, wie zum Beispiel Immunisierung, Toleranz sowie Entartung, einen wichtigen Platz ein; er soll vor allem zu einer Zusammenarbeit von Klinikern und theoretischen Medizinern anregen. Unterstützt wurden bisher unter anderem solche Vorhaben, die die zelluläre und humorale Immunreaktion, die zelluläre Kommunikation und die Rolle der immunkompetenten Zelltypen untersuchten. Es zeigte sich, daß eine grundlagenorientierte Forschung wichtige Erkenntnisse zur Diagnose und Therapie zellulärer Entartung bei akuten oder chronischen Immunkrankheiten zeitigen konnte.

Im Berichtszeitraum 1978/79 wurden zu diesem Themenkreis nur drei Vorhaben unterstützt, teilweise allerdings mit größeren Mitteln.

So wurden dem Institut für Medizinische Mikrobiologie der Universität Mainz rund 1,3 Millionen DM für das Vorhaben „Wirkung endogener Makromoleküle auf Zellen des Immunsystems" bewilligt, das von den Arbeitsgruppen von Professor Dr. B. Bitter-Suermann und Professor Dr. H. Wagner durchgeführt wird. Die Wissenschaftler wollen nachweisen, ob das körpereigene Komplementsystem, dem bisher eine wesentliche Rolle bei der Abwehr von Infektionen und körperfremden Stoffen zugeschrieben wurde, auch aktivierend auf bestimmte Immunzellen einwirkt. Dies würde als endogener stofflicher Signalgeber dann die Aktivierung des gesamten Immunsystems beeinflussen. Während die Forschung bisher überwiegend die Wirkung von körperfremden Antigenen auf das Verhalten von Immunzellen untersuchte, wollen die Mainzer Wissenschaftler jetzt exemplarisch zwei stoffliche Träger studieren: einmal die bei der Komplementaktivität entstehenden Stoffe bei mononuklearen Phagozyten und zum anderen die Rezeptoren derjenigen T-Lymphozyten, welche sich im Verlauf der Immunreaktion klonal vermehren.

Makromoleküle und Immunsystem

Die Funktion des Immunsystems wird getragen von Lymphozyten, auf deren Membranoberfläche Antikörper lokalisiert sind. Letztere können körperfremde Stoffe, die Antigene, spezifisch binden. Dadurch wird eine Reaktion des Abwehrsystems ausgelöst. Rezeptoren stellen möglicherweise auch Zellkommunikationsstrukturen dar, da sie zusätzlich spezifische Bindungsstellen besitzen, die als Idiotypen bezeichnet werden. Ein Projekt des Instituts für Immunologie und Genetik am Deutschen Krebsforschungszentrum in Heidelberg (Prof. Dr. K. Eichmann) versucht, die

Idiotypen

Funktion dieser Bindungsstellen aufzuklären. Die Stiftung stellte dafür 202 500 DM zur Verfügung. Die erhofften Ergebnisse dieser Studie könnten eventuell zu neuen Formen der Prophylaxe und Therapie von Infektionskrankheiten über eine gezielte Anregung des körpereigenen Abwehrsystems führen.

Am Institut für Zoologie (Prof. Dr. H. G. Miltenburger) der TH Darmstadt (Bewilligung rd. 234 000 DM) wird geprüft ob spezifisch insektenpathogene Viren, die sich zum Einsatz in der biologischen Schädlingsbekämpfung sehr gut eignen, trotz ihrer ausgeprägten Wirtsspezifität in Säugerzellen zytogenetische Veränderungen hervorrufen könnten (S. 141).

Ursachen und Folgen zellulärer Fehlregulation

Im Berichtszeitraum unterstützte die Stiftung mit über 2 Millionen DM schließlich 8 Projekte, deren Zielsetzung unter der Thematik: Ursachen und Folgen zellulärer Fehlregulationen bei Pflanzen, Tieren und Menschen zusammengefaßt werden kann. Auch hier bieten sich vor allem Möglichkeiten für eine Verbundforschung zwischen klinischen und grundlagenorientierten Arbeitsgruppen an.

Als Beispiele seien folgende Vorhaben näher geschildert:

Autoimmunkrankheiten

Autoimmunkrankheiten beruhen zumeist auf einer fehlerhaften Bildung von Antikörpern gegen Bestandteile des eigenen Körpers, die dadurch zum Nachteil des eigenen Organismus zerstört oder beschädigt werden. Als Folge können unter anderem Blutarmut, chronische Nierenkrankheiten, Hautkrankheiten und Tumore in den lymphatischen Organen entstehen. Ein Forschungsprojekt einer deutsch-holländischen Arbeitsgruppe an der Universität Amsterdam, Laboratorium für Experimentelle und Klinische Immunologie (Priv.-Doz. Dr. E. Gleichmann), soll die Ursachen und Entstehungsweisen von bestimmten Immunkrankheiten aufklären (rd. 367 700 DM). Aus den Ergebnissen tierexperimenteller Untersuchungen stellte Dr. Gleichmann eine neue Hypothese zur Entstehung von Autoimmunkrankheiten auf, wonach zum Beispiel Membranstrukturen in Geweben und Immunzellen von spezifischen körpereigenen Immunzellen als körperfremd angesehen werden, eine Reaktion des Abwehrsystems auslösen und so Immunzellen zu einem ständigen Wachstum anregen können. Die geplante Studie zielt ebenfalls auf eine verbesserte Diagnose und Therapie von Krankheiten ab.

Pflanzen-Abwehrmechanismen

Mit Abwehrmechanismen von Pflanzen gegen pathogene Mikroorganismen und Parasiten befaßt sich das Institut für Pflanzenpathologie und Pflanzenschutz der Universität Göttingen (Prof. Dr. R. Heitefuß) bei dem Vorhaben „Die Rolle von Proteinen für die Resistenz von Pflanzen gegen pathogene Pilze", das die Stiftung mit knapp 412 000 DM fördert. In Verfolgung eines neuen Ansatzes zur Aufklärung der Resistenz soll durch systematische Untersuchungen des Proteinmusters nach einer Infektion

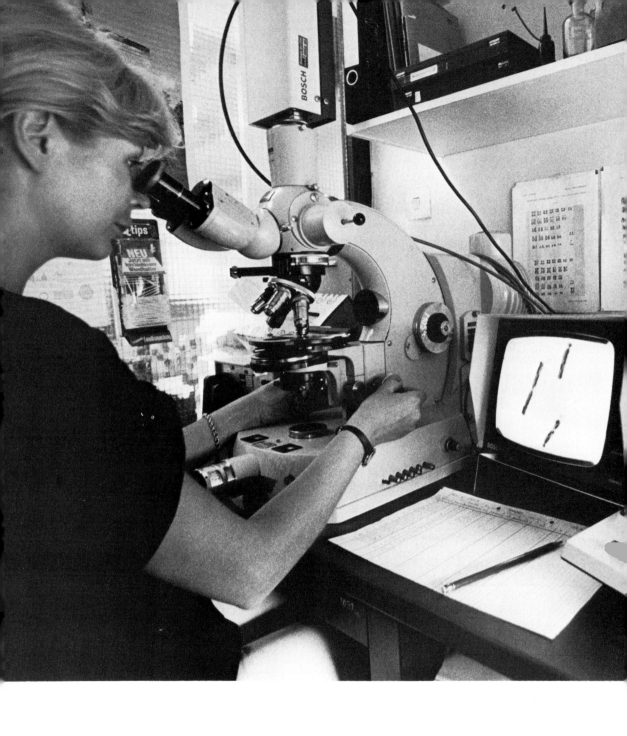

geprüft werden, in welcher Art und in welchem Ausmaß bestimmte Eiweißstoffe ein Indiz für den Abwehrmechanismus der Pflanze darstellen. Die Züchtung resistenter Sorten von Kulturpflanzen ist durch die Anpassung der Erreger an die genetische Struktur neuer Sorten zunehmend schwieriger geworden. Die Suche nach neuen resistenten Pflanzen hat im Zusammenhang mit der erhöhten Umweltbelastung durch Biozide an Bedeutung gewonnen. Die Erforschung pflanzeneigener Abwehrmechanismen und der sehr zahlreichen spezifischen Wirt-Parasit-Kombinationen ist von großer Bedeutung auch für die Landwirtschaft.

Fortbildungskurs Schließlich sei eine Veranstaltung erwähnt, die die Stiftung an der Abteilung Mikrobiologie I der Universität Ulm (Prof. Dr. A. Kleinschmidt) mit 21 000 DM gefördert hat. Zu einem Fortgeschrittenenkurs über biomolekulare Elektronenmikroskopie trafen sich im Frühjahr 1979 etwa 45 jüngere Wissenschaftler aus verschiedenen europäischen Ländern, um sich in moderne Methoden der Elektronenmikroskopie von Zellstrukturen, Zellpartikeln, Viren sowie der computerunterstützten Bildauswertung und biochemischen Präparationstechnik einführen und ausbilden zu lassen. Der Kurs zeigte neue Wege einer interdisziplinären Zusammenarbeit und sinnvollen Ergänzung der biochemischen mit elektronenmikroskopischen Methoden auf, ein Gebiet, das zur Lösung zellbiologischer Fragestellungen in Zukunft immer wichtiger zu werden scheint.

1978/79 bewilligte und laufende (*) Projekte

Regulation der Genaktivität und der Zelldifferenzierung

Berlin Freie Universität Berlin, Institut für Humangenetik (Prof. Dr. K. Sperling)
Genphysiologische Untersuchungen an Hybridzellen

Bochum Universität Bochum, Abt. für Chemie (Dr. B.-J. Benecke)
Untersuchungen zur Biosynthese, Struktur und Funktion der SnPlRNA eukaryoter Zellen

Bremen Universität Bremen, Lehrstuhl für Zellbiologie (Prof. Dr. L. Rensing)
* *Untersuchungen zur regulatorischen Bedeutung von reversiblen Enzym-Membran-Bindungen*

Frankfurt Universität Frankfurt/M., FB Biologie, Mikrobiologie (Prof. Dr. H. J. Rhaese)
Untersuchungen zur Aufklärung des molekularen Mechanismus der Zelldifferenzierung

Universität Freiburg/Br., Biochemisches Institut (Priv.-Doz. Dr. P. C. Heinrich) — *Freiburg*
Strukturuntersuchungen an Ribonukleoprotein-Partikeln aus Rattenleberzellkernen

Universität Gießen, Institut für Virologie (Prof. Dr. R. R. Friis) — *Gießen*
und
The Hebrew University of Jerusalem, Department of Virology (Dr. A. Panet)
* *Regulation proviraler Gene von RNS-Tumorviren*

Universität Gießen, Pharmakologisches Institut (Prof. Dr. H. Glossmann)
Tumor-Virus-bedingte Änderungen der Adenylatzyklase und des cyclo-AMP-Systems in Vogelfibroblasten

Universität Göttingen, Institut für Humangenetik (Prof. Dr. W. Engel) — *Göttingen*
Die Regulation der CAMP-Phosphodiesterase-Aktivität in der Entwicklung von Testes, Ovar und Epiphyse der Ratte

Universität Göttingen, I. Zoologisches Institut (Prof. Dr. R. Hardeland)
Fortsetzung der Untersuchungen zur Regulation des Transports von mRNA in der Rattenleber

Universität Hamburg, Institut für Humangenetik (Prof. Dr. H. W. Goedde) — *Hamburg*
gemeinsam mit der Abt. Embryonal-Pharmakologie am Pharmakologischen Institut der FU Berlin (Prof. Dr. J. Klose)
* *Untersuchung degenerativer und mutativer Prozesse in menschlichen Zellkulturen mittels biochemisch-zytologischer Mikromethoden*

Universität Hamburg, Institut für Organische Chemie und Biochemie (Prof. Dr. H. Köster)
* *Untersuchungen zur Angiotensin-Biosynthese*

Universität Hamburg, Institut für Physiologische Chemie, Abt. Zellbiochemie (Prof. Dr. D. Richter)
Fortsetzung der Untersuchungen „Synthese und Regulation sekretorischer Polypeptide und Polysomen des Cytosols"

Universität Hamburg, Physiologisch-Chemisches Institut (Prof. Dr. H. Hilz)
ADP-Ribosylierung von Zellkernproteinen und ihre Bedeutung für die Chemotherapie von Tumoren

Universität Hamburg, Physiologisch-Chemisches Institut (Prof. Dr. G. Koch)
* *Posttranskriptionale Kontrolle der Proteinbiosynthese in in vitro differenzierenden Gewebekulturzellen*

Universität Hamburg, Physiologisch-Chemisches Institut (Prof. Dr. G. Koch)
Symposion „Regulation der Synthese von Makromolekülen durch niedermolekulare Mediatoren"

Hannover Universität Hannover, Institut für Botanik (Prof. Dr. F. Herzfeld)
Regulationsmechanismen des Ergrünungsprozesses bei Pflanzen auf dem Niveau der RNA-Synthese

Universität Hannover, Lehrstuhl für Mikrobiologie (Prof. Dr. H. Diekmann)
Letales unbalanciertes Wachstum von Brevibacterium ammoniagenes unter Manganmangel

Heidelberg Universität Heidelberg, Institut für Mikrobiologie (Prof. Dr. W. Keller)
* *Einrichtung eines Zellkulturlaboratoriums*

Deutsches Krebsforschungszentrum, Heidelberg, Institut für Virusforschung (Prof. Dr. G. Sauer)
und
The Weizmann Institute of Science, Department of Genetics, Rehovot/Israel (Prof. Dr. Y. Aloni)

Die Transkriptionsregulation bei HD-Papovavirus

Lübeck Medizinische Hochschule Lübeck, Abt. für Pathologie (Prof. Dr. A. Gropp)
und
The Hebrew University of Jerusalem, Department of Genetics (Dr. M. Marcus)
* *Control mechanisms in cell-cycle*

Mainz Akademie der Wissenschaften und der Literatur in Mainz, zugunsten:
Tel Aviv University, Department of Human Genetics (Prof. Dr. H. Slor)
und
Universität Mainz, Physiologisch-Chemisches Institut (Prof. Dr. E. J. Zöllner)
* *Untersuchungen zur biologischen Bedeutung von Desoxyribonucleasen*

Mishima/ Japan National Institute of Genetics, Mishima/Japan (Prof. Dr. Y. Hirota)
und
Max-Planck-Institut für Virusforschung, Tübingen (Priv.-Doz. Dr. U. Schwarz)
* *Biochemie der bakteriellen Morphogenese*

München Universität München, Botanisches Institut (Priv.-Doz. Dr. O. Stetter)
* *Untersuchungen zur Funktion und Regulation der DNS-abhängigen RNS-Polymerasen von Lactobazillen als Grundlage des Zellwachstums*

Rehovot/Israel The Weizmann Institute of Science, Department of Biophysics, Rehovot/Israel (Prof. Dr. D. Mirelman), in Zusammenarbeit mit Max Planck-Institut für Virusforschung, Tübingen (Priv.-Doz. Dr. U. Schwarz)

Das Murein der Bakterienzelle – Regulation der Synthese während Wachstum und Zellteilung und seine Wechselwirkung mit äußeren Membrankomponenten

The Weizmann Institute of Science, Department of Plant Genetics, Rehovot/Israel (Prof. Dr. D. Atsmon)
Hormonelle Regulation in Pflanzengeweben bei Kälteeinwirkung

Max-Planck-Institut für Biologie, Abt. Immungenetik, Tübingen (Prof. Dr. J. Klein) *Tübingen*
Untersuchungen zum Mechanismus der t-Genwirkung bei der embryonalen Entwicklung

Universität Ulm, Abt. Humangenetik (Prof. Dr. W. Krone) *Ulm*
Zellkulturstudien über Neurofibromatose

Max-Planck-Institut für Zellbiologie, Wilhelmshaven (Prof. Dr. H. G. Schweiger) *Wilhelmshaven*
und
The Hebrew University of Jerusalem, Department of Biological Chemistry (Prof. Dr. A. Keynan, Prof. Dr. D. Ginsberg)
* *Study of the Involvement of the DNA Replication Process During Cell Differenciation in Bacillus Subtilis*

Wechselbeziehung von Struktur und Funktion in und zwischen Zellen einschließlich der Rolle der Zellmembran

Universität Bochum, Institut für Anatomie, Arbeitsgruppe für experimentelle Cytologie (Prof. Dr. K. Meller) *Bochum*
* *Untersuchungen über die Bildung spezifischer Zellkontakte während der Zelldifferenzierung des zentralen Nervensystems*

Technische Hochschule Darmstadt, Botanisches Institut (Prof. Dr. M. Kluge). Habilitiertenförderung für Priv.-Doz. Dr. G. O. Kirst *Darmstadt*
Osmotische Adaption von Meeres- und Brackwasserpflanzen

Universität Erlangen-Nürnberg, Institut für klinische Virologie (Prof. Dr. B. Fleckenstein) *Erlangen*
Beschaffung eines Elektronenmikroskops mit Zusatzgeräten innerhalb des Forschungsvorhabens „Molekulare Grundlagen der virusbedingten onkogenen Zelltransformation"

Universität Frankfurt/M., Institut für Biochemie (Prof. Dr. H. Fasold) *Frankfurt*
Untersuchungen zur Funktion und intrazellulären Regulation der Polymerisation und Depolymerisation von Tubulin und Actin

Universität Freiburg/Br., Institut für Biologie II. Habilitiertenförderung für Priv.-Doz. Dr. F. Wunderlich *Freiburg*
Funktionelle Eigenschaften der Kernmatrix

Universität Freiburg/Br., Institut für Biologie III. Habilitiertenförderung für Priv.-Doz. Dr. D. Marmé
Molekulare Mechanismen und Regulation von Funktionen isolierter Plasmamembranvesikel aus höheren Pflanzen

Göttingen   Universität Göttingen, Institut für Mikrobiologie (Prof. Dr. D. Gottschalk, Dr. J. R. Andreesen, Dr. S. Schoberth)
* *Energiegewinnung durch Elektronentransport-Phosphorylierung bei strikt anaeroben Bakterien*

Universität Göttingen, Institut für Mikrobiologie (Prof. Dr. F. Mayer)
Physiologisch und genetisch aktive Makromoleküle aus Bakterien – ihre Struktur und ihre Funktion in der Zelle

Universität Göttingen, Institut für Pflanzenbau und Pflanzenzüchtung (Prof. Dr. G. Röbbelen)
und
Weizmann Institute of Science, Department of Plant Genetics, Rehovot/Israel (Prof. Dr. M. Feldmann, Dr. Lydia Avivi)
* *Verteilung, Paarung und Austausch von homologen Chromosonen in der Meiose des Weizens*

Universität Göttingen, Institut für Pharmakologie und Toxikologie (Prof. Dr. U. Panten)
Mikrofluorimetrische Untersuchungen über die Funktion der Plasmamembran von Zellen Langerhans'scher Inseln

Universität Göttingen, Pflanzenphysiologisches Institut, Abt. für Experimentelle Phykologie (Prof. Dr. W. Wießner)
Untersuchungen zur spezifischen Wirt-Endosymbiont-Beziehung in der Paramecium Bursaria Endosymbiose

Universität Göttingen, Sternwarte (Prof. Dr. G. Schmahl, Dr. D. Rudolph)
* *Röntgenmikroskopische Untersuchungen an lebenden Zellen*

Hamburg   Universität Hamburg, Institut für Allgemeine Botanik und Botanischer Garten (Prof. Dr. G. Galling)
und
The Hebrew University of Jerusalem, Department of Biological Chemistry (Prof. Dr. I. Ohad)
* *Cytoplasm-Chloroplast Intercommunication and its Role in the Development of the Chloroplast in Green Algae*

Hannover   Medizinische Hochschule Hannover, Institut für Anatomie (Prof. Dr. H. von Mayersbach)
und
Department of Histochemistry, London University (Prof. Dr. A. G. E. Pearse)
* *Tagesrhythmische Untersuchungen zur Funktionsanalyse endokriner Zellen*

Heidelberg   Universität Heidelberg, Lehrstuhl für Neurobiologie (Prof. Dr. Melitta Schachner)
Immunchemische, zellbiologische und genetische Charakterisierung der Peptiduntereinheiten des Acetylcholin-Rezeptors

Deutsches Krebsforschungszentrum, Heidelberg, Institut für Experimentelle Pathologie, Abt. für Membranbiologie und Biochemie (Prof. Dr. W. W. Franke) *Heidelberg*
Weitere Entwicklung und Erprobung von Mikrotechniken zur gezielten Isolation von Zellkernstrukturen bzw. intranukleären Manipulationen für zellbiologische Fragen

The Hebrew University of Jerusalem, Hadassah Medical School, Department of Physiology (Dr. B. Minke) *Jerusalem*
und
Max-Planck-Institut für biologische Kybernetik, Tübingen (Prof. Dr. K. Kirschfeld)
* Energieumwandlung in Photorezeptoren von Drosophila Mutanten

Universität Köln, Institut für Physiologische Chemie (Prof. Dr. Hildegard Debuch) *Köln*
* Fortführung der Untersuchungen der Lipide lysosomaler Membranen der Leber

Universität Köln, Pathologisches Institut (Prof. Dr. W. Müller)
Quantitative zytologische Untersuchungen an menschlichen Hirngeschwülsten

Universität Mainz, FB Theoretische Medizin, Anatomisches Institut (Prof. Dr. L. Vollrath) *Mainz*
Elektrophysiologie und Verknüpfung von Pinealzellen

Max-Planck-Institut für Biochemie, Martinsried (Prof. Dr. E. Neumann) *Martinsried*
* Die stimulierte Ausschüttung von Wirkstoffen aus sekretorischen Zellen

Technische Universität München, Physik Department (Prof. Dr. G. M. Kalvius) *München*
und
The Hebrew University of Jerusalem, The Racah Institute of Physics (Prof. Dr. S. G. Cohen, Prof. Dr. S. Ofer, Prof. Dr. E. R. Bauminger)
* Biophysikalische Untersuchungen eisenhaltiger Proteine intakter Zellen und subzellulärer Fraktionen mit Hilfe der Mössbauer-Spektroskopie

Universidade do Porto/Portugal, Centro de Citologia Experimental (Prof. Dr. F. C. Guerra) *Porto/Portugal*
Elektronenmikroskop für spezielle Untersuchungen an Zellen höherer Pflanzen und von Bakterienzellen

The Weizmann Institute of Science, Department of Membrane Research, Rehovot/Israel (Dr. R. Korenstein), in Zusammenarbeit mit Max-Planck-Institut für Ernährungsphysiologie, Dortmund (Prof. Dr. B. Hess) *Rehovot/Israel*
Effekte von elektrischen Feldern auf Struktur und Funktion von Membranproteinen

Österreichische Akademie der Wissenschaften, Salzburg, Institut für Molekularbiologie (Dr. J. V. Small) *Salzburg*
und
Universität Düsseldorf, Institut für Zoologie II (Dr. J. D'Haese)
Untersuchungen zum Ca-regulierenden Prozeß bei glatten Wirbeltiermuskeln, schräg gestreiften Muskeln und Schleimpilzen

São Paulo Universidade de São Paulo/Brasilien, Instituto de Quimica (Prof. Dr. F. J. S. Lara)
und
Max-Planck-Institut für Biologie, Tübingen (Dr. C. Hollenberg)
* *Gen-Amplifikation bei Rhynchosciara*

Stuttgart- Universität Stuttgart-Hohenheim, Institut für Biologische Chemie. Habilitiertenför-
Hohenheim derung für Priv.-Doz. Dr. M. Schönharting
Der zellbiologische Effekt von Colchicin-Alkaloiden auf Zellmembranen und mikrotubuläre Strukturen

Tübingen Universität Tübingen, Institut für Biologie III, Abt. Zellbiologie (Prof. Dr. D. Ammermann)
Fortsetzung der Untersuchungen zur Struktur und Funktion des Chromatins bei einem niederen Eukaryonten, dem Ciliaten Stylonychia mytilus

Universität Tübingen, Institut für Toxikologie (Priv.-Doz. Dr. E. Pfaff)
und
The Hebrew University of Jerusalem, School of Pharmacy (Prof. Dr. S. Dikstein)
* *Intrazelluläre Regulation der Calziumkonzentration*

Max-Planck-Institut für Biologie, Tübingen (Prof. Dr. W. Beermann)
Molekulare Struktur polytäner Chromosomen

Ulm Universität Ulm, Abt. Mikrobiologie I (Prof. Dr. A. Kleinschmidt)
FEBS Advanced Course in Biomolecular Electron Microscopy

Mechanismen der Selbst-Fremd-Erkennung

Freiburg Max-Planck-Institut für Immunbiologie, Freiburg/Br. (Prof. Dr. H. Fischer)
und
The Walter and Eliza Hall Institute of Medical Research, Melbourne (Prof. Dr. G. J. V. Nossal)
* *Weiterführende Untersuchungen zur Regulation der Immunantwort*

Max-Planck-Institut für Immunbiologie, Freiburg/Br. (Priv.-Doz. Dr. H. Wekerle)
und
Weizmann Institute of Science, Rehovot/Israel (Prof. Dr. I. R. Cohen)
* *Regulation of organic specific autoimmunity: Factors controlling the recognition of brain and testis self-antigens and immune activation of T lymphocytes"*

Max-Planck-Institut für Immunbiologie, Freiburg/Br. (Prof. Dr. O. Westphal)
und
Universität Freiburg/Br., Biochemisches Institut (Prof. Dr. K. Decker)
und
International Institute of Cellular and Molecular Pathology, Brüssel (Prof. Dr. Chr. de Duve)
* *Gemeinsames Forschungsprojekt „Makrophagen"*

Universität Hamburg, Heinrich-Pette-Institut für Experimentelle Virologie und *Hamburg*
Immunologie, Abt. für Immunologie (Prof. Dr. E. Kölsch)
* *Immunität und Toleranz gegenüber Tumorzellen: Charakterisierung der beteiligten Zellen aufgrund ihrer Membranantigene und Funktionen*

Deutsches Krebsforschungszentrum, Heidelberg, Institut für Immunologie und *Heidelberg*
Genetik (Prof. Dr. K. Eichmann)
Studien zur zellulären Kommunikation und Manipulation des menschlichen Immunsystems

Universität Mainz, Institut für Medizinische Mikrobiologie (Prof. Dr. D. Bitter- *Mainz*
Suermann, Prof. Dr. H. Wagner)
Wirkung endogener Makromoleküle auf Zellen des Immunsystems

Universität Marburg, FB Humanmedizin, Institut für Experimentelle Immunologie *Marburg*
(Prof. Dr. K.-U. Hartmann)
Ausstattung von Tierräumen für Forschungsarbeiten auf dem Gebiet der zellulären Immunologie

Ursachen und Folgen zellulärer Fehlregulation

University of Amsterdam, Laboratory of Experimental and Clinical Immunology *Amsterdam*
(Priv.-Doz. Dr. E. Gleichmann)
Untersuchung von zellulären Mechanismen zur Pathogenese von pharmaka-induzierten Autoimmunkrankheiten und von Lymphadenopathie

Universität Bielefeld, Lehrstuhl für Biochemie, Fakultät für Chemie (Prof. Dr. *Bielefeld*
H. Tschesche)
Kontrolle, Funktion und pathophysiologische Bedeutung granulozytärer Enzyme menschlicher Leukozyten

Technische Hochschule Darmstadt, FB 10, Biologie, Zoologisches Institut (Prof. *Darmstadt*
Dr. H. G. Miltenburger)
* *Zytogenetische Untersuchungen über die Wirkung insektenpathogener Viren auf Säugerzellen und Mikroorganismen*

Universität Göttingen, Institut für Pflanzenpathologie und Pflanzenschutz (Prof. Dr. *Göttingen*
R. Heitefuß)
Die Rolle von Proteinen für die Resistenz von Pflanzen gegen pathogene Pilze

Universitätskrankenhaus Eppendorf, Kinderklinik (Prof. Dr. R. Neth, Prof. Dr. *Hamburg*
K. Mannweiler)
Internationaler Workshop „Neuere Entwicklungen bei der menschlichen Leukämie III"

Hannover Medizinische Hochschule Hannover, Institut für Klinische Biochemie und Physiologische Chemie (Prof. Dr. W. Lamprecht)
Isolierung von Antigenen und biochemische Darstellung von Antikörpern bei Tumoren und Viren

Medizinische Hochschule Hannover, Institut für Klinische Biochemie und Physiologische Chemie ÖPriv.-Doz. Dr. K. W. Stahl)
Nachweis und Charakterisierung eines makrophagen-inhibierenden Tumorpeptides beim Menschen

Medizinische Hochschule Hannover, Institut für Klinische Biochemie und Physiologische Chemie (Dr. Gisela Stinner)
Untersuchungen über die hemmende Wirkung haematopoetischer Zellen auf Wachstumsprozesse an Tumorzellen

Tierärztliche Hochschule Hannover, Institut für Virologie (Prof. Dr. O.-R. Kaaden)
* *Wechselwirkungen des Rinderleukosevirus in infizierten und transformierten Zellen*

Kairo University of Ain Shams, Cairo, Faculty of Science, Biochemistry Department (Prof. Dr. A. R. Shimi)
Kontrolle von Phytopathogenen und Pflanzenseuchen durch Antibiotika

Kiel Universität Kiel, Pathologisches Institut (Prof. Dr. K. Lennert)
und
The Hebrew University of Jerusalem, Hadassah Medical School, Chanock Centre for Virology (Prof. Dr. N. Goldblum)
* *Isolation and establishment in continous culture and characterization of cell surface markers and other cytologic, immunologic and virologic properties of lymphoblastoid and other cell lines derived from patients with different types of lymphoma*

Mainz Universität Mainz, Kinderklinik (Prof. Dr. M. Cantz)
und
The Hebrew University of Jerusalem, Department of Human Genetics (Dr. G. Bach)
* *The recognition of lysosomal enzymes by fibroblast plasma membranes and the possible relationship to the basic defect in mucolipidoses II and III*

Universität Mainz, Pharmakologisches Institut, Abt. Molekularpharmakologie (Prof. Dr. F. Oesch)
* *Untersuchungen über zellbiologische Mechanismen chemischer Mutagenese und Kanzerogenese*

Rehovot/Israel The Hebrew University of Jerusalem, Faculty of Agriculture, Virus Laboratory, Rehovot/Israel (Prof. Dr. I. Sela)
und
Max-Planck-Institut für Biochemie, Martinsried (Dr. H. J. Gross)
* *Entstehung der Interferon-abhängigen Virusresistenz bei Tieren und Pflanzen*

Universität Ulm, Zentrum für Klinische Forschung, Abt. für Klinische Physiologie *Ulm*
und
Internationales Institut für wissenschaftliche Zusammenarbeit e. V., Reisensburg b.
Günzburg (Prof. Dr. Th. M. Fliedner) – zusammen mit Prof. Dr. C. Peschle (Neapel)
und Prof. Dr. G. Lucarelli (Pesaro)
* Deutsch-italienisches Gemeinschaftsprojekt „Mechanismen der erythropoetischen Zelldifferenzierung"

Ökogenetik

Der Schwerpunkt Ökogenetik wurde Ende 1976 in das Förderungsprogramm aufgenommen. Sein Ziel ist die Erforschung von Einflüssen der modernen Umwelt auf den Menschen unter Berücksichtigung seiner Erbanlagen. Er wendet sich an Wissenschaftler vor allem folgender Fachgebiete: Pharmakogenetik, Toxikogenetik, Humangenetik (Biochemische Genetik), Pharmakologie, Innere Medizin, Arbeitsmedizin, Allergologie, Psychiatrie.   *Thematik*

Der Mensch ist in seiner Umwelt heute einer Vielzahl von künstlichen Stoffen ausgesetzt; als Chemikalien, Industriestoffe, Gase, Arzneien, aber auch als Zusätze zu Nahrungsmitteln wirken sie in unterschiedlicher Form auf ihn ein. Bei einigen dieser Einflüsse läßt sich aus der Art ihrer Wirksamkeit eine Abhängigkeit von bestimmten erblich bedingten Konstitutionen feststellen. Genetisch bedingte Prädispositionen können also Vergiftungserscheinungen oder gar schwerwiegende Erkrankungen mitbestimmen. Manche dieser Einwirkungen lassen sich bereits in Analogie zur Diagnose angeborener Stoffwechselerkrankungen an Proteinvarianten studieren. Es bedarf aber erheblicher Grundlagenforschung, um die komplexen Zusammenhänge von Erbanlagen und davon bestimmten individuellen Reaktionen des menschlichen Organismus auf Umwelteinflüsse umfassender aufzuklären.

Im internationalen Schrifttum wurde für dieses Gebiet der Begriff „Ökogenetik" geprägt. Die Stiftung Volkswagenwerk hat ihn als Bezeichnung für ihren Schwerpunkt übernommen.

Mit dem Schwerpunkt will die Stiftung nicht in dem weiten Bereich der sich meist mit globalen Auswirkungen befassenden Umweltforschung tätig werden, wie sie vor allem von staatlicher Seite schon betrieben oder gefördert wird. Vielmehr soll der Schwerpunkt zu solchen Forschungen anregen, die die unterschiedlichen Erbanlagen der Menschen jeweils in   *Abgrenzung*

Betracht ziehen und die individuelle Reaktion auf Umwelteinflüsse untersuchen.

Förderungs- Vorzugsweise werden Forschungsprojekte gefördert, die im Verbund
möglichkeiten mehrerer Disziplinen geplant sind. Das Themenspektrum umfaßt pharmakogenetische und toxikogenetische Reaktionen, Intoxikationen und unterschiedliche Nebenwirkungen durch Umwelteinflüsse auch am Arbeitsplatz, immunologisch und enzymatisch bedingte Prädispositionen mit klinischer Relevanz, Einflüsse und Prädispositionen im Psychopharmaka-Stoffwechsel, Pharmaka-Nebenwirkungen sowie Arzneimittel-Interaktionen einschließlich Mechanismen der Toxizität und interindividuell unterschiedlicher Sensitivität.

Förderungsmöglichkeiten bestehen auch für den wissenschaftlichen Erfahrungsaustausch in kleinen, in der Teilnehmerzahl begrenzten Fachtagungen (vgl. hierzu die Hinweise zum Schwerpunkt Symposienprogramm, S. 193 ff.).

Ferner ist daran gedacht, die gezielte Ausbildung des wissenschaftlichen Nachwuchses zu unterstützen: Wissenschaftliche Einrichtungen, die auf dem Gebiet der Ökogenetik bereits tätig sind, können in begrenztem Umfang Mittel für institutsgebundene Stipendienprogramme beantragen, um jungen Wissenschaftlern mit einem bereits erfolgreich abgeschlossenen Studium eine ergänzende Ausbildung zu ermöglichen, die eigene Studien mit der Mitarbeit an laufenden Forschungsprojekten verbindet.

Bisherige Bisher wurden von der Stiftung Volkswagenwerk für fünf interdisziplinär
Förderung geplante Forschungsprojekte mit zum Teil mehreren Antragstellern rund 1,5 Millionen DM zur Verfügung gestellt, davon 900 000 DM im Jahre 1978. Die noch relativ geringe Inanspruchnahme der Förderungsmöglichkeiten dürfte sich einerseits aus der Komplexität der Thematik erklären, andererseits daraus, daß sich erst noch weitere interdisziplinäre Arbeitsgruppen in dem neuen Gebiet zusammenfinden müssen.

Pflanzen- Phosphorsäureester werden als Pflanzenschutzmittel weltweit angewandt.
schutzmittel- Viele der in Landwirtschaft und Gewerbe tätigen Personen sind diesen
Vergiftungen Giften ausgesetzt, von denen das Parathion (E 605) am bekanntesten ist. Der Abbau des ersten hochtoxischen Stoffwechselproduktes des Parathions, des Paraoxons, erfolgt durch Leberenzyme, die entgiftend wirken. Ein interdisziplinäres Projekt „Biochemische, genetische, klinische und epidemiologische Untersuchungen zum Polymorphismus der menschlichen Serum-Paraoxonase und anderer bei der Entgiftung von Phosphotriestern beteiligter Enzymsysteme" des Instituts für Rechtsmedizin der Universität Erlangen-Nürnberg (Prof. Dr. Marika Geldmacher-v. Mal-

linckrodt) und des Instituts für Humangenetik der Universität Hamburg (Prof. Dr. H.W. Goedde) wird von der Stiftung mit rund 242000 DM unterstützt. Aufgrund enzymatischer Unterschiede fand die Erlanger Arbeitsgruppe, daß sich drei Personengruppen bestimmen lassen, die das Paraoxon jeweils verschieden abbauen. Aus Familienuntersuchungen geht hervor, daß die unterschiedliche Enzymaktivität erblich bedingt ist. Personen mit hoher Serum-Aktivität des Enzyms scheinen besser gegen toxische Einwirkungen des Pflanzenschutzmittels an ihrem Arbeitsplatz geschützt zu sein – ein Befund, der auch für die Praxis Bedeutung hat.

Es ist bekannt, daß sich beim Menschen mit dem Lebensalter die Verträglichkeit für Milch ändern kann. Neue Ergebnisse zeigen, daß die Aktivität des Enzyms, das den in der Milch enthaltenen Milchzucker abbaut, genetisch gesteuert wird und im Laufe der kindlichen Entwicklung abnimmt. Hinsichtlich der geographischen Verteilung wurde festgestellt, daß die erwachsene Bevölkerung in Mittel- und Nordeuropa überwiegend Milch verträgt, während die dazu notwendige Enzymausstattung bei Nomadenstämmen in Südostasien, Südwestasien, Afrika und im Vorderen Orient schon im späten Kindesalter fehlt. Das Institut für Genetik der Medizinischen Hochschule Hannover (Prof. Dr. G. Flatz) untersucht diese Thematik mit genetischen, humangenetischen und biochemischen Methoden an verschiedenen Bevölkerungen der Erde. Das Projekt ist auch von praktischer Bedeutung, weil die Einführung von Milchprodukten als Nahrungsmittel in Entwicklungsländern wegen häufiger Milchzuckerunverträglichkeit problematisch ist. Durch das Vorhaben, das die Stiftung mit 490 900 DM unterstützt, soll eine bereits laufende Zusammenarbeit mit Wissenschaftlern aus Entwicklungsländern auf den Gebieten Medizin und Humangenetik intensiviert werden.

Milchzucker-Verträglichkeit

1978/79 bewilligte und laufende (*) Projekte

Universität Bonn, Medizinische Universitätsklinik (Dr. J. Sennekamp)
Erkennung genetisch determinierter allergischer Spätreaktionen der Lunge auf organische Stäube der Umwelt

Bonn

Universität Erlangen-Nürnberg, Institut für Rechtsmedizin (Prof. Dr. Marika Geldmacher-von Mallinckrodt)
und
Universität Hamburg, Institut für Humangenetik (Prof. Dr. H.W. Goedde)
Biochemische, genetische, klinische und epidemiologische Untersuchungen zum Polymorphismus der menschlichen Serum-Paraoxonase und anderer bei der Entgiftung von Phosphotriestern beteiligter Enzymsysteme

Erlangen

Hamburg Universität Hamburg, Institut für Humangenetik (Prof. Dr. H. W. Goedde)
und
Universitäts-Nervenklinik und Poliklinik, Würzburg (Prof. Dr. O. Schrappe)
in Zusammenarbeit mit dem Institut für Rechtsmedizin der Universität Erlangen-Nürnberg (Prof. Dr. Marika Geldmacher-von Mallinckrodt)
Biochemisch-genetische und klinisch-genetische Studien zur Alkoholkrankheit

Universität Hamburg, Institut für Humangenetik (Prof. Dr. H. W. Goedde)
und
Universitäts-Nervenklinik und Poliklinik, Würzburg (Prof. Dr. O. Schrappe)
* *Pharmakogenetische Untersuchungen cerebralen Serotonin- und des Thrombozyten-Stoffwechsels beim Menschen sowie entsprechende Tierversuche*

Hannover Medizinische Hochschule Hannover, Institut für Genetik (Prof. Dr. G. Flatz)
Populationsgenetische Untersuchungen zum Laktase-Polymorphismus des Menschen

---

Merkblatt 21
S. 321 ff.

Physik und Chemie unkonventioneller Materialien: Herstellung und Charakterisierung

---

Mit dem im Sommer 1978 eingerichteten Schwerpunkt wendet sich die Stiftung Volkswagenwerk vor allem an Physik und Chemie. Angesprochen sind aber auch andere Fachgebiete, wie zum Beispiel Kristallographie oder Teilgebiete der Ingenieurwissenschaften.

Besonders vielversprechend erscheint die weitere Erforschung von Materialien aus dem organisch-chemischen Bereich. Deshalb war von vornherein vorgesehen, auf diesem Gebiet angesiedelte Projekte vorrangig zu fördern. Doch schloß die Stiftung zunächst nicht aus, auch Vorhaben aus dem anorganischen Bereich zu unterstützen, wenn sich interessante Ansätze für das Auffinden und Optimieren von Materialien mit ungewöhnlichen Eigenschaften ergeben. Als Beispiel dafür wurden im Bericht 1977/78 (S. 129) die „Metallischen Gläser" erwähnt.

Die relativ große Zahl der nach Bekanntgabe des Schwerpunktes eingegangenen Anträge und das Ergebnis ihrer Prüfung im Sommer 1979 veranlaßten die Stiftung jedoch, ihre Förderung ausschließlich auf organische Festkörper mit unerwarteten Eigenschaften zu konzentrieren. Obwohl sie eine nachträgliche Änderung der Förderungsthematik gern vermieden hätte, sah sie sich hierzu aus Rücksicht auf ihre finanziellen Möglichkeiten und im Interesse der Konzentration vorhandener Mittel auf die von vornherein mit Priorität versehene Förderung organischer Materialien veranlaßt. Dabei ist auch zu erwähnen, daß die Deutsche

Forschungsgemeinschaft inzwischen ein neues Schwerpunktprogramm „Glasiger Zustand metallischer Systeme" eingerichtet hat, womit der seinerzeit von der Stiftung beispielhaft genannte Bereich der „Metallischen Gläser" nunmehr von dieser Seite eine gezielte Förderung erfährt.

Entsprechend der inzwischen eingegrenzten Förderungsthematik soll der Schwerpunkt dazu anregen, neue Materialien aus dem Bereich der organischen Chemie mit ungewöhnlichen Eigenschaften aufzufinden und zu charakterisieren. Gedacht ist an organische Festkörper mit unerwarteten elektrischen, magnetischen oder optischen Eigenschaften, mit ungewöhnlicher chemischer Reaktion (Kinetik) sowie unerwarteten photochemischen Eigenschaften. Bei bereits bekannten als unkonventionell bezeichneten Materialien, zu denen zum Beispiel die „Organischen Metalle" zählen, kann es darauf ankommen, die interessierenden Eigenschaften so zu optimieren, daß sie sich für technische Anwendungen nutzen lassen. Auch für solche Vorhaben ist der Schwerpunkt grundsätzlich offen.

Thematik

Gleichzeitig möchte die Stiftung mithelfen, den notwendigen engen Verbund zwischen physikalischer und chemischer Grundlagenforschung zu vertiefen, wie er als Voraussetzung für ein gezieltes Vorgehen bei der Synthese und Charakterisierung neuer Materialien angesehen wird. Gemeinsam von (Festkörper-)Physikern und (präparativ arbeitenden) Chemikern geplante Forschungsprojekte sollen deshalb bevorzugt berücksichtigt werden.

„Unkonventionelle" Materialien in dem hier gemeinten Sinn zeichnen sich durch unerwartete, innerhalb eines Materials sogar widersprüchlich erscheinende physikalische Eigenschaften aus. Zum Beispiel leiten organische Stoffe üblicherweise den elektrischen Strom nicht; es können jedoch jetzt organische Stoffe synthetisiert werden, die elektrische Leitfähigkeit (wie Metalle) zeigen oder überraschendes magnetisches Verhalten aufweisen. Ungewöhnliche Eigenschaften sollen durch gezielte Synthesen verändert oder kombiniert werden (molecular engineering).

Die Untersuchung der mechanischen Eigenschaften der organischen Materialien wird zur klassischen Werkstoffkunde gerechnet, so daß entsprechende Vorhaben zum Beispiel auf dem Gebiet polymerer Verbindungen nur bei grundsätzlich neuartigen Ansätzen berücksichtigt werden können. Untersuchungen an ultradünnen Schichtstrukturen, die dem Gebiet der Membranforschung zuzurechnen sind, können im Rahmen des Schwerpunkts ebensowenig berücksichtigt werden wie Vorhaben, für die Förderungsprogramme bei anderen Institutionen bestehen.

Abgrenzung

Gefördert werden Forschungsprojekte – vor allem solche, die im fachübergreifenden Verbund durchgeführt werden – sowie die wissenschaft-

Förderungsmöglichkeiten

147

liche Kommunikation durch Veranstaltung von Symposien, Sommerschulen und ähnlichen Tagungen über ein abgegrenztes wissenschaftliches Thema und mit begrenzter Teilnehmerzahl (hierzu wird auf die Modalitäten des Symposienprogramms hingewiesen; vgl. S. 193 ff.). In besonderen Fällen (z. B. zur Vorbereitung eines zu beantragenden Forschungsprojektes oder aus dringendem Anlaß bei einem schon geförderten Vorhaben) können in begrenztem Umfang Zuschüsse auch für Einzelreisen, für gezielte Arbeitsaufenthalte oder zum Besuch wichtiger Veranstaltungen (ohne Kongresse) gewährt werden.

Bei der Förderung von Forschungsprojekten ist an solche Vorhaben gedacht, die sich bei der Untersuchung organischer Festkörper zum Beispiel mit folgenden Aufgabenstellungen befassen:

- Herstellung sowie chemische und physikalische Charakterisierung von kristallinen oder glasartigen Substanzen, bei denen man aufgrund von Molekülstruktur und elektronischen Eigenschaften auf interessantes und neuartiges physikalisches oder technisch verwertbares Verhalten schließen kann
- Experimentelle und theoretische Bearbeitung der Physik von ein- und mehrdimensionalen Systemen
- Erforschung der Prinzipien von Festkörperreaktionen (z. B. gitterkontrollierte chemische Reaktionen)
- Untersuchung von Fehlordnungen und Defekten in neu synthetisierten Kristallen sowie deren Auswirkungen auf die physikalischen und chemischen Eigenschaften der Festkörper; Untersuchung der Struktur von Mischkristallen
- Optimierung der für technische Anwendungsmöglichkeiten interessanten Eigenschaften sowie Prüfung der neuartigen Stoffe in elektrischen Schaltungen, optischen Systemen oder Einrichtungen der Informationsverarbeitung

Kontakt-Symposion Um Wissenschaftlern der verschiedenen Disziplinen und speziellen Richtungen Gelegenheit zu gegenseitiger Information über Forschungsmöglichkeiten und zur Planung gemeinsamer Vorhaben zu geben, fand im März 1979 in Freiburg eine wissenschaftliche Arbeitstagung mit dem Titel „Kooperative Projektforschung auf dem Gebiet der Physik und Chemie unkonventioneller Materialien" statt. Sie sollte gleichzeitig den Stand der wissenschaftlichen Aktivität auf dem von der Stiftung schwerpunktartig geförderten Gebiet darstellen.

Das Kontaktsymposion, an dem rund 75 Wissenschaftler teilnahmen, wurde von Professor Dr. G. Wegner (Freiburg) und Professor Dr.

H. C. Wolf (Stuttgart) organisiert und im Institut für Makromolekulare Chemie der Universität Freiburg/Br. abgehalten. Die insgesamt 20 Vorträge befaßten sich mit folgenden Aspekten: Theorie, Messung und strukturelle Grundlagen der elektrischen Leitfähigkeit organischer Materialien; elektronische Eigenschaften organischer Molekülkristalle mit besonderer Berücksichtigung von Reaktionen und Reaktionsmechanismen in Kristallen sowie Chemie und Physik ultradünner organischer Schichtstrukturen und Membranen. Es zeigte sich, daß der von der Stiftung neu eingerichtete Schwerpunkt mit überaus großem Interesse aufgenommen wurde und daß bereits eine Reihe von wissenschaftlich vielversprechenden Ansätzen zu Forschungsprojekten umgesetzt wurden. Es zeigte sich jedoch auch, daß der Informations- und Kenntnisstand der einzelnen Forscher und Gruppen noch sehr heterogen ist und daß nur wenige der vertretenen Forschungsgruppen den Anschluß an die internationale Spitzengruppe auf dem betreffenden Forschungsgebiet gewonnen haben. Die zahlenmäßig vergleichsweise geringe Beteiligung von Wissenschaftlern aus dem Bereich der organischen Chemie nahm die Stiftung zum Anlaß, diesen Kreis der Hochschullehrer noch einmal gezielt auf das neue Schwerpunktprogramm hinzuweisen.

Innerhalb des Berichtszeitraums wurde nur das erwähnte Symposion gefördert. Ende Juni 1979 traf das Kuratorium der Stiftung jedoch die ersten Entscheidungen über die seit Bekanntgabe des Schwerpunktes eingereichten Anträge auf Förderung von Forschungsprojekten: Von 19 Projektvorschlägen mit einer Antragssumme von rund 10 Millionen DM konnten 12 Vorhaben – teilweise nur in erheblich gekürztem Umfang – mit rund 3,6 Millionen DM bewilligt werden. *Bisherige Förderung*

1979 bewilligt

Universität Freiburg/Br., Institut für Makromolekulare Chemie (Prof. Dr. G. Wegner) *Freiburg*
Arbeitstagung *„Kooperative Projektforschung auf dem Gebiet der Physik und Chemie unkonventioneller Materialien"*

Mathematische und Theoretische Grundlagen in den Ingenieurwissenschaften

Entsprechend ihrem satzungsgemäßen Auftrag, auch Technik in Forschung und Lehre zu fördern, bietet die Stiftung Volkswagenwerk mit diesem Schwerpunkt der zur Technik hin orientierten Forschung ihre *Thematik*

Hilfe an. Angesprochen ist besonders der Bereich zwischen den naturwissenschaftlichen Grundlagenfächern und der unmittelbar auf die Anwendung zugeschnittenen Forschung, wie sie besonders mit Mitteln der Industrie und des Bundes betrieben wird. Die Hochschulen können wegen des dazu erforderlichen Aufwandes diese Aufgabe oft nicht allein leisten.

Der Schwerpunkt wendet sich an alle ingenieurwissenschaftlichen Disziplinen; besondere fachliche oder thematische Abgrenzungen innerhalb des genannten Bereiches bestehen nicht. Die Stiftung fördert jedoch vor allem solche Vorhaben, die neue grundlegende Ansätze zum theoretischen Verständnis ingenieurwissenschaftlicher Problemstellungen verfolgen. Es können auch Forschungsprojekte mit einem experimentellen Teil gefördert werden, sofern dieser zur Erarbeitung der theoretischen Grundlagen, beispielsweise zur Verifizierung theoretischer Ansätze, erforderlich ist.

Arbeitsplatz einer Schwingprüfanlage im Institut für Maschinenelemente und Maschinengestaltung der RWTH Aachen. Mit dieser Anlage (rd. 650 000 DM) sollen das Schwingungsverhalten von Maschinenanlagen untersucht und Erkenntnisse für ihre konstruktive Auslegung gewonnen werden (s. unten u. S. 15

Bisherige Förderung

Seit 1971 konnten Bewilligungen über insgesamt rund 32 Millionen DM ausgesprochen werden. Die bisherige Förderung der Stiftung erstreckt sich über nahezu alle Bereiche der Ingenieurwissenschaften. Das Spektrum reicht von Werkstoffwissenschaften über Hydrodynamik, Gasdynamik, Bodenmechanik, Baustatik bis zu den Problemen chemischer Reaktoren und zu Untersuchungen von Fertigungssystemen, wobei die Zahl der Projekte überwiegt, in denen die theoretischen Arbeiten von experimentellen Untersuchungen begleitet werden.

Förderung 1978

Im Jahre 1978 wurden für 16 neue Vorhaben und zur Ergänzung früherer Bewilligungen rund 6,2 Millionen DM zur Verfügung gestellt.

Schwingungsverhalten

Für die Durchführung des Projekts „Schwingungsverhalten von Maschinenanlagen" erhielt das Institut für Maschinenelemente und Maschinengestaltung der Technischen Hochschule Aachen (Prof. Dr.-Ing. H. Peeken) rund 650 000 DM. Diese Mittel sind für die Beschaffung einer Schwingprüfanlage vorgesehen. In Maschinenanlagen treten in der Regel neben der Nennbelastung durch Biege- und Drehschwingungen dynamische Zusatzlasten auf, die sich meist in den Antriebsorganen wie Wellen, Kupplungen etc. auswirken und die ein Mehrfaches der Nennbelastung betragen können. In dem Vorhaben sollen Informationen über das Verhalten einzelner Komponenten von Maschinenanlagen gewonnen werden, die es dann ermöglichen, beispielsweise das Drehschwingungsverhalten einer Anlage bereits in der Konstruktionsphase für eine betriebssichere Auslegung berechnen zu können.

Festigkeit von Verbundwerkstoffen

Für grundlegende Untersuchungen zur Kohäsionsfestigkeit von Verbundwerkstoffen stellte die Stiftung dem Fachbereich Maschinentechnik der Gesamthochschule Paderborn (Prof. Dr. K. Herrmann) 520 000 DM zur

Mikroanalytische Grundlagenuntersuchungen zur Reduktion von Eisenoxiden am Institut für Eisenhüttenkunde (Prof. Dr. W. Dahl) der RWTH Aachen. – Mit einem Heiztischzusatz (Bild) zum Rasterelektronenmikroskop wird unter hohen Temperaturen und gleichzeitiger Gasbeaufschlagung einer Probe die Reduktion von Eisenoxiden kontinuierlich beobachtet. Das Projekt hat zum Ziel, die Mechanismen der bei der Reduktion von Eisenoxiden ablaufenden Gas-Festkörper-Reaktionen sowie die Vorgänge bei der Eisenkeimbildung zu untersuchen (165 000 DM; S. 152).

Verfügung. Diese Förderung verfolgt auch den Zweck, die Forschungsmöglichkeiten an der noch jungen Gesamthochschule zu verbessern. Bei den überwiegend theoretischen Arbeiten geht es um das Studium der Rißausbreitung in inhomogenen Festkörpern infolge der Einwirkung von Eigenspannungsfeldern, wie sie beispielsweise durch Temperatureinflüsse entstehen. Es soll eine mathematische Formulierung des Festigkeits- und Bruchverhaltens von geschichteten und faserverstärkten Mehrkomponentenwerkstoffen gewonnen werden. Gezielte experimentelle Untersuchungen sollen die theoretischen Ergebnisse abstützen.

An das Institut für Mechanische Verfahrenstechnik der Universität Braunschweig (Prof. Dr.-Ing. J. Schwedes) wurden rund 280 000 DM für Untersuchungen über Drücke in Schüttgutbunkern bewilligt. Immer wieder treten bei Schüttgutbunkern Bauschäden dadurch auf, daß bei der statischen Auslegung die dynamischen Vorgänge im Inneren des Bunkers, die zu Spannungsspitzen führen, nicht ausreichend berücksichtigt wurden. In dem Vorhaben sollen Berechnungen über das Fließen des Schüttgutes angestellt werden, um dadurch zu einer Abschätzung der dynamischen Einflüsse auf die Wandbelastung des Bunkers zu gelangen.

Druckdynamik bei Schüttgut

Für Untersuchungen des Temperatureinflusses auf die rheologischen Spannungszustände in Salzstöcken wurden dem Lehrstuhl und Institut für Statik der Universität Braunschweig (Prof. Dr.-Ing. H. Duddeck) 161 000 DM zur Verfügung gestellt. In zunehmendem Umfang werden Kavernen in Salzstöcken zur Lagerung verschiedenster Güter angelegt. Beim Ausspülen dieser Hohlräume, aber auch bei der Lagerung von Flüssiggas oder hochradioaktiven Abfallstoffen ändert sich die Temperatur innerhalb des Salzstocks, wodurch das Tragverhalten des Gebirges beeinflußt werden kann. Durch Berechnungsmodelle nach der Methode der finiten Elemente soll der Einfluß instationärer Temperaturfelder auf die Standsicherheit eines Hohlraums untersucht werden.

Festigkeit von Salzstöcken

Das Institut für Verbrennungskraftmaschinen und Kraftfahrwesen der Technischen Hochschule Wien (Prof. Dr. H. P. Lenz) erhielt für die Erforschung der Grenzen der Verbrennung bei Verbrennungskraftmaschinen 774 000 DM. Obwohl der Otto-Motor bereits vor über 100 Jahren erfunden und seither eine Vielzahl von Verbrennungsmotoren gebaut wurde, ist der eigentliche Ablauf der Verbrennung noch nicht geklärt. Die in großer Zahl neben- und nacheinander in kürzester Zeit ablaufenden physikalischen und chemischen Vorgänge machen den Verbrennungsvorgang außerordentlich komplex. In dem Vorhaben soll ein Modell entwickelt werden, das das Zusammenwirken chemischer und physikalischer Vor-

Verbrennungskraftmaschinen

gänge berücksichtigt; vor allem die starken Einflüsse einer gezielten Turbulenz auf Gemischaufbereitung, Verbrennungseinleitung und Verbrennung sollen näher untersucht werden.

Theorie visko-plastischer Stoffe

Mit 124000 DM fördert die Stiftung Untersuchungen zur Theorie der viskoplastischen Stoffe, die am Fachbereich Bauwesen der Gesamthochschule Essen (Prof. Dr.-Ing. R. de Boer) durchgeführt werden. Es bereitet auch heute noch große Schwierigkeiten, das tatsächliche Verhalten eines Werkstoffes durch stoffartunabhängige Gleichungen zu beschreiben. Während in der Plastizitätstheorie, die eine angenäherte theoretische Ermittlung der Spannungen und Formänderungen im plastischen Bereich erstrebt, Fortschritte in dieser Richtung erzielt wurden, gilt dies nicht für die Werkstoffbeschreibung im viskoplastischen Bereich. Dies soll in dem geförderten Vorhaben versucht werden. Das Ziel ist eine einheitliche Theorie, die einen nahtlosen Übergang von der Viskoplastizitäts- zur nichtviskosen Plastizitätstheorie gestattet. Professor de Boer konnte hierzu während eines von der Stiftung gewährten Akademie-Stipendiums erste Ergebnisse erzielen, die in diesem Vorhaben weiterentwickelt werden sollen.

Werkstoff-Verbundsysteme

Der Fachbereich Physik der Universität des Saarlandes (Prof. Dr. S. Hüfner) erhielt für Untersuchungen über die elektronische Wechselwirkung an anorganisch-organischen Werkstoffgrenzflächen rund 628000 DM. Verbundsysteme aus anorganischen und organischen Werkstoffen haben große technische Bedeutung. Als Beispiele seien das Kleben in der Fügetechnik oder das Beschichten von Metalloberflächen zum Schutz gegen Korrosion genannt. In Zusammenarbeit mit dem Werkstoffkundler Professor Dr. B. Frisch soll in dem Vorhaben die Haftung an der Grenzfläche zwischen den anorganischen und organischen Werkstoffen näher untersucht werden. Es ist vorgesehen, durch reaktionskinetische Messungen die technologische Wirkung organischer Korrosionsinhibitoren zu bestimmen und durch elektronenspektroskopische Messungen die atomare Natur der Bindung der Adsorbate auf den Oberflächen zu untersuchen.

1978/79 bewilligte und laufende (*) Projekte

Aachen   Technische Hochschule Aachen, Institut für Eisenhüttenkunde und Gemeinschaftslabor für Elektronenmikroskopie (Prof. Dr. W. Dahl)
Mikroanalytische Grundlagenuntersuchungen zu Umwandlungs- und Wachstumsvorgängen bei der Reduktion von Eisenerzen

Technische Hochschule Aachen, Institut für Grundbau, Bodenmechanik, Felsmechanik und Verkehrswasserbau (Prof. Dr.-Ing. W. Wittke)
Gekoppelte Spannungs- und Sickerströmungsberechnungen für klüftigen Fels nach der Finite-Element-Methode und ihre Anwendung auf geomechanische Fragestellungen

Technische Hochschule Aachen, Institut für Maschinenelemente und Maschinengestaltung (Prof. Dr.-Ing. H. Peeken)
Schwingungsverhalten von Maschinenanlagen

Technische Universität Berlin, I. Institut für Mechanik (Prof. Dr.-Ing. K.-A. Reckling) — Berlin
Theoretische Untersuchungen verschiedener Einflußfaktoren in der Traglastberechnung im Vergleich mit Experimenten

Fritz-Haber-Institut der Max-Planck-Gesellschaft, Berlin (Prof. Dr. R. Hosemann)
Rückführung der mechanischen Eigenschaften von hartelastischen Fasern auf deren Struktur – Mathematische Formulierung dieser Zusammenhänge

Universität Bochum, Institut für Mechanik (Prof. Dr. H. Schwieger) — Bochum
* *Der elastische Biegestoß auf Balken und Platten*

Universität Braunschweig, Institut für Mechanische Verfahrenstechnik (Prof. Dr.-Ing. J. Schwedes) — Braunschweig
Untersuchungen über Drücke in Schüttgutbunkern

Universität Braunschweig, Lehrstuhl für Stahlbeton- und Massivbau, Institut für Baustoffkunde und Stahlbetonbau (Prof. Dr.-Ing. K. Kordina)
* *Untersuchung des Verformungs- und Rißverhaltens von schiefwinkelig zur Hauptmomentenrichtung bewehrten Stahlbetonplatten*

Universität Braunschweig, Lehrstuhl und Institut für Schweißtechnik und Werkstofftechnologie (Prof. Dr.-Ing. J. Ruge)
Beschaffung einer rechnergesteuerten, servohydraulischen Materialprüfmaschine

Universität Braunschweig, Lehrstuhl und Institut für Statik (Prof. Dr.-Ing. H. Duddeck)
* *Entwicklung von anwendungsorientierten Klassen von finiten Elementen zur Berechnung allgemeiner Flächentragwerke*

Universität Braunschweig, Lehrstuhl und Institut für Statik (Prof. Dr.-Ing. H. Duddeck)
Temperatureinflüsse auf die rheologischen Spannungszustände in Salzkavernen und Salzstöcken

Universität Bremen (Prof. Dr. L. Arnold) — Bremen
Untersuchungen zur Stabilität linearer stochastischer Differentialgleichungen

Düsseldorf Max-Planck-Institut für Eisenforschung GmbH, Düsseldorf (Prof. Dr. W. Pitsch)
und
Universität Erlangen-Nürnberg, Institut für Werkstoffwissenschaften, Lehrstuhl I (Prof. Dr. B. Ilschner)
und
Medizinische Hochschule Hannover, Institut für Anatomie, Abt. IV (Prof. Dr. H.-J. Kretschmann)
und
Medizinische Hochschule Lübeck, Klinikum, Abt. für Anatomie (Prof. Dr. H. Haug)
und
Max-Planck-Institut für Metallforschung, Institut für Werkstoffwissenschaften, Stuttgart (Dr. E. Exner)
* *Gemeinsames Forschungsprojekt „Quantitative Bildauswertung"*

Essen Gesamthochschule Essen, FB 10, Bauwesen (Prof. Dr.-Ing. R. de Boer)
Theorie der viskoplastischen Stoffe

Freiburg Institut für Festkörpermechanik der Fraunhofer Gesellschaft, Freiburg/Br. (Dr. F. J. Kalthoff)
Untersuchungen des Einflusses dynamischer Effekte beim Kerbschlagbiegeversuch

Göttingen Universität Göttingen, Institut für Metallphysik (Prof. Dr. P. Haasen)
Anwendung der Neutronenkleinwinkelstreuung zur Klärung der Theorie der Ausscheidungshärtung von Werkstoffen

Hannover Universität Hannover, Franzius-Institut für Wasserbau und Küsteningenieurwesen (Prof. Dr.-Ing. O. Burckhardt)
Weiterführung der Untersuchungen der 2-Phasen-Strömungen in großen Rohrleitungen

Universität Hannover, Institut für Technische Chemie (Prof. Dr. K. Schügerl) – in Zusammenarbeit mit dem Institut für Regelungstechnik (Prof. Dr.-Ing. M. Thoma) und dem Lehrstuhl für Mikrobiologie (Prof. Dr. H. Diekmann) der Universität Hannover
Mathematische und theoretische Untersuchungen zur ingenieurmäßigen Auslegung von kontinuierlich arbeitenden Bioreaktoren und ihrer Prozeßlenkung

Universität Hannover, Institut für Technische Chemie (Prof. Dr. K. Schügerl) – in Zusammenarbeit mit dem Institut für Regelungstechnik (Prof. Dr.-Ing. M. Thoma) der Universität Hannover
* *Modellbeschreibung chemischer Reaktionen mit verteilten Parametern und überwiegend stochastischem Charakter und Überprüfung der entwickelten Modelle durch on-line-Prozeßsteuerung*

Universität Hannover, Institut für Technische Chemie (Prof. Dr. W.-D. Deckwer)
* *Entwicklung von Modellen komplexer Reaktionen in mehrphasigen Fließsystemen*

Universität Hannover, Institut für Umformtechnik und Umformmaschinen (Prof. Dr.-Ing. E. Doege)
und
Universität Hannover, Institut für Mechanik (Prof. Dr.-Ing. O. Mahrenholtz)
* *Berechnung der Metallumformung bei großen plastischen Formänderungen mit der Methode der finiten Elemente*

Hannover

Universität Hannover, Lehrstuhl für Baumechanik (Prof. Dr.-Ing. E. Stein)
Untersuchungen über Konvergenzverfahren und Fehlabschätzung bei der Methode der finiten Elemente

Universität Hannover, Lehrstuhl für Schwingungs- und Meßkunde (Prof. Dr. H. G. Natke)
* *Theoretische Untersuchungen zur Strukturdynamik, „Modalanalyse – Modalsynthese – Identifikation"*

Universität Hannover, Lehrstuhl für Strömungsmechanik (Dr.-Ing. K.-P. Holz)
* *Verifikation mathematischer Modelle zur Simulation von Bewegungsprozessen in Tideästuaren*

Universität Hannover, Lehrstuhl und Institut für Wasserwirtschaft, Hydrologie und landwirtschaftlichen Wasserbau (Prof. Dr. K. Lecher)
* *Hochwasservorhersage in Flußgebieten mit Regelungssystemen*

Universität Hannover, Lehrstuhl und Institut für Wasserwirtschaft, Hydrologie und landwirtschaftlichen Wasserbau (Prof. Dr.-Ing. R. Mull)
* *Entwicklung eines mathematisch-numerischen Modells zur Beschreibung der Ausbreitung von Inhaltsstoffen im Grundwasser*

Universität Karlsruhe, Institut für Bodenmechanik und Felsmechanik (Prof. Dr.-Ing. G. Gudehus, Prof. Dr.-Ing. A. Blinde)
* *Kriech- und Bruchvorgänge in künstlich stabilisierten Erdkörpern*

Karlsruhe

Universität Karlsruhe, Institut für Hydromechanik (Prof. Dr.-Ing. H. Thielen)
* *Druckstoßtheorie für nicht axialsymmetrisch verformte Rohre*

Universität Karlsruhe, Rechenzentrum (Prof. Dr. W. Schönauer)
* *Entwicklung von selbststeuernden Differenzenverfahren für nichtlineare gewöhnliche und partielle Differentialgleichungen der Ingenieurwissenschaften*

Technische Universität München, Lehrstuhl A für Mechanik (Prof. Dr. H. Lippmann)
* *Untersuchungen auf dem Gebiet der theoretischen Festkörperrheologie*

München

Universität Münster, Institut für Metallforschung (Prof. Dr. Th. Heumann)
* *Gefügeanalytische Untersuchungen an Ausscheidungsgefügen*

Münster

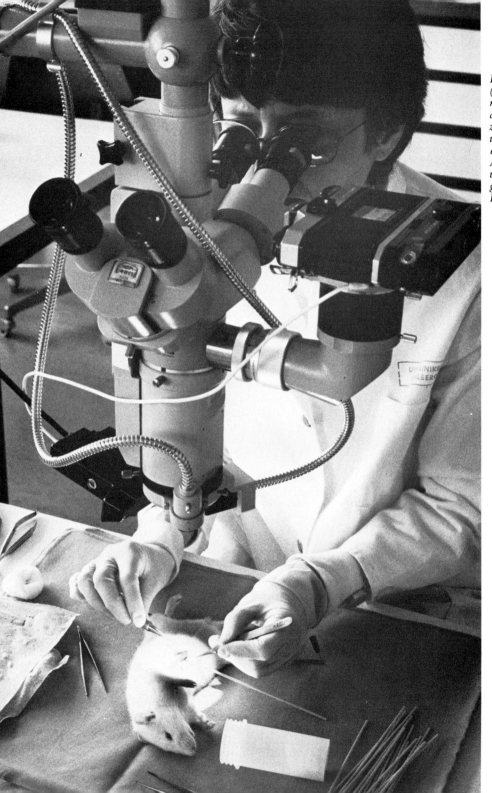

Die Chirurgische Klinik (Prof. Dr. F. Linder) des Klinikums der Universität Heidelberg hat mit Unterstützung der Stiftung Volkswagenwerk (170 000 DM) einen mikrochirurgischen Arbeitsplatz für Chirurgen verschiedener Fachrichtungen eingerichtet (S. 161 u. Bericht 1977/78, S. 140).

Universität Münster, Rechenzentrum (Prof. Dr. H. Werner) – in Zusammenarbeit *Münster*
mit Prof. Dr. J. R. Whiteman, Uxbridge (Großbritannien)
* *Mathematische Grundlegung der in den Ingenieurwissenschaften verwendeten Methode der finiten Elemente*

Gesamthochschule Paderborn, FB Maschinentechnik (Prof. Dr. K. Herrmann) *Paderborn*
Grundlegende Untersuchungen zur Kohäsionsfestigkeit von Verbundwerkstoffen

Universität Saarbrücken, FB 11, Physik (Prof. Dr. S. Hüfner) *Saarbrücken*
Untersuchungen über die elektronische Wechselwirkung an anorganisch-organischen Werkstoffgrenzflächen

Universität Saarbrücken, FB 12, Angewandte Physik (Prof. Dr.-Ing. R. Maurer)
Nichtlineare adaptive Systeme

Universität Saarbrücken, Fachrichtung 12.2, Elektronik (Prof. Dr.-Ing. H. Jascheck)
Weitere Vorbereitung des Vorhabens „Simulation des Verhaltens technischer Systeme mit Hilfe des interaktiven Simulationsprogramms auf Minirechnern"

Universität Stuttgart, Institut für Theoretische und Angewandte Physik (Prof. Dr. *Stuttgart*
E. Kröner)
Elastische Eigenschaften heterogener, anisotroper Werkstoffe – Theoretische Grundlagen und ihre Verwertung für die Praxis

Technische Hochschule Wien, Institut für Verbrennungskraftmaschinen und *Wien*
Kraftfahrwesen (Prof. Dr. H. P. Lenz)
Erforschung der Grenzen der Verbrennung bei Verbrennungskraftmaschinen

Mikrochirurgie
Merkblatt 17
S. 309 ff.

Der 1975 aufgenommene Schwerpunkt dient der Förderung klinisch *Thematik*
orientierter Forschung mit dem Ziel der Verbesserung und Weiterentwicklung mikrochirurgischer Verfahren und Methoden, ihrer Vermittlung an den wissenschaftlichen Nachwuchs sowie ihrer Übertragung in jeweils andere medizinische Bereiche.

Gefördert werden können experimentelle und klinische Forschungsprojekte, der wissenschaftliche Erfahrungsaustausch durch Symposien, *Förderungs-möglichkeiten*
Seminare und Kurse mit begrenzter Teilnehmerzahl (siehe auch Symposienprogramm, S. 193 ff. und S. 287 ff.) sowie eine ergänzende Ausbildung auf dem Gebiet der Mikrochirurgie durch spezielle Stipendien zur zusätzlichen Qualifizierung jüngerer Chirurgen.

Bisherige Seit Bestehen des Schwerpunktes wurden 5,9 Millionen DM bewilligt. Im
Förderung Berichtszeitraum konnten 8 Vorhaben mit zusammen rund 830000 DM gefördert werden, wobei in zwei Fällen zusätzliche Mittel für bereits früher unterstützte Projekte gewährt wurden.

Mikroneuro- Mit zwei neu bewilligten Projekten fördert die Stiftung Volkswagenwerk
chirurgie der die Weiterentwicklung und Verbesserung mikroneurochirurgischer Ver-
Hirngefäße fahren bei cerebralen Durchblutungsstörungen:

Die physiologischen und morphologischen Folgen operativer Eingriffe im Laufe der Behandlung cerebraler Ischämien sind bis heute noch nicht in vollem Umfang zu überblicken. Durch mikrochirurgische Gefäßverbindung (Anastomosierung) werden unter anderem Gewebsveränderungen ausgelöst. Die an der Abteilung Neuropathologie der Nervenkliniken der Universität Göttingen (Dr. R. Meyermann) geplanten tierexperimentellen Untersuchungen über „Feingewebliche Veränderungen an Gefäßen nach Anastomosierung zur Behandlung von cerebralen Ischämien" dienen der Aufklärung dieser Fragen. Im Tierversuch soll zum Beispiel der Heilungsverlauf an Mikroanastomosen weiterverfolgt werden. Von den vorgesehenen histologischen Untersuchungen werden zusätzliche Hinweise auf mögliche operationstechnische Verbesserungen zur Vereinfachung der Mikrogefäßchirurgie erwartet. Für dieses Vorhaben, das in Zusammenarbeit mit verschiedenen medizinisch-theoretisch wie klinisch arbeitenden Institutionen durchgeführt werden soll, wurden Mittel in Höhe von rund 166000 DM zur Verfügung gestellt.

Sowohl die Verbesserung mikroneurochirurgischer Verfahren als auch die unterstützende medikamentöse Behandlung bei Hirninfarkten ist Anliegen eines an der Neurochirurgischen Universitätsklinik Würzburg (Prof. Dr. K.-A. Bushe) angesiedelten und mit rund 332000 DM unterstützten Projektes zur „Mikroneurochirurgie von Gefäßen bei cerebralen Durchblutungsstörungen". Neben tierexperimentellen Untersuchungen sind klinische Studien zur Messung der cerebralen Durchblutung mit atraumatischen Methoden unter Berücksichtigung computertomographischer, nuklearmedizinischer, angiographischer, physiologischer und biochemischer Parameter in Zusammenarbeit mit verschiedenen Kliniken und medizinisch-theoretischen Instituten der Universität Würzburg vorgesehen. Diese prae- und postoperativen Untersuchungen sollen eine genauere Indikationsstellung und die optimale Wahl des Zeitpunktes für einen operativen Eingriff bei Hirngefäßverschlüssen ermöglichen helfen.

1978/79 bewilligte und laufende (*) Projekte

Freie Universität Berlin, Neurochirurgische Klinik (Prof. Dr. M. Brock) *Berlin*
Die mikroneurochirurgische Anatomie der basalen Hirnstrukturen

Chirurgische Universitäts- und Poliklinik, Bonn (Prof. Dr. T. S. Lie) *Bonn*
* *Forschungsvorhaben „Orthotope Rattenleberallotransplantation"*

Universität Düsseldorf, Frauenklinik (Prof. Dr. L. Beck, Dr. Christiane Frantzen) *Düsseldorf*
* *Die Mikrochirurgie der Tube – operative Eingriffe zur Refertilisierung und experimentelle Untersuchungen zur Physiologie und Pathophysiologie des Eileiters*

Gesamthochschule Essen, Universitätsklinikum, Hals-Nasen-Ohren-Klinik und Poliklinik (Prof. Dr. B. Minnigerode) *Essen*
Ausstattung eines histologischen Labors im Rahmen bereits geförderter klinisch-experimenteller Untersuchungen über die Verwendung eines Lasers in der Mikrochirurgie des Kehlkopfes

Universität Gießen, Zentrum für Frauenheilkunde und Geburtshilfe (Dr. D. Neubüser) *Gießen*
Eileiter-Mikrochirurgie

Universität Göttingen, Nervenklinik, Abt. für Neuropathologie (Dr. R. Meyermann) *Göttingen*
Feingewebliche Veränderungen an Gefäßen nach Anastomosierung zur Behandlung von cerebralen Ischämien

Universität Hamburg, Chirurgische Klinik, Abt. für Unfallchirurgie (Prof. Dr. K. H. Jungbluth) *Hamburg*
Weiterführung des Vorhabens „En Bloc-Transplantationen von Haut-, Muskel- und Knochengewebe durch mikrochirurgischen Anschluß an die Gefäßstrombahn"

Universität Heidelberg, Chirurgisches Zentrum (Prof. Dr. F. Linder, Prof. Dr. H. Penzholz, Prof. Dr. L. Röhl) *Heidelberg*
* *Errichtung eines mikrochirurgischen Arbeitsplatzes zur Durchführung spezieller mikrochirurgischer Forschungsprojekte*

Universität Heidelberg, Orthopädische Klinik und Poliklinik (Prof. Dr. H. Cotta)
* *Entwicklung und Verbesserung mikrochirurgischer Verfahren zur Behandlung angeborener Gliedmaßen-Fehlbildungen*

Universität Köln, Chirurgische Klinik (Prof. Dr. H. Pichlmaier) *Köln*
* *Extremitäten-Reimplantationen unter Anwendung mikrochirurgischer Techniken*

Universität Köln, Frauenklinik (Priv.-Doz. Dr. H.-J. Künzig)
Tierexperimentelle mikrochirurgische und biochemisch-immunologische Untersuchungen zur Verbesserung tubenchirurgischer Maßnahmen

München Universität München, Klinik und Poliklinik für Hals-, Nasen- und Ohrenkranke (Prof. Dr. H. H. Naumann) – in Zusammenarbeit mit dem Institut für Elektroakustik der Universität München (Prof. Dr. E. Zwicker)
* *Implantation von Hörhilfen zur direkten Reizung der Hörnerven*

Universität München, Klinikum Großhadern, Neurochirurgische Klinik (Prof. Dr. F. Marguth)
Einrichtung eines mikrochirurgischen Labors

Technische Universität München, Abt. für Plastische Chirurgie am Klinikum rechts der Isar (Prof. Dr. Ursula Schmidt-Tintemann) – in Zusammenarbeit mit dem Lehrstuhl für Experimentelle Chirurgie der TU München (Prof. Dr. G. Blümel)
* *Spezielle Forschungsprojekte zur Replantation abgetrennter Extremitäten und zur freien Gewebeübertragung mit mikrovaskulären Anastomosen*

Saarbrücken- Universität Saarbrücken, Universitätskliniken Homburg, Unfallchirurgische Abt.
Homburg (Prof. Dr. L. Schweiberer)
Einrichtung eines Labors für Knochenhistologie im Rahmen bereits geförderter klinisch-experimenteller Forschungsarbeiten auf dem Gebiet der Replantation, Weichteildeckung und Versorgung von Knochendefekten

Tübingen Universitäts-Frauenklinik, Tübingen (Prof. Dr. H. A. Hirsch)
* *Mikrochirurgische Operationen an den Eileitern zur Refertilisierung*

Wien Universität Wien, I. Chirurgische Klinik (Prof. Dr. H. Millesi)
Einrichtung einer Mikrochirurgischen Ausbildungsstätte

Würzburg Universität Würzburg, Neurochirurgische Klinik (Prof. Dr. K.-A. Bushe)
Mikroneurochirurgie von Gefäßen bei cerebralen Durchblutungsstörungen

Chirurgische Universitätsklinik und Poliklinik, Würzburg (Dr. U. Lanz)
* *Durchführung spezieller mikrochirurgischer Projekte auf dem Gebiet der Versorgung schwerer Handverletzungen und der Wiederherstellung dünner Venen*

Merkblatt 11
S. 297 ff. ## Das chronisch-kranke Kind

Thematik Der Schwerpunkt besteht seit 1974. Er wurde eingerichtet, um vor allem die klinisch orientierte Forschung in der Kinderheilkunde und Kinderchirurgie dort zu fördern, wo es darum geht, therapeutische, aber auch diagnostische Verfahren zur Behandlung des chronisch-kranken Kindes weiter zu klären, zu verbessern oder neu zu entwickeln. Verfahren zur Früherkennung und Prävention chronischer Erkrankungen sind ebenso eingeschlossen wie die wissenschaftliche Auswertung von Spätschäden bzw. von Therapieerfolgen, auch beim unfallgeschädigten Kind. Hierbei können Langzeitstudien erforderlich werden, die möglichst in interdisziplinärer Zusammenarbeit und in koordiniertem überregionalen Verbund durchgeführt werden sollten; allerdings kann die Stiftung im allgemeinen nur eine fünfjährige Förderungsdauer berücksichtigen. Sofern eine geplante Studie in das Programm des Bundes zur Förderung von Forschung und Entwicklung im Dienste der Gesundheit fällt, sollten von vornherein die dort bestehenden Förderungsmöglichkeiten genutzt werden.

Gefördert werden können sowohl Forschungsprojekte als auch Arbeitstagungen mit begrenzter Teilnehmerzahl (vgl. hierzu Symposienprogramm, S. 193 ff. und S. 287 ff.), jeweils auch unter Einbeziehung internationaler wissenschaftlicher Kooperation. Auch kleine Arbeitstagungen, die eventuell zur Vorbereitung von Verbundforschungsprojekten notwendig werden, sind eingeschlossen. *Förderungsmöglichkeiten*

Ein besonders dringlicher Förderungsbedarf zeichnete sich zu den Problemkreisen von Leukämien und Tumoren, chronischen Nierenerkrankungen sowie der Orthopädie im Kindesalter ab. Hierfür wurden die Programme „Pädiatrische Onkologie", „Pädiatrische Nephrologie und Urologie" sowie „Orthopädie" mit einem Förderungsvolumen von insgesamt rund 10 Millionen DM eingerichtet. *Programme*

Einschließlich der für die vorstehend genannten Programme vorgesehenen Mittel wurden seit Einrichtung des Schwerpunktes bis Frühjahr 1979 rund 20,5 Millionen DM bewilligt, davon im Berichtszeitraum für 28 Vorhaben rund 6 Millionen DM (einschließlich 1,8 Mill. DM freigegebener Mittel innerhalb der erwähnten Programme). *Bisherige Förderung*

Im Rahmen des Programms „Pädiatrische Onkologie" wurden der Abteilung für klinische Immunologie der I. Medizinischen Klinik der Universität Hamburg (Professor Dr. H.-G. Thiele) rund 310 000 DM für das Vorhaben „Identifizierung von Zellen akuter lymphoblastischer Leukämien und maligner non-Hodgkin-Lymphome des Kindes über serologisch und molekular charakterisierte Zellmembranstrukturen" zur Verfügung gestellt. Untersucht werden soll eines der Hauptprobleme bei der Behandlung der akuten lymphatischen Leukämie im Kindesalter, nämlich die Frage: Wie lassen sich zuverlässigere Aussagen sowohl über die unter der Therapie tatsächlich erreichte Rückbildung der Krankheitserscheinungen als auch über sich anbahnende neue Krankheitsschübe gewinnen. Von einer genaueren Identifikation spezifischer Eigenschaften der Tumorzellen erwarten die beteiligten Wissenschaftler Aufschluß über die Intensität der *Onkologie*

Initial- und Dauer-Therapie im Einzelfall wie auch für die Erarbeitung wirkungsvollerer Behandlungsverfahren im allgemeinen.

Zur Weiterführung von zwei ebenfalls im Rahmen des Programms „Pädiatrische Onkologie" geförderten Projekten stellte die Stiftung zusätzliche Mittel zur Verfügung. Hierbei handelt es sich einmal um das Vorhaben „Neue Perspektiven einer gezielten Chemotherapie der Leukämie im Kindesalter". Es wird von der Abteilung für Pädiatrische Hämatologie und Onkologie der Kinderklinik (Prof. Dr. B. Kornhuber) und der Abteilung für Molekularbiologie des Zentrums für Biologische Chemie (Prof. Dr. P. Chandra) der Universität Frankfurt/M. durchgeführt (vgl. Bericht 1976/77, S.123). Die für weitere drei Jahre mit rund 1 Million DM geförderten experimentellen und klinischen Arbeiten verfolgen das Ziel, neue spezifischere Therapieformen der Leukämie und der Leukämie-assoziierten Erkrankungen im Kindesalter zu entwickeln und die mit der konventionellen Chemotherapie verbundenen Nebenwirkungen zu verringern. Ausgegangen wird dabei von dem Ansatz, daß bestimmte Viren (RNS-Tumorviren) Leukämien auslösen könnten. Die bisherigen Arbeiten wurden mit dem Wissenschafts-Preis der Kind-Philipp-Stiftung ausgezeichnet.

Mit 522000 DM fördert die Stiftung die Weiterführung des von der Kinder-Poliklinik der Universität Gießen (Prof. Dr. F. Lampert) in Zusammenarbeit mit anderen Kliniken und Instituten, unter anderem dem Max-Planck-Institut für Biochemie, durchgeführten Projektes „Der Elektrophorese-Mobilitäts(EM)-Test in der Pädiatrischen Onkologie". Hierbei handelt es sich um ein spezielles Verfahren der Zellerkennung, das zum Nachweis der Sensibilisierung weißer Blutkörperchen dient. In den bereits seit zwei Jahren geförderten Untersuchungen wird geprüft, wieweit sich der Test zur Frühdiagnose und Verlaufsbeobachtung von Krebserkrankungen einsetzen läßt. Gleichzeitig sollen Methodik und Apparatur verbessert und vereinfacht werden, so daß das Verfahren eventuell auch als klinische Routinemethode eingesetzt werden kann.

Nephrologie Unter Beteiligung von 15 deutschen und einer Schweizer Kinderklinik sowie eines Pathologischen Institutes wird an der Kinderklinik der Medizinischen Hochschule Hannover (Prof. Dr. J.Brodehl) eine „Kooperative Studie zur Behandlung des Nephrotischen Syndroms im Kindesalter" durchgeführt (rd. 432000 DM). Der Begriff „Nephrotisches Syndrom" faßt die klinischen Symptome bei entzündlichen Nierenerkrankungen zusammen. Die Krankheit tritt im Kindesalter sehr häufig auf und neigt zu Rückfällen. Sie geht mit starkem Eiweißverlust einher und führt zu schweren Wachstums- und Entwicklungsstörungen. Auf Steroide spricht sie gut an, doch kann eine längere Behandlung mit derartigen Medikamenten zu schwerwiegenden Nebenwirkungen führen. Durch Zytostatika können die Patienten zwar für längere Zeit von einer Steroid-Medikation befreit werden, doch haben auch die Zytostatika eine Reihe unerwünschter Nebenwirkungen. Ziel des Forschungsvorhabens ist es, Wirksamkeit und Nebenwirkungen spezieller Zytostatika zu ermitteln und gleichzeitig die Effektivität bisheriger Behandlungsmethoden zu überprüfen.

An der Kindernephrologischen Abteilung der Kinderklinik des Universitätsklinikums der Gesamthochschule Essen (Oberarzt Dr. K. Pistor) werden Untersuchungen zur „Nierenfunktion bei Kindern mit connatalem Vitium cordis vor und nach korrigierender Herzoperation" unter besonderer Berücksichtigung der Wirkung des Dihydroxyphenyläthylamin (DopaminR) bei der Prophylaxe des postoperativen akuten Nierenversagens durchgeführt. Bei Kindern mit angeborenem Herzfehler finden sich überdurchschnittlich häufig Mißbildungen der Niere und der ableitenden Harnwege, die bei Belastungen, auch nach operativer Korrektur des Herzfehlers, zu Nierenfunktionsstörungen disponieren. Die Ursachen der postoperativen Niereninsuffizienz sind im einzelnen noch nicht bekannt. Als eine der Hauptursachen ist die Verminderung der Schlagkraft des Herzens zu sehen, die durch bestimmte Medikamente (Dopamin) verbessert wird. Ziel der Studie ist daher, nach der Ursache der postoperativen Niereninsuffizienz zu suchen und gleichzeitig eine Aussage über die Wirksamkeit des DopaminR bei der Prophylaxe dieser Komplikation zu erhalten. Für diese Untersuchungen, die in Zusammenarbeit mit den Abteilungen für Kinderkardiologie und Herzchirurgie der Gesamthochschule Essen durchgeführt werden, wurden rund 96 000 DM zur Verfügung gestellt.

Mit einer zunehmend wichtiger werdenden Problematik befaßt sich ein gemeinsam an den Universitäts-Kinderkliniken Münster (Prof. Dr. Ingeborg Jochmus) und Heidelberg (Prof. Dr. K. Schärer) durchgeführtes Projekt über die „Psychosoziale Adaptation von Kindern mit terminaler Niereninsuffizienz". Die ständig fortschreitenden Möglichkeiten lebensverlängernder medizinischer Maßnahmen lassen sowohl eine kontinuierliche Zunahme der im Endstadium der chronischen Niereninsuffizienz zu behandelnden Kinder als auch eine Verlängerung dieses Behandlungszeitraumes erwarten. Hierbei stellt die Dialyse-Behandlung einen ganz besonders spürbaren Einschnitt im täglichen Leben des Kindes dar. Die zeitintensive Behandlung engt den körperlichen Bewegungsspielraum auf ein Minimum ein und begrenzt gleichzeitig die Erfahrungsmöglichkeiten in der Umwelt, die schulischen Leistungen und Freizeitaktivitäten, womit allgemein eine Verminderung sozialer Kontaktmöglichkeiten einhergeht. Insgesamt sind die betroffenen Kinder einer psychischen Dauerbelastung ausgesetzt. Ziel des Forschungsvorhabens ist es, ein psychologisch-pädagogisches Behandlungskonzept zur Prävention und Therapie psychischer Fehlentwicklungen und Störungen bei diesen kindlichen Patienten auszuarbeiten, und zwar sowohl bei der Zentrums- als auch bei der Heimdialyse; es wird zunächst mit knapp 170 000 DM unterstützt.

Bakteriell-toxischer Schock

Unabhängig von der Auslösungsursache ist der Schock auch heute noch ein zentrales Thema klinisch-experimenteller Forschung. Als Folge einer bakteriell-toxischen Komplikation ist er ein schwerwiegendes Problem der Kinderchirurgie. Trotz hochwirksamer Antibiotika nehmen die bakteriellen Infektionen zu. Als einer der Gründe hierfür kommt die verminderte Abwehrlage gerade chronisch-kranker Kinder oder operierter Früh- und Neugeborener in Betracht. Untersuchungen über die Pathogenese der Sepsis, die Analyse der Herz-Kreislaufreaktionen und ihrer Entwicklung beim bakteriell-toxischen Schock sowie zur Identifikation von Organen, deren Versagen zum Tode führen kann, werden seit zwei Jahren mit finanzieller Unterstützung der Stiftung Volkswagenwerk in Höhe von rund 457 000 DM an der Universitätsklinik Würzburg (Kinderchirurgie, Prof. Dr. Th. Hockerts) durchgeführt. Zur Fortsetzung dieser Untersuchungen zur Verbesserung der Überlebenschancen kindlicher Patienten wurden für weitere drei Jahre 567 000 DM zur Verfügung gestellt.

Laser-Einsatz in der Kieferchirurgie

Die kieferchirurgische Behandlung von Kindern, die unter Blutgerinnungsstörungen leiden, ist besonders problematisch. Die Entscheidung zur Durchführung dieser Eingriffe wird in der Regel nicht nur durch die chronische Grunderkrankung bestimmt, sondern in zunehmendem Maße auch durch sekundär erwachsende Komplikationen (z.B. Hepatitisinfektionen), die sich aus den Behandlungsmodalitäten ergeben. Notwendige Extraktionen werden daher oft verzögert und operative Eingriffe zur Erhaltung oder Wiederherstellung gesunder Verhältnisse im Gebißsystem unterlassen. Die Laseranwendung zum Wundverschluß könnte zu einer neuen Behandlungsmethode führen. In einem an der Klinik und Poliklinik für Kieferchirurgie der Universität München (Prof. Dr. D. Schlegel, Oberarzt Dr. K. Ackermann) durchgeführten und von der Stiftung mit rund 200 000 DM unterstützten Forschungsvorhaben sollen die Möglichkeiten des Laser-Einsatzes für eine neue Therapie überprüft, eventuelle Nebeneffekte ausgeschlossen und nach Wegen weiterer Verbesserungen gesucht werden.

Messung des Muskeltonus bei einem spastisch-gelähmten Kind – An der Neurochirurgischen Klinik (Prof. Dr. H. Dietz) der Medizinischen Hochschule Hannover werden zur Behandlung der Spastik und Athetose bei Kindern Reizelektroden über dem Kleinhirn implantiert. Durch Messung des Muskeltonus bei passiver Beugung und Streckung des Arms zur man näheren Aufschluß über den Wirkungsmechanismus der Kleinhirnstimulation und den Therapie-Effekt (Bewilligung rd. 264 000 DM; S. unten u. S. 172).

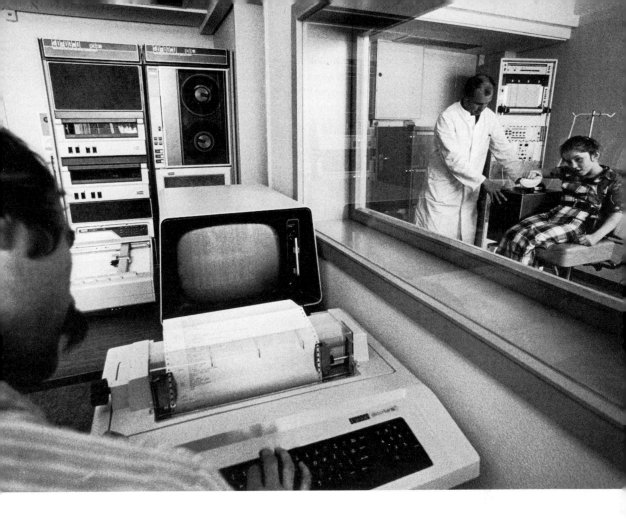

Die infantile Cerebralparese ist eines der häufigsten chronischen neuropädiatrischen Krankheitsbilder. Sensomotorische Dysfunktionen sind mit einer erhöhten cerebralen Krampfbereitschaft, einer Intelligenzminderung oder mit Störungen des Sprach-, Seh- und Hörvermögens verbunden. Eine kausale Therapie ist nicht möglich. Eine neuartige Methode zur Beeinflussung dieses motorischen Defektsyndroms ist die elektrische Kleinhirnstimulation, die durch operativ eingelegte Elektroden am Kleinhirn erfolgt. Diese Behandlungsmöglichkeit wird an der Neurochirurgischen Klinik der Medizinischen Hochschule Hannover (Prof. Dr. H. Dietz, Dr. B. U. Seidel) angewandt. Um den Therapieerfolg zu beurteilen, muß ein quantitatives Maß für die spastische Bewegungsstörung ermittelt werden. In

Quantitative Analyse der sensomotorischen Störungen bei frühkindlichem Hirnschaden

Zusammenarbeit zwischen Neurochirurgen, Neurologen, Neurophysiologen und Ingenieuren sollen die zentralmotorischen Störungen durch computerisierte Mechano- und Elektromyographie quantitativ erfaßt und die Wirkung von Kleinhirnreizungen auf infantile Cerebralparesen mit einer Reihe quantitativer Methoden ermittelt werden. Die Stiftung unterstützt dieses Vorhaben mit rund 264 000 DM.

Deutsch-polnische Kooperation
1978 wurden erstmals auch Mittel zur Durchführung von zwei deutsch-polnischen Gemeinschaftsvorhaben vorgesehen. Mit 135 000 DM soll sich das Forschungsinstitut für Mutter und Kind in Warschau (Prof. Dr. Krystyna Bozkowa) an dem Verbundforschungsprogramm über die Phenylketonurie beteiligen können, das seit 1976 gemeinsam von sechs deutschen pädiatrischen Zentren durchgeführt und von der Universitäts-Kinderklinik Heidelberg (Prof. Dr. H. Bickel) koordiniert wird (vgl. Bericht 1976/77, S. 123). Bei der Phenylketonurie handelt es sich um eine angeborene Stoffwechselstörung, die zum Schwachsinn führt, wenn sie nicht rechtzeitig entdeckt und behandelt wird. Durch die Beteiligung des polnischen Institutes wird die Zahl der in die Studie einzubeziehenden kindlichen Patienten wesentlich erhöht, so daß die Ergebnisse auf eine noch breitere Basis gestellt werden können.

Ein weiteres deutsch-polnisches Gemeinschaftsprojekt ist unter dem Titel „Portale Hypertension im Kindesalter" beabsichtigt. Aufbauend auf den Ergebnissen der von der Stiftung seit 1976 geförderten experimentellen Arbeiten des deutschen Kooperationspartners, der Abteilung Kinderchirurgie der Universität Heidelberg (Prof. Dr. R. Daum), zur Verbesserung des operativen Verfahrens bei portaler Hypertension (Pfortaderhochdruck) im Kindesalter, sollen an der Kinderchirurgischen Abteilung der Medizinischen Akademie Bialystok (Dr. A. Wagner) in zum Teil parallel laufenden experimentellen und klinischen Untersuchungen die Langzeitwirkung der als günstig befundenen chirurgischen Therapie unter besonderer Berücksichtigung des wachsenden Organismus geprüft und ihre klinische Anwendbarkeit erprobt werden. Darüber hinaus sind in Polen Nachuntersuchungen an bereits operierten Kindern vorgesehen. Für das Gemeinschaftsprojekt wurden insgesamt 350 000 DM in Aussicht gestellt.

Veranstaltungen
Von den im Schwerpunkt unterstützten wissenschaftlichen Veranstaltungen behandelte ein von Professor Dr. K. Bühlmeyer (Deutsches Herzzentrum München) durchgeführtes Symposion das Thema „Das univentrikuläre Herz". Experten der Kinderkardiologie und Kinderherzchirurgie aus Europa und Übersee diskutierten die Grundprobleme von Diagnostik und Therapie dieses bisher als inoperabel geltenden Herzfehlers. Die Grenzen

zwischen den nichtoperablen und den korrigierbaren angeborenen Herzfehlern haben sich in den letzten Jahrzehnten immer weiter verschoben. Die sinnvolle operative Korrektur des einkammerigen Herzens wurde bisher für fast unmöglich gehalten. Mit Verfeinerung der diagnostischen und Verbesserung der chirurgischen Möglichkeiten konnten inzwischen jedoch bereits positive operative Ergebnisse erzielt werden.

1978/79 bewilligte und laufende (*) Projekte

Freie Universität Berlin, Kinder- und Poliklinik (Prof. Dr. H. Riehm)   *Berlin*
* *Überlegene Chemotherapiekonzepte auf „konventioneller" Basis*

Kinderklinik der Stadt Braunschweig, Krankenhaus Holwederstraße (Prof. Dr. J. Oehme)   *Braunschweig*
* *Früherkennung und Überwachung von malignen Erkrankungen im Kindesalter mit dem Elektrophorese-Mobilitäts-Test*

Universität Erlangen-Nürnberg, Chirurgische Klinik mit Poliklinik, Kinderchirurgische Abt. (Priv.-Doz. Dr. G. H. Willital)   *Erlangen*
Weiterführung des Forschungsprojektes „Erstellung einer Analklappe"

Gesamthochschule Essen, Kinderklinik und Poliklinik, Abt. für Pädiatrische Nephrologie (Prof. Dr. H. Olbing)   *Essen*
Zweite Arbeitstagung zur Vorbereitung der klinischen Studie „Alternierender Vergleich von operativ-antibiotischer und ausschließlich antibiotischer Behandlung bei Kindern mit vesico-uretero-renalem Reflux"

Gesamthochschule Essen, Kinderklinik und Poliklinik, Abt. für Pädiatrische Nephrologie (Oberarzt Dr. K. Pistor)
Nierenfunktion bei Kindern mit connatalem Vitium cordis vor und nach korrigierender Herzoperation

Universität Frankfurt/M., Kinderklinik und Zentrum für Biologische Chemie (Prof. Dr. B. Kornhuber, Prof. Dr. P. Chandra)   *Frankfurt*
Weiterführung des Vorhabens „Neue Perspektiven einer gezielten Chemotherapie der Leukämie im Kindesalter"

Universität Gießen, Kinder-Poliklinik (Prof. Dr. F. Lampert)   *Gießen*
Weiterführung der Arbeiten zum Elektrophorese-Mobilitäts(EM)-Test in der Pädiatrischen Onkologie

Universität Gießen, Zentrum für Kinderheilkunde, Abt. Neuropädiatrie (Prof. Dr. G. Neuhäuser)
Arbeitstagung „Schädel-Hirn-Trauma"

Göttingen Universität Göttingen, Kinderklinik (Prof. Dr. G. Prindull)
Risikofaktoren bei kindlichen Leukämien – Diagnostische und therapeutische Kriterien

Universität Göttingen, Kinderklinik (Prof. Dr. F. J. Schulte)
Intrauteriner Jodmangel und fetale Hirnentwicklung

Hamburg Universität Hamburg, Kinderklinik, Abt. für Blutgerinnungsforschung und Onkologie (Prof. Dr. G. Landbeck, Dr. K. H. Bartels)
* Untersuchungen bei Kindern und Familienangehörigen mit „von Willebrand-Jürgens-Syndrom" zur Aufgliederung des Syndroms in seine klinisch relevanten Subentitäten

Universität Hamburg, I. Medizinische Klinik, Abt. für Klinische Immunologie (Prof. Dr. H.-G. Thiele)
Identifizierung von Zellen akuter lymphoblastischer Leukämien und maligner non-Hodgkin-Lymphome des Kindes über serologisch und molekular charakterisierte Zellmembranstrukturen

Hannover Medizinische Hochschule Hannover, Abt. für Haematologie (Prof. Dr. H. Poliwoda, Priv.-Doz. Dr. Monika Barthels)
Weiterführung der Arbeiten zur „Aktivierbarkeit des Blutgerinnungsfaktors XIII"

Medizinische Hochschule Hannover, Hals-, Nasen- und Ohren-Klinik (Dr. N. Reicke)
* Diagnostik und Therapie kindlicher Gleichgewichtsstörungen

Medizinische Hochschule Hannover, Kinderklinik, Abt. Pädiatrische Nephrologie, und Klinik für Abdominal- und Transplantationschirurgie (Prof. Dr. J. Brodehl, Prof. Dr. R. Pichlmayr)
* Rehabilitation des chronisch niereninsuffizienten Kindes während konservativ medikamentöser Behandlung, Hämodialyse und Nierentransplantation

Medizinische Hochschule Hannover, Kinderklinik, Abt. Pädiatrische Nephrologie (Prof. Dr. J. Brodehl)
Kooperative Studie zur Behandlung des Nephrotischen Syndroms im Kindesalter

Medizinische Hochschule Hannover, Kinderklinik (Prof. Dr. H.-C. Kallfelz, Dr. G. Wolff)
Verhaltensentwicklung bei onkologischen und chronisch niereninsuffizienten kindlichen Patienten im Verlauf ihrer medizinischen Behandlung

Medizinische Hochschule Hannover, Kinderklinik, Stoffwechsellabor (Dr. D. J. Byrd)
Untersuchung der Anwendbarkeit von HBAIC-Konzentrationsmessungen zur Langzeitstoffwechselkontrolle diabetischer Kinder und Jugendlicher

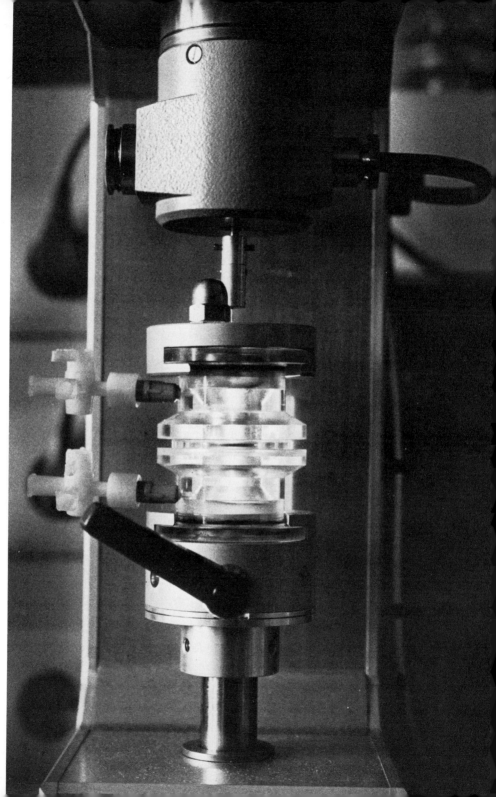

Messung des Spannungs-Deckungsdiagramms eines Fibrinnetzes – In der Abteilung Haematologie (Prof. Dr. H. Poliwoda) der Medizinischen Hochschule Hannover wird der Einfluß von Gerinnungsfaktoren auf die mechanische Festigkeit des Fibrinnetzes geprüft (rd. 335 000 DM; S. 170).

Hannover Medizinische Hochschule Hannover, Neurochirurgische Klinik (Prof. Dr. H. Dietz, Dr. B. U. Seidel)
Quantitative Analyse der sensomotorischen Störungen bei frühkindlichem Hirnschaden und deren neurochirurgische Behandlungsmöglichkeiten

Heidelberg Universität Heidelberg, Kinderklinik (Prof. Dr. H. Bickel)
* *Indikation, Durchführung, Beendigung und Erfolgsbeurteilung der diätetischen Behandlung der Phenylketonurie (PKU) und der Hyperphenylalaninämie (HPA)*

Universität Heidelberg, Kinderklinik (Dr. B. Reitter)
* *Elektrodiagnostische Erfassung und Quantifizierung peripherneurologischer Symptome der urämischen Neuropathie im Kindesalter*

Universität Heidelberg, Kinderklinik (Dr. H. E. Ulmer)
Weiterführung des Forschungsprojektes „Erfassung und Behandlung der urämischen Herzkrankheit im Kindesalter"

Universität Heidelberg, Kinderklinik, Nephrologische Abt. (Prof. Dr. K. Schärer)
und
Universität Münster, Kinderklinik, Psychosomatische Abt. (Prof. Dr. Ingeborg Jochmus)
Psychosoziale Adaptation von Kindern mit terminaler Niereninsuffizienz

Klinikum der Universität Heidelberg, Zentrum Chirurgie, Abt. Kinderchirurgie (Prof. Dr. R. Daum)
Weiterführung des Forschungsprojektes „Portale Hypertension im Kindesalter"

Universität Heidelberg, Pathologisches Institut (Prof. Dr. B. Krempien)
Untersuchungen über den Einfluß chronischer Krankheitsprozesse auf das Skelettsystem des Kindes

Kiel Universität Kiel, Kinderklinik (Prof. Dr. H. Bartels)
* *Beziehungen zwischen Histokompatibilitäts-Antigen-Muster und Glukose-Toleranz – Familienuntersuchungen bei Kindern mit diabetischen Verwandten ersten Grades*

Universität Kiel, Pathologisches Institut, Abt. für Paidopathologie (Prof. Dr. D. Harms)
* *Erfassung bioptischen Tumormaterials und dessen histologische Auswertung (Kinder-Tumor-Register)*

Köln Universität Köln, Kinderklinik (Dr. M. Rister)
Einfluß der immunsuppressiven Therapie auf den Stoffwechsel und die Funktion von Granulozyten

Universität Köln, Orthopädische Klinik (Prof. Dr. G. Imhäuser)
* *Behandlungsergebnisse des angeborenen muskulären Klumpfußes*

Universität Mainz, Chirurgische Klinik (Dr. W.-M. Pieper) *Mainz*
* *Experimentelle Untersuchungen zur dynamischen Dilatation bei der langstrekkigen Oesophagusatresie*

Universität Mainz, Kinderklinik (Prof. Dr. J. Spranger)
* *Untersuchungen zur Pathogenese und Therapie konstitutioneller Aufbaustörungen des Skeletts*

Universität Mainz, Orthopädische Klinik (Prof. Dr. F. Brussatis)
* *Analyse von Bewegungsstörungen und Körperveränderungen mit Hilfe eines Prozeßrechner-gekoppelten Fernseh-Systems zur objektiven Diagnostik und zur Entwicklung und Verbesserung konservativer und operativer Heilverfahren*

Universität München, Kinderchirurgische Klinik (Prof. Dr. W. Ch. Hecker) *München*
Internationales Symposion „Postoperative Todesursachen in der Kinder-Chirurgie – Analyse und Folgerungen für die Therapie"

Universität München, Kinderklinik (Prof. Dr. O. Goetz)
Weiterführung des Forschungsprojektes „Diagnose, Prophylaxe und Therapie von Virusinfektionen bei langfristig cytostatisch bzw. immunsuppressiv behandelten Patienten"

Universität München, Kinderklinik (Dr. K. Harms)
* *Untersuchungen zur speziellen pädiatrischen Gastroenterologie: Krankheitsbilder „Cystische Fibrose" und „Zöliakie"*

Universität München, Kinderklinik (Prof. Dr. D. Knorr)
* *Pathogenese, Diagnostik und Therapie des kongenitalen adrenogenitalen Syndroms (AGS) sowie der Hypospadie*

Universität München, Kinderklinik, Abt. für antimikrobielle Therapie (Prof. Dr. W. Marget)
* *Pathogenese, Prävention und Therapie der chronischen Harnwegsinfektionen*

Universität München, Kinderpoliklinik (Priv.-Doz. Dr. E. D. Albert)
und
The Hebrew University of Jerusalem, Hadassah Medical School (Dr. Ch. Brautbar)
* *Das HLA-System bei Zöliakie und juvenilem Diabetes mellitus bei verschiedenen ethnischen Gruppen in Israel*

Universität München, Kinderpoliklinik (Priv.-Doz. Dr. R. Castell)
Entwicklung linguistischer, neurologischer und neurophysiologischer Testverfahren zur Frühdiagnose chronischer Sprachstörungen

Universität München, Klinik und Poliklinik für Kieferchirurgie (Prof. Dr. D. Schlegel, Oberarzt Dr. K. Ackermann)
Laser-Anwendung in der zahnärztlichen Chirurgie bei Kindern mit haemorrhagischen Diathesen

Deutsches Herzzentrum, München, Kinderklinik für Herz- und Kreislauferkrankungen (Prof. Dr. K. Bühlmeyer)
Symposion „Das univentrikuläre Herz"

Max-Planck-Institut für Psychiatrie, München (Prof. Dr. J. Martinius)
* *Untersuchung zur psycho-sozialen Entwicklung von Kindern, die im Neugeborenen- oder jungen Säuglingsalter wegen lebensbedrohlicher Fehlbildungen oder Erkrankungen operiert werden mußten*

Münster Universität Münster, Orthopädische Klinik und Poliklinik (Prof. Dr. H. H. Mathiass)
* *Gemeinschaftsstudie der Deutschen Gesellschaft für Orthopädie und Traumatologie „Die Ergebnisse der operativen Behandlung der angeborenen Hüftluxation"*

Saarbrücken-Homburg Universität Saarbrücken, Kinderklinik Homburg (Prof. Dr. F. C. Sitzmann)
Biochemische und immunologische Untersuchungen bei Kindern und Jugendlichen mit Diabetes Mellitus

Würzburg Universität Würzburg, Chirurgische Klinik und Poliklinik, Kinderchirurgie (Prof. Dr. Th. Hockerts)
Weiterführung der „Untersuchungen zur Pathogenese und Therapie des bakteriell-toxischen Schocks"

Übergreifende Schwerpunkte

Merkblatt 16
S. 306 ff. Alternsforschung

Thematik Der Schwerpunkt Alternsforschung wurde im Frühjahr 1974 eingerichtet, nachdem er zunächst unter der Bezeichnung „Gerontologie" vorbereitet worden war. Dr. Helen von Bila erstellte 1974 im Auftrag der Stiftung Volkswagenwerk eine Bestandsaufnahme zur Situation der Alternsforschung in der Bundesrepublik*, die der Fachwelt eine Hilfe zur Koordination der Forschungstätigkeit in die Hand gab und die verstärkten Bemü-

---

* H. VON BILA, Gerontologie, Bestandsaufnahme zur Situation der Alternsforschung in der Bundesrepublik Deutschland. Schriftenreihe der Stiftung Volkswagenwerk [Bd. 12], Göttingen 1974 (siehe auch Publikationsverzeichnis im Anhang).

hungen zum Ausbau des jungen Wissenschaftszweiges nicht unerheblich angeregt haben dürfte.

Seit Aufnahme der Alternsforschung in das Förderungsprogramm der Stiftung bis Mai 1979 wurden 80 Anträge vorgelegt und bearbeitet. Gefördert wurden 34 Vorhaben mit zusammen rund 9 Millionen DM. 1978 gingen 21 Anträge mit einem Finanzvolumen von 2,86 Millionen DM ein; es konnten 11 Bewilligungen über insgesamt 1,36 Millionen DM ausgesprochen werden; im Frühjahr 1979 kam die Förderung eines weiteren Projekts mit 288 600 DM hinzu. *Bisherige Förderung*

Die Stiftung Volkswagenwerk hat ihre Unterstützung gerontologischer Forschungsvorhaben auf die Disziplinen Psychologie, Soziologie, Geriatrie und Gerontopsychiatrie konzentriert, wobei psychologischen und soziologischen Fragestellungen besondere Bedeutung beigemessen wurde und durch die Einbeziehung der Geriatrie auch medizinische Fragestellungen zur Therapie und Diagnose angeregt werden sollten. Besonders interessiert war die Stiftung entsprechend dem multidisziplinären Charakter der Alternsforschung an der Förderung von Forschungsprojekten mit fachübergreifendem und überregionalem Ansatz sowie dem wissenschaftlichen Gedankenaustausch und der Koordination von Forschungsaktivitäten durch wissenschaftliche Veranstaltungen (s. auch Symposienprogramm, S. 193 ff.).

Zu Beginn des Jahres 1979 unterzog die Stiftung ihre bisherige Förderung in diesem Bereich einer kritischen Bewertung. Dabei zeigte sich, daß trotz einer Reihe von positiven Ergebnissen der Verlauf der schwerpunktmäßigen Förderung der Alternsforschung nicht ganz den Erwartungen entsprach: Die theoretische Fundierung und methodische Anlage der vorgelegten Projekte konnte vielfach nicht überzeugen, wodurch das Verhältnis von bewilligten zu nicht bewilligten Anträgen in diesem Schwerpunkt gemessen an der durchschnittlichen Ablehnungsquote der Stiftung hoch ist. Vernachlässigt wurde bisher offensichtlich die psychologische und soziologische Grundlagenforschung in diesem Bereich. Außerdem läßt sich hier interdisziplinäre Zusammenarbeit besonders schwer realisieren. Die Stiftung wird daher über die Fortführung ihrer Förderung zu entscheiden haben. Eine erste Diskussion dieser Frage im Kuratorium der Stiftung läßt erwarten, daß der Schwerpunkt allenfalls noch für eine begrenzte Zeit im Förderungsprogramm geführt wird.

Mit einer Unterstützung von rund 541 000 DM führt die Psychiatrische und Nervenklinik des Universitätskrankenhauses Hamburg-Eppendorf unter Leitung von Professor Dr. J. Gross eine Erhebung zur Lebensfüh- *Lebensführung im Altenheim* rung alter Menschen in Heimen mit kontrastierendem sozialen Klima durch. Im Mittelpunkt der Untersuchung stehen dreißig moderne mehrgliedrige Alteneinrichtungen, also solche, die sowohl Wohnheim- und Altenheim- als auch Pflegeheimplätze anbieten. Um den methodischen Schwierigkeiten der Alternsforschung gerecht zu werden, vereint die Untersuchung Querschnitt- und Längsschnittanalyse: In der Querschnittanalyse wollen die Forscher die Merkmale des sozialen Klimas von Altenheimen ermitteln, dessen Einfluß auf den Lebensvollzug und die Lebenszufriedenheit der Heimbewohner sie im zweiten Untersuchungsteil (der „Follow-up-Erhebung") überprüfen; neu eingetretene Heimbewohner werden unmittelbar nach ihrem Heimeintritt und noch einmal ein Jahr später befragt. In das Projekt begleitenden Informations- und Fortbildungsveranstaltungen sollen mit Heimleitern und Betreuungspersonal Verbesserungsvorschläge diskutiert werden. Die Forscher hoffen, mit der Analyse die bestmöglichen institutionellen Bedingungen offenzulegen, die unter den derzeitigen Voraussetzungen zu verwirklichen sind, und Material für zukünftige altenpolitische Planung zu liefern.

Experteninterviews mit alten Menschen zum sozialen Klima in Alteneinrichtungen – Die Forschungsgruppe Gerontologie des Universitätskrankenhauses Eppendorf (Prof. Dr. J. Gross) führt mit Mitteln der Stiftung (540 000 DM) eine Untersuchung über die institutionellen Bedingungen mehrgliedriger Alteneinrichtungen – Wohn-, Alten- oder Pflegeheime – Hamburgs durch (S. 175).

Hundertjährige

Professor Dr. H. Franke, Medizinische Poliklinik der Universität Würzburg, beschäftigt sich in enger Zusammenarbeit mit der Forschungsgruppe von Professor Dr. K. Schöffling, Klinikum der Universität Frankfurt/M., mit dem endokrinen System bei älteren Menschen und der Hörfähigkeit speziell bei Hundertjährigen im Vergleich mit jüngeren Altersgruppen. Die Stiftung Volkswagenwerk fördert dieses Vorhaben, das auch das Studium der Einwirkungen gewisser Geriatrica vorsieht, mit 352 000 DM. In ihren bisherigen Studien an rund 250 Hundertjährigen haben die Würzburger Alternsforscher eine spezielle Störung der Hörfähigkeit festgestellt. Da die Hörfähigkeit des alten Menschen bei der Kommunikation auch zwischen Arzt und Patienten eine große Rolle spielt, wollen sie nun das Ausmaß dieser Störung im Verhältnis zur Vitalität des Hochbetagten untersuchen. Darüber hinaus haben sie sich die Aufgabe gestellt, das Adaptionsverhalten im höheren Alter bei physiologischem Stress im Vergleich mit den entsprechenden Reaktionen bei jüngeren Menschen zu prüfen. Die Ergebnisse der Untersuchung sollen der medizinischen Beratung, aber auch allgemein der Lebensberatung älterer Menschen zu besseren Beurteilungskriterien verhelfen.

Psychodynamik und Psychotherapie

Zwei Forschungsvorhaben finanziert die Stiftung an der Organisationseinheit Sozialwesen der Gesamthochschule Kassel. Für den ersten Teil eines größeren Projektes zur Darstellung des Gesamtbereichs der Psychodynamik/Psychotherapie im höheren und hohen Lebensalter konnten Professor Dr. H. Radebold rund 60 000 DM zur Verfügung gestellt

werden. Bisher liegen international etwa tausend Publikationen zur Psychodynamik, zu neurotisch/psychosomatischen Erkrankungen und zur Psychotherapie/Sozialtherapie im höheren und hohen Lebensalter vor; diese Fülle von ungeordnetem Material soll erstmalig gesammelt und dokumentiert werden, um so den bisherigen Forschungsstand und Forschungslücken aufzuzeigen und Anregungen zu weiteren psychotherapeutischen/sozialtherapeutischen Behandlungen zu liefern.

Modellkonzept Altenberatung — Weitere 90 000 DM fließen in Studien derselben Institution zum Entwurf einer integrierten und abgestuften Beratung älterer und alter Menschen in der Bundesrepublik Deutschland, ein Vorhaben, das dem erwiesenen Mangel an systematischer und intensiver Altenberatung abhelfen soll. Trotz weitreichender Zielvorstellungen in den Altenplänen und trotz hohen Bedarfs existiert nämlich offensichtlich kaum eine Altenberatung in institutionell abgesicherter Form durch qualifizierte Mitarbeiter. Unter der Leitung von Professor Radebold wollen die Bearbeiter ein Beratungsangebot im Rahmen einer stadtteilbezogenen Modellberatungsstelle mit entsprechenden flankierenden Maßnahmen entwickeln. Erster Schritt dazu ist eine umfassende Umfrage zur Situation der Altenberatung in der Bundesrepublik. Auf dieser Grundlage wird ein Modellkonzept einer integrierten abgestuften Beratung entwickelt, das auf einem internationalen Symposion vorgestellt und diskutiert werden soll.

Betriebsanalyse — Am Lehrstuhl für Wirtschaftslehre des Haushalts der Universität Hohenheim (Prof. Dr. Lore Blosser-Reisen) unterstützt die Stiftung mit 186 000 DM ein Forschungsvorhaben zur Methodik der Betriebsanalyse von offenen Einrichtungen der Altenhilfe. Um Entscheidungsunterlagen für die Träger solcher Einrichtungen zu erarbeiten, eine zielgerechte und wirtschaftliche Betriebsführung zu sichern und beispielsweise Gebühren auf Selbstkostenbasis zu berechnen, sind Erfassung und Beurteilung der Betriebsdaten unerläßlich. Die Untersuchung soll dafür ein methodisches Instrumentarium zur Analyse der wirtschaftlichen Situation eben dieser Einrichtungen erarbeiten. Als Ergebnis wird ein zielgerichtetes Informationssystem der offenen Einrichtungen angestrebt, das dem Einzelbetrieb die notwendigen Aussagen zur Erfolgskontrolle liefern soll und das außerdem zur Vereinheitlichung des Informationswesens im Bereich der Altenhilfe beitragen kann. Die Wissenschaftler wollen zunächst ein theoretisches Konzept mit den methodischen Möglichkeiten der Betriebsanalyse für die genannten Wirtschaftsgebilde, die nach dem bedarfswirtschaftlichen Prinzip geführt sind, erarbeiten. Darauf aufbauend soll die Entwicklung eines Formularsatzes folgen, mit dessen Hilfe alle wesentlichen Betriebsdaten erfaßt und weiterverarbeitet werden können.

1978/79 bewilligte und laufende (*) Projekte

Gesamthochschule Bamberg, Lehrstuhl für Soziologie (Prof. Dr. L. Vaskovics) *Bamberg*
* *Räumliche und soziale Distanz bei alten Menschen – Residentiale Segregation alter Menschen und ihre sozialen Folgen*

Freie Universität Berlin, Institut für Soziologie (Prof. Dr. H. P. Dreitzel, Prof. Dr. W. Lepenies) *Berlin*
* *Untersuchungen zur Lebenswelt älterer Menschen am Beispiel der Einzugsbereiche zweier Berliner Seniorenzentren*

Freie Universität Berlin, Institut für Soziologie (Prof. Dr. M. Kohli)
Berufliche Problemlagen und Sozialisationsprozesse im mittleren Erwachsenenalter – Symposion zur weiteren Projektplanung

Universität Bonn, Psychologisches Institut (Prof. Dr. H. Thomae) *Bonn*
* *Erlebte Irreversibilität von Belastung durch Altersprobleme – Ein Beitrag zur kognitiven Theorie der Anpassung an das Alter*

Universität Düsseldorf, Psychologisches Institut (Prof. Dr. O. B. Scholz) *Düsseldorf*
* *Analyse und Modifikation von Interaktionsstörungen alternder Ehen*

Universität Erlangen-Nürnberg, Sozialwissenschaftliches Forschungszentrum / SFZ *Erlangen* (Dr. U. Schlottmann)
Soziale Integration und Lebenszufriedenheit im Alter: Intrafamiliäre Partizipation

Universität Frankfurt/M., Institut für Sozialpädagogik und Erwachsenenbildung *Frankfurt* (Prof. Dr. H. Zander)
Qualitative Bestandsaufnahme der Maßnahmen und Einrichtungen der Altenhilfe in Neu-Isenburg

Universität Frankfurt/M., Zentrum der Psychosozialen Grundlagen der Medizin am Klinikum (Prof. Dr. V. Sigusch)
Abschluß der Förderung des Projekts „Psychosoziale Probleme und Triebschicksal älterer Menschen"

Universität Gießen, FB Gesellschaftswissenschaften, Soziologie I (Prof. Dr. R. Gronemeyer) *Gießen*
* *Selbsthilfemöglichkeiten und Beteiligungsprobleme älterer Menschen an öffentlichen Prozessen*

Forschungsgruppe für Gerontologie e. V., Gießen (Prof. Dr. D. Voigt)
* *Veränderungen der Teilnahmechancen im Übergang von den mittleren zu den höheren Jahren*

Forschungsgruppe für Gerontologie e. V., Gießen (Prof. Dr. D. Voigt)
* *Wirkungen des Sports auf den Alternsprozeß*

Hamburg Universitätskrankenhaus Eppendorf, Psychiatrische und Nervenklinik (Prof. Dr. J. Gross)
Mehrgliedrige Alteneinrichtungen in Hamburg – Eine Follow-up-Erhebung zur Lebensführung alter Menschen in Heimen mit kontrastierendem „Sozialen Klima"

Kassel Gesamthochschule Kassel, Organisationseinheit Sozialwesen (Prof. Dr. H. Radebold)
Darstellung des Gesamtbereichs der Psychodynamik / Psychotherapie im höheren und hohen Lebensalter

Gesamthochschule Kassel, Organisationseinheit Sozialwesen (Prof. Dr. H. Radebold)
Integrierte und abgestufte Beratung für ältere und alte Menschen in der Bundesrepublik Deutschland

Köln Pädagogische Hochschule Köln (Prof. Dr. J. Wickert)
Partnerbindung im Alter

Institut für Sozialforschung und Gesellschaftspolitik e. V., Köln (Prof. Dr. O. Blume)
Das politische Verhalten älterer Menschen

Institut für Sozialforschung und Gesellschaftspolitik e. V., Köln (Prof. Dr. O. Blume)
* *Untersuchung der Auswirkungen der flexiblen Altersgrenze auf die Lebenslage älterer Menschen*

Rheinische Landesklinik, Köln, Psychiatrisches Behandlungszentrum (Prof. Dr. M. Bergener)
* *Vorstudie zur weiteren Planung des Projekts „Reformen als Experimente – Forschungsgesteuertes Erproben von Maßnahmen in einer neuen gerontopsychiatrischen Einrichtung"*

Marburg Medizinische Universitäts-Poliklinik, Marburg (Prof. Dr. H. Kaffarnik). Aufenthalt von Dr. J. Schneider in Großbritannien und in der Schweiz zum
Studium geriatrischer Tageskliniken

Saarbrücken Institut für Sozialforschung und Sozialwirtschaft e. V., Saarbrücken (Dr. R. Peter)
* *Die Effizienz und Funktionalität neuer Organisationsformen in der Altenhilfe – Dargestellt an der Analyse der Modelle von Sozialstationen*

Stuttgart-Hohenheim Universität Stuttgart-Hohenheim, Lehrstuhl für Wirtschaftslehre des Haushalts (Prof. Dr. Lore Blosser-Reisen)
* *Forschungsvorhaben zur Bewältigung von Hilfs- und Pflegebedürftigkeit älterer Menschen im Privathaushalt*

Universität Stuttgart-Hohenheim, Lehrstuhl für Wirtschaftslehre des Haushalts (Prof. Dr. Lore Blosser-Reisen)
Untersuchung zur Methodik der Betriebsanalyse von offenen Einrichtungen der Altenhilfe

Universität Trier, FB IV, Soziologie (Prof. Dr. W. H. Eirmbter) *Trier*
Soziale Probleme der Pensionierung und Anpassung an den Ruhestand

Universität Würzburg, Medizinische Poliklinik (Prof. Dr. H. Franke) *Würzburg*
Das Verhalten des endokrinen Systems bei älteren Menschen und die Hörfähigkeit speziell bei Hundertjährigen im Vergleich mit jüngeren Altersgruppen

Archäometrie

Dieser Schwerpunkt – nach zweijähriger Vorbereitung seit Frühjahr 1973 im Förderungsprogramm der Stiftung – soll die Erforschung, Entwicklung und Erprobung naturwissenschaftlicher Methoden bei der Auffindung, Freilegung, Analyse, Restaurierung und Erhaltung von Kulturgütern fördern. Vorrang erhalten dabei vor allem solche Projekte, die den interdisziplinären Aspekten durch eine aktive Kooperation zwischen Geistes- und Naturwissenschaftlern Rechnung tragen. Neben konkreten Forschungsprojekten unterstützt die Stiftung auch den wissenschaftlichen Gedankenaustausch und die Ausbildung des wissenschaftlichen Nachwuchses, indem sie Zuschüsse für Arbeitstagungen, Symposien und Sommerschulen mit begrenzten Teilnehmerzahlen vergibt (vgl. auch Symposienprogramm, S. 193 ff.). In Einzelfällen können auch Stipendien für jüngere Wissenschaftler mit abgeschlossener Ausbildung zu Ergänzungsstudien (nicht für ein Zweitstudium) in der jeweils komplementären Disziplin vergeben werden.

Förderungsmöglichkeiten

Die Thematik dieses Schwerpunktes ist weit gespannt: Wie die Ur- und Frühgeschichtler und die Archäologen, so stehen auch Kunstwissenschaftler und Denkmalpfleger vor Problemen, für deren Lösung naturwissenschaftliche Methoden neue Wege öffnen können. Während bisher die mit dem Auge wahrnehmbare äußere Gestalt – Formgebung und Dekor – Ausgangspunkt der Forschungen war, können naturwissenschaftliche Untersuchungen den Informationswert von Material und Herstelltechnik erschließen, so daß von stilkritischen Untersuchungen unabhängige Aussagen, beispielsweise über Alter und Herkunft, gewonnen werden können. Besondere Bedeutung kommt den naturwissenschaftlichen Methoden für die Restaurierung und Konservierung vom Zerfall bedrohter Kunstgüter zu; insoweit hängt dieser Schwerpunkt eng mit dem Schwerpunkt „Erfassen, Erschließen, Erhalten von Kulturgut" (vgl. S. 63 ff.) zusammen. Naturwissenschaft und Technik bieten heute auch vielfältige

Thematik

Möglichkeiten, die Arbeit der Geisteswissenschaftler zu erleichtern, zu verbessern oder zu rationalisieren: sei es bei der archäologischen Prospektion, durch die Grabungen gezielter angesetzt oder ganz eingespart werden können; sei es bei der Aufnahme und Auswertung von Grabungsbefunden, wo es neuartige Techniken erst möglich machen, den Informationsgehalt von Massengütern wie Keramik für die archäologische Forschung auszuschöpfen oder sei es zum Beispiel bei Echtheitsfragen durch naturwissenschaftliche Materialuntersuchungen.

Bisherige Förderung

Das Förderungsangebot dieses Schwerpunktes hat eine erfreuliche Resonanz gefunden. Seit Beginn der Förderung im Jahre 1971 bis Ende 1978 konnten Bewilligungen über insgesamt rund 25 Millionen DM ausgesprochen werden.

Neben Tagungsveranstaltungen und Stipendien für Ergänzungsstudien, neben Starthilfen für mehrere Laboratorien zur naturwissenschaftlichen Untersuchung von Objekten der Archäologie, Kunstwissenschaft und Denkmalpflege wurden vor allem Forschungsprojekte unterstützt. Die Themen decken den weiten Bereich des Schwerpunktes ab: problembezogene Fragestellungen aus den Bereichen der Ur- und Frühgeschichte, Archäologie, Kunstwissenschaft und Denkmalpflege wie auch Untersuchungen geeigneter naturwissenschaftlicher Methoden.

Förderung 1978

Im Jahre 1978 wurden für 26 Bewilligungen rund 9,9 Millionen DM ausgesprochen (zum Teil für Gemeinschaftsvorhaben mehrerer Institute) und für bereits laufende Projekte weitere rund 83000 DM zur Verfügung gestellt.

Naturwissenschaftliches Zentrallabor für Denkmalpflege

Als Starthilfe für ein physikalisch-chemisches Zentrallaboratorium beim Bayerischen Landesamt für Denkmalpflege, München, stellte die Stiftung 1,65 Millionen DM zur Verfügung. Eine wesentliche Aufgabe der Denkmalpflege ist die Erhaltung des überkommenen Kulturgutes. Diese Aufgabe macht in zunehmendem Umfang die Einbeziehung naturwissenschaftlicher Forschung notwendig, wenn es darum geht, die Ursachen für den Verfall zu erkennen, geeignete Verfahren und Materialien für die Behandlung bedrohter Kulturgüter zu finden und die Wirkung von Konservierungsverfahren zu kontrollieren. Dies gilt insbesondere für solche Kulturgüter, die im Freien stehen und Schadstoffen der Atmosphäre ausgesetzt sind. Forschungsarbeiten zur Stein- und Glaskonservierung sind daher besonders vordringlich. In den zurückliegenden Jahren hatte die Stiftung einzelne Forschungsprojekte auf diesem Gebiet bereits mit rund 1,6 Millionen DM gefördert. Mit der Einrichtung des Labors beim Bayerischen Landesamt für Denkmalpflege, das ebenfalls zunächst diesen

Themenkreis in den Vordergrund stellt, werden die Naturwissenschaftler unmittelbar an die Probleme der denkmalpflegerischen Praxis herangeführt. Der Aufbau des Labors erfolgt in intensiver Zusammenarbeit mit dem Institut für Allgemeine und Angewandte Geologie der Universität München, womit nicht nur die Nutzung dort vorhandener Großgeräte ermöglicht, sondern auch eine enge Verknüpfung von Denkmalpflege und Hochschulforschung geschaffen wird. Auf längere Sicht ist vorgesehen, die Forschungstätigkeit auch auf die Restaurierungsgebiete „Holz" und „Textil" auszudehnen. Das Labor wird seine Tätigkeit nicht auf den Bereich des Bayerischen Landesamtes beschränken; die Arbeitsergebnisse werden auch anderen Denkmalämtern und der Öffentlichkeit zugänglich sein.

Mit einer Bewilligung über 3 Millionen DM an das Deutsche Bergbau-Museum in Bochum ermöglicht die Stiftung den Aufbau des „Institut Zollern", einer Fachstelle für Grundlagenforschung an Kulturdenkmälern. Zwei Aufgabenbereichen wird sich dieses Institut vor allem widmen: Ein chemisch-analytisches Labor wird sich – ähnlich wie das Labor des Bayerischen Landesamtes für Denkmalpflege – mit Konservierungsproblemen an im Freien stehenden Denkmälern befassen. Auch hier steht der Werkstoff Stein im Vordergrund der Forschungsarbeiten, jedoch wird der materialseitig wie klimatisch anderen Situation im norddeutschen Raum Rechnung getragen. Dringende Fragen der Denkmalpflege, wie Konservierungsprobleme des Kölner Doms, stehen auf dem Programm. Als zweites soll mit einem photogrammetrischen Labor eine überregionale koordinierende Stelle geschaffen werden, um mit der Methode der terrestrischen Photogrammetrie systematisches, wertneutrales Dokumentationsmaterial zu erstellen. Im Vordergrund der Untersuchungen stehen dabei technische Denkmäler, ein bisher vernachlässigter Bereich, dem sich das Deutsche Bergbau-Museum besonders verpflichtet fühlt.

„Institut Zollern" Grundlagenforschung an Kulturdenkmälern

Bereits seit mehreren Jahren fördert die Stiftung einen „Arbeitskreis für naturwissenschaftliche Forschung an Kunstgütern aus Stein", an dem sich Mitarbeiter der Laboratorien in München und Bochum beteiligen und eine Koordinierung der Arbeiten gewährleisten.

Für ein Gemeinschaftsprojekt, das auf naturwissenschaftliche Untersuchungen zur Alterungsbeständigkeit von Papier ausgerichtet ist, wurden insgesamt 780000 DM bewilligt. Die Förderung kommt der Bayerischen Staatsbibliothek in München, dem Institut für Makromolekulare Chemie der Technischen Hochschule Darmstadt und der Herzog August Bibliothek in Wolfenbüttel zugute; an dem Gemeinschaftsprojekt beteiligt sich darüber hinaus das Niedersächsische Staatsarchiv in Bückeburg.

Alterungsbeständigkeit von Papier

Während die handgeschöpften Papiere früherer Zeiten eine hervorragende Alterungsbeständigkeit besitzen, hat sich diese Eigenschaft mit dem Beginn der industriellen Papierherstellung, insbesondere aber durch Verwendung von Holzschliff seit der Mitte des vorigen Jahrhunderts entscheidend vermindert. Etwa ein Drittel der Bestände in den Archiven ist restaurierungsbedürftig, und mit den Neuzugängen der Gegenwart ist den Archiven und Bibliotheken ein umfangreiches Restaurierungsproblem für die Zukunft vorprogrammiert.

In dem Gemeinschaftsprojekt stehen die Erforschung von Restaurierungsmethoden für holzschliffhaltige Papiere und die Beeinflussung der Alterungsbeständigkeit von Papier durch wäßrige Restaurierungsmethoden im Vordergrund.

Röntgenanalyse prähistorischer Objekte

An das Physik-Department der Technischen Universität München (Prof. Dr. H. Daniel) wurden 165 000 DM für Forschungen zur Anwendung myonischer Röntgenstrahlen zur zerstörungsfreien Analyse und Zuordnung prähistorischer Objekte bewilligt. In diesem Projekt sollen die Möglichkeiten myonischer Röntgenstrahlen zur Analyse insbesondere von Keramik untersucht werden. Zunächst geht es um eine zerstörungsfreie Methode zur Ermittlung der chemischen Zusammensetzung, darüber hinaus hofft man, über Aussagen zur chemischen Bindung zu Informationen über die Herstellungstechnik zu gelangen.

Antike Werkstätten

Zur Vorbereitung eines Projektes für archäometrische Untersuchungen antiker Werkstättenfunde in Griechenland bewilligte die Stiftung rund 22 600 DM an das Institut für Archäologie der Freien Universität Berlin (Prof. Dr. W.-D. Heilmeyer). In der klassischen Archäologie ist bisher den Werkstattbereichen antiker Künstler verhältnismäßig wenig Aufmerksamkeit gewidmet worden. Mit näheren Untersuchungen bekannter Werkstattfunde, wobei Abraum, Schlacken, Ofenreste und unfertige Produkte mit naturwissenschaftlichen Methoden analysiert werden sollen, hofft man Informationen darüber zu erhalten, was und wie in den Werkstätten antiker Kunst und des antiken Kunsthandwerkes gefertigt wurde, sowie Aussagen über die Arbeitsorganisation in den Werkstätten. – Bei der Vorbereitung für ein größeres Forschungsprojekt geht es dem Archäologen zunächst darum, Naturwissenschaftler verschiedener Disziplinen an die Ausgrabungsstätten zu bringen, um an Ort und Stelle anhand der Befunde Ansatzmöglichkeiten zur Lösung der archäologischen Fragestellung zu diskutieren.

Obsidian und Kupfer im Mittelmeerraum

„Obsidian und Kupfer, Erforschung von Rohstoffquellen des Altertums in den unmittelbaren und weiteren Randgebieten des östlichen Mittelmeeres" ist der Titel eines Gemeinschaftsprojektes, für das die Stiftung

*Proben verschiedener Papierarten werden in der Klimakammer künstlich gealtert (oben). Das Institut für Buch- und Handschriftenrestaurierung der Bayerischen Staatsbibliothek, München, untersucht im Rahmen eines Gemeinschaftsprojekts zur Erforschung des Alterungsverhaltens von Papier die Wirkung der üblichen wäßrigen Restaurierungsmaßnahmen (rd. 463 000 DM).
Unten: Vorbereitung historischer Papiere für die chemische Untersuchung. (S. 183).*

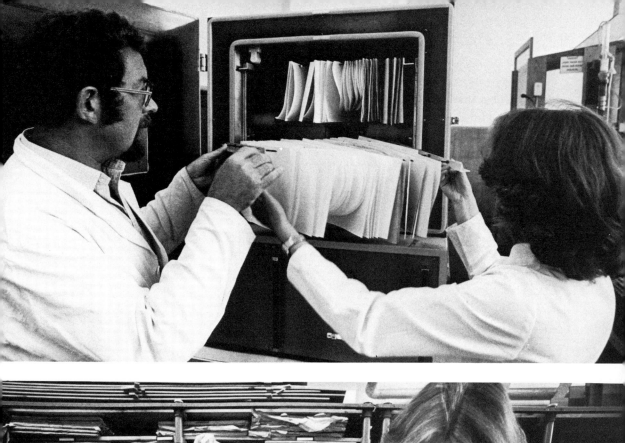

368000 DM zur Verfügung stellte. Unter Federführung von Professor Dr. H.-G. Buchholz vom Archäologischen Institut der Universität Gießen beteiligen sich an dem Vorhaben das Institut für Werkstoffwissenschaften der Universität Erlangen-Nürnberg (Prof. Dr. U. Zwicker) und das Mineralogische Institut der Universität Karlsruhe (Prof. Dr. E. Althaus). Für zwei wichtige Werkstoffe der Antike, Obsidian und Kupfer, soll mit Hilfe naturwissenschaftlicher Analysen versucht werden, eine Korrelation zwischen Rohstofflagerstätten und den aufgefundenen Halb- und Fertigprodukten herzustellen. Dadurch hofft man, Einblicke in frühere Wirtschaftsformen zu gewinnen und prähistorische Fernverbindungen, insbesondere den früheren Seehandel, rekonstruieren zu können.

Auslandsförderung

Wie kaum eine andere Disziplin ist die Archäologie auf Arbeitsmöglichkeiten im Ausland angewiesen, um an die Quellen ihrer Forschung zu gelangen. In zunehmendem Maße erschweren es die Regelungen in den einzelnen Ländern, Fundgegenstände zur wissenschaftlichen Untersuchung auszuführen. Für die Förderung der Archäometrie ist es daher entscheidend, die Zusammenarbeit mit ausländischen Wissenschaftlern zu unterstützen und naturwissenschaftliche Untersuchungsmöglichkeiten im Ausland zu schaffen. Unabhängig von zahlreichen Förderungen deutscher Institutionen oder Forschungen im Ausland – zum Beispiel des Deutschen Archäologischen Instituts mit seinen verschiedenen Außenstellen – hat die Stiftung deshalb auch zunehmend Starthilfen zur Einführung archäometrischer Forschungsmethoden in anderen Ländern vergeben. So konnten zum Beispiel in Peru durch ein deutsch-peruanisches Gemeinschaftsprojekt zur Chronologie der Nutzung mariner Nahrungsquellen (1974–1978; rd. 1 Million DM) u. a. die Radiocarbon-Methode (Pontificia Universidad Católica del Perú) sowie die Thermolumineszenz-Methode und die Mössbauer-Technik (Universidad Nacional de Ingeniería) eingeführt und entsprechende Forschungslabors eingerichtet werden. Ägypten erhielt die Möglichkeit zum Aufbau eines Instituts für Restaurierungskunde an der Universität Kairo (1975; rd. 300000 DM), während naturwissenschaftlich-technische Arbeitsverfahren bei der archäologischen Feldforschung in Ägypten seit 1973 durch das Deutsche Archäologische Institut, Abteilung Kairo, erprobt und weiterentwickelt werden (rd. 900000 DM).

1978/79 hat die Stiftung rund 2 Millionen DM für archäometrisch-archäologische Forschungsvorhaben in Griechenland und Peru bereitgestellt (nicht mitgerechnet die Errichtung eines Forschungsmuseums auf Samos durch das DAI, vgl. Seite 234 f.).

*Altägyptischer Kalksteinbruch aus der Gegend von Minia, Mittelägypten, der vor rd. 3300 Jahren zur Gewinnung von Baumaterial abgebaut wurde – Noch heute lassen sich anhand der Abbauspuren die Steinbruchtechnologien der damaligen Zeit rekonstruieren. Für die Feld- und Laboruntersuchungen des Instituts für Allgemeine und Angewandte Geologie (Prof. Dr. D. Klemm) der Universität München zur Herkunftsbestimmung altägyptischen Steinmaterials stellte die Stiftung rund 240000 DM zur Verfügung.
Unten: Das Institut für Holzforschung (Prof. Dr. D. Fengel) der Universität München untersucht alte ägyptische Leinengewebe (Grabbeigaben, Mumienbinden u. ä.) mit Hilfe chemischer und elektronenmikroskopischer Methoden, um an datierten Proben Korrelationen zwischen Alter und chemischen sowie morphologischen Merkmalen aufzufinden (Bewilligung 230000 DM; S. 192).*

Griechenland In Griechenland werden dem Nuclear Physics Department der University of Thessaloniki archäometrische Thermolumineszenz-Untersuchungen, dem Archäologischen Nationalmuseum Athen Untersuchungen zur Identifizierung und Konservierung von Altertümern und zur Eisentechnologie im alten Griechenland ermöglicht.

Peru In Peru sind vor allem archäometrisch-archäologische Forschungen in Cerro Sechín geplant, einer 7500 qm großen Ruinenstätte, vermutlich aus dem 2. Jahrtausend v. Chr. und damit zu den ältesten bekannten Bauwerken Perus gehörend. Es vereint reliefierte Steinmauern und Lehmziegelbau mit Fresken und Lehmreliefs (vgl. Abb. S. 10). Weitere Untersuchungen sind in Chavín de Huántar geplant, einem der berühmtesten Ruinenkomplexe Alt-Perus, dessen Anfänge ebenfalls im 2. Jahrtausend v. Chr. liegen.

1978/79 bewilligte und laufende (*) Projekte

Aachen Technische Hochschule Aachen, Institut für Technische Elektronik (Prof. Dr. H. Lueg)
Weiterführung des Projekts „Entwicklung und Erprobung eines Erdradars für archäologische Objekte"

Athen Archäologisches Nationalmuseum, Athen (Prof. Dr. N. Yalouris) – in Zusammenarbeit mit dem Max-Planck-Institut für Kernphysik, Heidelberg
Untersuchungen zur Identifizierung und Konservierung von Altertümern und zur Eisentechnologie im alten Griechenland

Bad Kreuznach Karl-Geib-Museum, Bad Kreuznach (Dr. H. Bullinger)
* *Weitere Mittel für geologisch-petrographische Bestimmungen des Würfelmaterials an den beiden römischen Mosaiken von Bad Kreuznach und dem römischen Mosaik Münster-Sarmsheim*

Berlin Freie Universität Berlin, Institut für Archäologie (Prof. Dr. W.-D. Heilmeyer)
Vorprojekt für archäometrische Untersuchungen antiker Werkstättenfunde in Griechenland

Freie Universität Berlin, FB 21, Institut für Anorganische Chemie (Prof. Dr. H. Knoll, B. Hoffmann M. A., H. Juranek)
* *Forschungsvorhaben „Herstellungstechnik von reliefverzierten Terra Sigillata-Gefäßen"*

Technische Universität Berlin, Institut für Anorganische und Analytische Chemie (Prof. Dr. J. Müller)
* *Altersbestimmung ostasiatischer Lacke und Möglichkeiten zur Restaurierung und Konservierung ostasiatischer Lackarbeiten*

Deutsches Archäologisches Institut, Berlin — Berlin
* *Forschungsstipendien zur Erprobung der Anwendung neuer Methoden in der Archäologie*

Deutsches Archäologisches Institut, Berlin (Prof. Dr. W. Krämer)
* *Materialanalysen spätkeltischer Bodenfunde*

Deutsches Archäologisches Institut, Berlin (Prof. Dr. V. M. Strocka)
* *Untersuchung der Skulpturen des Münchener Antiquariums*

Staatliche Museen Preußischer Kulturbesitz, Berlin (Prof. Dr. St. Waetzoldt, Dr. J. Riederer)
* *Untersuchung der Veränderung von Material und Technologie definierter Keramikgruppen in langen Zeiträumen*

Staatliche Museen Preußischer Kulturbesitz, Gemälde-Galerie, Berlin (Prof. Dr. H. Bock) – in Zusammenarbeit mit dem Ordinariat für Holzbiologie der Universität Hamburg
Werkstoffanalysen an Holztafeln von Gemälden – Entwicklung neuer Grundlagen an ausgewählten Werken altdeutscher, italienischer und altholländischer Meister

Staatliche Museen Preußischer Kulturbesitz, Museum für Völkerkunde, Berlin (Dr. D. Eisleb)
* *Naturwissenschaftliche Untersuchungen an Türkisen lateinamerikanischer Kulturen*

Staatliche Museen Preußischer Kulturbesitz, Skulpturengalerie, Berlin (Prof. Dr. P. Bloch)
* *Das Frühwerk Tilman Riemenschneiders*

Rathgen-Forschungslabor der Staatlichen Museen Preußischer Kulturbesitz, Berlin (Dr. J. Riederer). Stipendium für Claudia Laurenze
Naturwissenschaftliche Ergänzungsausbildung

Rathgen-Forschungslabor der Staatlichen Museen Preußischer Kulturbesitz, Berlin (Dr. J. Riederer). Stipendium für Ingrid Reindell
Naturwissenschaftliche Ergänzungsausbildung

Deutsches Bergbau-Museum, Bochum (Berg-Ass. a. D. H. G. Conrad) — Bochum
Starthilfe für das „Institut Zollern", eine Fachstelle für Grundlagenforschung an Kulturdenkmälern

Universität Bonn, Seminar für Orientalische Kunstgeschichte (Prof. Dr. K. Fischer) — Bonn
Vorbereitungs- und Informationsreise für geplante archäologische Forschungen in Afghanistan

Universität Braunschweig, Institut für Geologie und Paläontologie (Dr. W. Schneider) — Braunschweig
Regionale Archäometrie im nördlichen Harzvorland

Braunschweig Universität Braunschweig, Leichtweiß-Institut für Wasserbau (Prof. Dr.-Ing. G. Garbrecht)
Symposion „Fragen der Wasserversorgung in der Antike"

Darmstadt Technische Hochschule Darmstadt, Institut für Makromolekulare Chemie (Prof. Dr. Th. Krause)
in Zusammenarbeit mit dem
Niedersächsischen Staatsarchiv, Bückeburg (Dr. B. Poschmann)
und
Bayerische Staatsbibliothek, München (Dr. F. G. Kaltwasser)
und
Herzog August Bibliothek Wolfenbüttel (Prof. Dr. P. Raabe)
Gemeinschaftsprojekt „Die Alterungsbeständigkeit von Papier, ihre naturwissenschaftlichen Grundlagen und ihre Beeinflussung durch restauratorische und konservatorische Maßnahmen"

Technische Hochschule Darmstadt, Lehrstuhl für Baugeschichte und Grundlagen des Entwerfens (Dipl.-Ing. J. Cramer)
* *Zerstörungsfreie Untersuchung historischer Fachwerk- und Massivbauten mit Infrarotdetektoren*

Düsseldorf Universität Düsseldorf, Abt. Geologie am Geographischen Institut (Prof. Dr. W. Schirmer)
Wechselbeziehungen zwischen menschlicher Aktivität und Flußgeschehen

Hetjens-Museum, Düsseldorf (Dr. A. Klein)
und
Technische Universität Clausthal, Lehrstuhl für Glas und Keramik, Institut für Steine und Erden (Prof. Dr. H. W. Hennicke)
und
Universität Gießen, 1. Physikalisches Institut (Prof. Dr. A. Scharmann)
* *Untersuchung zur kulturgeschichtlichen Einordnung thailändischer Keramik*

Verein Deutscher Ingenieure, Düsseldorf (Dr. G. Frenzel, Nürnberg; Dr. J. C. Ferrazini, Zürich)
* *Untersuchungen zur Einwirkung korrodierender Luftverunreinigungen auf Kunstwerke der Glasmalerei und die Entwicklung von prophylaktischen und konservatorischen Gegenmaßnahmen*

Erlangen Universität Erlangen-Nürnberg, Institut für Werkstoffwissenschaften, Lehrstuhl III: Glas und Keramik (Prof. Dr. H. J. Oel)
* *Arbeitskreis „Naturwissenschaftliche Forschung an Kunstgütern"*

Universität Erlangen-Nürnberg, Institut für Werkstoffwissenschaften, Lehrstuhl III: Glas und Keramik (Prof. Dr. H. J. Oel)
Internationale Arbeitstagung der RILEM-Arbeitsgruppe „Verwitterung und Konservierung von Steindenkmälern"

Universität Erlangen-Nürnberg, Institut für Werkstoffwissenschaften, Lehrstuhl III: Glas und Keramik (Prof. Dr. H. J. Oel, Dr. H. Marschner)
* *Untersuchungen zum mechanischen und chemischen Verwitterungsverhalten von Steinergänzungsmaterial an Baudenkmälern*

Universität Gießen, Archäologisches Institut (Prof. Dr. H.-G. Buchholz)   *Gießen*
und
Universität Erlangen-Nürnberg, Institut für Werkstoffwissenschaften (Prof. Dr. U. Zwicker)
und
Universität Karlsruhe, Mineralogisches Institut (Prof. Dr. E. Althaus)
Obsidian und Kupfer, Erforschung von Rohstoffquellen des Altertums in den unmittelbaren und weiteren Randgebieten des östlichen Mittelmeeres

Max-Planck-Institut für Kernphysik, Heidelberg (Prof. Dr. W. Gentner)   *Heidelberg*
Die Handelswege im antiken griechischen Kulturraum für Gold, Silber und Blei – Lagerstätten, Verhüttung, Verarbeitung und Münzprägung

Max-Planck-Institut für Kernphysik, Heidelberg (Prof. Dr. W. Gentner, Dr. O. Müller, Dr. G. A. Wagner)
* *Einrichtung einer Arbeitsgruppe für Archäometrie*

The Hebrew University of Jerusalem, Institute of Archaeology (Prof. Dr. I. Perlman)   *Jerusalem*
– in Zusammenarbeit mit dem Max-Planck-Institut für Kernphysik, Heidelberg
Untersuchungen zu Herkunft und Alter von archäologischem Material

Cairo University, Faculty of Archaeology (Prof. Dr. A. A. Saleh)   *Kairo*
und
Römisch-Germanisches Zentralmuseum, Mainz (Prof. Dr. K. Böhner)
* *Aufbau eines Instituts für Restaurierungskunde an der Universität Kairo*

Universität Karlsruhe, Institut für Baugeschichte (Prof. Dr.-Ing. W. Schirmer).   *Karlsruhe*
Stipendium für Dipl.-Ing. Ulrike Hess
* *Ergänzungsstudien in Photogrammetrie*

Universität Karlsruhe, Institut für Kristallographie (Prof. Dr. H. Wondratschek) – in Zusammenarbeit mit Prof. Dr. Erika Simon (Würzburg) und Prof. Dr. R. Hampe (Heidelberg)
* *Symmetrien stein- und bronzezeitlicher Ornamente im ägäischen Raum*

Universität Köln, Geologisches Institut, Lehrstuhl für Eiszeitenforschung (Prof. Dr. K. Brunnacker)   *Köln*
und
University of Haifa (Prof. Dr. A. Ronen)
Umweltentwicklung und Klimastratigraphie während des Altpaläolithikums im Dishon-Gebiet/Obergaliläa

Universität Köln, Mineralogisch-petrographisches Institut (Prof. Dr. K. Jamund, Prof. Dr. W. Noll)
Entwicklung der Keramik in speziellen Kulturkreisen der alten Welt

Lima Pontificia Universidad Católica del Perú, Lima (Prof. Dr. M. Cárdenas Martin) und
Max-Planck-Institut für Kernphysik, Heidelberg (Dr. G. A. Wagner)
* *Erarbeitung einer Chronologie der Nutzung mariner Nahrungsquellen an der Küste von Alt-Peru*

Mainz Universität Mainz, Institut für Geowissenschaften (Prof. Dr. I. Keesmann) – in Zusammenarbeit mit dem Institut für Ur- und Frühgeschichte der Universität Köln
Mineralogisch-petrographische Untersuchung neolithischer Hämatitfunde sowie anderer Erze und ihrer vogeschichtlichen Verarbeitungsprodukte

Römisch-Germanisches Zentralmuseum, Mainz (Prof. Dr. K. Böhner)
Druckkostenzuschuß für den zweiten Band der Zeitschrift „Archäologie und Naturwissenschaften"

München Universität München, Institut für Allgemeine und Angewandte Geophysik (Prof. Dr. H. Soffel)
* *Archäo-Prospektion und Archäo-Magnetismus*

Universität München, Institut für Allgemeine und Angewandte Geologie, Abt. Geochemie (Prof. Dr. D. Klemm) – in Zusammenarbeit mit dem Institut für Ägyptologie der Universität München
Herkunftsbestimmung altägyptischen Steinmaterials

Universität München, Institut für Holzforschung (Prof. Dr. D. Fengel) – in Zusammenarbeit mit dem Pelizaeus-Museum, Hildesheim
Untersuchungen an ägyptischem Leinen

Technische Universität München, Institut für Radiochemie (Prof. Dr. F. Lux)
* *Aktivierungsanalytische Untersuchungen der Spurenelementverteilungsmuster in Gemäldegrundierungen im Hinblick auf geographische, individuelle und zeitliche Zuordnung von Gemälden*

Technische Universität München, Physik-Department, Garching (Prof. Dr. H. Daniel)
Anwendung myonischer Röntgenstrahlen zur zerstörungsfreien Analyse und Zuordnung prähistorischer Objekte

Bayerisches Landesamt für Denkmalpflege, München (Dr. M. Petzet)
Starthilfe für ein physikalisch-chemisches Zentrallaboratorium

Oldenburg Universität Oldenburg, FB IV, Naturwissenschaften (Prof. Dr. W. Krumbein)
* *Geomikrobiologie und Biogeochemie verwitternder Kunstwerke aus mineralischen Werkstoffen*

Saarbrücken Universität Saarbrücken, FB 13, Anorganische und Physikalische Chemie (Prof. Dr.-Ing. E. Blasius)
Archäologische und naturwissenschaftliche Untersuchungen an römischen Ziegeln

Universität Stuttgart, Amtliche Forschungs- und Material-Prüfanstalt für das Bauwesen (Dipl.-Ing. H. Kolb) — *Stuttgart*
Untersuchungen der Tragfähigkeit von Holz-Leichtbeton-Verbundträgern zur Herleitung eines Berechnungsverfahrens

Institute of Mining and Metals in the Biblical World, Tel Aviv (Prof. Dr. B. Rothenberg) — *Tel Aviv*
Archäologische Erforschung der Süd-Arabah und Moderuntersuchungen der dortigen Metallindustrien vom 4. Jahrtausend v. Chr. bis in die Römerzeit

University of Thessaloniki, Nuclear Physics Department (Prof. S. Charalambous) – in Zusammenarbeit mit dem Max-Planck-Institut für Kernphysik, Heidelberg — *Thessaloniki*
Archäometrische Thermoluminiszenz-Untersuchungen

Universität Tübingen, Institut für Urgeschichte (Prof. Dr. H. Müller-Beck, Dr. R. Rottländer) — *Tübingen*
* *Chemisch-botanisch-funktionale Analyse prähistorischer Gefäßinhalte*

Forschungsgemeinschaft für Technisches Glas e. V., Institut Wertheim (Dr. H. H. Fahrenkrog) — *Wertheim*
* *Chemische und physikalisch-technische Untersuchungen an alten Gläsern als Hilfsmittel zur zeitlichen und räumlichen Einordnung von Glasfunden*

Akademie der Bildenden Künste, Wien, Institut für Farbenlehre und Farbenchemie (Prof. Dr. F. Mairinger) – in Zusammenarbeit mit dem Institut für Restaurierung der Österreichischen Nationalbibliothek, Wien, und der Staatsbibliothek der Stiftung Preußischer Kulturbesitz, Berlin — *Wien*
Untersuchung der destruktiven Wirkung von grünen Kupferpigmenten auf Papier und Pergament und Entwicklung geeigneter konservatorischer Maßnahmen

Fachoffene Schwerpunkte

Symposienprogramm

*Merkblatt 1
S. 287 ff.*

Der Förderung des wissenschaftlichen Erfahrungsaustausches auf Fachtagungen hat die Stiftung Volkswagenwerk seit Beginn ihrer Tätigkeit einen hohen Stellenwert beigemessen. Sie sieht darin die Möglichkeit, mit vergleichsweise geringem Mitteleinsatz breite Wirkungen zu erzielen. Als besonders effektiv haben sich Veranstaltungen erwiesen, die ein abgegrenztes wissenschaftliches Thema behandeln und bei denen der Teilneh-

Förderungsmöglichkeiten

merkreis entsprechend der jeweiligen Thematik gezielt ausgewählt und zahlenmäßig so begrenzt wird, daß eine aktive Mitwirkung aller Teilnehmer gesichert ist. Auf diesen Voraussetzungen gründen sich die mit dem Symposienprogramm gegebenen Förderungsmöglichkeiten: Sie sind bewußt auf die Unterstützung kleiner, wenig aufwendiger Fachveranstaltungen beschränkt, bei denen die Teilnehmerzahl in der Regel bei 30 liegen sollte; sie kann bis auf 60 (unter Einschluß von Zuhörern) erhöht werden, wenn dafür besondere Gründe sprechen, z.B. wenn dies notwendig erscheint, um verstärkt jüngere Wissenschaftler zu beteiligen. Auch bei Kursen sollte die Teilnehmerzahl auf höchstens 60 beschränkt werden. Veranstaltungen mit zahlenmäßig größerer Beteiligung können von anderen Stellen gefördert werden; hier ist in erster Linie die Deutsche Forschungsgemeinschaft zu erwähnen. Kongresse oder diesen ähnliche Veranstaltungen, ebenso Ausstellungen, werden von der Stiftung nicht unterstützt.

Im Gegensatz zu anderen Schwerpunkten ist das Symposienprogramm nicht an bestimmte Fachgebiete oder Problemstellungen gebunden. Die Stiftung kommt mit ihrer Förderung von kleinen Symposien (Arbeitstagungen, Workshops) oder Kursen (Ferienkursen, Sommerschulen) allen Disziplinen entgegen und will hier ebenso traditionelle Wissenschaftsgebiete wie neue, insbesondere interdisziplinäre Arbeitsbereiche unterstützen. Ihr liegt vor allem an solchen Veranstaltungen, die eine interdisziplinäre oder überörtliche Zusammenarbeit, unter angemessener Beteiligung jüngerer Wissenschaftler, herbeiführen und den Kontakt zu ausländischen Wissenschaftlern vertiefen. Der Tagungsort sollte in der Bundesrepublik Deutschland einschließlich Berlin (West) liegen. (Vgl. im einzelnen das Merkblatt für Antragsteller im Anhang, S. 287 ff.)

Der Förderung der wissenschaftlichen Kommunikation mißt die Stiftung selbstverständlich auch innerhalb ihrer thematisch bestimmten Förderungsschwerpunkte große Bedeutung bei. Deshalb sieht die überwiegende Zahl der Schwerpunkte ausdrücklich entsprechende Förderungsmöglichkeiten vor; die inhaltlich einen solchen Schwerpunkt betreffenden Symposien und Fachtagungen werden im allgemeinen dort geführt.

Förderung 1978 Im Jahre 1978 wurden innerhalb des Schwerpunktes Symposienprogramm 61 Veranstaltungen mit einem Gesamtbetrag von knapp 1,15 Millionen DM unterstützt. Gegenüber dem Vorjahr bedeutet dies eine um fast 50 Prozent erhöhte Anzahl der geförderten Tagungen, was auf ein zunehmendes Bedürfnis nach gegenseitigem Erfahrungsaustausch in kleinem Kreise hinweist. Beispielhaft für die Vielfalt der Themen seien die folgenden erwähnt:

Im November 1978 fand in Berlin eine internationale wissenschaftliche *Terrorismus*
Konferenz über Terrorismus statt, gemeinschaftlich veranstaltet vom
Institut für Internationalen Wissenschaftlichen Austausch e. V., Berlin
(Geschäftsführer: Dipl.-Psych. J. Katwan), und vom Aspen Institute Berlin, unter der wissenschaftlichen Gesamtleitung von Professor Dr. R. Löwenthal. An der Konferenz waren Wissenschaftler und Praktiker aus der
Bundesrepublik, aus dem europäischen Ausland und vor allem aus den
Vereinigten Staaten beteiligt. In fünf Arbeitsgruppen wurden die Psychologie des Terroristen, sozio-kulturelle Determinanten des Terrorismus,
Haltungen gegenüber dem Terrorismus und mögliche Wege ihrer Veränderung, Möglichkeiten demokratischer Gesellschaften, dem Terrorismus
vorzubeugen bzw. sich vor ihm zu schützen, und schließlich die verschiedenen Ideologien und Formen des internationalen Terrorismus diskutiert.
In den letzten beiden Tagen fand ein Planspiel (Erpressungsversuch an
einer demokratischen Regierung) statt. Die Konferenz wurde mit einer
öffentlichen Diskussion und einem Vortrag von Bundesjustizminister Dr.
Vogel beendet.

Erziehung, Sozialisation und Ausbildung zur Zeit des Nationalsozialismus in Deutschland waren Gegenstand einer Arbeitstagung, die die Abteilung für Sozialwissenschaft der Universität Bochum (Prof. Dr. W. Roessler) im Auftrage der Historischen Kommission der Deutschen Gesellschaft für Erziehungswissenschaft im September 1978 durchführte. Bei starker internationaler Beteiligung wurden Interessen und Strategien des NS-Systems und seiner Gegner, Erziehung und Unterricht von Kindern und Jugendlichen, Einflußnahmen des nationalsozialistischen Staates auf Lehrer, Lehrerbildung und Hochschulen sowie die permanente Einflußnahme über Erwachsenenbildung, Arbeitsdienst, Massenmedien und verschiedene Organisationen untersucht. Eine Publikation der Tagungsergebnisse befindet sich in Vorbereitung.

Erziehungswesen unter dem Nationalsozialismus

Einige im Berichtszeitraum geförderte Arbeitstagungen waren Problemen *Dritte Welt*
der Dritten Welt gewidmet, so daß das Symposienprogramm hier – neben
den Regionenschwerpunkten zum Vorderen und Mittleren Orient und zu
Südostasien – einen Beitrag zur Entwicklungsländerforschung leisten
konnte. In zwei Arbeitstagungen, an denen vor allem Mitglieder der
Sektion für Entwicklungsländerforschung der Deutschen Vereinigung für
Politische Wissenschaft beteiligt waren, wurden Entwicklungsprobleme
einzelner Länder der Dritten Welt unter besonderer Berücksichtigung der
Rolle des Staates in den nationalen Entwicklungsprozessen diskutiert.
Dabei fanden verschiedene theoretische Konzepte für die Beschreibung

195

der Rolle des Staatsapparates besondere Beachtung (Institut für Internationale Angelegenheiten der Universität Hamburg, Dr. R. Hanisch).

China-Forschung Die politischen Veränderungen in der Volksrepublik China fanden ihren Niederschlag in zwei Förderungen. Einmal wurde einer interdisziplinär zusammengesetzten Arbeitsgruppe die Vor- und Nachbereitung einer aus Eigenmitteln finanzierten China-Studienreise ermöglicht. Bei diesen Zusammenkünften wurde ein besonderes Augenmerk auf die Agrar- und Entwicklungspolitik gelegt (Institut für Ausländische Landwirtschaft der Universität Göttingen, Dr. S. Groeneveld). Eine weitere Arbeitstagung konzentrierte sich auf die wirtschaftlichen Veränderungen in der Volksrepublik China, beachtete aber auch die weiteren der „vier Modernisierungen" des chinesischen Entwicklungsprogramms (Ostasiatisches Seminar der Freien Universität Berlin, Ass. Prof. Dr. C. L. Yu).

Deutsch als Fremdsprache Im September 1978 veranstaltete das Zentrum für Interdisziplinäre Lehraufgaben, Universität Gießen (Prof. H.-E. Piepho), in Zusammenarbeit mit dem Fachverband Moderne Fremdsprachen „Arbeitsgruppe Deutsch als Fremdsprache" ein Symposion „Deutsch als Fremdsprache im Inland". In dem Symposion kamen Vertreter aller mit Deutsch als Fremdsprache befaßten Institutionen und Ausbildungseinrichtungen zusammen. Beraten wurde u. a. über die bedarfs- und zielgruppenorientierte Organisation des Deutschunterrichts für Gastarbeiter und über entsprechendes Lehrmaterial sowie die Lehrerfortbildung. Eine Publikation, in der auch mögliche weitere Aktivitäten für Deutsch als Fremdsprache festgehalten werden, liegt vor.

Ökonomische Psychologie Ein europäisches Kolloquium der Ökonomischen Psychologie zum Thema „Individuum und Wirtschaft" fand im Juli 1978 in Augsburg statt, veranstaltet vom Wirtschafts- und Sozialwissenschaftlichen Fachbereich der Universität (Prof. Dr. H. Brandstätter, Prof. Dr. H. A. Hartmann, Dr. W. Molt). Erste Treffen der noch jungen Disziplin, zu deren Vertretern sich sowohl Psychologen als auch Wirtschaftswissenschaftler zählen, haben 1976 in Tilburg/Holland und 1977 in Straßburg stattgefunden. In Augsburg nahmen Wissenschaftler aus zehn Ländern teil; neben Europäern auch Amerikaner, Inder und Türken.

Ökonomische Psychologie – als deren eigentliche Anreger G. Katona (USA), G. Schmölders (Köln) und P.-L. Reynaud (Straßburg) gelten – wird definiert als die wissenschaftliche Untersuchung menschlicher Wahlhandlungen mit ökonomischen Konsequenzen. Solche Wahlhandlungen vor allem im Sinne politischer Entscheidungen von Unternehmungen und Haushalten (z. B. Konsum- und Sparverhalten, Verkehrsmittelwahl) wurden in verschiedenen Arbeitsgruppen diskutiert. Daneben wurden methodische Aspekte ökonomisch-psychologischer Forschung behandelt. Nach Ansicht der Teilnehmer hat das Augsburger Kolloquium der jungen Disziplin zu weiterer Strukturierung ihrer Aufgabengebiete und Forschungsmethoden verholfen. Amerikanische Teilnehmer stellten einen klaren Vorsprung der europäischen Psychologie vor den USA in diesem Forschungsbereich fest.

„Probleme der Beschäftigungstheorie und -politik" war Thema des 8. Ottobeurer wirtschaftswissenschaftlichen Seminars (Lehrstuhl für Makroökonomie, Universität Augsburg) im September 1978, das unter Leitung der Professoren Dr. G. Bombach (Basel), Dr. B. Gahlen (Augsburg) und Dr. A. E. Ott (Tübingen) stand. Vertreter der empirischen Wirtschaftsforschung, der Wirtschaftstheorie und der Wirtschaftspolitik erörterten gemeinsam den empirischen Befund über Fakten und Trends des Arbeitsmarktes in der Bundesrepublik Deutschland und vor diesem Hintergrund die neueste Entwicklung der Arbeitsmarkttheorie, von Prognoseproblemen und konkreten wirtschaftspolitischen Fragen, vor allem auch arbeitsmarktpolitischen Strategien. Festgestellt wurde ein Empiriedefizit bei den Theoretikern und ein Theoriedefizit bei den Empirikern. Als großes Problem für die weitere Entwicklung der Arbeitsmarktpolitik wurde herausgestellt, daß ihre gegenwärtigen Richtlinien nicht als wissenschaftlich gesichert gelten können. Die Ergebnisse der Veranstaltung werden in Buchform veröffentlicht.

Beschäftigungstheorie und -politik

Das Thema Wohnungsbau ist derzeit offenbar von besonderer Aktualität. Altbaumodernisierung und Wohnformen in der modernen Stadt waren in letzter Zeit Themen einer Unesco-Tagung, eines Architektenkongresses auf Sylt sowie der Berliner Bauwochen 1978. Daß der Wohnungsbau bereits in der Antike nicht nur ein architektonisches, sondern auch ein soziales Problem war, wurde auf einem Symposion des Deutschen Archäologischen Instituts, Berlin (Dr.-Ing. W. Hoepfner), im November 1978 deutlich. Mit Themenkreisen wie Privatheit und Öffentlichkeit, Haus und Beruf, soziale Differenzierung, Struktur der Wohngemeinschaften, Wohnung und Zivilisation, dörfliche und städtische Bauweise befaßten sich neben Bauforschern klassische Archäologen, Historiker, Altphilologen und Soziologen, wobei über den Mittelmeerraum hinaus die gesamte antike Welt in ihren verschiedenen Epochen einbezogen wurde.

Wohnungsbau im Altertum

Für zehn Symposien auf dem Gebiet der mathematischen Logik wurden 190000 DM an das Philosophische Seminar der Universität Kiel (Prof. Dr. K. Potthoff) bewilligt. Die Symposien stehen unter der Thematik

Mathematische Logik

„Infinitäre Konstruktionen", die für Modelltheorie, Mengenlehre, Rekursionstheorie und Beweistheorie von Bedeutung ist. Mit dieser Förderung soll eine gezielte Forschung in diesem Bereich ermöglicht und zu weiterer produktiver Arbeit angeregt werden.

Naturwissenschaftlich-technische Weiterbildung

Die Gesellschaft für Physikalische Forschung und Naturwissenschaftlich-Technische Weiterbildung e.V. in Bad Honnef erhielt auf Antrag von Professor Dr. W. Buckel rund 55 000 DM für drei Diskussionstagungen, um über aktuelle Probleme der Astrophysik, der Supraleitung und zum Thema „Polarisation" einen intensiven Gedankenaustausch auf internationaler Ebene zu ermöglichen.

Chirurgie-Ausbildung

Mit dem Thema „Klinischer Unterricht und Weiterbildung in der Chirurgie" befaßte sich ein im Februar 1978 von der Chirurgischen Klinik der Universität München (Prof. Dr. G. Heberer) veranstaltetes Symposion. Dabei konnten im wesentlichen drei Ziele erreicht werden: eine Bestandsaufnahme der gegenwärtigen Unterrichtssituation im Fachgebiet Chirurgie, ein internationaler Erfahrungsaustausch, wie er hier so konkret bisher kaum stattgefunden haben dürfte, sowie eine Grundlage für weiterführende Diskussionen und als Ausgangspunkt für die Lösung anstehender Probleme. Die auf den Symposien gehaltenen Referate wurden inzwischen in Buchform veröffentlicht.

Phloembeladung

„Phloembeladung und verwandte Prozesse" war Thema eines internationalen Symposions, veranstaltet vom Forstbotanischen Institut der Universität Göttingen (Prof. Dr. W. Eschrich) im Juli 1979. Als Phloem bezeichnet man ein bei höheren Pflanzen vorkommendes Gewebe, in dem die durch Photosynthese gebildeten Stoffe zielgerichtet zum Beispiel an Orte des Wachstums weitergeleitet werden. Die Tagung gab vor allem auch jungen deutschen Wissenschaftlern Gelegenheit zu einem intensiven Erfahrungsaustausch mit ausländischen Kollegen.

1978/79 bewilligte Symposien *

Geistes- und Gesellschaftswissenschaften

Augsburg Universität Augsburg, Lehrstuhl für Geschichte des Mittelalters (Prof. Dr. R. Kottje)
Kolloquium „Die kontinentalen Bußbücher"

---

* Ohne Veranstaltungen, die im Rahmen anderer Schwerpunkte gefördert worden sind.

Universität Augsburg, Lehrstuhl für Makroökonomie (Prof. Dr. B. Gahlen) *Augsburg*
8. *Ottobeurer wirtschaftswissenschaftliches Seminar „Probleme der Beschäftigungstheorie und -politik"*

Universität Augsburg, Wirtschafts- und Sozialwissenschaftlicher Fachbereich (Prof. Dr. H. Brandstätter)
Individuum und Wirtschaft – Probleme der wirtschaftlichen Entwicklung in industrialisierten Gesellschaften aus der Perspektive der ökonomischen Psychologie

Freie Universität Berlin, FB 13, Geschichtswissenschaften (Prof. Dr. A. Imhof) *Berlin*
Sommerkurs „Historische und analytische Demographie, Geschichte von Haushalt und Familie, historische Anthropologie"

Freie Universität Berlin, FB Philosophie und Sozialwissenschaften, Ostasiatisches Seminar (Ass. Prof. Dr. C. L. Yu)
China auf dem Weg zum Jahr 2000 – Probleme und Aussichten der „Vier Modernisierungen"

Aspen Institute Berlin (Prof. Dr. Sh. Stone)
Seminar „Zum Rollenwandel der Frau – Die Frau zwischen Familie und Beruf"

Deutsches Archäologisches Institut, Berlin (Dr.-Ing. W. Hoepfner)
Wohnungsbau im Altertum

Historische Kommission zu Berlin (Prof. Dr. O. Büsch)
Sozialer Wandel, Konflikt und gewerkschaftliche Organisation. Die deutsche Gewerkschaftsbewegung von den Anfängen bis 1918

Institut für Internationalen Wissenschaftlichen Austausch e. V., Berlin (Dipl.-Psych. J. Katwan)
Zuschuß zu einer internationalen wissenschaftlichen Konferenz über Terrorismus

Wissenschaftszentrum Berlin (Dr. H. G. Meier)
Indikatorensysteme als potentielle Hilfsmittel im politischen Entscheidungsprozeß – Ein Kooperationsgebiet zwischen Sozialwissenschaftlern und Statistikern

Wissenschaftszentrum Berlin (Dr. H. G. Meier)
Regionale Dimensionen in der Umweltpolitik

Universität Bielefeld, Zentrum für Interdisziplinäre Forschung *Bielefeld*
(Prof. Dr. R. Koselleck)
Widerstand gegen den Nationalsozialismus

Universität Bielefeld, Zentrum für Interdisziplinäre Forschung (Prof. Dr. H.-J. Puhle)
Arbeitstagung „Bourgeoisie in Lateinamerika"

Bochum Universität Bochum, Abt. für Sozialwissenschaft, Sektion für Sozialpsychologie und Sozialanthropologie (Prof. Dr. W. Roessler)
Erziehung, Sozialisation und Ausbildung zur Zeit des Nationalsozialismus in Deutschland

Universität Bochum, Seminar für Sprachlehrforschung (Prof. Dr. K.-R. Bausch)
Konzeption für didaktische Grammatiken

Verein zur Förderung des Arbeitskreises der Sprachenzentren, Sprachlehrinstitute und Fremdspracheninstitute e. V., Bochum (H. Rongen)
Kolloquium zur Theoriebildung der Sprachlehrforschung

Bonn Karl-Arnold-Bildungsstätte, Bonn-Bad Godesberg (K. Lamers)
Symposion des Arbeitskreises „DDR-Literatur und DDR-Germanistik"

Brüssel European Institute for Advanced Studies in Management, Brüssel (R. Talpaert)
Management von Forschung und Entwicklung

Darmstadt Technische Hochschule Darmstadt, Institut für Sprach- und Literaturwissenschaft (Dr. N. Haas)
Die Problematik der Übersetzung des Werkes von Jacques Lacan

Freiburg Universität Freiburg/Br., Institut für Kriminologie (Prof. Dr. K. Tiedemann)
Deutsch-französisches Seminar „Multinationale Unternehmen und Strafrecht"

Gießen Universität Gießen, FB 06, Psychologie (Prof. Dr. E. Todt)
Probleme der Didaktik und Methodik des Lernbereichs Psychologie in der Sekundarstufe II

Universität Gießen, Institut für die Didaktik der Englischen Sprache und Literatur (Prof. H.-E. Piepho)
Deutsch als Fremdsprache im Inland

Göttingen Universität Göttingen, Institut für Ausländische Landwirtschaft (Dr. S. Groeneveld)
China-Vorbereitungsseminar zum Thema Agrarpolitik/Entwicklungspolitik

Universität Göttingen, Institut für Völkerrecht (Prof. Dr. G. Zieger)
5-Jahres-Bilanz des Bundesverfassungsgerichtsurteils zum Grundlagenvertrag zwischen der Bundesrepublik und der DDR

Max-Planck-Institut für Geschichte, Göttingen (Prof. Dr. R. Vierhaus)
Die Zukunft der Geisteswissenschaften

Hamburg Universität Hamburg, Institut für Internationale Angelegenheiten (Dr. R. Hanisch)
Die Rolle des Staates im Entwicklungsprozeß in der Dritten Welt (zwei Symposien)

Universität Hamburg, Zentrales Fremdsprachinstitut (Prof. Dr. H.-J. Krumm)
Lehrerfortbildung in den modernen Fremdsprachen

Reimarus-Kommission der Joachim Jungius-Gesellschaft, Hamburg, und der Lessing-Akademie, Wolfenbüttel (Prof. Dr. L. Borinski)
Zweites Symposion über Hermann Samuel Reimarus

Gottfried-Wilhelm-Leibniz-Gesellschaft e. V., Hannover (Dr. W. Totok) *Hannover*
Die intensionale Logik bei Leibniz und in der Gegenwart

Gemeinnützige Gesellschaft für Angewandte wissenschaftliche Forschungen mbH., *Herdecke*
Herdecke (Dr. K. Schily)
Internationales Symposion „Studium der Musiktherapie"

Evangelische Akademie Hofgeismar (Prof. Dr. U. Nembach) *Hofgeismar*
Geschichte als Wahrheitsnorm wider die hermeneutische Naivität der Christologie

Internationales Quellenlexikon der Musik e. V., Kassel (Dr. W. Rehm) *Kassel*
Quellenforschung, historische Dokumentation und kritische Edition in ihrer aktuellen Bedeutung für die Musikwissenschaft

Universität Köln, Anglo-Amerikanische Abt. des Historischen Seminars (Prof. Dr. *Köln*
E. Angermann)
Arbeitstagung „Beziehungen zwischen der deutschen und der amerikanischen Geschichtswissenschaft"

Gesellschaft für Unternehmensgeschichte e. V., Köln (Prof. Dr. H. Pohl)
Aus- und Weiterbildung in der deutschen Wirtschaft

Wissenschaftsrat, Köln (Dr. P. Kreyenberg)
Deutsch-amerikanisches Gespräch über Hochschulfragen

Universität Konstanz, FB Psychologie und Soziologie (Prof. Dr. Th. Luckmann, Dr. *Konstanz*
P. Gross)
Empirische Analysen von verbalem und nichtverbalem Interaktionsverhalten

Universität Mainz, FB 12, Sozialwissenschaften, Institut für Ethnologie und Afrika- *Mainz*
Studien (Prof. Dr. E. W. Müller)
3. Internationales Janheinz-Jahn-Symposion „Opposition und Exil – Aspekte afrikanischer Literatur"

Gesellschaft für Rechtspolitik e. V., Mainz (O. Theisen)
Bitburger Gespräch zum Thema „Schule und Recht"

Arbeitsgemeinschaft zur preußischen Geschichte e. V., Mannheim (Prof. Dr. *Mannheim*
M. Schlenke)
Expansion und Integration: Zur Eingliederung neugewonnener Gebiete in den preußischen Staat

Johann-Gottfried-Herder-Institut e. V., Marburg (Dr. R. Schmidt) *Marburg*
Die Reintegration externer coethnischer Mittel- und Oberschichten in die europäische Industrie- und Dienstleistungsgesellschaft des 20. Jahrhunderts

München Zentralinstitut für Kunstgeschichte, München (Prof. Dr. W. Sauerländer)
Internationales Symposion „Antikensammlungen des 16. Jahrhunderts"

Münster Arbeitskreise der Arbeitsgemeinschaft Historischer Kommissionen und Landesgeschichtlicher Institute e. V., Münster (Prof. Dr. H. Stoob)
Germania Slavica

Westfälisches Landesmuseum für Kunst und Kulturgeschichte, Münster (Prof. Dr. P. Berghaus)
Das historische grafische Portrait

Osnabrück Universität Osnabrück, FB 7, Kommunikation und Ästhetik (Dipl.-Päd. Sigrid Markmann)
Sprache und Geschlecht

Schlüchtern Arbeitsgemeinschaft für Theologische Bachforschung, Schlüchtern (Dr. W. Blankenburg)
Arbeitstagung über ausgewählte Probleme der Bachforschung

Trier Universität Trier, Forschungszentrum Griechisch-Römisches Ägypten (Prof. Dr. G. Grimm)
Das römisch-byzantinische Ägypten

Tutzing Akademie für Politische Bildung, Tutzing (Prof. Dr. M. Hättich)
Teilfinanzierung einer deutsch-amerikanischen Konferenz zum Thema „Partizipation und Politik"

Mathematik, Bio- und Naturwissenschaften

Bad Honnef Gesellschaft für Physikalische Forschung und Naturwissenschaftlich-Technische Weiterbildung e. V., Bad Honnef (Prof. Dr. W. Buckel)
Diskussionstagungen über aktuelle Probleme der Astrophysik, der Supraleitung sowie zum Thema „Polarisation"

Gesellschaft für Physikalische Forschung und Naturwissenschaftlich-Technische Weiterbildung e. V., Bad Honnef (Prof. Dr. Th. Mayer-Kuckuk)
Theorie der Kernkräfte und der Kernmaterie

Bielefeld Universität Bielefeld, Institut für Didaktik der Mathematik (Prof. Dr. H.-G. Steiner)
Arbeitstagung „Probleme und Modelle der Koordination von Mathematik und naturwissenschaftlichen Fächern und der Kooperation der Fachlehrer im Unterricht der Sekundarstufe II"

Bochum Universität Bochum, Institut für Physiologische Chemie, Lehrstuhl I (Prof. Dr. L. M. G. Heilmeyer)
Arbeitstagung „Hydrophobe und biospezifische Affinitäts-Chromatographie von Proteinen"

Vereinigung der Hochschullehrer für Zahn-, Mund- und Kieferheilkunde, Bonn (Prof. Dr. L. Hupfauf) *Bonn*
Gibt es Wege, die Forschung an den Zahn-, Mund- und Kieferkliniken zu intensivieren?

Universität Braunschweig, Hochmagnetfeldanlage der Physikalischen Institute (Prof. Dr. W. Gey) *Braunschweig*
Hochmagnetfeldseminar

Technische Universität Clausthal, Institut für Mathematik (Prof. Dr. J. Albrecht) *Clausthal*
Numerische Behandlung von Eigenwertaufgaben

Technische Universität Clausthal, Institut für Theoretische Physik (Prof. Dr. H. D. Doebner)
Differentialgeometrische Methoden in der mathematischen Physik

Gesellschaft Deutscher Chemiker, Fachgruppe „Analytische Chemie", Frankfurt/M. (Prof. Dr. W. Fresenius) *Frankfurt*
2. Seminar „Analytisches Denken für Chemiker"

Universität Freiburg/Br., Forstzoologisches Institut (Prof. Dr. J. P. Vité) *Freiburg*
Zielsetzungen waldbiologischer Forschungen

Universität Göttingen, Forstbotanisches Institut (Prof. Dr. W. Eschrich) *Göttingen*
Internationales Symposion „Phloembeladung und verwandte Prozesse"

Kernforschungsanlage Jülich GmbH, Institut für Kernphysik (Prof. Dr. A. Faessler) *Jülich*
Mesonen und Isobare in Kernen

Universität Kiel, Philosophisches Seminar (Prof. Dr. K. Potthoff) *Kiel*
Symposien auf dem Gebiet der mathematischen Logik zur Thematik „Infinitäre Konstruktionen"

Universität München, Chirurgische Klinik (Prof. Dr. G. Heberer) *München*
Klinischer Unterricht und Weiterbildung in der Chirurgie

Universität München, Institut für Chirurgische Forschung des Klinikums Großhadern (Dr. W. Brendel)
Internationales Symposion über Höhenmedizin

Technische Universität München, Institut für Mathematik (Prof. Dr. F. Eckstein)
Symmetrie von Gruppenalgebren

Dachverband wissenschaftlicher Gesellschaften der Agrar-, Forst-, Ernährungs-, Veterinär- und Umweltforschung e. V., München (Prof. Dr. G. Fischbeck)
Grundlagen und Methoden der Entwicklung langfristiger Perspektiven für den Agrarsektor

Münster   Universität Münster, Institut für Theorie und Geschichte der Medizin (Prof. Dr. R. Toellner)
Arbeitsgespräch „Der diagnostische Prozeß"

Technische Wissenschaften

Aachen   Technische Hochschule Aachen, Institut für Allgemeine Elektrotechnik und Hochspannungstechnik (Prof. Dr.-Ing. K. Möller)
Strom-Nulldurchgangs-Phänomene des Schaltlichtbogens

Technische Hochschule Aachen, Institut für Theoretische Physik (Prof. Dr. F. Schlögl)
Statistische Mechanik

Bergen/ Norwegen   Universität Bergen/Norwegen, IF-DO Working Group (Prof. St. Rokkan)
Die Entwicklung integrierter Datenbasen für regionale Analysen und thematische Computer-Karthographie

Hannover   Universität Hannover, Institut für Technische Chemie (Prof. Dr. A. Pethö)
Sommerschule zum Thema „Modellierung dynamischer Systeme auf der Grundlage experimenteller Daten mit Anwendungen für chemisch-technische Prozesse"

Merkblatt 2 S. 289 ff.   ## Akademie-Stipendien

Förderungsmöglichkeiten   Mit diesem Schwerpunkt ermöglicht die Stiftung Volkswagenwerk besonders qualifizierten Hochschullehrern eine längerfristige Befreiung von Ausbildungs- und Verwaltungsaufgaben oder mehrmonatige Auslandsaufenthalte in Verbindung mit einem Freisemester/-jahr, um wissenschaftliche Arbeiten zu begründen, fortzuführen oder abzuschließen. Die Akademie-Stipendien können von Hochschullehrern auch dafür verwandt werden, zusammenfassende Darstellungen oder Lehrbücher zu erarbeiten. Die Förderung ist – im Gegensatz zu anderen Schwerpunkten – nicht an bestimmte Fachrichtungen oder Themenstellungen gebunden. Ein Akademie-Stipendium wird in der Regel für die Dauer eines Jahres gewährt. Es kann jedoch auch für mindestens sechs Monate und höchstens zwei Jahre vergeben werden.

Die Stiftung kann in diesem Schwerpunkt Mittel in Höhe der Bezüge des Bewerbers, Mehraufwendungen eines Auslandsaufenthalts, Reisekosten, Sachaufwendungen und in besonders begründeten Fällen zusätzliches Personal finanzieren. Sie wird dadurch aber nicht zum Arbeitgeber des

Geförderten, der auch für die Dauer der Befreiung von seinen sonstigen Pflichten in seinem bisherigen Dienstverhältnis verbleiben soll. Dieses Programm ermöglicht es Hochschulen und Ministerien, Wissenschaftler zur Vertretung des freigestellten Hochschullehrers zu vergüten, und kann so auch zur Förderung des wissenschaftlichen Nachwuchses beitragen.

Antragstellung

Für ein Akademie-Stipendium können sich Hochschullehrer in gesicherter Position bewerben, die die deutsche Staatsangehörigkeit besitzen und/oder den Hochschulen der Bundesrepublik Deutschland angehören. Im Ausland ist die Vergabe von Akademie-Stipendien auf deutsche Hochschullehrer beschränkt, die für ihre wissenschaftliche Arbeit einen längeren Forschungsaufenthalt in der Bundesrepublik benötigen und danach auf ihre Stelle an der ausländischen Hochschule zurückkehren.
Neben einer Darlegung der besonderen Belastung des Bewerbers durch Lehre und andere Aufgaben innerhalb der Hochschule erwartet die Stiftung bei der Antragstellung den Nachweis über eine mindestens dreijährige Tätigkeit im Hochschulbereich nach der Promotion sowie über die Veröffentlichung wissenschaftlicher Arbeiten durch Übersendung von Lebenslauf, Publikationslisten und Referenzen.
Für die Antragsprüfung werden eine detaillierte Schilderung des wissenschaftlichen Vorhabens, ein spezifizierter Kostenplan sowie Angaben über die wissenschaftliche Einrichtung benötigt, die im Bewilligungsfalle zur Abwicklung des Stipendiums bereit wäre. Nach Möglichkeit sollten die Bewerber bereits vor der Beantragung eines Akademie-Stipendiums die Fragen ihrer Befreiung von ihren sonstigen Dienstpflichten mit dem Dienstherrn bzw. mit in Frage kommenden Kollegen klären. Die Abwicklung der Förderung gestaltet sich nach bisherigen Erfahrungen für alle Beteiligten am günstigsten, wenn der Stipendiat von seinem Arbeitgeber unter Fortzahlung der Bezüge freigestellt oder beurlaubt wird, damit er auch für die Dauer seines Stipendiums seinen bisherigen Status behält. Die Stiftung erstattet dem Arbeitgeber die während dieser Zeit anfallenden Bezüge, zeitanteilig Zuwendungen und Beihilfen.

Bisherige Förderung

Von 1971 bis Ende 1978 hat die Stiftung an 76 Hochschullehrer Akademie-Stipendien im Gesamtbetrag von 6,3 Millionen DM bewilligt. Eine Aufgliederung der Förderung nach Fächern zeigt, daß von den 76 Akademie-Stipendien 40 an Geisteswissenschaftler, 19 an Naturwissenschaftler, 10 an Sozialwissenschaftler und 7 an Ingenieurwissenschaftler vergeben worden sind. Von den 76 geförderten Hochschullehrern haben 43 ein einjähriges Akademie-Stipendium, 17 eine Förderung für 6 bis 11 Monate und weitere 16 ein Stipendium von 13 bis 24 Monaten erhalten.

Im Jahre 1978 sind für 11 Akademie-Stipendien und 3 Verlängerungen mehr als eine Million DM gewährt worden.

Entwicklung Um für weitere Entscheidungen zu diesem Schwerpunkt den gegenwärtigen Bedarf an Akademie-Stipendien zu erkunden, wandte sich die Stiftung im Juni 1978 mit einer Information besonders auch an die Pressestellen der Hochschulen der Bundesrepublik Deutschland. Die Veröffentlichung des Förderungsangebots in verschiedenen Universitäts- und Hochschulzeitschriften hat mit dazu beigetragen, daß allein 1978 von 90 Wissenschaftlern Anfragen zu dem Programm eingingen und 29 Anträge im Gesamtvolumen von rund 2,4 Millionen DM gestellt wurden.

Das Kuratorium der Stiftung hat im Dezember 1978 eine Ausdehnung der Förderung auf langfristige Auslandsaufenthalte in Verbindung mit einem Forschungsfreisemester beschlossen. Damit soll deutschen Hochschullehrern eine stärkere Beteiligung an der internationalen wissenschaftlichen Kommunikation und eine Verbesserung ihres Informationsstandes über die neuere Entwicklung in ihrem Fach ermöglicht werden. Nunmehr können Hochschullehrer auch für die Zeit des ihnen turnusmäßig zustehenden Freisemesters einen Zuschuß in Höhe der zusätzlichen Reise- und Nebenkosten eines mindestens sechsmonatigen Auslandsaufenthaltes beantragen.

Sozialpsychologie Professor Dr. C. F. Graumann, Psychologisches Institut der Universität Heidelberg, führt während eines einjährigen Akademie-Stipendiums mehrere sozialpsychologische Forschungsvorhaben durch. Im Rahmen einer Untersuchung der Dingbezogenheit menschlichen Erlebens und Verhaltens möchte er ein theoretisches Konzept entwickeln, das die verschiedenen Modalitäten der Funktionalität von Dingen genauer bestimmt und eine bessere Abbildung der „dingvermittelten" zwischenmenschlichen Kommunikation erlaubt. In Zusammenarbeit mit der City University of New York bereitet Professor Graumann eine Untersuchung über die Identität von und die Identifikation mit Städten vor, für die innerhalb des Akademie-Stipendiums ein Forschungsaufenthalt in den USA vorgesehen ist. Außerdem erarbeitet er einen Beitrag über Erlebnisbeschreibung für den Methodenband des Handbuches der Psychologie.

Aggressionsforschung Professor Dr. H. J. Kornadt, Fachbereich Sozial- und Umweltwissenschaften der Universität Saarbrücken, hat ein 15monatiges Akademie-Stipendium für Untersuchungen auf dem Gebiet der Aggressionsforschung erhalten. Während der Förderung wandte er sich zunächst der Erarbeitung von Manuskripten für die Bücher „Aggressionsmotiv und Aggressionshemmung" und „Aggression und Frustration als psychologisches

Problem" zu. Eine mehrmonatige Reise nach Ost- und Südostasien ermöglichte es Professor Kornadt, ein kulturvergleichendes Forschungsvorhaben über die Erziehungsabhängigkeit der Aggressivitätsgenese durch Diskussionen und Kooperationsabsprachen mit japanischen und indonesischen Erziehungswissenschaftlern, Psychologen und Soziologen vorzubereiten. Als Vorarbeit in theoretischer und methodischer Hinsicht für den beabsichtigten Kulturvergleich zwischen Japan, Indonesien und der Bundesrepublik Deutschland konnte er außerdem während des Akademie-Stipendiums neben anderen Manuskripten auch den Beitrag „Cross-Cultural Research on Motivation and its Contribution to a General Theory of Motivation" für das „Handbook of Cross-Cultural Psychology" abschließen.

Für die Erarbeitung einer umfassenden Darstellung des gegenwärtigen Standes der Korallenriff-Forschung ist Dr. H. Schuhmacher, Lehrstuhl für Spezielle Zoologie der Universität Bochum, ein einjähriges Akademie-Stipendium bewilligt worden. Der Stipendienempfänger führte zunächst eine Forschungsreise zu verschiedenen Korallenriffen im Westatlantik durch, an denen er die Unterwasserzonierung sowie zahlreiche andere Phänomene der Riffökologie und des Riffaufbaus studierte. Die anschließende Teilnahme an dem dritten internationalen Symposion über Korallenriffe in Miami (USA) benutzte Dr. Schuhmacher zur Diskussion seiner Forschungsarbeit mit den verschiedenen anwesenden Spezialisten und zum allgemeinen Erfahrungsaustausch mit Fachkollegen. In Europa unternahm er Forschungsreisen zu Korallenriffsammlungen in der Bundesrepublik Deutschland, den Niederlanden und Frankreich. Zusätzlich führte er experimentelle Untersuchungen zur mechanischen Festigkeit und Widerstandsfähigkeit von Korallen und anderen Riffkalken durch. Die demnächst erscheinende Gesamtdarstellung der vielfältigen Aspekte des Lebensraums Korallenriff wird auf einem ökologischen Ansatz beruhen, der vor allem geologische und biologische Fragestellungen integriert.

Korallenriffe

Professor Dr. H. Uhlig, Geographisches Institut der Universität Gießen, ist ein 18monatiges Akademie-Stipendium für den Abschluß einer agrargeographischen Gesamtdarstellung des Reisbaus in Süd- und Südostasien gewährt worden. Zur Vorbereitung dieses umfassenden Werkes hat er zunächst zwei Vorstudien über den Bergreis und über die Siedlungen des Tiefwasser-Reisbaus erarbeitet und veröffentlicht. Zwei mehrmonatige Forschungsreisen nach Thailand dienten den notwendigen Felduntersuchungen, dem Erfahrungsaustausch mit südostasiatischen Wissenschaftlern sowie der Teilnahme an einem „Programmatic Workshop on Highland-Lowland Interactive Systems" der Universität Chiang Mai. Die

Agrargeographie

verbleibende Zeit des Stipendiums benutzt Professor Uhlig für die Niederschrift des Gesamtwerks und für abschließende Forschungsaufenthalte an Reisforschungsinstituten auf den Philippinen und in Indien.

Sandlücken-Fauna Für einen Forschungsaufenthalt am Department of Zoology der University of North Carolina in Chapel Hill (USA) hatte Professor Dr. W. Westheide, II. Zoologisches Institut und Museum der Universität Göttingen, ein einjähriges Akademie-Stipendium erhalten, das 1978 abgeschlossen wurde. Gegenstand des zusammen mit amerikanischen Wissenschaftlern durchgeführten Arbeitsprogramms waren Sandlückenpolychaeten, die an der amerikanischen Ostküste gesammelt wurden. Nach der Einarbeitung in die elektronenmikroskopische Technik konzentrierte sich Professor Westheide auf die Ultrastrukturaufklärung der Geschlechtsorgane dieser Borstenwürmer. Die von ihm angefertigten über 3000 Bilder dieser Organe sowie seine Beobachtungen an lebenden Tieren bilden die Grundlage für eine Funktionsanalyse der Spermaübertragung durch hypodermale Injektion. Zu diesem Themenbereich befinden sich mehrere gemeinsame Veröffentlichungen von Professor Westheide und amerikanischen Kollegen in Vorbereitung.

1978/79 bewilligte und laufende (*) Akademie-Stipendien

Aachen Prof. Dr. W. D. Bald, Institut für Anglistik, Technische Hochschule Aachen
* *Durchführung von zwei sprachwissenschaftlichen Vorhaben*

Berlin Prof. Dr. H. Hurwitz, Zentralinstitut für Sozialwissenschaftliche Forschung, Freie Universität Berlin
Abschluß einer Publikation über politische Einstellungen der Berliner Bevölkerung

Prof. Dr. H. Schaefer, Hautklinik und Poliklinik im Rudolf-Virchow-Krankenhaus, Freie Universität Berlin
Forschungen zur Photochemotherapie der Psoriasis

Prof. Dr. D. Siefkes, Institut für Software und Theoretische Informatik, Technische Universität Berlin
Arbeiten auf dem Gebiet der Komplexitätstheorie

Bielefeld Prof. Dr. W. Prinz, Abt. Psychologie, Universität Bielefeld
Abschluß einer Monographie zur Funktionsanalyse perzeptiver Erkennungsprozesse

Bochum Prof. Dr. H. Graf Reventlow, Abt. für Evangelische Theologie, Universität Bochum
Druckbeihilfe für die Veröffentlichung der Ergebnisse eines Akademie-Stipendiums „Bibelautorität und Geist der Moderne"

Prof. Dr. Beate Ruhm von Oppen, Abt. für Geschichtswissenschaften, Universität *Bochum*
Bochum
Herausgabe des Briefwechsels von H. J. von Moltke

Dr. H. Schuhmacher, Lehrstuhl für Spezielle Zoologie, Universität Bochum
Abfassung einer Monographie über Korallenriffe

Prof. Dr. K. O. von Aretin, FB 2, Gesellschafts- und Geschichtswissenschaft, Tech- *Darmstadt*
nische Hochschule Darmstadt
Reichsitalien in der Zeit der spanischen Vorherrschaft 1556–1715

Prof. Dr. G. Kaiser, Deutsches Seminar, Universität Freiburg/Br. *Freiburg*
Abfassung der Publikation „Gottfried Keller. Das gedichtete Leben"

Prof. Dr. H. A. Winkler, Historisches Seminar, Universität Freiburg/Br.
* *Erstellung eines Bandes „Geschichte der deutschen Arbeiterbewegung"*

Prof. Dr. H.-G. Hartwig, Zentrum für Anatomie und Cytobiologie, Universität *Gießen*
Gießen
Neurobiologische Studien an photoneuroendokrinen Systemen

Prof. Dr. H. Uhlig, Geographisches Institut, Universität Gießen
Abschluß einer Agrargeographie des Reisbaus in Süd- und Südostasien

Prof. Dr. E. Deutsch, Juristisches Seminar, Universität Göttingen *Göttingen*
Forschungsvorhaben „Behandlung, Heilversuch und Experiment am Menschen"

Prof. Dr. G. Gottschalk, Institut für Mikrobiologie, Universität Göttingen
Forschungen über den Mechanismus der CO_2-Fixierung in grünen Schwefelbakterien

Prof. Dr. W. Westheide, II. Zoologisches Institut, Universität Göttingen
* *Untersuchungen über die Sandlückenfauna*

Prof. Dr. K. Pawlik, Psychologisches Institut I, Universität Hamburg *Hamburg*
Arbeiten auf den Gebieten der differentiellen und physiologischen Psychologie

Dr. Heide Barmeyer, Historisches Seminar, Universität Hannover *Hannover*
Hannovers Eingliederung in den preußischen Staat

Dr. G. Laga, Pädagogische Hochschule Niedersachsen, Hannover (zwei einjährige
Stipendien)
Untersuchung des Einflusses von Interviewsituation und Interviewer auf die Antworten von Befragten

Prof. Dr. C. F. Graumann, Psychologisches Institut, Universität Heidelberg *Heidelberg*
Durchführung von sozialpsychologischen Forschungsvorhaben

Heidelberg Prof. Dr. N. Groeben, Psychologisches Institut, Psycholinguistische Abt., Universität Heidelberg
* Fortführung und Abschluß wissenschaftlicher Arbeiten über eine „Leserpsychologie"

Ithaca/USA Prof. O. M. Ungers, Department of Architecture, Cornell University, Ithaca, N. Y./USA
* Untersuchung experimenteller Siedlungen der Zwanziger Jahre

Kiel Prof. Dr. B. Dahm, Historisches Seminar, Universität Kiel
Forschungsvorhaben „Muslime und Modernisierungspläne in Nordsumatra"

München Prof. Dr. G. A. Ritter, Institut für Neuere Geschichte, Universität München
* Abschluß eines Bandes „Geschichte der deutschen Arbeiterbewegung"

Münster Prof. Dr. B. Fabian, Englisches Seminar, Universität Münster
* Untersuchung zur Ausbreitung englischen Schrifttums in Deutschland

Prof. Dr. M. Stingl, Institut für Theoretische Physik I, Universität Münster
* Forschungsvorhaben „Theorie pioninduzierter Prozesse an Wenig-Nukleonen-Systemen"

Osnabrück Prof. Dr. M. D. Gerhardts, FB 6, Mathematik/Philosophie, Universität Osnabrück
Mitarbeit am Projekt „Mathematische Modelle zur Hämopoese"

Prof. Dr. Jutta Schneider-Held, FB 7, Kommunikation/Ästhetik, Universität Osnabrück
Untersuchung zur Stadterweiterung von Osnabrück

Paderborn Prof. Dr. U. Profitlich, FB Sprach- und Literaturwissenschaften, Gesamthochschule Paderborn
Untersuchung „Theorie des Dramas in der DDR"

Regensburg Dr. H. Hering, FB Mathematik, Universität Regensburg
* Abschluß einer Arbeit über die Theorie stochastischer Verzweigungsprozesse

Saarbrücken Prof. Dr. H. J. Kornadt, FB Sozial- und Umweltwissenschaften, Universität Saarbrücken
Untersuchungen auf dem Gebiet der Aggressionsforschung

Stuttgart Prof. Dr. E. Jäckel, Historisches Seminar, Universität Stuttgart
Abschluß einer „Geschichte des Zweiten Weltkrieges"

Trier Prof. Dr. R. Ahrens, Universität Trier
Zwei anglistische Arbeitsvorhaben

Internationale Begegnungszentren der Wissenschaft
(begrenzte Förderungsmaßnahme)

Die Alexander von Humboldt-Stiftung hat mit maßgeblicher finanzieller Beteiligung der Stiftung Volkswagenwerk ein Programm zur Förderung internationaler Begegnungszentren der Wissenschaft an einer Reihe wissenschaftlicher Hochschulen in der Bundesrepublik und in Berlin begonnen. Hierüber wurde bereits in den Vorjahren informiert.
Die Begegnungszentren sollen dazu beitragen, die Zusammenarbeit zwischen deutschen und ausländischen Wissenschaftlern zu intensivieren. Die Zusammenarbeit mit ausländischen Wissenschaftlern ist für die wissenschaftlichen Hochschulen in der Bundesrepublik und in Berlin mit der Nährboden für eine lebendige wissenschaftliche Diskussion. Die Beziehungen der deutschen zur ausländischen Wissenschaft sind daher in der Vergangenheit bereits in vielfältiger Weise ausgebaut und vertieft worden. An dieser Kontaktpflege ist auch die ausländische Forschung sehr interessiert. Die Zahl ausländischer Wissenschaftler, die sich um einen Forschungsaufenthalt in der Bundesrepublik bemühen, nimmt ständig zu. Die Intensivierung der Zusammenarbeit leidet aber immer noch insbesondere darunter, daß die in der Bundesrepublik und Berlin vorhandenen Räumlichkeiten für die fachliche und außerfachliche Kommunikation nicht ausreichen. Daher sind in den Begegnungszentren insbesondere solche Einrichtungen vorgesehen, die den formellen und informellen Kontakt unter den Wissenschaftlern ermöglichen.

Die Kosten des Programms müssen aus Beiträgen verschiedener Geldgeber finanziert werden. Die Stiftung Volkswagenwerk hat im Rahmen ihres Förderungsschwerpunktes „Internationale Begegnungszentren der Wissenschaft" bisher 18 Millionen DM bewilligt und weitere Mittel in begrenztem Umfang in Aussicht gestellt. Zur Sicherung der Gesamtfinanzierung bemüht sich ein von der Alexander von Humboldt-Stiftung gebildeter Sonderausschuß, dem auch Vertreter der Hochschulen und Bausachverständige angehören, zusätzlich um das Einwerben weiterer Programmmittel von dritter Seite.

Das Programm der Humboldt-Stiftung hat bei den wissenschaftlichen Hochschulen große Resonanz gefunden, welche die bisher unzureichende Versorgung der Hochschulen mit Begegnungszentren deutlich macht. Ein Begegnungszentrum in Bonn-Bad Godesberg besteht bereits; mit der Fertigstellung des Objektes in Darmstadt – es handelt sich um den Umbau einer Jugendstilvilla – wird für Ende 1979 gerechnet. In Göttingen, Biele-

feld und Berlin wurde mit dem Bau begonnen; die Errichtung weiterer Begegnungszentren befindet sich in der Planung. (Nähere Informationen sind erhältlich von der Alexander von Humboldt-Stiftung, Jean-Paul-Str. 12, 5300 Bonn 2.)

Die Stiftung Volkswagenwerk hat weiterhin einen Betrag von insgesamt 6 Millionen DM zur Verfügung gestellt, um ein internationales Begegnungszentrum für die wissenschaftlichen Hochschulen in Hannover zu schaffen. Dieses wurde aufgrund der besonderen Gegebenheiten in Hannover nicht in das Programm der Humboldt-Stiftung einbezogen. Geplant ist die Errichtung einer Begegnungsstätte im Zusammenhang mit dem

gendstilvilla, erbaut um 901 – Internationales egegnungszentrum der 'issenschaft in Darmstadt.

Wiederaufbau der historischen Fassade des im Kriege zerstörten Leibniz-Hauses. Mit dem Bau wird Anfang 1980 begonnen werden.

1978/79 bewilligte Projekte

Alexander von Humboldt-Stiftung, Bonn-Bad Godesberg *Bonn*
Internationale Begegnungszentren der Wissenschaft

Haus der Internationalen Begegnung „Leibniz-Haus", Hannover *Hannover*
Internationales Begegnungszentrum der Wissenschaft

Beendete Schwerpunkte und abschließende Programme

Rechtstatsachenforschung / Programm Datenschutz

Der seit 1972 vorbereitete, 1975 für drei Jahre eingerichtete Schwerpunkt *Rückblick* Rechtstatsachenforschung wurde im Berichtsjahr beendet. Anträge konnten bis zum 31. Dezember 1978 vorgelegt werden. Die Förderung diente dem Ziel, eine von Rechts- und Sozialwissenschaften getragene empirisch fundierte Grundlagenforschung zu etablieren, um dem Wandel gesellschaftlicher Gegebenheiten Rechnung zu tragen, der Gesetzgebung und Rechtsprechung in vielen Bereichen des öffentlichen und privaten Lebens vor neue Aufgaben stellt*. Vor allem sollten die Bemühungen der Rechtswissenschaft unterstützt werden, zusammen mit anderen Disziplinen und unter Anwendung der Methoden der empirischen Forschung, die Grundlagen des Rechts, seiner Entstehung, Anwendung und Wirkung in der Gesellschaft, aber auch in Wissenschaft und Technik verstärkt zu erforschen.

Der Stiftung wurden insgesamt 46 Vorhaben mit einem Antragsvolumen *Förderung* von rund 15 Millionen DM vorgelegt. Bewilligt wurden 25 Anträge mit *bis Ende 1978*

---

* Vgl. hierzu auch: O. HARTWIEG, Rechtstatsachenforschung im Übergang. Bestandsaufnahme zur empirischen Rechtssoziologie in der Bundesrepublik Deutschland. Schriftenreihe der Stiftung Volkswagenwerk [Bd. 14], Göttingen 1975 (siehe auch Publikationsverzeichnis im Anhang).

zusammen rund 5,2 Millionen DM; abgelehnt oder anderweitig erledigt wurden 14 Anträge. Weitere 7 Anträge mit einem Antragsvolumen von rund 2,5 Millionen DM befinden sich noch in Bearbeitung.

Programm Datenschutz

Zum Abschluß des Schwerpunktes stellte das Kuratorium 2,5 Millionen DM für eine begrenzte, im Frühjahr 1979 erfolgte Ausschreibung zum Thema „Datenschutz und Informationsbedarf-Forschungen zur Anwendung und Weiterentwicklung rechtlicher Regelungen" bereit (vgl. S. 216 f.).

Förderungsbeispiele Rechtstatsachenforschung

Von den Förderungsprojekten der Rechtstatsachenforschung ist besonders zu erwähnen die mit rund 1,2 Millionen DM für zunächst drei Jahre unterstützte sozialwissenschaftliche Forschungsgruppe – Forschungsschwerpunkt Rechtssoziologie – am Max-Planck-Institut für ausländisches und internationales Privatrecht, Hamburg (vgl. Bericht 1977/78, S. 75 f.), die bisher einzige derartige Gruppe in der Bundesrepublik. Daneben konnten eine Reihe von Forschungsprojekten unterstützt werden, die Fragestellungen aus für Rechtspraxis und Rechtspolitik wichtigen Bereichen aufgreifen. Zu nennen wären beispielhaft Sachverständigenwesen, Arbeitsgerichtsbarkeit, Rechtshilfe und Rechtsschutz sowie ärztliches Vertrags-, Standes- und Haftungsrecht.

Patient und Krankenversicherung

„Medizinische Informationen in der Krankenversicherung (MEDIK)" sind Gegenstand eines Forschungsprojektes am Fachbereich Rechtswissenschaften der Universität Hannover (Prof. Dr. W. Kilian), für das rund 287 000 DM bereitgestellt wurden. Vor allem unter Datenschutzgesichtspunkten sollen Gewinnung, Verarbeitung und Übermittlung von personenbezogenen Informationen, die aus dem Arzt-Patienten-Verhältnis stammen, in öffentlichen und privaten Krankenversicherungssystemen empirisch ermittelt und die hierfür vorhandenen rechtlichen Vorschriften systematisch dargestellt und bewertet werden. Da die medizinischen Informationen über Patienten, Versicherte, ihre Angehörigen und Ärzte als die „sensitivsten" überhaupt angesehen werden können und die Flut dieser Informationen nur noch durch automatische Datenverarbeitung zu bewältigen ist, soll die Verfügungsbefugnis über die zentralisierten Datenbestände kritisch analysiert werden. Mit der Klärung von Fragen hinsichtlich des Schutzes der Persönlichkeit vor Fehlgebrauch solcher Informationen im Zusammenhang mit dem Bundesdatenschutzgesetz soll die Untersuchung eine Grundlage für bereichsspezifische bundesrechtliche Regelungen bereitstellen helfen. Als besonders wichtige Fragen erscheinen die Verwendung von Daten aus dem Arzt-Patienten-Verhältnis zu Forschungszwecken, das Verhältnis von Versicherungsaufsicht und Datenschutzaufsicht sowie das Marktverhalten privater Krankenversicherer.

Das Projekt wird von einem Beirat aus Praktikern begleitet und unterstützt.

Im Studiengang Juristenausbildung, Universität Bremen (Prof. Dr. G. Winter), werden in einem mit rund 394000 DM geförderten Forschungsvorhaben ökonomische und rechtliche Probleme der Wohnungsversorgung behandelt. Wohnungsproduktion und -verwertung sind zwar – in charakteristischer Trennung von Bauwirtschaft und Wohnungswirtschaft – letztlich privat organisiert, doch stehen sie unter erheblicher Investitions-, Produktions- und Preislenkung durch den Staat. Dies gilt besonders für den öffentlich geförderten, aber auch für den mißverständlich als „frei" bezeichneten Wohnungsbau. Die Bremer Wissenschaftler wollen Daten über Vergabe von öffentlichen Mitteln im sozialen Wohnungsbau, für Städtebauförderung und Modernisierung zusammentragen, mit dem Ziel, Gesetze und Verwaltungsrichtlinien auf Schwachstellen bei Organisation und Verfahren der Mittelvergabe abzutasten. Ferner soll die Mietpreisberechnung im öffentlich geförderten Wohnungsbau analysiert werden. Dadurch erhofft man sich Aufschluß über Möglichkeiten von Wohnwertmieten, die soziale Unterschiede berücksichtigen und umfängliche Nachsubventionierung vermeiden. Eine theoretische Studie über die wesentlichen rechtlichen und ökonomischen Instrumente der Wohnungsversorgung und deren jeweilige Auswirkungen soll das Forschungsvorhaben abrunden. Es wird erwartet, daß sich daraus Hinweise darauf ergeben, wie öffentliche Mittel konzentrierter einzusetzen wären, und ob eine stärkere Beteiligung der Nutzer an Wohnungsbau, -modernisierung und -unterhaltung möglich ist. Erfahrungen mit Wohnungsmodellen in Großbritannien, die sich durch Kooperation in kleinen Einheiten und geringen Betreuungs- und Finanzierungsaufwand auszeichnen, sollen durch Auswertung vorhandenen empirischen Materials einbezogen werden.

Wohnungsversorgung

Am Institut für Grundlagen und Grenzgebiete des Rechts, Fachrichtung Rechtssoziologie und Rechtstatsachenforschung des Fachbereichs Rechtswissenschaft der Freien Universität Berlin (Prof. Dr. H. Rottleuthner) wird ein Projekt über Probleme der Arbeitsgerichtsbarkeit durchgeführt. Ein Team von Soziologen und Juristen beschäftigt sich mit dem Verlauf und dem Ausgang von Verfahren vor Arbeitsgerichten. Einmal soll ermittelt werden, ob vor den Arbeitsgerichten ungleiche Erfolgschancen für die betroffenen Parteien bestehen – zum Beispiel für Arbeitgeber und Arbeitnehmer, unter diesen für ausländische und deutsche, weibliche und männliche – und worauf solche Ungleichheiten zurückzuführen sind. Wegen des Überwiegens von Erledigungen auf dem Vergleichswege gegenüber

Arbeitsgerichtsbarkeit

streitigen soll darüber hinaus ermittelt werden, unter welchen Bedingungen es zu diesen verschiedenen Arten der Erledigung kommt. Außerdem werden die von allen Seiten beklagte lange Dauer und die Kostenhöhe arbeitsgerichtlicher Verfahren auf ihre Ursachen hin untersucht. Nach Finanzierung einer einjährigen Vorbereitungsphase (140 000 DM) hat die Stiftung Anfang 1979 für die zweijährige Hauptuntersuchung weitere 579 000 DM bewilligt. In mehreren Arbeitsgerichten erster Instanz der Bundesrepublik und Westberlins sollen Beobachtungen von Gerichtsverfahren, Aktenanalysen und Befragungen von Beteiligten (Richtern, Rechtsvertretern, Parteien) durchgeführt werden. Als Ergebnis werden für Gesetzgebung und Justizpraxis aufschlußreiche Erkenntnisse über die Auswirkung bereits in Kraft getretener Gesetze als Grundlage zur geplanten Novellierung des Arbeitsgerichtsgesetzes sowie für die rechtspolitische Diskussion um eine Reform des Kündigungsschutzrechtes erwartet.

Programm *Datenschutz und Informationsbedarf – Forschungen zur Anwendung und Weiterentwicklung rechtlicher Regelungen*

Ausschreibung, Förderungsmöglichkeiten Mit der Ausschreibung eines begrenzten Förderungsprogramms „Datenschutz und Informationsbedarf" (2,5 Millionen DM, vgl. S. 214) will die Stiftung das in der Öffentlichkeit und in der Wissenschaft zunehmend und kontrovers diskutierte Thema „Datenschutz" aufgreifen und notwendige Forschungen als Grundlage für eine sachgerechte Datenschutzpolitik fördern.
Förderungsmöglichkeiten bestehen vor allem für juristisch orientierte rechtstatsächliche Bereichsstudien, zum Beispiel zum Gesundheits- und Sozialwesen, zu Sicherheitsbehörden bzw. Überwachungsverwaltung, zum Schulbereich, zu Personal-Informationssystemen im öffentlichen Bereich, Banken und Versicherungen. Angesprochen sind Rechtswissenschaftler, Sozial- und Wirtschaftswissenschaftler (insbesondere Betriebswirte), Verwaltungs- und Kommunikationswissenschaftler sowie Informatiker.

Thematik Der gesteigerte Informationsbedarf in fast allen Bereichen von Politik, Verwaltung und Wirtschaft – verbunden mit ständig verfeinerten technischen Möglichkeiten, diesen Informationsbedarf zu befriedigen – einerseits sowie das Schutzinteresse des einzelnen oder auch von Gruppen andererseits werfen, wie sich mit wachsender Deutlichkeit zeigt, Probleme auf, die dringend der wissenschaftlichen Darstellung und Analyse bedürfen.

Der Datenschutz hat sich bisher vor allem auf die Ausarbeitung gesetzlicher Regelungen konzentriert, ohne daß immer ausreichend geklärt werden konnte, was und wovor geschützt werden soll. Die Stiftung hält daher vor allem grundlegende bereichsspezifische Untersuchungen für notwendig, bevor das Bundesdatenschutzgesetz, das nur einen Mindestschutz sicherstellen kann, durch spezialgesetzliche Regelungen ergänzt wird. Neben Bereichen, die wegen ihrer besonderen Probleme nicht angemessen geregelt sind, stehen andere, die aus dem Datenschutzgesetz ganz ausgeklammert sind.

Im Rahmen der bereichsspezifischen Untersuchungen werden verschiedene miteinander verbundene Fragenkomplexe zu behandeln sein:
- Zweckbindung von Informationen
- Transparenz der Verwaltung
- Abgrenzung der Amtshilfe
- Datenzugang („Freiheit") der Forschung und Datenschutz
- Zielkonflikt zwischen dem Persönlichkeitsrecht des Bürgers und dem Informationsinteresse der Öffentlichkeit z. B. bei Informationssystemen der Statistik und der Planung.

Antragsschlußfrist für die im Frühjahr 1979 erfolgte Ausschreibung ist der 31. Oktober 1979. Die Stiftung wird die Möglichkeit eines weiteren Ausschreibungstermins prüfen. *Termine*

1978/79 bewilligte und laufende (*) Projekte

Freie Universität Berlin, FB Rechtswissenschaft, Institut für Grundlagen und Grenzgebiete des Rechts (Prof. Dr. H. Rottleuthner) *Berlin*
Probleme der Arbeitsgerichtsbarkeit

Wissenschaftszentrum Berlin, Internationales Institut für Management und Verwaltung (Prof. Dr. E. Blankenburg)
* *Forschungsvorhaben „Rechtshilfe für sozial Schwache"*

Wissenschaftszentrum Berlin, Internationales Institut für Management und Verwaltung (Prof. Dr. E. Blankenburg)
Verrechtlichung und Entrechtlichung von Konfliktaustragung

Universität Bremen, Studiengang Juristenausbildung (Prof. Dr. G. Winter) *Bremen*
Rechtsformen und ihre Wirkungen im Bereich der Wohnungsversorgung

Frankfurt Universität Frankfurt/M., FB Rechtswissenschaft (Prof. Dr. H.-L. Weyers)
* *Empirische Untersuchungen zum ärztlichen Vertrags-, Standes- und Haftungsrecht*

Göttingen Universität Göttingen, Juristisches Seminar (Prof. Dr. E. Deutsch)
Begriff des Kunstfehlers und Haftung für ärztliches Fehlverhalten in der Praxis der Schlichtungs- und Gutachterstellen der Ärztekammern

Hannover Universität Hannover, Fakultät für Rechtswissenschaften (Prof. Dr. W. Kilian)
* *Forschungsprojekt „Integrierte Personalinformationssysteme – Chancen und Gefahren"*

Universität Hannover, Fakultät für Rechtswissenschaften (Prof. Dr. W. Kilian)
Medizinische Informationen in der Krankenversicherung (MEDIK)

Universität Hannover, Lehrstuhl für Rechtswissenschaft (Prof. Dr. H. Pieper)
* *Untersuchung zur Klärung von Problemen des Sachverständigenwesens*

Kassel Gesamthochschule Kassel, Organisationseinheit Politisch-Historische Wissenschaften (Prof. Dr. H. Brinckmann)
Rechtsverwirklichung und Rechtsschutz gegenüber standardisierten Entscheidungen der Massenverwaltung – Eine rechtstatsächliche Untersuchung am Beispiel der gesetzlichen Rentenversicherung

Köln Universität Köln, Zentralarchiv für empirische Sozialforschung (E. Mochmann)
Internationale Arbeitstagung „Datenschutzgesetzgebung und Forschung: Zunehmender Datenschutz und Probleme des Zugangs zu sozialwissenschaftlich relevanten Daten"

Oldenburg Universität Oldenburg, FB Gesellschaftswissenschaften (Prof. Dr. K. Lenk)
Symposion „Organisatorische Bedingungen des Gesetzesvollzugs"

Forschung im Bereich der Internationalen Beziehungen

Rückblick Der seit 1971 bestehende Schwerpunkt, in der Vorform „Europäische Studien" bereits seit Ende der 60er Jahre im Förderungsprogramm der Stiftung Volkswagenwerk, wurde ebenfalls 1978 beendet. Die Stiftung hat damit in etwa zehn Jahren für die Behandlung von Fragen der internationalen Politik, vor allem im europäischen und europäisch-atlantischen Rahmen, insgesamt rund 15 Millionen DM aufgewendet. Begonnen wurde mit einem Stipendienprogramm für Europäische Studien. Die Förderung von Forschungsprojekten im In- und Ausland, von Gastlehrstühlen und Fellowship-Programmen sowie von Symposien schloß sich an. Besonderen Wert maß die Stiftung der Unterstützung von ausländischen Forschungsinstituten und der internationalen Kooperation bei; mehr als ein Drittel der Bewilligungen gingen ins Ausland. Ein weiteres Ziel war die Stimulierung fächerübergreifender Zusammenarbeit zwischen Politik-, Wirtschafts- und Rechtswissenschaftlern.

Die Stiftung beendet den Schwerpunkt, nachdem ein Teil des Bedarfs gedeckt werden konnte, andere Förderer sich inzwischen ähnlicher Fragen annehmen und die Stiftung neue Schwerpunkte eingerichtet hat, in denen ein Teil der Thematik weiterverfolgt werden kann. Auch nach dem Ende der schwerpunktartigen Förderung von Forschungen im Bereich der Internationalen Beziehungen hält sich die Stiftung für besonders interessante Projekte – auch im Ausland – zu Themenkomplexen, die in anderen gesellschaftswissenschaftlichen Schwerpunkten nicht bearbeitet werden können, im Einzelfall offen. Sie denkt dabei insbesondere an Sicherheits- und Europapolitik.

Zum Abschluß des Schwerpunktes veranstaltete die Stiftung Anfang 1979 unter dem Thema „Forschung und Praxis der Außenpolitik" ein Kolloquium mit Wissenschaftlern aus geförderten Projekten, an dem auch Journalisten teilnahmen. Vor dem Hintergrund der in ihren Forschungen gewonnenen Erkenntnisse äußerten sich die eingeladenen Projektleiter zu den Fragen, ob die Europawahl einen Schritt in Richtung auf europäische Integration bedeute, ob Rüstungskontrollpolitik noch einen Sinn habe und ob die außenpolitische Entscheidungsstruktur den internationalen Aufgaben der Bundesrepublik noch gerecht werde. *Abschluß-Kolloquium*

Im Jahr 1978 wurden 18 Vorhaben mit knapp 1 Million DM bewilligt. *Förderung 1978*

Im Zusammenhang mit der Direktwahl zum Europäischen Parlament konnten zwei internationale Vorhaben gefördert werden. 475 000 DM wurden für den internationalen Projektverbund „European Elections Study" bereitgestellt, der unter Federführung von Professor Dr. R. Wildemann vom Institut für Sozialwissenschaften der Universität Mannheim das politische Geschehen im Vorfeld der Europawahl untersucht. Es geht vor allem um die Frage, wie sich die Wahl auf das Verhalten, die Haltungen und die Wertungen der politischen Akteure und Formationen (wie Parteien und übernationale Parteienzusammenschlüsse) auswirkt. Dabei werden in erster Linie Parteidelegierte, Kandidaten und Abgeordnete, Parteiführungen, nationale Parteitage und transnationale Kongresse, aber auch Wähler, berücksichtigt. So werden beispielsweise alle Kandidaten für das Europaparlament vor und nach der Wahl schriftlich und etwa 140 Kandidaten aller größeren Parteien aus den EG-Mitgliedsländern münd- *Europawahl* lich befragt. Ein Teilprojekt basiert auf dem von der EG-Kommission regelmäßig herausgegebenen „Eurobarometer" mit Umfrageergebnissen zur Europäischen Gemeinschaft.

Fernsehen und Europawahl

Die Rolle insbesondere des Fernsehens als Mittler zwischen Politikern und Bürgern bei der Vorbereitung der Europawahl untersuchen Wissenschaftler in den EG-Staaten in einem Forschungsvorhaben des International Institute of Communications, London. Die Stiftung hat für die deutsche Teilstudie, die vom Institut für Publizistik der Universität Münster (Prof. Dr. W. Schulz) in Zusammenarbeit mit dem Hans-Bredow-Institut an der Universität Hamburg durchgeführt wird, 88500 DM bewilligt. In neun Länderstudien und einem vergleichenden Überblick will die Forschungsgruppe herausfinden, inwieweit die Direktwahl als integrierender Bestandteil der politischen Entwicklung Europas in den Medien dargestellt wird. Dazu werden unter anderem die entsprechenden Funk- und Fernsehprogramme verfolgt, Journalisten und Redaktionen befragt und die Reaktionen von Parteien und Bevölkerung auf diese Sendungen ausgewertet.

Völkerrecht und Frieden

Ein weiteres Schwergewicht der Förderung lag bei völkerrechtlichen Vorhaben. Das Institut für Internationales Recht an der Universität Kiel (Prof. Dr. J. Delbrück) erhielt rund 24000 DM für ein Symposion „Völkerrecht und Kriegsverhütung", das im November 1978 stattfand. Das Symposion, an dem 30 Völkerrechtler und Politikwissenschaftler aus dem In- und Ausland beteiligt waren, beschäftigte sich mit dem normativen Gehalt des Friedensbegriffs im Völkerrecht der Gegenwart und mit den Instrumenten, die zur Verfügung stehen, um die im positiven Friedensbegriff (Frieden als Prozeß des Abbaus von Gewaltanwendung) enthaltenen Wertvorstellungen zu operationalisieren.

Dem Institut für Völkerrecht und Internationale Beziehungen der Universität Thessaloniki, Griechenland (Prof. Dr. D. S. Constantopoulos), wurden 19000 DM für einen Sommerkurs „Die Friedensbewegung und das humanitäre Recht" bewilligt. Der Kurs, der in Zusammenarbeit mit deutschen sowie französischen und englischen Völkerrechtlern durchgeführt wurde, sollte dem wissenschaftlichen Nachwuchs Probleme des Kriegsrechts als Teil des humanitären Rechts, der internationalen Friedenssicherung und der Menschenrechte nahebringen.

Völkerrecht und Dritte Welt

Für eine englischsprachige Überarbeitung des völkerrechtlichen Standardwerks von Alfred Verdross „Universelles Völkerrecht: Theorie und Praxis" erhielt das Institut für Internationales Recht der Universität München (Prof. Dr. B. Simma) 37 500 DM. Die Übersetzung und Überarbeitung soll dazu dienen, das Werk stärker auf die spezifischen Bedürfnisse der Dritten Welt auszurichten, um Gesprächspartnern in Entwicklungsländern die Auffassungen der Industrieländer zu Grundlagen, Inhalt und Gestaltungstendenzen des universellen Völkerrechts zugänglich zu machen und gleichzeitig der in den Entwicklungsländern dominierenden anglo-amerikanischen bzw. französischen Literatur eine den deutschen Traditionen völkerrechtlicher Forschung entstammende Arbeit an die Seite zu stellen.

1978/79 bewilligte und laufende (*) Projekte

Freie Universität Berlin, Osteuropa-Institut (Prof. Dr. E. Klinkmüller, Prof. Dr. M. Prucha) — *Berlin*
Wirtschaftspolitische Vorstellungen der „Eurokommunistischen" Parteien

The Johns Hopkins University Bologna, Bologna Center (Prof. W. L. Kohl) — *Bologna*
Internationale Arbeitskonferenz zur Vorbereitung des Projekts „Außenpolitische Entscheidungsprozesse in Westeuropa"

Universität Bonn, Institut für Öffentliches Recht (Prof. Dr. K. J. Partsch) — *Bonn*
Kommentar zu den Zusatzprotokollen zu den Genfer Koventionen über Kriegsopfer von 1949

Forschungsinstitut der Deutschen Gesellschaft für Auswärtige Politik e. V., Bonn (Dr. G. von Walther, Prof. Dr. K. Kaiser)
* *Probleme der Ausbildung für internationale Tätigkeiten*

Wolfson College, Cambridge/Großbritannien (J. S. Morrison M. A.) — *Cambridge/Großbritannien*
* *Wissenschaftleraustausch auf dem Gebiet der Rechtswissenschaften*

Antlantic Conference, The Chicago Council on Foreign Relations, Chicago (J. E. Rielly) — *Chicago*
1978 Meeting der Atlantic Conference „Politischer Wandel in den antlantischen – westlichen – Ländern" in Salvador, Bahia/Brasilien

Stiftung Wissenschaft und Politik, Ebenhausen (Prof. Dr. K. Ritter, Dr. U. Nerlich) — *Ebenhausen*
* *Forschungsprojekt „Rüstungskontrolle in den Ost-West-Beziehungen der achtziger Jahre: Konzeptionelle Probleme und Entwicklungsmöglichkeiten"*

Universität Göttingen, Ibero-Amerika Institut für Wirtschaftsforschung (Prof. Dr. H. Hesse) — *Göttingen*
* *Der freie Zugang zu den Liefermärkten als Element einer neuen Weltwirtschaftsordnung*

Kiel Universität Kiel, Institut für Internationales Recht (Prof. Dr. J. Delbrück)
Symposion „Völkerrecht und Kriegsverhütung"

Universität Kiel, Institut für Weltwirtschaft (Prof. Dr. H. Giersch, Prof. Dr. J. B. Donges) – in Zusammenarbeit mit dem David Horowitz Institute for the Research of Developing Countries (DHI), Tel Aviv
* *Forschungsvorhaben „Die wirtschaftliche Integration Israels in die Europäische Gemeinschaft"*

Universität Kiel, Institut für Weltwirtschaft (Dr. R. Vaubel)
Der Zusammenhang zwischen dem Beschäftigungsniveau und Veränderungen der Inflationsrate und der Geldmengenexpansion im internationalen Vergleich und seine Implikationen für die internationale wirtschaftspolitische Koordination

Köln Universität Köln, Forschungsinstitut für Politische Wissenschaft und Europäische Fragen (Prof. Dr. H.-P. Schwarz) – in Verbindung mit Prof. Dr. R. Clapham, Gesamthochschule Siegen
* *Das Ordnungsproblem in der internationalen Wirtschaft und seine politischen Aspekte*

London International Institute of Communications, London (Joanna Spicer) – in Zusammenarbeit mit dem Institut für Publizistik, Universität Münster (Prof. Dr. W. Schulz)
Deutsche Teilstudie des internationalen Forschungsprojekts „Die Rolle von Funk und Fernsehen während der ersten direkten Wahlen zum Europäischen Parlament im Juni 1979"

The International Institute for Strategic Studies, London (Dr. Ch. Bertram)
* *Untersuchung der Möglichkeiten und Grenzen militärischer Machtmittel mit besonderer Berücksichtigung der europäischen Sicherheit und des europäisch-amerikanischen Verhältnisses*

Manchester University of Manchester, Institute of Science and Technology (Prof. A. S. Milward)
Beitrag zu der Monographie „Die Anfänge der europäischen Einigungspolitik 1945–1950" von Prof. Lipgens, Florenz

Mannheim Universität Mannheim, Institut für Sozialwissenschaften (Prof. Dr. R. Wildenmann)
Internationaler Projektverbund „European Elections Study"

München Universität München, Institut für Internationales Recht, Völkerrecht (Prof. Dr. B. Simma) – in Zusammenarbeit mit Prof. Dr. A. Verdross, Wien
Englischsprachige Gesamtdarstellung des Völkerrechts zur Verwendung in der Dritten Welt

Universität München, Seminar für Wirtschaft und Gesellschaft Südosteuropas (Prof. Dr. W. Gumpel)
Symposion „Auswirkungen der Vollmitgliedschaft Griechenlands in der Europäischen Gemeinschaft auf die griechische Wirtschaft"

University of New Orleans, Department of Political Science (Prof. W. J. Feld) — *New Orleans*
The Federal Republic and the European Community – Changing Attitudes, Politics and Images

The Graduate School and University Center of the City University, New York, — *New York*
Conference on History and Politics (Prof. G. Schwab)
Symposion über Eurokommunismus

Atlantic Institute for International Affairs, Paris — *Paris*
* *Forschungsprojekt „The Internal Fabric of the Atlantic Alliance: Toward Greater Resiliency"*

Universität Saarbrücken, Fachrichtung Politikwissenschaft (Prof. Dr. J. Domes) — *Saarbrücken*
* *Die Bedeutung des sowjetisch-chinesischen Konflikts für die internationale Politik der UdSSR, der USA und der Volksrepublik China, 1964–1976*

Max-Planck-Institut zur Erforschung der Lebensbedingungen der wissenschaftlich- — *Starnberg*
technischen Welt, Starnberg (Prof. Dr. K. Gottstein.)
Weiterführung des Projekts „Untersuchung spezieller Aspekte einer verstärkten Nutzung der Kernenergie"

Universität Thessaloniki, Institut für Völkerrecht und Internationale Beziehungen — *Thessaloniki*
(Prof. Dr. D. S. Constantopoulos)
Sommerkurs „Die Friedensbewegung und das humanitäre Recht"

Universität Zürich, Forschungsstelle für Politische Wissenschaft (Prof. Dr. D. Frei) — *Zürich*
Symposion „Definition und Messung von Entspannung"

Systemforschung / Programm Energiepolitik

In dem nach sechsjähriger Laufzeit beendeten Schwerpunkt wurden — *Rückblick*
Anträge noch bis zum 30. Juni 1978 entgegengenommen.
Mit ihrer Förderung der Systemforschung hat die Stiftung Volkswagenwerk zur Entwicklung dieses vergleichsweise jungen Wissenschaftszweiges, der erst nach dem Zweiten Weltkrieg allmählich an Bedeutung gewann, innerhalb der Bundesrepublik erheblich beigetragen*. Weltweiten Widerhall fand zu Beginn der Förderung die von der Stiftung finanzierte Studie „Grenzen des Wachstums", die im Auftrag des Club of Rome von

---

* Vgl. auch E. ZAHN, Systemforschung in der Bundesrepublik Deutschland. Bericht zur Situation eines interdisziplinären Forschungsgebietes. Schriftenreihe der Stiftung Volkswagenwerk [Bd. 9], Göttingen 1972 (siehe auch Publikationsverzeichnis im Anhang).

Wissenschaftlern des Massachusetts Institute of Technology/USA erstellt und 1972 publiziert wurde. Die Stiftung hatte bei der Einrichtung des Schwerpunktes auf eine thematische Konzentration zugunsten eines breiten Impulses verzichtet und hat damit verschiedene Disziplinen und Forschungseinrichtungen zu entsprechenden Arbeiten angeregt. Inzwischen vorgelegte Forschungsergebnisse und Publikationen lassen erkennen, daß die Systemforschung in der Bundesrepublik die für ihre weitere Entwicklung erforderliche Resonanz gefunden hat. Entsprechend der Praxis der Stiftung, Schwerpunkte nach angemessener Zeit zugunsten neuerer Förderungsaktivitäten zu beenden, wurde der Schwerpunkt nach dieser Initialwirkung abgeschlossen. Das schließt nicht aus, daß thematisch relevante und qualifizierte systemanalytische Vorhaben künftig in anderen Schwerpunkten gefördert werden.

Programm Energiepolitik
Mit Ablauf der Antragsfrist gingen auch eine Reihe von Anträgen ein, die sich der Energieproblematik und damit zusammenhängenden Fragen widmen. Das Kuratorium der Stiftung beschloß daraufhin, dieses Thema mit besonderer Akzentuierung aufzugreifen und eine Ausschreibung für „Forschungen zur Energiepolitik" vorzunehmen, die im ersten Halbjahr 1979 erfolgte (vgl. S. 227 f.).

Bisherige Förderung
Die Stiftung Volkswagenwerk hat seit 1972 insgesamt fast 15 Millionen DM für die Systemforschung bewilligt. Allein im Jahre 1978 wurden 15 Forschungsvorhaben mit rund 2,9 Millionen DM gefördert. Im Rahmen der Nachwuchsförderung wurden sechs Stipendien vergeben.

Integrierte Pflanzenschutzsysteme
Das Tropen-Institut der Universität Gießen entwickelt unter der Leitung von Professor Dr. J. Kranz „Simulationsmodelle für integrierte Pflanzenschutz-Systeme". Bei diesem mit rund 468 000 DM geförderten Vorhaben soll der Pflanzenschutz nicht isoliert, sondern als integrierter Systembestandteil eines komplexen und produktiven Agro-Ökosystems von Kulturpflanzen untersucht werden. Dieser systemtheoretische Ansatz soll dazu beitragen, Kultur- und Pflanzenschutzmaßnahmen im weitesten Sinne so aufeinander abzustimmen, daß sie sowohl betriebswirtschaftlichen Notwendigkeiten, als auch dem komplexen Zusammenhang von Pflanzenpathologie, Pflanzenanbau und ökologischer Gesamtbelastung der Umwelt gerecht werden. Zur Erfassung des komplexen Wirkungszusammenhangs werden Populationsmodelle entwickelt, in denen neben Pflanzenschädlingen auch andere, die Entwicklung des Agro-Ökosystems begrenzende Faktoren wie Pflanzenkrankheiten und Unkräuter einbezogen werden. Am Beispiel des Agro-Ökosystems Weizen sollen modelltheoretisch die biologischen, ökologischen und betriebswirtschaftlichen

Wechselwirkungen analysiert werden, um im Vorfeld der praktischen Anwendung mit Hilfe mathematischer Simulationsmodelle ein praktikables und wirtschaftlich sinnvolles System integrierter Pflanzenschutzmaßnahmen zu entwickeln. Methoden und Modelle sollen durch Übertragung und Anwendungsprüfung der relevanten Entscheidungsvariablen auf andere Agro-Ökosysteme evaluiert werden; durch systemare Modellverknüpfung verschiedener Systeme hofft man, der Praxis Beratungsgrundlagen für einen modernen Pflanzenschutz zur Verfügung stellen zu können.

Seit alter Zeit werden Fließgewässer zur „Abfallbeseitigung" benutzt. Der natürliche Selbstreinigungsprozeß der Gewässer unterliegt aber mit fortschreitender Industrialisierung einer immer stärkeren Belastung. Dadurch werden im wachsenden Umfang Sanierungsmaßnahmen im Gewässerschutz erforderlich. Wassergütewirtschaftliche Planungsmaßnahmen setzen aber Kenntnisse auch über die tatsächlichen Folgen umweltverändernder Maßnahmen und induzierter ökologischer Störungen voraus. Für die Weiterentwicklung und Anwendung systemanalytischer Planungsmethoden auf dem Gebiete der Wassergütesimulation und die Schließung von Forschungslücken auf dem Gebiet wassergütewirtschaftlicher Optimierungs- und Entscheidungsmodelle wurden dem Institut für Siedlungswasserwirtschaft der Universität Karlsruhe (Prof. Dr. H. Hahn) 492 000 DM für drei Jahre bewilligt.

Systemanalyse im Gewässerschutz

Mit dem Vorhaben „Systemanalyse im Gewässerschutz" sollen systemanalytische Planungsmodelle zur optimalen Anwendung von Sanierungsmaßnahmen im Gewässerschutz und ein systemanalytisches Instrumentarium zur Beurteilung von Investitionen in diesem Bereich entwickelt werden. Durch die angestrebte Verbindung wasserwirtschaftlicher Simulations- mit Optimierungs- und Entscheidungsmodellen können finanzielle Mittel unter Einbeziehung vielschichtiger Planungskriterien optimal eingesetzt werden; gleichzeitig kann eine Vielzahl von Planungsoptionen zur Sanierung berücksichtigt und die vielfältigen Auswirkungen von Kontrollkonzepten, wie zum Beispiel der Abwasserabgaben, dargestellt werden. Es wird erwartet, daß auf diese Weise anwendungssichere ökonomische Kosten-Nutzen-Optimierungsmodelle für Gewässersanierungen mit weitergehenden umweltbezogenen Planungsmaßnahmen in einem konsistenten Systemmodell verbunden werden.

Zur Deckung des weltweit ansteigenden Energiebedarfs sind veränderte energiepolitische Ziel- und Maßnahmensysteme sowie Strukturveränderungen der Energiewirtschaft notwendig. Diese Probleme sind Gegenstand von zwei Forschungsvorhaben, die sich in der Themenstellung ergänzen. Dem energiewirtschaftlichen Institut an der Universität Köln

Systeme der Energiewirtschaft

(Prof. Dr. H. K. Schneider) wurden für das Vorhaben „Alternative Systeme der Energiewirtschaft – Ein empirischer Vergleich der Strukturen und der Lenkungsmechanismen im Energiesektor ausgewählter Volkswirtschaften" rund 505 000 DM bewilligt.

Für die Fortführung eines seit 1974 mit rund 172 000 DM geförderten Projekts „Die Entwicklungsmöglichkeiten der Energiewirtschaft in der Bundesrepublik Deutschland – Untersuchungen mit Hilfe eines dynamischen Simulationsmodells", erhielt die Kernforschungsanlage Jülich GmbH, Programmgruppe Systemforschung und technologische Entwicklung (Leitung Dr. A. Voss), 284 000 DM, um das inzwischen entwickelte Energiemodell zu einem zielgeführten Simulationsmodell weiterzuentwickeln.

Bei der ländervergleichenden Studie steht die Frage der Effizienz marktwirtschaftlicher Steuerungsmechanismen für die zukünftige Energieversorgung unter der Zielsetzung möglichst geringer volkswirtschaftlicher Kosten im Vordergrund. Mit Hilfe der vergleichenden Analyse alternativer Lenkungskonzeptionen in Ländern mit unterschiedlicher Wirtschaftsverfassung können in einer quasi-experimentellen Situation nicht nur Leistungsfähigkeiten und Schwachstellen unterschiedlicher Systemstrukturen erfaßt, sondern auch die ordnungspolitischen und prozessualen Implikationen alternativer energiewirtschaftlicher Strategien und Instrumente auf ihre Anwendbarkeit und Flexibilität gegenüber veränderten Datenkonstellationen geprüft werden. Damit sollen die Risiken ordnungspolitischer Experimente bei der notwendigen Weiterentwicklung und Veränderung energiepolitischer Lenkungsmechanismen begrenzt werden.

Im zweiten geförderten Projekt soll das bereits entwickelte Energiemodell, dem Modelle für ein makro-ökonomisches, ein Energiebedarfs-, Energieversorgungs- und Umweltsubsystem zugrunde liegen, durch ein Kostenmodell erweitert werden; damit wären bei der Suche nach neuen Strategien zu langfristiger Energieversorgungs- und -verwendungspolitik zugleich Optimierungsberechnungen mit dem Ziel der Kostenminimierung möglich. Das Projekt soll zwar vor allem ein Beitrag zur methodischen Weiterentwicklung komplexer Modelle leisten und die Möglichkeiten und Grenzen zielgeführter Simulationsmodelle an Beispielen aus dem Energiebereich aufzeigen; das Energiemodell kann aber auch zu einem wirksamen Instrument für die Unterstützung politischer Entscheidungsfindungsprozesse ausgebaut werden.

Forschungen zur Energiepolitik
(begrenztes Förderungsprogramm)

Programm

Die Stiftung Volkswagenwerk möchte mit einem besonderen, zeitlich befristeten Förderungsprogramm (Antragsschlußfrist ist der 31. Oktober 1979) fachübergreifende Forschungen zu Fragen der Energiewirtschaft und der Energiepolitik anregen. Ziel des Programms ist die Förderung sozio-ökonomischer Analysen zu gegenwärtigen und zukünftigen Problemen der Energiewirtschaft und -politik, die auch auf energiepolitische Entscheidungen einwirkende naturwissenschaftlich-technische Faktoren und/oder politikwissenschaftliche, soziologische, sozialpsychologische und rechtliche Aspekte berücksichtigen. Angestrebt wird die verstärkte Einbeziehung von Wirtschafts- und Sozialwissenschaftlern in die energiewirtschaftliche und -politische Forschung und damit die Erweiterung interdisziplinärer Forschungskapazität, insbesondere auch im Hochschulbereich. Ein weiteres Ziel des Programms wird darin gesehen, durch fachübergreifende Forschungsansätze und -gruppen die Zusammenarbeit von Hochschulinstituten mit außeruniversitären Instituten zu unterstützen sowie die Forschungskooperation mit ausländischen wissenschaftlichen Einrichtungen zu verstärken.

Zielsetzung/ Thematik

In Öffentlichkeit und Wissenschaft konzentriert sich in der Bundesrepublik die energiepolitische Diskussion vor allem auf langfristige Probleme des Energieverbrauchs und der Energieversorgung sowie auf damit verbundene Engpaß-, Sicherheits- und Umweltrisiken. Für die wissenschaftliche Bearbeitung dieser Probleme bestehen vor allem im technisch-naturwissenschaftlichen Bereich beachtliche Forschungskapazität und ausreichende Förderungsmöglichkeiten; deshalb können solche Themen im Förderungsprogramm der Stiftung zurücktreten. Die begrenzte Verfügbarkeit von Energieressourcen erfordert jedoch nicht zuletzt die Suche nach neuen Möglichkeiten zur Beeinflussung der Energienachfrage, zur Umgestaltung bestehender Produktionsstrukturen, zur beschleunigten Einführung sozialverträglicher und energiesparender Technologien und zur Förderung energiebewußter Konsumgewohnheiten bei Individuen und Gruppen. Dies setzt Kenntnisse darüber voraus, wie sich die Ziele und Maßnahmen bestehender Energieprogramme sowie alternative energiepolitische Strategien in makro- und mikro-ökonomischen Zusammenhängen konkret auswirken, welche Wechselwirkungen zwischen technischer und ökonomisch-sozialer Entwicklung bestehen, wie energiepolitisch relevante Steuerungsmechanismen innerhalb und außerhalb des Preissystems konkret wirken und welche volkswirtschaftlichen und außerökonomischen Konsequenzen energiepolitische Alternativen haben können. Auch die politisch aktuelle Frage nach den Durchsetzungsmöglichkeiten energiepolitischer Entscheidungen erfordert fundierte Kenntnisse über die Erwartungshaltungen und Lernfunktionen sowie über (normativ bedingte) Verhaltensspielräume und Verhaltensweisen von Individuen und Gruppen. Die Stiftung Volkswagenwerk sieht hier einen dringenden und vielfältigen Bedarf für interdisziplinäre Forschungen.

Förderungs-möglichkeiten In diesem Rahmen sollen im besonderen Forschungsprojekte zu den folgenden Themen gefördert werden:

- Erwartungshaltungen und Lernfunktionen der im Wirtschaftsablauf Tätigen hinsichtlich energiewirtschaftliche Zusammenhänge
- Durchsetzungsmöglichkeiten energiepolitischer Entscheidungen sowie (normativ bedingte) Verhaltensspielräume und Verhaltensweisen von Individuen und Gruppen
- Die langfristige Rolle der Energiepreise und/oder ergänzende bzw. alternative Steuerungsmöglichkeiten außerhalb des Preissystems
- Die Analyse der vielfältigen Risikofaktoren bei der Sicherung der Energieversorgung (Versorgungssicherheit bzw. Krisenanfälligkeit)
- Innen- und außenpolitische Probleme beim Im- und Export von Energie und energietechnischen Anlagen.

Die genannten Themen lassen auch Raum für zusätzliche Fragestellungen.

Förderungsmöglichkeiten bestehen für Forschungsprojekte einzelner Wissenschaftler und Forschungsgruppen. Die Projekte sollten in der Regel interdisziplinäre Forschungsansätze verfolgen; besonders angesprochen sind Wirtschafts- und Sozialwissenschaftler sowie Ingenieur- und Naturwissenschaftler. Vorrangig gefördert werden fachübergreifende sowie internationale Forschungsprojekte und -gruppen.

1978/79 bewilligte und laufende (*) Projekte

Augsburg Universität Augsburg, Lehrstuhl für Volkswirtschaftslehre, Wirtschafts- und Sozialwissenschaftlicher Fachbereich (Prof. Dr. M. Pfaff)

* *Vorstudie zum Vorhaben „Soziale Gruppen und kommunale Infrastruktur – Eine systemische Analyse von Stadtqualitäten"*

Berlin Technische Universität Berlin, FB 18, Wirtschaftswissenschaften (Prof. Dr. E. Zwicker)

Entwicklung eines Programmpakets zur Sensitivitätsanalyse von System-Dynamics-Modellen

Institut für Zukunftsforschung GmbH, Berlin (H. Buchholz) *Berlin*
Entwicklung eines computergestützten Planungsmodellsystems zur Beeinflussung der Bevölkerungsentwicklung, des Arbeits- und Wohnungsmarktes

Universität Bielefeld, Institut für Mathematische Wirtschaftsforschung (Prof. Dr. H. W. Gottinger) *Bielefeld*
* *Arbeitstagung zur Vorbereitung des Projekts „Entscheidungsanalyse der Ressourcenverwendung und Ressourcenpolitik"*

Universität Bonn, Institut für Städtebau, Bodenordnung und Kulturtechnik (Prof. Dr.-Ing. B. Baitsch) *Bonn*
Fortsetzung des Forschungsvorhabens „Wasserwirtschaftliche Untersuchungen an künstlichen Seen (Baggerseen) im Hinblick auf Nutzungsgrenzen und Nutzungsprioritäten"

Technische Universität Clausthal, Institut für Bergbaukunde und Bergwirtschaftslehre (Prof. Dr.-Ing. F. L. Wilke) *Clausthal*
Grundsatzuntersuchungen zur Optimalgestaltung der Transporttechnologie in Festgesteintagebauen

Gesamthochschule Duisburg, FB Steuer- und Regelungstechnik (Prof. Dr.-Ing. H. Schwarz) *Duisburg*
Stabilitätsverhalten hierarchisch strukturierter Groß-Systeme

Universität Frankfurt/M., Institut für Physikalische Chemie (Prof. Dr. G. H. Kohlmaier) *Frankfurt*
* *Stabilitätsverhalten des natürlichen Kohlenstoffkreislaufs unter dem Einfluß ökotechnischer Entwicklungen*

Universität Gießen, Tropen-Institut (Prof. Dr. J. Kranz) *Gießen*
Simulationsmodelle für integrierte Pflanzenschutz-Systeme

Universität Göttingen, Institut für Agrarökonomie (Prof. Dr. H. de Haen und Prof. Dr. St. Tangermann, Frankfurt) – in Zusammenarbeit mit Prof. Dr. M. Mesarović/USA *Göttingen*
* *Forschungsprojekt „Der Beitrag der EG zur Verbesserung der Welternährungslage" und „Ein Weltmodell als Bezugsrahmen für die Untersuchung des möglichen Beitrags der EG zur Verbesserung der Welternährungslage"*

Universität Göttingen, Seminar für Versicherungswissenschaft (Prof. Dr. L. Männer)
* *Heuristische Entscheidungsmodelle für ein ökonomisch optimales System der gesetzlichen Krankenversicherung in der Bundesrepublik Deutschland*

Kernforschungsanlage Jülich GmbH, Programmgruppe Systemforschung und technologische Entwicklung (Dr. A. Voß, Dr. Köppe) *Jülich*
Verlängerung der Studie „Die Entwicklungsmöglichkeiten der Energiewirtschaft in der Bundesrepublik Deutschland – Untersuchung mit Hilfe eines dynamischen Simulationsmodells"

Karlsruhe Universität Karlsruhe, Institut für Entscheidungstheorie und Unternehmensforschung (Prof. Dr. H. Goeppl)
Einbeziehung der Umweltbelastung in Energiemodelle vom Häfele-Manne-Typ

Universität Karlsruhe, Institut für Siedlungswasserwirtschaft (Prof. H. Hahn Ph. D.)
Systemanalyse im Gewässerschutz

Institut für Systemtechnik und Innovationsforschung der Fraunhofer Gesellschaft, Karlsruhe – fortgeführt vom Institut für Angewandte Systemforschung und Prognose e. V., Hannover (Dr. H. Bossel)
* *Verhaltensbestimmende kognitive Elemente im nichtnumerischen Modell*

Köln Universität Köln, Energiewirtschaftliches Institut (Prof. Dr. H. K. Schneider)
Alternative Systeme der Energiewirtschaft – Ein empirischer Vergleich der Strukturen und der Lenkungsmechanismen im Energiesektor ausgewählter Volkswirtschaften

Universität Köln, Seminar für Allgemeine Betriebswirtschaftslehre und Betriebswirtschaftsplanung (Prof. Dr. N. Szyperski)
* *Analyse der sozio-ökonomischen Konsequenzen kommunaler Strategien – ANAKOS*

Universität Köln, Seminar für Sozialpolitik (Prof. Dr. Ph. Herder-Dorneich)
Theoretischer Teil des Projekts „Endogene Wachstumsprozesse im System der Gesetzlichen Krankenversicherung"

Laxenburg/ Österreich International Institute for Applied Systems Analysis (IIASA), Laxenburg/Österreich (R. E. Levien)
Wassermanagement – Methoden und Modelle zur regionalen Wasserbedarfsermittlung und ihre Integration in Wasserversorgungs-Systeme

International Institute for Applied Systems Analysis (IIASA), Laxenburg/Österreich (R. E. Levien)
A Workshop on Global Modelling

Mainz Universität Mainz, Institut für Zoologie (Prof. Dr.-Ing. W. von Seelen)
Untersuchung von Modellen zur Identifikation von zeitvarianten dynamischen Systemen bezüglich Aufwand an Messungen, Rechnungen und Genauigkeit der Approximation

Mannheim Universität Mannheim, Industrieseminar (Prof. Dr. G. von Kortzfleisch). Stipendium für Dipl.-Kfm. J. Schöttner
Teilnahme am 2. IIASA-Sommer-Programm in Laxenburg/Wien

München Universität München, Institut für Empirische Wirtschaftsforschung (Prof. Dr. E. von Böventer)
* *Weiterführung des Projekts „Der volkswirtschaftliche Konjunkturzyklus – Systemtheoretische Erklärung und wirtschaftspolitische Anwendungen"*

Universität Osnabrück, FB 1, Sozialwissenschaften (Prof. Dr. N. Müller)   *Osnabrück*
* *Hierarchisch-sequentielle Dekomposition eines regionalen Systemmodells für den Raum Melle*

Universität Stuttgart, Betriebswirtschaftliches Institut, Abt. IV (Prof. Dr. E. Zahn)   *Stuttgart*
Die Evolution als Grundlage der Planung sozio-technischer Systeme

Universität Stuttgart, Institut für Kernenergetik (Prof. Dr. K. H. Höcker)
* *Fortführung des Forschungsprojekts „Simulation des Systems Energie-Umwelt für begrenzte Wirtschaftsräume"*

Universität Stuttgart, Institut für Kernenergetik (Prof. Dr. K. H. Höcker)
Übertragung der unter globalem Aspekt gewonnenen Forschungsergebnisse zur Energieversorgung auf die Bundesrepublik Deutschland

Universität Stuttgart, Institut für Landschaftsplanung (Prof. Dr. G. Kaule)
Vorstudie „Energieangebot und -verbrauch als ökologischer und sozio-ökonomischer Planungsfaktor in der Regionalebene"

Unkonventionelle und Folgeprojekte

Als privatrechtliche Stiftung ist die Stiftung Volkswagenwerk um eine möglichst große Flexibilität bemüht. Mit Recht erwartet man von ihr die Bereitschaft, Risiken bei der Förderung einzugehen. Trotzdem muß auch sie sich in den Gesamtrahmen von Forschung und Lehre und ihrer Förderung in der Bundesrepublik einfügen. Sie tut dies durch die Konzentration ihrer Förderungsmittel auf Schwerpunkte als ein flexibles Förderungsprogramm, das sie den sich wandelnden Erfordernissen der Wissenschaft entsprechend fortentwickelt. Um die dafür notwendigen Anregungen und Informationen zu erhalten, sucht die Stiftung den Kontakt mit der Wissenschaft auch außerhalb fach- bzw. themengebundener Schwerpunkte, zum Beispiel mit der fachoffenen Förderung von Symposien und Akademie-Stipendien.

Das Schwerpunktprogramm kann selbstverständlich nur einen Rahmen für vorhersehbare Entwicklung liefern, der von der Wissenschaft mit eigenen Ideen und Leistungen zu füllen ist. Da es aber gerade ein Wesenszug der Wissenschaft ist, auf Unvorhersehbares zu stoßen, schließt die

Stiftung eine Förderung auch außerhalb der Schwerpunkte nicht aus. Sie stellt jährlich einen bestimmten Anteil (ca. 10 Prozent ihrer überregionalen Förderungsmittel) für sogenannte unkonventionelle Vorhaben bereit. Sie möchte damit die Wissenschaftler einladen, sich mit neuartigen, in den verschiedenen Programmen und Schwerpunkten der deutschen Förderungsorganisation noch nicht berücksichtigten Vorhaben an die Stiftung Volkswagenwerk zu wenden. Dafür dürfte sich zunächst die Übersendung eines Entwurfs oder eines Memorandums an die Geschäftsstelle eignen, um dann eventuell in einem zusätzlichen persönlichen Gespräch die Möglichkeiten einer Förderung zu erkunden beziehungsweise auch von seiten der Stiftung im Einzelfall gangbare Wege aufzuzeigen. Die Stiftung hofft, auf diese Weise in vertrauensvoller Zusammenarbeit mit der Wissenschaft die Flexibilität und den Pluralismus der Forschungsförderung in der Bundesrepublik Deutschland zu stärken. Selbstverständlich müssen auch die unkonventionellen Förderungsmaßnahmen wissenschaftlich solide sein und im Einklang mit der Satzung der Stiftung stehen. Aus solcher Förderung können sich gegebenenfalls neue Schwerpunkte entwickeln.

Daneben hält die Stiftung ihre Förderungsmöglichkeiten auch offen für Projekte, die nur durch die besonderen Möglichkeiten einer unabhängigen Stiftung (Flexibilität, Risikobereitschaft, Neutralität) zu verwirklichen sind, aber auch für Vorhaben, die als Folge – zum Beispiel für den Abschluß – einer früheren Förderung sinnvoll sind.

Startfinan- Von den unkonventionellen Vorhaben des Jahres 1978 sind zunächst
zierungen einige Startfinanzierungen für Institute oder deren Gebäude hervorzuheben.

Institut für Eine Empfehlung des Wissenschaftsrates aus dem Jahre 1975 aufgreifend,
Ausländi- hatte sich die Stiftung Volkswagenwerk zur Startfinanzierung eines Insti-
sches und tuts für Internationales und Ausländisches Finanz- und Steuerrecht bereit-
Internatio- erklärt. Hierzu gingen aus drei Bundesländern Anträge ein, über die
nales Fi- durch einen Gutachterkreis und das Kuratorium der Stiftung vergleichend
nanz- und beraten wurde. Als Ergebnis erhielt die Universität Hamburg 4,5 Millio-
Steuerwesen nen DM für den Aufbau eines „Instituts für Ausländisches und Internationales Finanz- und Steuerwesen".

Die Kooperation von Staaten in internationalen Organisationen, Staatengemeinschaften und Wirtschaftsunionen, die Fragen der Entwicklungshilfe, das Anwachsen privatwirtschaftlich veranlaßter Waren-, Leistungs- und Kapitalströme über staatliche Grenzen hinweg machen es notwendig, daß sich die Wissenschaft unter juristischen wie einzel- und gesamtwirtschaftlichen Aspekten mit internationalen und ausländischen Finanzordnungen und Steuersystemen, aber auch mit den Finanzordnungen supranationaler Organisationen auseinandersetzt. Das neu gegründete Institut soll dem besonderen Bedarf an kontinuierlicher und systematischer Forschung auf dem Gebiet des ausländischen und internationalen Finanz- und Steuerwesens in der Bundesrepublik Deutschland in Forschung, Lehre und Dokumentation Rechnung tragen; es soll seine Arbeit an den Erfordernissen der Praxis, d.h. den Bedürfnissen der Gesetzgebung, der staatlichen Finanzpolitik und der Einzelwirtschaften, orientieren und Lösungsmöglichkeiten der auf dem Gebiet der internationalen Besteuerung in diesen Bereichen aufgeworfenen Fragen zu entwickeln versuchen. Im Vordergrund stehen wegen ihres erheblichen wissenschaftlichen und praktischen Interesses die folgenden drei interdisziplinären Forschungsthemen: Zwischenstaatliche Aufteilung von Besteuerungsrechten; Harmonisierung der direkten Steuern, speziell der Körperschaftsteuer in den Staaten der Europäischen Gemeinschaft; internationale und ausländische Besteuerung der Geschäftstätigkeit multinationaler Unternehmen. Daneben sind Forschungsprojekte geplant, die sich eindeutig dem Gebiet der internationalen Finanzwissenschaft und der internationalen betriebswirtschaftlichen Steuerlehre zuordnen lassen und den beteiligten Wissenschaftlern Möglichkeiten der individuellen Schwerpunktbildung ermöglichen. Die Stiftung hofft, daß mit ihrer Starthilfe ein leistungsfähiges Institut entsteht, das in der Verbindung von Wissenschaft und Praxis ein neues, für die Zukunft wichtiges Forschungs- und Arbeitsgebiet erschließt.

Das neue Hochschulinstitut ist als zentrale, senatsunmittelbare Einrichtung nicht einem bestimmten Fachbereich zugeordnet. Vorgesehen ist eine gleichberechtigte interdisziplinäre Zusammenarbeit von Rechtswissenschaft und Wirtschaftswissenschaft, getragen von je einem Hochschullehrer für Finanz- und Steuerrecht, für betriebswirtschaftliche Steuerlehre und für Finanzwissenschaft. Darüber hinaus ist an eine Kooperation mit assoziierten Mitgliedern gedacht, d.h. mit den an der Universität Hamburg lehrenden Professoren für Öffentliches Recht einschließlich Finanz- und Steuerrecht, für Handels-, Gesellschafts-, Deutsches und Internationales Wirtschaftsrecht und für Finanzwissenschaft; die assoziierten Mitglieder sollen fachlich erheblich und kontinuierlich an der Arbeit des neuen Instituts beteiligt sein. Eine ständige Gastprofessur ist vorgesehen, um insbesondere die geplante internationale Kooperation zu unterstützen. Ein Beirat aus Vertretern von Wissenschaft, Wirtschaft (einschließlich der Gewerkschaften) und Finanzverwaltung (u.a.) wird die Institutsarbeit begleiten. Daneben ist ein Förderverein vorgesehen.

Max-Planck-Institut für Psycholinguistik

Die Startfinanzierung für eine Projektgruppe für Psycholinguistik in Nijmegen/Niederlande (Prof. Dr. W. Levelt; vgl. auch Bericht 1976/77, S. 172 ff.), für die die Stiftung Volkswagenwerk seit 1976 insgesamt 2,9 Millionen DM bewilligt hat (davon 900 000 DM 1978), hat im Frühjahr 1979 zum Beschluß der Gründung eines entsprechenden Max-Planck-Instituts geführt. Die aus interdisziplinärer übernationaler Zusammenarbeit erwachsene Projektgruppe hat bereits gute Ergebnisse erzielt und ein sehr positives Echo gefunden.

Georg-Eckert-Institut

Den Um- und Ausbau einer 1839 im ausgehenden klassizistischen Stil erbauten und heute unter Denkmalschutz stehenden Villa in Braunschweig als künftigen Sitz des Georg-Eckert-Instituts für Internationale Schulbuchforschung fördert die Stiftung mit insgesamt rund 3,4 Millionen DM (davon 1,7 Millionen DM über das Niedersächsische Vorab). Die bisherige Unterbringung dieses Instituts in angemieteten Räumen genügte längst nicht mehr seinen Aufgaben, vor allem nicht den Erfordernissen der Bibliotheksbenutzung und der Veranstaltung internationaler Schulbuchkonferenzen. Das von Georg Eckert gegründete, seit Oktober 1978 von Professor Dr. K. E. Jeismann geleitete Institut, dessen laufende Kosten bisher sieben Bundesländer tragen, hat die Aufgabe, durch internationale Schulbuchforschung historische, politische und geographische Darstellungen in den Schulbüchern der Bundesrepublik Deutschland und der Nachbarländer miteinander zu vergleichen und Empfehlungen zu ihrer Versachlichung vorzulegen. Es organisiert entsprechende internationale Sachverständigentagungen, berät Autoren, Herausgeber und Verleger von Schulbüchern, erstellt Gutachten und unterstützt Forschungsarbeiten.

Museum auf Samos

Das Deutsche Archäologische Institut (DAI) feiert im Jahre 1979 den 150. Jahrestag seiner Gründung. Aus diesem Anlaß stellte die Stiftung Volkswagenwerk der Abteilung Athen des DAI (Prof. Dr. H. Kyrieleis) 800 000 DM für die Errichtung eines Forschungsmuseums in Vathy auf der griechischen Insel Samos zur Verfügung. In diesem Gebäude sollen die zahlreichen bedeutenden Funde deutscher Archäologen auf Samos, insbesondere aus der Ausgrabung des antiken Hera-Heiligtums, sachgemäß untergebracht und nach heutigen Erkenntnissen der Museologie ausgestellt werden. Das Forschungsprogramm soll griechischen und deutschen Archäologen die Möglichkeit geben, die antiken Skulpturen und Keramiken im Zusammenhang mit den übrigen Zeugnissen dieser Kulturlandschaft zu untersuchen und dabei wissenschaftliche Kontakte zu verstärken. Die Förderung der Stiftung wird damit auch einem Land zugute kommen, das dem Deutschen Archäologischen Institut große Arbeitsmöglichkeiten bietet.

Die Stiftung Volkswagenwerk hatte bereits in früheren Jahren eine Reihe von deutschen Gastlehrstühlen in den Vereinigten Staaten startfinanziert. Mit einer Bewilligung von 600 000 DM für die fünfjährige Startphase einer deutschen Gastprofessur für vergleichende westeuropäische Studien an der Stanford University, Kalifornien, wurde erstmals eine Universität des amerikanischen Westens in diese Förderung einbezogen. Die Stanford University will mit dieser Gastprofessur ihren Studenten ein noch breiteres Angebot an Vorlesungen und Seminaren über die Entwicklung und die Probleme nachindustrieller Gesellschaften vermitteln. Politische, ökonomische und soziale Fragestellungen des gegenwärtigen Westeuropa und seiner jüngsten Geschichte stehen dabei im Mittelpunkt. Die für jeweils ein Studienjahr berufenen deutschen Wissenschaftler sollen daher in erster Linie Fachrichtungen wie Neuere und Zeitgeschichte, Politikwissenschaft und Soziologie, aber auch Wirtschafts- und Rechtswissenschaften vertreten. Als erster Gastprofessor der Stiftung hielt sich der Heidelberger Politikwissenschaftler Professor Dr. K. von Beyme im Studienjahr 1978/79 in Stanford auf. Themen seiner Lehrveranstaltungen waren das politische System Westeuropas, einschließlich der Bundesrepublik Deutschland, neuere Entwicklungen der Parteienlandschaft in Westeuropa und Fragen von Kooperation und Konflikt zwischen den Interessengruppen. Für das Studienjahr 1979/80 ist der Mannheimer Soziologe Professor Dr. W. Zapf auf den Gastlehrstuhl berufen worden.

Gastlehrstuhl in den USA

Neben den beiden letztgenannten größeren institutionellen Förderungen im Ausland konnten außerhalb der Schwerpunkte auch Mittel für eine Reihe von Forschungsvorhaben mit internationalem oder länderspezifischem Auslandsbezug bewilligt werden.

Weitere auslandsbezogene Projekte

„Der OECD-Muster-Entwurf eines Doppelbesteuerungsabkommens – Analyse, Praxis und Fortentwicklung unter besonderer Berücksichtigung der Beziehungen zu Entwicklungsländern" ist Thema eines Forschungsvorhabens am Institut für Politik und Öffentliches Recht (Prof. Dr. K. Vogel), Universität München (652 500 DM). Doppelbesteuerung entsteht dort, wo mehrere Staaten denselben Steuerpflichtigen wegen desselben Sachverhalts zur Besteuerung heranziehen. Das ist u. a. bei Grenzgängern, im Ausland studierenden Stipendiaten, besonders aber bei jeder über die Grenze hinaus reichenden Wirtschaftstätigkeit der Fall. Da solche Doppelbesteuerung ungerecht ist, aber auch ein schwerwiegendes Hemmnis für den internationalen Wirtschaftsverkehr, bemühen sich die Staaten, sie

Doppelbesteuerungs-Abkommen – OECD-Entwurf

teils durch einseitige Regelungen, teils durch Abschluß internationaler Verträge (sog. Doppelbesteuerungsabkommen) zu vermeiden. Ein „Muster" für Doppelbesteuerungsabkommen hat seit den 50er Jahren die Organisation für wirtschaftliche Zusammenarbeit und Entwicklung (OECD) erarbeitet. Die Bundesrepublik hat seither – ebenso wie viele andere Staaten – dieses Modell ihrer Vertragspraxis zugrunde gelegt. Allerdings wirft das OECD-Muster-Abkommen nach wie vor zahlreiche Auslegungsfragen auf. Vor allem für die Beziehungen zwischen Industriestaaten und Entwicklungsländern erscheint es weniger gut geeignet. Daher ist eine grundsätzliche wissenschaftliche Analyse des Modells – der finanzpolitischen, juristischen und betriebswirtschaftlichen Erwägungen, die zu den Regelungsvorschlägen geführt haben, sowie der praktischen Probleme, die sich bei seiner Anwendung ergeben – geboten. Sie soll am Beispiel ausgewählter Abkommen durchgeführt werden und Vorschläge für die künftige Anwendung und Fortentwicklung der Abkommen einschließen. Auf die Beziehungen zu den Entwicklungsländern und die im Verhältnis zu ihnen angemessenen Lösungen wird dabei besonderes Gewicht gelegt. Das Vorhaben soll die Arbeiten des mit Hilfe der Stiftung in Hamburg neu gegründeten Instituts für Ausländisches und Internationales Finanz- und Steuerwesen ergänzen.

Europäisches Universitäts-Management

Gegenwärtiger Stand und künftige Entwicklungen des Universitätsmanagements in Europa werden in einem internationalen Forschungsvorhaben untersucht, für das die Stiftung Volkswagenwerk der Universität Saarbrücken (Kanzler Dr. H. J. Schuster) 60 000 DM bewilligt hat. An dem von der OECD angeregten Projekt, das von der Ford Stiftung mitfinanziert wird, sind Praktiker der Universitätsverwaltungen und Managementwissenschaftler aus Belgien, Dänemark, Großbritannien, Frankreich, Irland, Italien, Spanien, der Schweiz und der Bundesrepublik beteiligt. Sie gehen der Frage nach, wie die wissenschaftlichen Hochschulen in Europa im vergangenen Jahrzehnt den veränderten Anforderungen an Leitung und Verwaltung entsprochen haben und welche Managementprobleme sich voraussichtlich in naher Zukunft stellen werden.

Sekundarschulwesen in Griechenland

Dem Deutschen Institut für Internationale Pädagogische Forschung, Frankfurt/M. (Prof. Dr. W. Mitter), wurden rund 253 000 DM für ein Forschungsvorhaben „Gesellschaftsentwicklung und Reform des Sekundarschulwesens in Griechenland" zur Verfügung gestellt. In dem Projekt, das von einem jungen griechischen Wissenschaftler bearbeitet und in Kooperation mit dem nationalen Zentrum für Bildungsforschung (KEME) in Athen und einem weiteren griechischen Erziehungswissenschaftler durchgeführt wird, sollen Strukturprobleme des griechischen Sekundarschulwesens untersucht werden. Ausgangspunkt ist die These, daß in den letzten Jahrzehnten in Griechenland Schulentwicklung und gesellschaftliche Erfordernisse extrem disparat verlaufen seien. Infolge einer inhaltlich und strukturell veralteten Gymnasialkonzeption bestehe ein Überangebot an klassisch-philologisch ausgebildeten Abiturienten, das im Hochschulbereich und vom Beschäftigungssystem nicht absorbiert werden könne. Erste Antworten des politischen Systems auf diese Situation in den Reformen von 1976 und 1977 sollen ebenfalls untersucht werden. Das Projekt wird damit Informationslücken über einen wesentlichen Bereich des sozialen Systems in einem jüngst der EG beigetretenen Land schließen können.

Eine Bewilligung im Rahmen des 1977 beendeten Förderungsschwerpunktes „Vergleichende Regionalforschung" ermöglichte es dem Council for the Development of Economic and Social Research (CODESRIA), einem Zusammenschluß sozial- und wirtschaftswissenschaftlicher Forschungsinstitute in Afrika mit einem Sekretariat in Dakar/Senegal, im Dezember 1978 eine afrikanisch-lateinamerikanische Tagung durchzuführen. Eine Gruppe afrikanischer Sozialwissenschaftler traf erstmalig mit einer Gruppe lateinamerikanischer Wissenschaftler des Concilio Latino Americano de Cienzas Sociales (CLASCO) zusammen, um die Möglichkeiten vergleichender Studien über Bezüge zwischen landwirtschaftlicher und industrieller Entwicklung ausgewählter afrikanischer und lateinamerikanischer Länder auf der Grundlage vorbereiteter Einzelbeiträge zu beraten. Von einem Beobachter wurde dieser Tagung eine wesentliche Bedeutung für die zukünftige wirtschafts- und sozialwissenschaftliche Forschung in der Dritten Welt beigemessen, weil hier erstmals wissenschaftliche Kontakte zwischen zwei Kontinenten der Dritten Welt ermöglicht wurden. Angesichts der noch immer vorherrschenden wissenschaftlichen Orientierung auf Europa und Nordamerika seien diese „Süd-Süd-Beziehungen" von wachsendem Wert. Die Fortsetzung des Meinungsaustausches unter stärker eingegrenzten Themenstellungen ist beabsichtigt.

Afrikanisch-südamerikanische Zusammenarbeit

Eine stadtsoziologische Fallstudie „Stadt im Wandel – Wolfsburg nach 40 Jahren" wird vom Fachgebiet Planungsbezogene Soziologie am Lehrstuhl für Grünplanung – Landschaftsplanung der Ballungsräume – der Universität Hannover (Prof. Dr. U. Herlyn) erstellt (255 800 DM). Die Arbeit schließt an eine 1967 veröffentlichte (seinerzeit von der Deutschen Forschungsgemeinschaft geförderte) Studie über den Stadtwerdungsprozeß Wolfsburgs an, die damals breite Resonanz in der Fachöffentlichkeit gefunden hat. Die neue Untersuchung soll den Befund der ersten Studie nach etwa 15 Jahren Weiterentwicklung der Stadt überprüfen. Die zentrale Fragestellung ist: Wie hat sich Wolfsburg im Laufe der Zeit verän-

Stadtsoziologie „Stadt im Wandel"

dert und wie das Verhalten und die Einstellung der Bewohner in und zu ihrer Stadt? Stärker als in der ersten Studie soll der paradigmatische Charakter des Prozesses der Stadtentwicklung und der gemeindlichen Integration herausgearbeitet werden. Es geht also allgemein um den gesellschaftlichen Wandel am Beispiel Wolfsburg (z. B. Ausgestaltung und Aneignung alter und neuer Wohnquartiere, Ausbau und Gebrauch der Freizeitinfrastruktur, Zentrumsbildung und -nutzung, Eingemeindung umliegender Dörfer).

Geschichte der Arbeiterbewegung

Die Historische Kommission zu Berlin (Prof. Dr. O. Büsch) wird in Koordination mit der von ihr herausgegebenen „Internationalen wissenschaftlichen Korrespondenz zur Geschichte der Arbeiterbewegung (IWK)" in den nächsten Jahren ein Findmittel für die Bestände zur Geschichte der deutschen Arbeiterbewegung in den Staatsarchiven der Bundesrepublik Deutschland erarbeiten (rd. 187 000 DM). Diese Quellenerschließung ergänzt das seit 1977 von der Stiftung geförderte Verbundprojekt des Archivs der Sozialen Demokratie der Friedrich-Ebert-Stiftung, Bonn-Bad Godesberg, zur „Quellensicherung zur Geschichte der Deutschen Arbeiterbewegung" und erweitert damit die Forschungsmöglichkeiten auf dem Gebiet der deutschen Sozialgeschichte.

Mao-Ausgabe

Seit 1976 bereitet am Institut für Asienkunde, Hamburg (Dr. W. Draguhn, Prof. Dr. H. Martin), eine Arbeitsgruppe von Sinologen eine deutsche Ausgabe der neueren Schriften von Mao Zedong vor. Aktuelle Entwicklungen, wie der Tod Maos, das Erscheinen eines weiteren Bandes der offiziellen Pekinger Mao-Ausgabe und das Auffinden zahlreicher bisher unbekannter Mao-Texte in Ostasien, Europa und den USA machten es erforderlich, daß ein neuer Editionsplan entwickelt wurde.
Die Stiftung hat 1978 für den Abschluß des Projekts „Wissenschaftliche Erschließung von Mao Zedong-Materialien 1949–1976" nochmals rund 282 000 DM bewilligt, so daß für die vierjährige Durchführung des Editionsunternehmens nunmehr rund 574 000 DM zur Verfügung stehen. In Zusammenarbeit mit China-Wissenschaftlern des In- und Auslandes werden die bisher unveröffentlichten Mao-Schriften zu einer siebenbändigen deutsch-chinesischen Ausgabe im Gesamtumfang von rund 3 850 Seiten ausgewählt, zusammengestellt, übersetzt, kommentiert und indiziert. Die ersten zwei Bände dieser Edition sind im Mai 1979 erschienen (Carl Hanser-Verlag, München).

Evaluation „Innovationsforschung am Beispiel der Grundschule"

Im Januar 1979 fand eines der schwierigsten Förderungsprojekte der Stiftung in der Bildungsforschung seinen Abschluß, für das sie von 1972 bis 1977 rund 2,3 Millionen DM zur Verfügung gestellt hat: „Innovationsforschung am Beispiel der Grundschule" unter der Leitung von

Professor Dr. W. Klafki (Erziehungswissenschaftliches Seminar der Universität Marburg). Wegen der wissenschaftlichen und praktischen Schwierigkeiten dieses Handlungsforschungsprojektes hatte die Stiftung zur laufenden Begutachtung einen wissenschaftlichen Beirat berufen (Vorsitz Prof. Dr. F. E. Weinert, Heidelberg). In seinem Anfang 1979 übergebenen kritischen Abschlußbericht nimmt der Beirat nicht nur zu Ablauf und Ergebnis des Projekts Stellung, sondern auch grundsätzlich zu Problemen der Förderung pädagogischer Handlungsforschung und zu Kriterien für Berufung und Tätigkeit eines wissenschaftlichen Beirats. Er kommt zu einer positiven Beurteilung des geförderten Projekts, das Möglichkeiten und Fragen der Handlungsforschung als Beitrag zur Innovation im Schulwesen deutlich gemacht habe. Er schätzt den Ertrag der dabei geleisteten Entwicklungsarbeit – zum Beispiel didaktische Konzeption, Unterrichtsmaterialien, Möglichkeiten der Nutzung durch andere Grundschullehrer – sehr hoch ein, den Ertrag auf der Forschungsebene im engeren Sinne demgegenüber geringer, was er aus Projektansatz und -ablauf ableitet. Der Beirat bedauert dabei, daß es nicht gelungen sei, das auf der Forschungsebene generell zu konstatierende Theorien- und Methodendefizit der Handlungsforschung mit diesem Projekt zu verringern. Nach den gemachten Erfahrungen empfiehlt der Beirat die weitere Förderung von Handlungsforschungsprojekten vor allem dann, wenn sie einen direkten Austausch zwischen Theorieentwicklung und Praxisveränderung bedingt und anstrebt, und wenn die Prozesse und die Problemlösungen im Verlauf des Projekts formalsystematisch dokumentiert werden, so daß eine „Metatheorie" von Handlungsforschung ermöglicht wird.

1978/79 bewilligte unkonventionelle Vorhaben

Institut für Demoskopie, Allensbach (Prof. Dr. Elisabeth Noelle-Neumann) *Allensbach*
Abschließende Finanzierung der Studie über die Lage der Forschung an den deutschen Universitäten

Deutsches Archäologisches Institut, Abt. Athen (Prof. Dr. H. Kyrieleis) *Athen*
Erweiterungsbau für das Museum in Vathy/Samos

Historische Kommission zu Berlin (Prof. Dr. H. Herzfeld) *Berlin*
Erfassung und Erschließung der Quellen zur Geschichte der deutschen Arbeiterbewegung in den Staatsarchiven der Bundesrepublik Deutschland

Friedrich-Naumann-Stiftung, Bonn (Dr. F. Fliszar) *Bonn*
Erschließung der Quellen zum politischen Liberalismus in Deutschland

Friedrich-Naumann-Stiftung, Bonn (Dr. F. Fliszar)
Baukostenzuschuß für den Neubau und die Einrichtung des politischen Archivs

Braunschweig Universität Braunschweig, Lehrstuhl B für Politikwissenschaft (Prof. Dr. K. Lompe)
Enquete-Kommissionen als Beispiel der wissenschaftlichen Politikberatung in der Bundesrepublik Deutschland / Vorstudie

Universität Braunschweig, Lehrstuhl B für Politikwissenschaft (Dr. H. H. Rass)
Royal Commissions in Großbritannien – zwei Fallstudien

Georg-Eckert-Institut für Internationale Schulbuchforschung, Braunschweig
Zuschuß für den Um- und Ausbau der „Villa von Bülow" als neues Institutsgebäude

Frankfurt Universität Frankfurt/M., Historisches Seminar, Osteuropäische Geschichte (Prof. Dr. K. Zernack)
Abschluß des Projekts „Handbuch der Geschichte Rußlands"

Deutsches Institut für Internationale Pädagogische Forschung, Frankfurt/M. (Prof. Dr. W. Mitter)
Gesellschaftsentwicklung und Reform des Sekundarschulwesens in Griechenland

Freiburg Universität Freiburg/Br., Institut für Biologie I (Prof. Dr. B. Hassenstein)
Biologische Anthropologie

Göttingen Max-Planck-Institut für Biophysikalische Chemie, Göttingen, Abt. Biochemische Kinetik (Prof. Dr. M. Eigen, Dr. B. Gutte)
Chemische Synthese von nukleinsäure-bindenden Proteinen und Modellenzymen

Hamburg Universität Hamburg
Startfinanzierung eines „Instituts für Ausländisches und Internationales Finanz- und Steuerwesen"

Hannover Universität Hannover, Fachgebiet Planungsbezogene Soziologie am Lehrstuhl für Grünplanung (Prof. Dr. U. Herlyn)
Stadt im Wandel – Wolfsburg nach 40 Jahren

Marburg Universität Marburg, Institut für Angewandte Physik (Prof. Dr. H. Reitböck)
Raum-zeitliche Aktivitätsmuster in neuralen Systemen

München Universität München, Institut für Politik und Öffentliches Recht (Prof. Dr. K. Vogel)
Der OECD-Musterentwurf eines Doppelbesteuerungsabkommens

Max-Planck-Gesellschaft, München
30 m-Teleskop für radioastronomische Beobachtungen im Millimeter-Wellenbereich

Max-Planck-Gesellschaft, München
Einjährige Verlängerung der Finanzierung der Projektgruppe Psycholinguistik in Nijmegen

Universität Münster, Geologisch-Paläontologisches Institut und Museum (Dipl.-   *Münster*
Geol. R. Baumeister)
Anschaffung eines Composers zur Herausgabe der Zeitschrift „Münstersche Forschungen zur Geologie und Paläontologie"

Universität Münster, Institut für Politikwissenschaft (Prof. Dr. G. W. Wittkämper, Prof. Dr. J. von Kempski)
Fortführung des Projekts „Markt – Plan und Staat – Strukturtheoretische Untersuchungen"

Universität Saarbrücken (Kanzler Dr. H. J. Schuster)   *Saarbrücken*
Universitätsmanagement in Europa – Der gegenwärtige Stand und künftige Entwicklungen

Stanford University, Stanford, Cal./USA (R. W. Lyman)   *Stanford/USA*
Deutsche Gastprofessur für vergleichende westeuropäische Studien

Universität Tübingen, Deutsches Institut für Fernstudien / DIFF (Prof. Dr. G.   *Tübingen*
Dohmen)
Ergänzende Mittel für das Projekt „Zeitungskolleg"

Woodrow Wilson International Center for Scholars, Washington D.C. (Dr.   *Washington*
J. H. Billington)
Fellowships für deutsche und westeuropäische Wissenschaftler

Hessisches Landesamt für Bodenforschung, Wiesbaden (Dr. E. Bargon)   *Wiesbaden*
Forschungsbohrung im Untergrund der Hessischen Senke

1978/79 bewilligte Folgeprojekte

Freie Universität Berlin, FB Politische Wissenschaft (Prof. Dr. M. Jänicke)   *Berlin*
Weiterführung des Projekts „Politik und Ökologie der entwickelten Industriegesellschaften"

Universität Bielefeld, Laborschule (Dr. K. Liebenberg)   *Bielefeld*
Fortführung des Vorhabens „Einführung und Weiterentwicklung von Elementen eines integrierten Curriculums Naturwissenschaften/Technik in Schulen der Sekundarstufe I"

Universität Bochum, Abt. für Ostasienwissenschaften, Sektion Sprache und Litera-   *Bochum*
tur Japans (Prof. Dr. B. Lewin)
Druckkostenzuschuß für den Band „Japanische Politikwissenschaft" der Reihe „Japanische Fachtexte"

Universität Bonn, Seminar für Orientalische Sprachen (Prof. Dr. W. Chiao)   *Bonn*
Erstellung eines Lehrprogramms zur Phonetik des Chinesischen für deutsche Studierende und die dazugehörigen Grundlagenforschungen

Bonn Deutsche Sektion des Internationalen Instituts für Verwaltungswissenschaften, Bonn (Dr. Reschke)
Druckkostenzuschuß zur Veröffentlichung der Projektergebnisse der Untersuchung „Folgen und Folgeprobleme der kommunalen Gebietsreform"

Dakar/Senegal Council for the Development of Economic and Social Research in Africa (CODESRIA), Dakar/Senegal (A. S. Bujra)
Vergleichende Analyse der Beziehungen zwischen industrieller und landwirtschaftlicher Entwicklung zwischen verschiedenen lateinamerikanischen und afrikanischen Staaten

Frankfurt Universität Frankfurt/M., Zoologisches Institut (Prof. Dr. G. Neuweiler)
Teilnahme deutscher Wissenschaftler am internationalen Symposion über Echoortungssysteme der Tiere

Hamburg Institut für Asienkunde, Hamburg (Dr. W. Draguhn, Prof. Dr. H. Martin)
Abschluß der wissenschaftlichen Erschließung von Mao Zedong-Materialien 1949–1976

Institut für Asienkunde, Hamburg (Dr. W. Draguhn)
Druckbeihilfe für die Arbeit „Chinas Grenzen mit Birma und der Sowjetunion" von M. Strupp

Kairo Deutsches Archäologisches Institut, Abt. Kairo (Prof. Dr. W. Kaiser)
Abschluß der Studie „Stand und Probleme der ägyptischen Keramik-Forschung"

München Universität München, Institut für Ostasienkunde, Sinologie (Prof. Dr. W. Bauer)
Abschluß der Dokumentation der Erfahrungsberichte von Trägern der deutschchinesischen Beziehungen bis 1949

Wolfenbüttel Herzog August Bibliothek, Wolfenbüttel (Prof. Dr. P. Raabe)
Katalogisierung der von Alvenslebenschen Bibliotheken / Überbrückung

IV. Wirtschaftsbericht 1978

Im Geschäftsjahr 1978 wurden Bruttoerträge von 159,2 Mio DM erwirtschaftet. Damit wurde das bisher beste Jahresergebnis (1977: 137,3 Mio DM) um 21,9 Mio DM übertroffen. Zu dieser Erhöhung haben insbesondere Mehreinnahmen aus VW-Dividenden und aus Vermögensumschichtungen beigetragen. Das gute Jahresergebnis hat – trotz der Finanzierung des Stiftungsbeitrags zur VW-Kapitalerhöhung – zu gesteigerten Neubewilligungen von 111,2 Mio DM geführt (Vorjahr: 103,1 Mio DM).

Überblick

Die Zusammensetzung der Bruttoerträge von 159,2 Mio DM zeigt Tafel 10 „Mittelherkunft – Entwicklung der Bruttoerträge ab 1970" (S. 244). Die Erhöhung der VW-Dividende von 10% (1977) auf 16% brachte mit 43,2 Mio DM einen Mehrertrag von 18 Mio DM gegenüber dem Vorjahr (25,2 Mio DM). Aus den Bundesdarlehen wurden dagegen infolge der satzungsgemäß ab 1978 wirksamen Zinsanpassung (6%) nur 48,6 Mio DM eingenommen (Vorjahr: 64,8 Mio DM); davon entfallen auf Zinsen aus Darlehen an die Bundesrepublik Deutschland 37,8 Mio DM und auf Zinsen aus dem Darlehen an die Deutsche Bundesbahn 10,8 Mio DM. Aus dem übrigen Stiftungsvermögen wurden 67,4 Mio DM (Vorjahr: 47,3 Mio DM) erwirtschaftet. Diese Erträge setzen sich wie folgt zusammen: 47,8 Mio DM aus Wertpapieren, 2,1 Mio DM Mieterträge aus den Liegenschaften der Stiftung, 11,4 Mio DM aus langfristigen Forderungen und Beteiligungen, 4,3 Mio DM aus Veräußerungen von Liegenschaften sowie 1,8 Mio DM aus sonstigen Quellen.

Bruttoerträge

Die ertragsmindernden Aufwendungen betragen 4,7 Mio DM (im Vorjahr 3,4 Mio DM). Hierbei handelt es sich um Kosten, die unmittelbar bei der Erwirtschaftung der Erträge entstehen und nicht zu den Kosten der Stiftungsverwaltung im Sinne des § 4 der Satzung gehören. Sie umfassen im Berichtsjahr 1978 die Abschreibungen auf Sachanlagen (0,4 Mio DM) und Wertpapierbestände (2,7 Mio DM), Aufwendungen für vermietete Grundstücke (0,9 Mio DM) und Aufwendungen für sonstige Zwecke (0,7 Mio DM). Im übrigen waren nur die Abschreibungen auf Sachanlagen des Stiftungskapitals in der Ertragsrechnung als Aufwand zu erfassen. Dagegen wurden die Abschreibungen auf Anlagen für Förderungs-

Ertragsminderungen

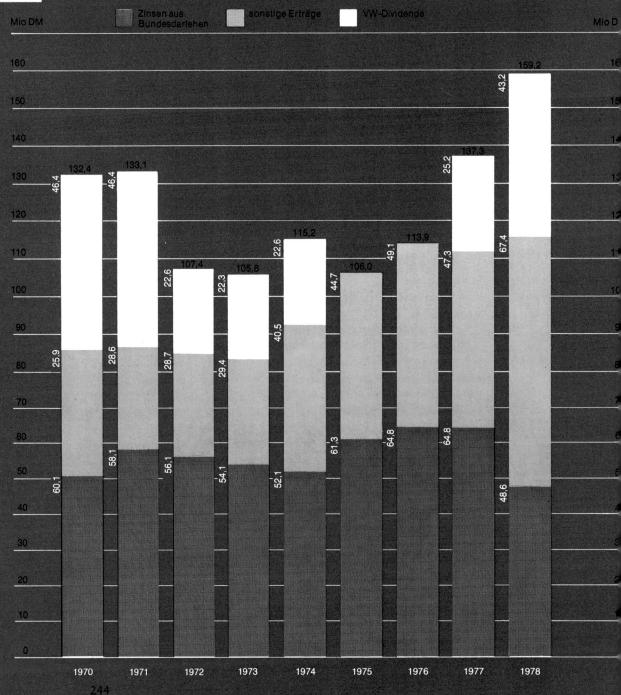

zwecke und für Zwecke des Geschäftsbetriebs wie bisher mit den dafür auf der Passivseite der Bilanz gebildeten Gegenposten erfolgsneutral aufgerechnet. Dieses Verfahren ergibt sich aus dem Buchführungssystem der Stiftung, das Ausgaben für Investitionen im Förderungsbereich als Verwendung von Förderungsmitteln und die Kosten der einmaligen Beschaffung für den Geschäftsbetrieb im Jahr der Beschaffung in voller Höhe als Verwaltungsaufwand in der Ertragsrechnung nachweist.

Der Nettoertrag (Bruttoerträge abzüglich Ertragsminderungen und Zuführung zum sonstigen Stiftungskapital) ist gegenüber dem Vorjahr (127,4 Mio DM) um 13,7 Mio DM gestiegen; er beträgt 141,1 Mio DM. Die Zuführungen zum sonstigen Stiftungskapital, die sich aus Umschichtungsgewinnen bei Werten des Stiftungsvermögens ergeben (ohne Deckungsmittel für Förderungsverpflichtungen und die 1978 aufgelöste Rücklage für Teilnahme der Stiftung an der Kapitalerhöhung 1978 der Volkswagenwerk AG), betragen 13,4 Mio DM. *Nettoertrag*

Im Geschäftsjahr 1978 erhöhte die Volkswagenwerk AG ihr Grundkapital von 900 Mio DM um 300 Mio DM auf 1200 Mio DM nominal. Entsprechend der Beteiligung des Bundes und des Landes Niedersachsen an der Gesellschaft mit je 20% entfielen auf diese beiden Aktionäre junge Aktien von je 60 Mio DM nominal (Mittelaufwand je 180 Mio DM). Im Zusammenhang mit dieser Kapitalerhöhung schlossen die Stiftung und das Land Niedersachsen einen Vertrag, wonach das Land die Bezugsrechte aus seinem Aktienanteil unentgeltlich an die Stiftung abtrat. Die Stiftung bezog die jungen Aktien aus eigenen Mitteln und übereignete sie treuhänderisch dem Land mit der Maßgabe, daß das Land das Stimmrecht aus diesen Aktien ausübt, während der Stiftung die Dividenden und übrigen Vermögensvorteile zufließen. Die Stiftung hatte für diesen Schritt bereits in den Jahren 1976 und 1977 finanzielle Vorsorge getroffen und eine Rücklage gebildet, die sich zuletzt auf 70 Mio DM belief. Zur Teilnahme an der Kapitalerhöhung wurde die Rücklage 1978 aufgelöst und ein weiterer Teilbetrag von 50 Mio DM aus dem Jahresertrag 1978 eingesetzt; der für die Abwicklung der Kapitalerhöhung noch erforderliche Restbetrag von 60 Mio DM ist aus den Stiftungserträgen ab 1979 bereitzustellen. Durch die Teilnahme an der Kapitalerhöhung sichert die Stiftung auch in Zukunft ihre Leistungskraft im Rahmen des Möglichen. Die Verteilung der finanziellen Abwicklung auf mehrere Jahre sowie die gerade in dieser Zeit erfreulich angestiegenen Bruttoerträge der Stiftung gewährleisten, daß die laufende Förderungstätigkeit trotz dieser Maßnahme keine finanziellen Einschränkungen hinnehmen muß. *VW-Kapitalerhöhung*

Verwaltungs- Die durch die Arbeit des Kuratoriums und der Geschäftsstelle bedingten
kosten Aufwendungen der Verwaltung haben im Berichtsjahr insgesamt
6,9 Mio DM betragen. Einen Überblick über diese Kosten, denen zum
Vergleich die Aufwendungen des Vorjahres gegenübergestellt sind, vermittelt die folgende Zusammenstellung:

Verwaltungskosten	1978	1977	Veränderungen gegenüber dem Vorjahr
	(DM rd.)	(DM rd.)	(DM rd.)
Personalkosten	5 558 500	5 361 100	+ 197 400
Sachkosten	1 571 500	1 479 600	+ 91 900
Laufende Kosten	7 130 000	6 840 700	+ 289 300
Veränderungen im geschäftsgebundenen Vermögen	+ 58 800	+ 500	+ 58 300
Gesamtkosten	7 188 800	6 841 200	+ 347 600
./. Erträge der Geschäftsstelle	330 500	408 800	+ 78 300
	6 858 300	6 432 400	+ 425 900

Die Personalkosten (5 558 500 DM) verteilen sich auf Gehälter und Löhne
(4 210 400 DM), gesetzliche soziale Abgaben (508 600 DM), sonstige
tarifliche und soziale Aufwendungen (74 700 DM), Kosten der Altersversorgung (733 300 DM) und Kosten der Personalwerbung (31 500 DM).
Die Steigerung gegenüber dem Vorjahr beträgt 197 400 DM, d.h. rund
3,7 %.

Die Sachkosten haben insgesamt 1 571 500 DM betragen. Davon entfielen 1 105 800 DM auf die Kosten des Bürobetriebs (einschließlich Kosten
des Kuratoriums), 195 600 DM auf Beratungs-, Prüfungs- und Rechtsverfolgungskosten, 170 700 DM auf die Kosten der Öffentlichkeitsarbeit der
Stiftung, 71 600 DM auf Reise- und Kraftfahrzeugkosten und 27 800 DM
auf sonstigen Aufwand.

Der gesamte laufende Aufwand in Höhe von 7,1 Mio DM hat 4,5 % der
Bruttoerträge (einschließlich der Erträge der Geschäftsstelle) betragen
(1977 = 6,8 Mio DM; 5 %). Der Prozentsatz war wegen des außergewöhnlichen Anstiegs der Bruttoerträge gegenüber dem Vorjahr rückläufig. Die Stiftung wird die Entwicklung der Verwaltungskosten weiterhin
mit Sorgfalt beobachten.

Kosten für Investitionen der Geschäftsstelle haben im Berichtsjahr einen
Aufwand von 177 800 DM verursacht. Ihm standen beim für den Geschäftsbetrieb gebundenen Vermögen frei gewordene Beträge in Höhe
von 231 200 DM sowie Veränderungen der Haushaltsreste von

112 200 DM gegenüber, so daß sich für die Verwaltungskosten-Rechnung insgesamt eine Belastung von 58 800 DM ergab.

Die Erträge der Geschäftsstelle (330 500 DM) umfassen die Erträge aus dem für den Geschäftsbetrieb gebundenen Vermögen (vor allem Mieterträge) und Kostenerstattungen. Sie sind als Minderung der Verwaltungskosten im Sinne des § 4 der Satzung auszuweisen. Dies ist für eine klare Abrechnung über die Vorabmittel des Landes Niedersachsen, die entsprechend ihrem Anteil an den insgesamt erwirtschafteten Förderungsmitteln mit Verwaltungskosten belastet werden (§ 8 Abs. 2 der Satzung), erforderlich.

Im Jahre 1978 wurden – nach Bereitstellung eines Betrags von 50 Mio DM zur Beteiligung an der Kapitalerhöhung der Volkswagenwerk AG – den Förderungsmitteln 84,2 Mio DM zugeführt. Ferner wurden die Förderungsmittel durch Rückflüsse aus früheren Bewilligungen (Stornierungen, Ausbuchungen verbliebener Spitzenbeträge, Darlehns- und sonstige Rückflüsse) um 14 Mio DM verstärkt, so daß sich der Zugang an Verfügungsmitteln 1978 auf insgesamt 98,2 Mio DM belief (Vorjahr: 92,5 Mio DM). *Förderungsmittel*

Der bisherige Verteilungsschlüssel nach § 8 Abs. 3 der Satzung galt unverändert weiter (siehe S. 272). Die Anwendung des Schlüssels führte zu folgender Aufteilung der Mittel:

Mittelaufteilung	DM	DM
Vorab des Landes Niedersachsen		25 199 536,68
Mittel für regionale Einrichtungen		
Baden-Württemberg	2 600 317,68	
Bayern	2 216 664,00	
Berlin	1 108 332,00	
Bremen	500 000,00	
Hamburg	625 213,00	
Hessen	1 634 080,00	
Niedersachsen	1 605 661,00	
Nordrhein-Westfalen	2 770 830,00	
Rheinland-Pfalz	667 841,00	
Saarland	500 000,00	
Schleswig-Holstein	525 747,00	14 754 685,68
Mittel für überregionale Einrichtungen		44 264 057,04
Förderungsmittel gesamt		84 218 279,40

II. Entwicklung der verfügbaren Förderungsmittel 1978

Art der Mittel	Vortrag aus dem Vorjahr	Zugang aus dem Jahresertrag	Tilgung und Rückflüsse	Stornierung von Bewilligungen	Umsetzungen	Bewilligungen Kuratorium	Bestände 31.12.1978	Am 31.12.1978 noch auszuzahlende Bewilligungen
	DM	DM	DM	DM	DM	DM	DM	DM
I. Regionale Einrichtungen in den Ländern:								
Baden-Württemberg	−80.918,79	2.600.317,68	1.247,22	164.404,26	−352.716,63	5.151.984,00	−2.819.650,26	8.784.631,70
Bayern	−1.523.279,02	2.216.664,00		157.509,69	−155.763,35	3.446.551,00	−2.751.419,68	7.287.019,00
Berlin	−136.105,68	1.108.332,00		125.952,69	−1.724.941,74	2.083.117,00	−2.709.879,73	4.356.437,46
Bremen	5.190.476,68	500.000,00			−472.614,00	1.218.711,00	3.999.151,68	1.665.000,85
Hamburg	22.326,76	625.213,00	1.702,80	14.165,75	−818.725,50	1.589.412,00	−1.744.729,19	3.135.254,80
Hessen	637.053,93	1.634.080,00	799,06	290.602,18	−431.606,84	2.921.506,00	−790.577,67	5.296.964,60
Niedersachsen	−1.594.218,18	1.605.661,00	200.443,99	25.917,39	−1.288.102,00	5.421.586,00	−6.471.883,80	7.610.398,22
Nordrhein-Westfalen	−1.760.377,51	2.770.830,00		1.850.459,16	−264.258,68	6.114.925,00	−3.518.272,03	11.229.004,89
Rheinland-Pfalz	2.534.041,56	667.841,00	844,80	10.185,10	−136.887,58	4.533.812,00	−1.457.787,12	5.704.939,54
Saarland	2.661.962,78	500.000,00		35.789,52	−229.038,16	1.696.847,00	1.271.867,14	2.137.930,9
Schleswig-Holstein	3.127.669,68	525.747,00		574.762,07	−5.468,00	471.581,00	3.751.129,75	1.237.759,55
	9.078.632,21	14.754.685,68	205.037,87	3.249.747,81	−5.880.122,48	34.650.032,00	−13.242.050,91	58.445.341,54
Noch nicht auf die Länder aufgeteilte Bewilligungen	−11.946,89				−18.008,68		−29.955,57	29.955,57
Summe I	9.066.685,32	14.754.685,68	205.037,87	3.249.747,81	−5.898.131,16	34.650.032,00	−13.272.006,48	58.475.297,11
II. Überregionale Einrichtungen	−41.718.160,80	44.264.057,04	342.980,63	4.691.669,35	5.898.131,16	60.449.730,00	−46.971.052,62	183.418.846,84
Summe I + II	−32.651.475,48	59.018.742,72	548.018,50	7.941.417,16		95.099.762,00	−60.243.059,10	241.894.143,95
III. Niedersächsisches Vorab	6.733.178,69	25.199.536,68		5.482.796,62		16.112.541,83	21.302.970,16	26.898.407,20
Insgesamt	−25.918.296,79	84.218.279,40	548.018,50	13.424.213,78		111.212.303,83	−38.940.088,94	268.792.551,15

Da das Wirtschaftsergebnis erst durch den Jahresabschluß festgestellt wird, teilt die Stiftung den Wissenschafts- bzw. Kultusverwaltungen der Länder im Laufe des Geschäftsjahres anhand von Vorausschätzungen mit, welche Höhe die Förderungsmittel für regionale Einrichtungen voraussichtlich erreichen werden.

Der Bestand an verfügbaren Förderungsmitteln entwickelte sich – ausgehend vom Vortrag per 31. Dezember 1977 – wie folgt: *Verfügungsmittel, Vorgriff*

Bestände der Fonds am 31. 12. 1977	DM
Vorab des Landes Niedersachsen	+ 6 733 178,69
Mittel für regionale Einrichtungen	+ 9 066 685,32
Mittel für überregionale Einrichtungen	− 41 718 160,80
Vorgriff am 31. 12. 1977	− 25 918 296,79
Veränderung 1978	
aus Jahresertrag	+ 84 218 279,40
aus Rückflüssen	+ 13 972 232,28
Zwischensumme	+ 72 272 214,89
Bewilligungen	− 111 212 303,83
Vorgriff am 31. 12. 1978	− 38 940 088,94
davon:	
Vorab des Landes Niedersachsen	+ 21 302 970,16
Mittel für regionale Einrichtungen	− 13 272 006,48
Mittel für überregionale Einrichtungen	− 46 971 052,62

Das Kuratorium hat im Jahre 1978 111,2 Mio DM Förderungsmittel bewilligt. Die Zusammensetzung dieses im Jahresabschluß nachgewiesenen Betrages ist im einzelnen der Übersicht über das Förderungsprogramm (Tafel 1, S. 15) zu entnehmen. *Bewilligungen*
Aus der Bewilligungssumme entfielen 34,7 Mio DM auf die regionalen Einrichtungen in den Ländern, 60,4 Mio DM auf die überregionalen Einrichtungen und 16,1 Mio DM auf das Niedersächsische Vorab.

Aus dem am 31. Dezember 1977 ausgewiesenen Bestand an Verpflichtungen aus Bewilligungen in Höhe von 245,5 Mio DM und aus den Zugängen 1978 von 111,2 Mio DM ergaben sich Verpflichtungen von insgesamt 356,7 Mio DM. Diese Verbindlichkeiten wurden im Berichtsjahr durch 74,5 Mio DM Mittelabflüsse und 13,4 Mio DM rückgängig gemachte Bewilligungen um 87,9 Mio DM verringert. *Verpflichtungen aus Bewilligungen*
Am 31. Dezember 1978 verblieb somit ein Bestand an Auszahlungsverpflichtungen aus Bewilligungen in Höhe von 268,8 Mio DM; davon

Entwicklung der Förderungsverpflichtungen seit 1970 – in Mio DM (Stand 31.12.1978)

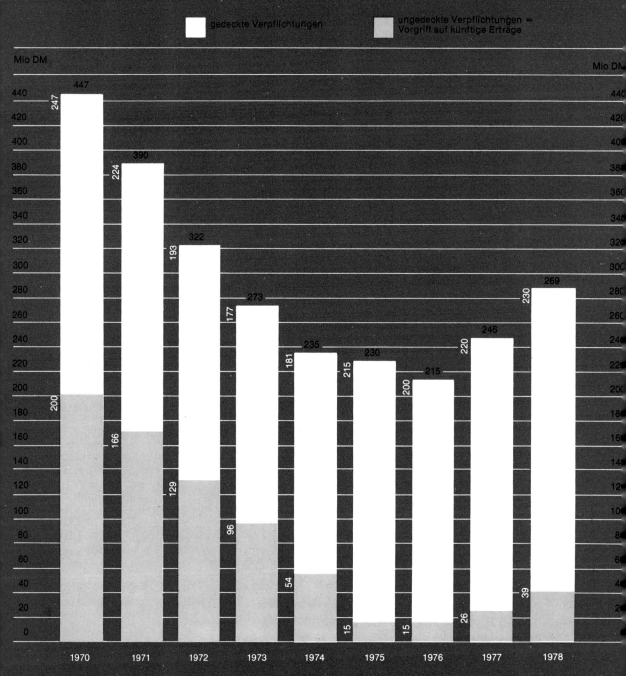

250

entfielen auf das Vorab des Landes Niedersachsen 26,9 Mio DM, auf die Mittel für regionale Einrichtungen 58,5 Mio DM und auf die Mittel für überregionale Einrichtungen 183,4 Mio DM. Der Gesamtbestand hat sich gegenüber dem Vorjahr (245,5 Mio DM) infolge der hohen Bewilligungen um 23,3 Mio DM erhöht. Die Entwicklung der Förderungsmittel 1978 im einzelnen ist auf Seite 248 (Tafel 11) dargestellt.

Die Förderungsverbindlichkeiten und der Vorgriff auf künftige Erträge (s. Tafel 12, S. 250) sind weiter leicht gewachsen, da die Stiftung trotz Teilnahme an der Kapitalerhöhung der Volkswagenwerk AG ihre expansive Bewilligungspolitik fortgesetzt hat. Der Vorgriff (die durch vorhandene Förderungsmittel nicht gedeckten Verpflichtungen) nahm um 13 Mio DM zu, weil das Bewilligungsvolumen (111,2 Mio DM) um diesen Betrag größer war als der Förderungsmittelzugang aus Ertrag und Rückflüssen (98,2 Mio DM).

Die Hauptaufgabe der Finanz- und Vermögensverwaltung der Stiftung besteht darin, aus der Anlage des Stiftungsvermögens und der Zwischenanlage der durch Bewilligungen gebundenen Förderungsmittel Einkünfte zu erwirtschaften und für die Zahlungsbereitschaft der Stiftung zu sorgen. Auch 1978 konnte – bei schwachen Renditen am Kapitalmarkt – eine gute Verzinsung des bewirtschafteten Vermögens erreicht werden. *Vermögensbewirtschaftung*
Die Treuarbeit AG hat in ihrem Prüfungsbericht 1978 erneut eine geordnete Vermögens-, Finanz- und Liquiditätslage bestätigt (siehe S. 254).

Die Bilanz zum 31. Dezember 1978 ist auf den Seiten 258 f. wiedergegeben. Die Bilanzsumme beträgt 1537,1 Mio DM; damit hat sie sich gegenüber dem Vorjahresstichtag (1463,6 Mio DM) um 73,5 Mio DM erhöht. Die Bilanzstruktur ist auf Tafel 13 (S. 260) dargestellt. *Bilanz*

Die Aktivseite zeigt in Gegenüberstellung zu den Vorjahreswerten folgendes Bild: *Aktiva*

	31.12.1978 Mio DM	31.12.1977 Mio DM
Sachanlagen	42,5	43,7
Finanzanlagen	1 252,3	1 074,0
Sonstige Wertpapiere	208,8	297,8
Kurz- und mittelfristige Forderungen (einschl. Rechnungsabgrenzungsposten)	28,8	42,7
Flüssige Mittel	4,7	5,4
Summe	1 537,1	1 463,6

Die Sachanlagen gliedern sich wie folgt:

	31. 12. 1978 Mio DM	31. 12. 1977 Mio DM
Sachanlagen aus Mitteln des Stiftungskapitals	23,9	24,5
Sachanlagen für Förderungszwecke	6,7	6,9
Sachanlagen für Zwecke des Geschäftsbetriebs	11,9	12,3
Sachanlagen insgesamt	42,5	43,7

Bei einem Vergleich der Werte an den beiden Stichtagen sind im Jahre 1978 folgende Veränderungen innerhalb der Aktivwerte festzustellen:

Die Sachanlagen haben buchmäßig um 1,2 Mio DM abgenommen. Abschreibungen (1 Mio DM) und Abgänge (3,3 Mio DM aus dem Verkauf von Grundstücken und Wohnungen, 1,6 Mio DM Umbuchung aus Bauten auf fremden Grundstücken) machten 5,9 Mio DM aus, Zugänge erreichten 4,7 Mio DM (3,1 Mio DM Investitionen und 1,6 Mio DM Umbuchung auf „Bebaute Grundstücke").

Die Finanzanlagen erhöhten sich im Ergebnis um 178,3 Mio DM. Den aus langfristigen Forderungen zurückgeflossenen Tilgungen sowie Abgängen von Beteiligungen und Wertpapieren des Anlagevermögens im Gesamtbetrag von 17,6 Mio DM standen den Finanzanlagen zugeführte Werte in Höhe von 195,9 Mio DM gegenüber. Hauptposition sind mit 180 Mio DM die in 1978 bezogenen jungen VW-Aktien (nominell 60 Mio DM). Weitere Zuführungen betreffen den Erwerb von Anteilen an Investmentfonds und Schuldscheindarlehen. Die Beteiligung an der IVA KG verringerte sich unter Berücksichtigung des Saldos von 1,7 Mio DM aus Entnahmen von 3,3 Mio DM und dem Jahresertrag 1977 von 1,6 Mio DM auf 53,8 Mio DM. (Seit 1977 wird das Jahresergebnis der IVA KG aus abschlußtechnischen Gründen – in Übereinstimmung mit der Treuarbeit AG – jeweils erst im folgenden Rechnungsjahr in die Ertragsrechnung der Stiftung aufgenommen.)

Der Bestand an sonstigen Wertpapieren verringerte sich infolge Vermögensumschichtung auf 208,8 Mio DM (Vorjahr: 297,8 Mio DM). Der Wertpapierbestand wird nach dem Niederstwertprinzip bewertet.

Die kurz- und mittelfristigen Forderungen, die im Vorjahr 42,7 Mio DM ausmachten, gingen (einschließlich Rechnungsabgrenzungsposten) auf 28,7 Mio DM zurück, da fällige Zinsen anders als im Vorjahr vor dem Bilanzstichtag eingegangen sind und anteilige Zinsansprüche sowie Bestände an mittelfristigen Schuldscheindarlehen sich verringerten.

Die flüssigen Mittel liegen mit 4,7 Mio DM knapp unter dem Vorjahresbestand; sie sind in dieser Höhe erforderlich, um den Mittelabrufen der Förderungsempfänger ohne Verzögerung nachkommen zu können. Die Mittel wurden als Festgeld- und Tagesgeldguthaben angelegt.

Die Passivseite der Bilanz weist im Vergleich zum Vorjahr folgende Veränderungen auf: *Passiva*

	31. 12. 1978 Mio DM	31. 12. 1977 Mio DM
Stiftungskapital	1 275,2	1 141,8
Gebundene Mittel für Förderungszwecke	11,2	11,6
Gebundene Mittel für den Geschäftsbetrieb	12,1	12,5
Rücklagen	0,8	71,0
Rückstellungen	5,7	5,1
Verbindlichkeiten (einschl. Rechnungsabgrenzungsposten)	2,3	2,0
Förderungsverpflichtungen	229,8	219,6
Summe	1 537,1	1 463,6

Das nach § 4 Abs. 2 der Satzung gewinnbringend anzulegende Kapital der Stiftung beläuft sich unverändert auf 1 074,4 Mio DM. Hinzu kommt die Position Sonstiges Stiftungskapital mit 200,8 Mio DM (1977: 67,4 Mio DM). Der Zugang in Höhe von 133,4 Mio DM setzt sich zusammen aus Veräußerungsgewinnen in Höhe von 13,4 Mio DM und aus dem bisher finanzierten Teilbetrag von 120 Mio DM für den Bezug junger VW-Aktien (Auflösung der Rücklage von 70 Mio DM und Zuführung von 50 Mio DM aus dem Jahresertrag 1978; vgl. S. 245).

Ferner wird ein Vermögen von 23,3 Mio DM ausgewiesen, das in Höhe von 11,2 Mio DM für Förderungszwecke und in Höhe von 12,1 Mio DM für Zwecke des Geschäftsbetriebs gebunden ist. Das für Förderungszwecke gebundene Vermögen umfaßt solche für Förderungszwecke erworbene Sachwerte, die im Eigentum der Stiftung bleiben (z. B. Verfügungsbauten für wissenschaftliche Einrichtungen) und für Förderungszwecke vergebene Darlehen. Von dem Gesamtwert von 11,2 Mio DM entfallen 6,7 Mio DM auf Sachanlagen und 4,5 Mio DM auf bewilligte Darlehen. Der Betrag von 12,1 Mio DM stellt den Gegenwert der Investitionen für Zwecke des Geschäftsbetriebs (einschließlich Mitarbeiterwohnungen) dar.

Die Rücklagen enthalten 0,8 Mio DM übertragbare Haushaltsreste für noch nicht durchführbare Investitionen im Geschäftsbetrieb.

TREUARBEIT
AKTIENGESELLSCHAFT
WIRTSCHAFTSPRÜFUNGSGESELLSCHAFT · STEUERBERATUNGSGESELLSCHAFT
BERLIN · BONN · BREMEN · DÜSSELDORF · FRANKFURT AM MAIN · HAMBURG · HANNOVER · KASSEL · KIEL · LUXEMBURG
MÜNCHEN · SAARBRÜCKEN · STUTTGART

Stiftung
Volkswagenwerk
Eing. 23. MAI 1979

An die
Stiftung Volkswagenwerk
Kastanienallee 35

3000 Hannover 81

POSTFACH 610240, FUHRBERGER STRASSE 5
3000 HANNOVER 61
TELEGRAMMANSCHRIFT: TREUARBEIT
FERNSCHREIBER: 0922782
RUF: SAMMELNUMMER (0511) 5357-1
DURCHWAHL (0511) 5357- 277

23. Mai 1979
6095/6733

Betr.: Prüfung der Jahresrechnung 1978 (Bilanz zum
31. Dezember 1978 und Ertragsrechnung für die
Zeit vom 1. Januar bis zum 31. Dezember 1978)

Sehr geehrte Herren!

Aufgrund unserer Bestellung zum Abschlußprüfer durch das
Kuratorium haben wir die Jahresrechnung 1978 der Stiftung
Volkswagenwerk geprüft und darüber einen ausführlichen
Bericht erstattet. Das Prüfungsergebnis läßt sich wie
folgt zusammenfassen:

Die Jahresrechnung 1978 ist richtig aus den Büchern der
Stiftung entwickelt worden und entspricht den Grundsätzen
einer ordnungsmäßigen Rechnungslegung. Die Bewertung der
ordnungsgemäß nachgewiesenen Vermögensposten und Schulden
erfolgte nach kaufmännischen Grundsätzen. Vermögens-,
Finanz- und Liquiditätslage der Stiftung sind geordnet.
In der Ertragsrechnung sind die im Jahre 1978 für Stiftungs-
zwecke zugeflossenen Mittel zutreffend erfaßt worden. Die
Verwendungsnachweise für die bewilligten Förderungsmittel
wurden in die Abschlußprüfung einbezogen. Die Geschäfte
der Stiftung sind in Übereinstimmung mit der Satzung und
den Beschlüssen des Kuratoriums geführt worden. Auch die
Vorschriften des Niedersächsischen Stiftungsgesetzes sind
nach unserer Auffassung eingehalten worden. Alle erbetenen
Auskünfte sind uns bereitwillig erteilt worden.

Mit vorzüglicher Hochachtung
T R E U A R B E I T
Aktiengesellschaft
Wirtschaftsprüfungsgesellschaft
Steuerberatungsgesellschaft

(Dr. Tubbesing)　　　　(Dr. Burmeister)
Wirtschaftsprüfer　　　Wirtschaftsprüfer

VORSITZENDER DES AUFSICHTSRATS: PRÄSIDENT KARL WITTROCK VORSTAND: WP u. StB PROF. DR. KARL HEINZ FORSTER,
WP DR. WERNER APELT, WP u. StB DR. WILHELM BECKER, WP u. StB DR. HEINZ BEUMER, RA HANS-PETER MÜLLER,
WP DR. HEINZ PETERSEN, WP u. StB DR. WALTER SCHOLZ STELLV. · WP u. StB DR. KLAUS HENNING HEINE, WP DR. GÜNTER TUBBESING.
SITZ: BERLIN, AMTSGERICHT CHARLOTTENBURG REG. NR.: 93 HRB 894, FRANKFURT AM MAIN, AMTSGERICHT REG. NR.: HRB 13609

Die Rückstellungen für Altersversorgung belaufen sich auf 5,3 Mio DM und für sonstige Zwecke auf 0,4 Mio DM. Die langfristigen Verbindlichkeiten betragen 1,0 Mio DM, andere Verbindlichkeiten 1,3 Mio DM.

Die zur Auszahlung anstehenden Förderungsverpflichtungen aus vom Kuratorium beschlossenen Bewilligungen betragen 268,7 Mio DM. Davon sind in der Bilanz ausgewiesen 229,8 Mio DM. In Höhe von 38,9 Mio DM wurden Bewilligungen zu Lasten künftiger Erträge ausgesprochen.

Zum Abschlußprüfer wurde wieder die Treuarbeit AG, Hannover, bestellt. Die Treuarbeit hat nach Richtlinien geprüft, die vom Kuratorium (im Einvernehmen mit dem Bundesrechnungshof und dem Niedersächsischen Landesrechnungshof) erlassen worden sind. Weiter erstreckte sich die Prüfung auf die Beachtung der Vorschriften des Niedersächsischen Stiftungsgesetzes und der hierzu erlassenen Richtlinien. Die von der Treuarbeit in ihrem Prüfungsbericht erteilte Bestätigung ist auf Seite 254 wiedergegeben.

Rechnungsprüfung

In der Frage eines Prüfungsrechts des Bundesrechnungshofs und des Niedersächsischen Landesrechnungshofs bei der Stiftung Volkswagenwerk hat das Verwaltungsgericht Hannover im März 1979 eine grundsätzliche Entscheidung getroffen, die den Standpunkt des Kuratoriums voll bestätigt. Zu dieser Angelegenheit war zunächst im Jahre 1966 unter Beteiligung der Stifter der Stiftung Volkswagenwerk, Bund und Land Niedersachsen, einvernehmlich eine Kompromißvereinbarung getroffen worden, die den Rechnungshöfen umfassenden Einblick in die Geschäfte der Stiftung Volkswagenwerk bot. Am 20. Juni 1973 ging der Stiftung Volkswagenwerk jedoch ein Bescheid des Bundesrechnungshofs und des Niedersächsischen Landesrechnungshofs zu, wonach diese die Stiftung Volkswagenwerk einer Rechnungsprüfung aufgrund der Haushaltsordnungen des Bundes und des Landes Niedersachsen unterziehen wollen. Das Kuratorium der Stiftung Volkswagenwerk hat daraufhin in seiner Sitzung am 22. Juni 1973 beschlossen, diesen Bescheid verwaltungsgerichtlich auf seine Rechtmäßigkeit überprüfen zu lassen. Eine entsprechende Klage gegen den Bundesrechnungshof und den Niedersächsischen Landesrechnungshof wurde im Juni 1973 beim Verwaltungsgericht Frankfurt erhoben. (Vgl. im einzelnen die im Anhang des Berichts 1972, S. 201 ff., abgedruckte Presseinformation der Stiftung Volkswagenwerk vom 27. Juni 1973.)
Nachdem das Bundesverwaltungsgericht mit Beschluß vom 20. Januar 1978 aus prozeßökonomischen Gründen das Verwaltungsgericht Hanno-

ver als zuständiges Gericht bestimmt hatte, gab das Verwaltungsgericht Hannover mit Urteil vom 29. März 1979 der Klage der Stiftung Volkswagenwerk statt. Der Bescheid der Rechnungshöfe vom 20. Juni 1973 wurde mangels rechtlicher Grundlage aufgehoben. Das Gericht hält die in den Haushaltsordnungen des Bundes und des Landes Niedersachsen (§§ 104 Abs. 1 Nr. 4) normierte Prüfungsermächtigung nur insoweit für verfassungsrechtlich unbedenklich, als im Einzelfall ein finanzieller Bezug zur staatlichen Finanzgebarung besteht und der Staat Einfluß auf die zu prüfende private Einrichtung nehmen kann. Da diese Voraussetzungen im Falle der Stiftung Volkswagenwerk nicht gegeben sind, ist auch die entsprechende Bestimmung in der Stiftungssatzung (§ 10 Abs. 2) als auf etwas rechtlich Unmögliches gerichtet nichtig. – Beide Rechnungshöfe haben gegen das Urteil Berufung eingelegt.

Verwendungsprüfung

Die Stiftung Volkswagenwerk ist nach § 9 ihrer Satzung gehalten, einen Nachweis über die Verwendung der von ihr vergebenen Mittel einzuholen. Der Verwendungsnachweis ist von den Förderungsempfängern grundsätzlich nach Abschluß der geförderten Projekte zu erbringen; bei längeren Abwicklungszeiten werden auch Zwischenverwendungsnachweise erbeten. Am 31. Dezember 1978 waren 4428 Bewilligungen über insgesamt 1 249,2 Mio DM ausgesprochen, über die von Förderungsempfängern Verwendungsnachweise zu führen waren. Von den zu prüfenden Zuwendungen waren am bezeichneten Stichtag 3209 Bewilligungen über 655,7 Mio DM voll prüfungsfähig. Davon konnten 2863 Abrechnungen über 563,9 Mio DM abschließend geprüft werden; mithin stand für 346 Bewilligungen mit 91,8 Mio DM die abschließende Prüfung noch aus. Bei 151 Bewilligungen über 63,6 Mio DM schwebten Rückfragen; 160 Verwendungsnachweise über eine Bewilligungssumme von 21,4 Mio DM waren bei der Geschäftsstelle noch nicht eingegangen. Bei den Förderungsvorhaben mit ausstehenden Verwendungsnachweisen wurde die letzte Auszahlung überwiegend erst im Jahre 1978 geleistet, in 45 Fällen (im Vorjahr 48) waren die Förderungsempfänger im Verzug. Am Stichtag waren 35 Verwendungsnachweise mit Bewilligungen über 6,8 Mio DM noch ungeprüft. Auch bei den noch nicht voll ausgezahlten Bewilligungen liegen zum Teil schon geprüfte Zwischenabrechnungen oder Abrechnungen über Einzelbewilligungen aus Programmmitteln vor.

Nach dem Ergebnis der Verwendungsprüfung haben die Zuwendungsempfänger die Zweckbestimmung der Mittel und die sonstigen Bewilligungsbedingungen wie bisher im allgemeinen beachtet. Schwerwiegende Beanstandungen, die zur Rückforderung bewilligter Mittel zwangen, blieben weiterhin seltene Ausnahmen. Aus Umdispositionen gegenüber den Planungen, die mit der Stiftung nicht rechtzeitig abgestimmt waren, und aus Abrechnungen mit zu geringer Aussagefähigkeit ergibt sich noch immer häufig ein umfangreicher Schriftwechsel, der das Prüfungsverfahren belastet. Nach wie vor bereitet es erhebliche Mühe, die Verwendungsnachweise zeitgerecht zu erhalten. Die Stiftung wäre dankbar, wenn ihre Bemühungen um ein rationelles Prüfungsverfahren noch mehr als bisher von den Förderungsempfängern unterstützt würden.

Die Treuarbeit hat die Ordnungsmäßigkeit der Verwendungsprüfung in ihrem Prüfungsbericht erneut bestätigt (siehe S. 254).

Aktiva

Bilanz zum 31. Dezember 1978

		Stand am 1.1.1978 DM	Zugänge DM	Abgänge DM	Abschreibungen DM	Stand am 31.12.1978 DM
Sachanlagen	Bebaute Grundstücke und grundstücksgleiche Rechte mit Wohn- und Geschäftsgebäuden	40.993.860,33	4.554.124,93	2.872.419,33	829.771,06	41.845.794,87
	Bauten auf fremden Grundstücken	2.036.338,00		2.028.810,00	7.528,00	
	Apparate, Geschäftsausstattung und Forschungsmaterial	735.271,72	118.099,83		150.308,27	703.063,28
		43.765.470,05	4.672.224,76	4.901.229,33	987.607,33	42.548.858,15
Finanzanlagen	Darlehen an die Bundesrepublik Deutschland	630.000.000,00				630.000.000,00
	Darlehen an die Deutsche Bundesbahn	180.000.000,00				180.000.000,00
	Beteiligungen	55.505.804,40		1.734.420,62		53.771.383,78
	Wertpapiere des Anlagevermögens	91.885.624,91	191.725.670,00	6.481.539,40		277.129.755,51
	Sonstige langfristige Forderungen	116.583.220,95	4.180.066,57	9.374.568,77		111.388.718,75
		1.073.974.650,26	195.905.736,57	17.590.528,79		1.252.289.858,04
Nutzungsrecht		14.250,00			3.000,00	11.250,00
Sonstige Wertpapiere						208.809.256,72
Kurz- und mittelfristige Forderungen						28.524.605,00
Flüssige Mittel						4.746.792,44
Rechnungsabgrenzungsposten						218.365,87
						1.537.148.986,22

Passiva

		DM	
Stiftungskapital gemäß § 4 Abs. 2 der Satzung			1.074.384.358,54 *
Sonstiges Stiftungskapital			200.827.792,83
Gebundene Mittel	für Förderungszwecke	11.179.597,72	
	für den Geschäftsbetrieb	12.139.276,50	23.318.874,22
Rücklagen			790.010,23
Rückstellungen	für Altersversorgung	5.292.536,00	
	für sonstige Zwecke	366.258,04	5.658.794,04
Langfristige Verbindlichkeiten	(davon grundpfandrechtlich gesichert DM 63.243,74)		1.011.243,74
Andere Verbindlichkeiten			1.266.540,26

Förderungs- verpflichtungen		Verfügungsmittel			Verpflichtungen aus Bewilligungen	
		Vorab Land Niedersachsen DM	regionale Einrichtungen DM	überregionale Einrichtungen DM	DM	
	Vorträge aus 1977	+ 6.733.178,69	+ 9.066.685,32	− 41.718.160,80	+ 245.524.298,37	
	Zugang aus dem Jahresertrag	+ 25.199.536,68	+ 14.754.685,68	+ 44.264.057,04		
	Bewilligungen des Kuratoriums	− 16.112.541,83	− 34.650.032,00	− 60.449.730,00	+ 111.212.303,83	
	Rückgängig gemachte Bewilligungen	+ 5.482.796,62	+ 3.249.747,81	+ 4.691.669,35	− 13.424.213,78	
	Umsetzungen		− 5.898.131,16	+ 5.898.131,16		
	Darlehens- und sonstige Rückflüsse		+ 205.037,87	+ 342.980,63		
	Auszahlungen aus Bewilligungen				− 74.519.837,27	
		+ 21.302.970,16	− 13.272.006,48	− 46.971.052,62		
			− 38.940.088,94 **		+ 268.792.551,15	229.852.462,21
Rechnungs- abgrenzungs- posten						38.910,15
						1.537.148.986,22

* Nicht bilanziert ist der Anspruch gemäß § 4 Abs. 1 b der Satzung
** Vorgriff auf künftige Erträge

13 Darstellung der Bilanzstruktur 1978

Mio DM — Aktiva — Passiva — Mio DM

Bilanzsumme 1537 Mio DM

Aktiva:
- kurzfr. Forder., Sonstiges, Wertpapiere: 33 / 486
- Sachanlagen, Beteiligungen, langfr. Forderungen: 208
- Darlehen an die Bundesrepublik Deutschland: 810

Passiva:
- Sonstiges: 32
- Förderungsverpflichtungen*: 230
- Stiftungskapital: 1275

* Die Höhe der Verpflichtungen aus Bewilligungen am 31.12.1978 beträgt 268,8 Mio DM. In Höhe von 38,9 Mio DM besteht ein Vorgriff auf künftige Erträge.

Anhang

262	*Kuratorium*
263	*Geschäftsstelle*
267	*Rechtsgrundlagen*
267	Vertrag über die Regelung der Rechtsverhältnisse bei der Volkswagenwerk GmbH und über die Errichtung einer „Stiftung Volkswagenwerk" vom 11./12. November 1959
269	Stiftungsurkunde vom 19. Mai 1961 und Satzung vom 19. Mai 1961 in der Fassung der Änderungen vom 18. Mai 1962 und 8. Februar 1967
273	*Bewilligungsgrundsätze*
279	Merkblatt Reisekosten
282	Grundsätzliches zur Vergabe von Forschungs- und Ausbildungsstipendien
286	*Merkblätter für Antragsteller*
331	*Niedersächsisches Vorab*
331	Tabelle: Fachgebietsstatistik 1978
341	*Register*
341	Hochschul-Register
343	Stichwort-Register
347	*Publikationen*

Kuratorium der Stiftung Volkswagenwerk (Stand 31.8.1979) *

Professor Dr.-Ing. Dr. h. c. Eduard Pestel
Vorsitzender

Dr. Volker Hauff
Stellvertretender Vorsitzender

Dr. Karl Klasen
Stellvertretender Vorsitzender

Professor Dr. Dr. h. c. Kurt H. Biedenkopf

Dr. Hildegard Hamm-Brücher

Dr. Horst Heidermann

Professor Dr.-Ing. Hans Leussink

Dr. Heribald Närger

Professor Dr. Peter von Oertzen

Professor Dr. Werner Pöls

Professor Dr. Hans-Joachim Queisser

Joachim Raffert

Professor Dr. Friedrich Thomée

Heinz Oskar Vetter

---

* Veränderungen zum 1.9.1979:
ausgeschieden Prof. Dr.-Ing. Dr. h. c. Eduard Pestel
               Dr. Horst Heidermann
neu berufen   Dr. Werner Remmers, Vorsitzender
               Rolf Möller

Organisation der Geschäftsstelle
(Stand 15.10.1979)

Telefon: (0511) 83 81-1
In Klammern: Durchwahl

Generalsekretär
Dr. Walter Borst (-215)

Ständiger Vertreter
Dr. Werner Seifart (-211)

Öffentlichkeitsarbeit
Dr. Sabine Jeratsch (-277)

Presse
Burckhard Wiebe (-380)

Zentralabteilung (ZA)
Finanzen, Verwaltung, Recht

Leiter: Dr. Werner Seifart (-211)

Finanzen	Verwaltung *Leiter*[3]: Carsten Carstensen (-219)	Recht, Verfahren *Leiter:* Klaus Stadtmüller (-240)
Referenten Klaus Magdsick (-355) (Allg. Vermögensverwaltung) Hans-Joachim Nehls (-365) (Liegenschaften) Karl Heinz Rosenbusch (-368) (Finanzplanung, DV, Statistik)	*Referenten* Günter Viehweg (-269) (Innere Verwaltung) Werner Laue (-220) (Personal) Eberhard Kretzschmar (-204) (Verwendungsprüfung) Bernhard Garisch (-358) (Rechnungswesen)	*Referent* Hagen Hof (-232) (Besondere Rechtsangelegenheiten)

Abteilung I
Natur- und Ingenieurwissenschaften, Medizin [1]

Leiterin: Dr. Marie Luise Zarnitz (-285)

Koordinierender Referent[3]:
Horst Penschuck (-217)

*Referenten**
Günter Dege (-289)
Dr.-Ing. Michael Maurer (-376)
Dr. Helmut Pfrüner (-374)
Dr. Hans Plate (-218)

Abteilung II
Geistes- und Gesellschaftswissenschaften [1]

Leiter: Otto Häfner (-214)

Koordinierender Referent[3]:
Dr. Wolfgang Wittwer (-216)

*Referenten**
Dr. Werner Boder (-254)
Dr. Axel Horstmann (-245)
Dr. Helga Junkers (-385)
Dr. Norbert Marahrens (-256)
Dr. Alfred Schmidt (-237)

Nachwuchs- und Stipendienförderung
Liselotte Proske (-265)

* Die Zuständigkeit für die Betreuung der einzelnen Schwerpunkte und der Fachgebiete ergibt sich aus den nachstehenden Bearbeiter-Übersichten nach Schwerpunkten (A) und alphabetisch (B).

[1] Diese Abgrenzung zwischen den Abteilungen I und II gilt nur als Leitlinie. So betreut Abteilung I z. B. auch den Schwerpunkt „Erfassen, Erschließen, Erhalten von Kulturgut als Aufgabe der Wissenschaft".
[2] Die Finanzreferate unterstehen dem Abteilungsleiter unmittelbar.
[3] Zugleich Vertreter des Abteilungsleiters.

A. Bearbeiterübersicht nach Schwerpunkten

	Schwerpunkt (Kurzbezeichnung; beendete Schwerpunkte in Klammern)	**Bearbeiter** (Tel.: 05 11 / 83 81-)
Schwerpunkte mit überwiegend geistes- und gesellschaftswissenschaftlicher Themenstellung	Wissenschafts- und Technikgeschichte	Dr. Horstmann (-245)
	Europäische Geschichte	Dr. Boder (-254)
	Kulturgut Musiker-Gesamtausgaben	Dege (-289)
	Entwicklungspsychologie (Rechtstatsachenforschung)/Programm Datenschutz	Dr. Junkers (-385)
	(Internationale Beziehungen)	Dr. Schmidt (-237)
	Deutschland nach 1945	Dr. Boder (-254)
	Wandel und Krisenfaktoren in demokratischen Industriegesellschaften	Dr. Junkers (-385) Dr. Marahrens (-256)
	Region Vorderer / Mittlerer Orient (Stipendien)	Dr. Horstmann (-245) Proske (-265)
	Region Südostasien Stipendien	Dr. Wittwer (-216) Proske (-265)
	(Region Ostasien)	Dege (-289)
	Region Osteuropa	Dr. Marahrens (-256)
	Nordamerika-Studien	Dr. Boder (-254)
	Gastarbeiterforschung	Dr. Schmidt (-237)
Schwerpunkte mit überwiegend naturwissenschaftlicher, ingenieurwissenschaftlicher und medizinischer Themenstellung	Zellbiologie Ökogenetik	Dr. Pfrüner (-374)
	Physik und Chemie unkonventioneller Materialien	Dr.-Ing. Maurer (-376)
	Grundlagen Ingenieurwissenschaften	Dr. Plate (-218)
	(Computer-Tomographie)	Penschuck (-217)
	Mikrochirurgie Das chronisch-kranke Kind	Mai (-341)
Übergreifende Schwerpunkte	Alternsforschung	Dr. Schmidt (-237)
	Archäometrie	Dr. Plate (-218)
	(Systemforschung)/Programm Energiepolitik	Dr. Marahrens (-256)
	(Ausbildungsförderung für Mathematiker und Naturwissenschaftler)	Proske (-265)
Fachoffene Schwerpunkte	Symposien (Grundsatzfragen)	Penschuck (-217)
	Akademie-Stipendien	Dege (-289)
	Internationale Begegnungszentren	Carstensen (-219)

B. Bearbeiter im Förderungsbereich (alphabetisch)

	Schwerpunkte (Kurzbezeichnung; beendete Schwerpunkte in Klammern)	**Fachgebiete**
Dr. Boder	Europäische Geschichte Deutschland nach 1945 Nordamerika-Studien	Geschichte, Sprach- und Literatur- wissenschaft
Carstensen	Internationale Begegnungszentren	
Dege	Akademie-Stipendien Kulturgut Musiker-Gesamtausgaben (Region Ostasien)	Alte und Orientalische Kulturen Kunst- und Musikwissenschaft, Volkskunde Völkerkunde
Dr. Horstmann	Wissenschafts- und Technikgeschichte Region Orient	Pädagogik, Philosophie, Theologie
Dr. Junkers	Entwicklungspsychologie Wandel und Krisenfaktoren (Rechtstatsachenforschung)/Programm Datenschutz	Wirtschaftswissenschaften Rechtswissenschaften Soziologie
Mai	Mikrochirurgie Das chronisch-kranke Kind	
Dr. Marahrens	Wandel und Krisenfaktoren – Themen- bereiche 1 u. 2 Region Osteuropa (Systemforschung)/Programm Energiepolitik	Informatik Architektur, Städtebau Landesplanung
Dr.-Ing. Maurer	Physik/Chemie unkonvent. Materialien	Chemie
Penschuck	Symposien (Grundsatzfragen) (Computer-Tomographie)	Medizin, Veterinärmedizin
Dr. Pfrüner	Ökogenetik Zellbiologie	Biologie
Dr. Plate	Archäometrie Grundlagen Ingenieurwissenschaften	Physik, Mathematik, Geologie und Mineralogie Ingenieurwissenschaften
Proske	Stipendienprogramme Südostasien, (Orient) (Ausbildungsförderung für Mathe- matiker und Naturwissenschaftler)	Grundsatzfragen Stipendien Habilitiertenförderung
Dr. Schmidt	Gastarbeiterforschung Alternsforschung (Internationale Beziehungen)	Politikwissenschaft Psychologie
Dr. Wittwer	Region Südostasien	Zeitgeschichte, Geographie, Forst- und Agrarwissenschaften

Mitarbeiter der Geschäftsstelle (Stand 15.10.1979)

Akrami, Petra

Batschko-Rühmann, Annemarie
Beltz-Gerlitz, Anneliese
Boder, Werner, Dr. phil.
Börger, Marion
Borst, Walter, Dr. iur., Dipl.-Volksw.
Brüggemann, Christel
Brunk, Marion
Burmester, Ursula

Carstensen, Carsten, Dipl.-Volksw.
Cords, Ina

Dege, Günter
Dierßen, Dieter

Epstein, Henning
Erdmann, Heike

Frommer, Ingrid

Garisch, Bernhard
Gebhardt, Luise
Genge, Wulf
Gillitzer, Hildegard

Häfner, Otto, Dipl. disc. pol.
Halle, Anita
Hartmann, Gesa
Hastenpflug, Irene
Heber, Ingrid
Höbler, Anita
Hoerner, Manfred
Hof, Hagen, Ass. iur.
Horstmann, Axel, Dr. phil.
Huber, Ingeborg

Jensen, Andreas
Jeratsch, Sabine, Dr. phil.
Junkers, Helga, Dr. rer. pol., Dipl.-Volksw.

Kessler, Karin
Kibbat, Gisela
Kremer, Adolf Günter
Kretzschmar, Eberhard

Kroll, Anneliese
Kruft, Ingrid
Kuhn, Marianne
Kurant, Rosemarie

Lagodzinski, Ellen
Lampe, Christel
Latzel, Renate
Laue, Werner
Lichtenberg, Sieglinde
Loch, Ute
Löffelbein, Renate

Magdsick, Klaus, Dipl.-Volksw.
Mai, Brunhilde
Marahrens, Norbert, Dr. rer. pol., Dipl.-Kfm.
Maurer, Michael, Dr.-Ing., Dipl-Ing.
Müller, Jutta
Müller, Regina

Nehls, Hans-Joachim
Nesper, Monika

Penschuck, Horst, Dipl.-Ing.
Petridis, Georgios
Pfrüner, Helmut, Dr. rer. nat., Dipl.-Biol.
Plate, Hans, Dr. rer. nat., Dipl.-Phys.
Proske, Liselotte
Pytel, Ulrich

Reddies, Dora
Reimann, Horst
Richter, Brigitte
Richter, Erika
Rieger, Gisela
Rosenbusch, Karl Heinz

Schaeper, Friedrich Wilhelm
Schmidt, Alfred, Dr. rer. pol., Dipl.-Volksw.
Schmidt-Loga, Lore
Schroeter, Lisbeth
Schwetje, Jutta

Sabellek, Beate
Seele, Gisela
Seifart, Werner, Dr. iur.
Sermund, Erika
Speer, Ulrike
Stadtmüller, Klaus, Ass. iur.
Stolze, Helmut

Trembley, Barbara
Trenn, Marianne
Trittermann, Regina
Turzer, Silvia

Veit, Cornelia
Viehweg, Günter
Vogeler, Erich Jürgen

Weiß, Ingeborg
Wiebe, Burckhard, M. A., B. A.
Wienecke, Hermann
Wittwer, Wolfgang, Dr. phil. habil.
Wolter, Rudolf

Zarnitz, Marie Luise, Dr. rer. nat., Dipl.-Chem.
Zipperer, Gustav

Betriebsrat

Boder, Dr. W. (stellv. Vors.)
Frommer, I.
Proske, L.
Wittwer, Dr. W. (Vors.)
Zipperer, G.

Zur Zeit in der Geschäftsstelle der Forschungsstruktur-kommission beim Nieders. Ministerium für Wissenschaft und Kunst (vgl. S. 36) tätig:

Handke, Ekkehard, Dipl. Kaufmann
Stolze, Helmut
Wendt, Helga

Rechtsgrundlagen

Vertrag über die Regelung der Rechtsverhältnisse bei der Volkswagenwerk Gesellschaft mit beschränkter Haftung und über die Errichtung einer „Stiftung Volkswagenwerk" vom 11./12.11.1959 (BGBl. 1960, I S. 301, Anlage)

Der Bund und das Land Niedersachsen sind übereingekommen, die zwischen ihnen in bezug auf die Eigentumsverhältnisse an der Volkswagenwerk GmbH in Wolfsburg bestehenden Meinungsverschiedenheiten vergleichsweise zu bereinigen. Zu diesem Zweck schließen der Bund, vertreten durch den Bundesminister für wirtschaftlichen Besitz des Bundes, und das Land Niedersachsen, vertreten durch den Niedersächsischen Ministerpräsidenten, dieser wiederum vertreten durch den Niedersächsischen Minister der Finanzen, folgenden Vertrag:

§ 1

Die Volkswagenwerk GmbH wird in eine Aktiengesellschaft umgewandelt.

§ 2

Der Bund und das Land Niedersachsen erhalten je 20 % des Grundkapitals der Volkswagenwerk Aktiengesellschaft und je zur Hälfte die bis zur Umwandlung von der Volkswagenwerk GmbH ausgeschütteten Gewinne einschließlich der aufgelaufenen Zinsen.
Die restlichen 60 % des Grundkapitals werden in Form von Kleinaktien in noch im Benehmen mit dem Lande Niedersachsen festzulegenden Raten veräußert werden. Bis zur Veräußerung werden die Aktien vom Bund im Benehmen mit dem Land Niedersachsen verwaltet.

§ 3

Der Bund und das Land Niedersachsen werden gemeinsam eine „Stiftung Volkswagenwerk" mit dem Sitz in Niedersachsen errichten, deren Zweck es ist, Wissenschaft und Technik in Forschung und Lehre zu fördern.

Der Stiftung sollen folgende Vermögenswerte übertragen werden:

a) die jährlichen Gewinne auf die den Vertragspartnern verbleibenden Aktien,

b) der Erlös aus den zu veräußernden Kleinaktien mit der Maßgabe, daß die Stiftung verpflichtet wird, diesen Betrag zu einem angemessenen Zinssatz als Darlehen für die Dauer von zwanzig Jahren dem Bund zur Verfügung zu stellen,

c) diejenigen Gewinne, die auf die vom Bund gemäß § 2 Abs. 2 zu verwaltenden Aktien entfallen.

§ 4

Die Satzung der Stiftung soll Bestimmungen darüber enthalten, nach welchen Grundsätzen die Stiftungsorgane zu besetzen und die der Stiftung zufließenden Erträge zu verwenden sind.

Hierbei ist sicherzustellen, daß

a) der Vorsitz im Kuratorium der Stiftung einem Vertreter des Landes Niedersachsen übertragen wird,

b) dem Land Niedersachsen zufließen

aa) die Erträge aus dem Niedersächsischen Aktienbesitz,

bb) als Sitzland neben dem allgemeinen schlüsselmäßig zu ermittelnden Länderanteil ein Vorab von 10 % aus den restlichen Stiftungserträgen.

Diese Mittel sind vom Land Niedersachsen im Sinne des § 3 dieses Vertrages zu verwenden.

§ 5

Die Höhe des Grundkapitals der Volkswagenwerk Aktiengesellschaft wird vom Bund im Benehmen mit dem Land Niedersachsen festgesetzt werden.
In der Satzung der Volkswagenwerk Aktiengesellschaft ist vorzusehen, daß je zwei Mitglieder vom Bund und dem Land Niedersachsen in den Aufsichtsrat entsandt werden und daß Beschlüsse, für die nach dem Aktiengesetz eine qualifizierte Mehrheit erforderlich ist, einer Mehrheit von mehr als 80 % des bei der Beschlußfassung vertretenen Grundkapitals bedürfen.
Einen Vorschlag des Bundes, einen seiner Vertreter im Aufsichtsrat zum Vorsitzer zu wählen, werden die Vertreter des Landes Niedersachsen unterstützen.

§ 6

Der Bund und das Land Niedersachsen verpflichten sich, alle Maßnahmen zu treffen, die notwendig und geeignet sind, das mit diesem Vertrag angestrebte Ziel zu erreichen.

§ 7

Der Vertrag tritt nach Billigung durch die gesetzgebenden Körperschaften des Bundes und des Landes Niedersachsen in Kraft.

Hannover, den 11. Nov. 1959

Für den Niedersächsischen
Ministerpräsidenten:
Der Niedersächsische Minister
der Finanzen
(gez.) Ahrens

Bad Godesberg, den 12. Nov. 1959

Der Bundesminister
für wirtschaftlichen Besitz des Bundes
(gez.) Dr. Lindrath

Stiftungsurkunde und Satzung

Gemäß §§ 3 und 4 des Vertrages über die Regelung der Rechtsverhältnisse bei der Volkswagenwerk Gesellschaft mit beschränkter Haftung und über die Errichtung einer Stiftung Volkswagenwerk vom 11./12.11.1959 (BGBl. 1960 Teil I S. 301) errichten die Bundesrepublik Deutschland, vertreten durch den Bundesminister für wirtschaftlichen Besitz des Bundes, und das Land Niedersachsen, vertreten durch den Niedersächsischen Ministerpräsidenten, dieser wiederum vertreten durch den Niedersächsischen Minister der Finanzen, gemeinsam eine Stiftung des bürgerlichen Rechts mit der Bezeichnung

„Stiftung Volkswagenwerk"

1. Die Stiftung hat ihren Sitz in Hannover.

2. Zweck der Stiftung ist es, Wissenschaft und Technik in Forschung und Lehre zu fördern.

3. Der Stiftung werden folgende Vermögenswerte übertragen:

   a) Ein Anspruch gegen die Bundesrepublik Deutschland auf Übertragung des Erlöses aus der Veräußerung von 60 % des Grundkapitals der Volkswagenwerk Aktiengesellschaft.

   b) Ein Anspruch gegen die Bundesrepublik Deutschland und das Land Niedersachsen auf den Gegenwert der jährlichen Gewinne aus den der Bundesrepublik Deutschland und dem Land Niedersachsen gehörenden Aktien der Volkswagenwerk Aktiengesellschaft in Höhe von je 120 Millionen DM.
   Bei der Veräußerung ihres diesbezüglichen Aktienbesitzes sind die Bundesrepublik Deutschland und das Land Niedersachsen berechtigt, ihre Verpflichtung zur Abführung der jährlichen Dividende durch die Abführung des Erlöses aus der Veräußerung an die Stiftung abzulösen.

   c) Ein Anspruch gegen die Bundesrepublik Deutschland auf den Gegenwert der Gewinne, die der Bundesrepublik Deutschland nach der Umwandlung der Volkswagenwerk GmbH in eine Aktiengesellschaft aus den gemäß a zu veräußernden Aktien zufließen.

4. Die Stiftung ist verpflichtet, an das Land Niedersachsen zur Verwendung im Sinne des Stiftungszwecks aus ihren jährlichen Erträgen vorab zu vergeben:

   a) Die Erträge aus dem Niedersächsischen Aktienbesitz oder im Falle seiner Veräußerung und der Abführung des Erlöses an die Stiftung die Erträge aus dem gemäß Ziffer 3 b abgeführten Kapital,

   b) 10 % der restlichen Stiftungserträge.

5. Den Vorsitz im Kuratorium der Stiftung führt ein Vertreter des Landes Niedersachsen.

6. Im Falle der Beendigung der Stiftung fällt ihr Vermögen zu gleichen Teilen der Bundesrepublik Deutschland und dem Land Niedersachsen zu, die das Vermögen entsprechend dem Stiftungszweck verwenden sollen.

7. Die Stiftung erhält nachstehende

Satzung:

(Text der Satzung vom 19. Mai 1961 in der Fassung der Änderungen vom 18. Mai 1962 und 8. Februar 1967 – Gemeinsames Ministerialblatt der Bundesministerien 1961 S. 695; Niedersächsisches Ministerialblatt 1963 S. 1048 und 1967 S. 192)

§ 1 Name, Sitz

Die Stiftung führt den Namen „Stiftung Volkswagenwerk". Sie ist eine rechtsfähige Stiftung des bürgerlichen Rechts und hat ihren Sitz in Hannover.

§ 2 Stiftungszweck

Zweck der Stiftung ist die Förderung von Wissenschaft und Technik in Forschung und Lehre.

§ 3 Gemeinnützigkeit

Die Stiftung verfolgt unmittelbar und ausschließlich gemeinnützige Zwecke im Sinne des § 17 des Steueranpassungsgesetzes vom 16.10.1934 (RGBl. I S. 925) und der Gemeinnützigkeitsverordnung vom 24.12.1953 (BGBl. I S. 1592).

§ 4 Stiftungsvermögen

(1) Das Vermögen der Stiftung besteht im Zeitpunkt ihrer Errichtung aus:
   a) dem Anspruch gegen die Bundesrepublik Deutschland auf Übertragung des Erlöses aus der Veräußerung von 60 % des Grundkapitals der Volkswagenwerk Aktiengesellschaft,
   b) dem Anspruch auf den Gegenwert der jährlichen Gewinne aus den der Bundesrepublik Deutschland und dem Land Niedersachsen zustehenden je 20 % des im Zeitpunkt der Errichtung der Stiftung vorhandenen Grundkapitals der Volkswagenwerk Aktiengesellschaft. Bei der Veräußerung ihres diesbezüglichen Aktienbesitzes sind die Bundesrepublik Deutschland und das Land Niedersachsen berechtigt, ihre Verpflichtung zur Abführung der jährlichen Dividende durch Abführung des Erlöses aus der Veräußerung an die Stiftung abzulösen,
   c) dem Anspruch gegen die Bundesrepublik Deutschland auf den Gegenwert der Gewinne, die der Bundesrepublik Deutschland nach der Umwandlung der Volkswagenwerk GmbH in eine Aktiengesellschaft aus den gemäß a zu veräußernden Aktien zufließen.

(2) Die nach Absatz 1 a und Absatz 1 b Satz 2 anfallenden Vermögenswerte sind gewinnbringend anzulegen. Den unter Absatz 1 a genannten Betrag hat die Stiftung der Bundesrepublik Deutschland für die Dauer von zwanzig Jahren als Darlehen zur Verfügung zu stellen. Das Darlehen ist für die ersten 3 Jahre der Laufzeit mit 5 v. H. zu verzinsen. Nach jeweils 3 Jahren ist der Zinssatz auf den Satz festzusetzen, den der Bund im vorausgegangenen Jahr für an der Börse gehandelte Anleihen mit einer Laufzeit von mindestens 5 Jahren gezahlt hat. Ist ein marktüblicher Zins in dieser Weise nicht festzulegen, soll der Präsident der Deutschen Bundesbank ihn verbindlich bestimmen.

(3) Zur Erreichung des Stiftungszwecks verwendet die Stiftung
   a) die Erträge aus der Anlage der nach Absatz 1 a und Absatz 1 b Satz 2 anfallenden Vermögenswerte,
   b) die in Absatz 1 b Satz 1 und Absatz 1 c genannten Gewinne,
   c) sonstige Zuwendungen.

Die Verwaltungskosten der Stiftung sind aus diesen Mitteln vorab zu decken.

§ 5 Kuratorium

(1) Vorstand der Stiftung ist das Kuratorium.

(2) Das Kuratorium besteht aus 14 Mitgliedern. Je 7 Mitglieder werden von der Bundesregierung und dem Niedersächsischen Landesministerium berufen. Anstelle eines ausgeschiedenen Mitglieds ist für den Rest der Amtszeit ein neues Mitglied zu berufen.

(3) Die Mitglieder des Kuratoriums üben ihre Tätigkeit ehrenamtlich aus. Ihre Amtszeit beträgt 5 Jahre; sie kann bei Mitgliedern des ersten Kuratoriums auf 7$^1/_2$ Jahre verlängert werden. Anschließende Wiederberufung ist nur einmal zulässig.

(4) Aus dem Kreis der Mitglieder des Kuratoriums beruft das Niedersächsische Landesministerium den Vorsitzenden und die Bundesregierung einen stellvertretenden Vorsitzenden. Das Kuratorium wählt aus seiner Mitte einen weiteren stellvertretenden Vorsitzenden.

(5) Das Kuratorium faßt seine Beschlüsse mit einer Mehrheit von zwei Dritteln der abgegebenen Stimmen. Satzungsänderungen bedürfen einer Mehrheit von zwei Dritteln der satzungsmäßigen Mitgliederzahl. Das Kuratorium ist beschlußfähig, wenn 8 seiner Mitglieder, darunter der Vorsitzende oder einer seiner Stellvertreter, anwesend sind.

(6) Der Vorsitzende beruft die Sitzungen des Kuratoriums ein. Über die Sitzung ist eine Niederschrift zu fertigen, die vom Vorsitzenden und dem Protokollführer zu unterzeichnen ist.

(7) Das Kuratorium gibt sich eine Geschäftsordnung.

§ 6 Vertretung der Stiftung

Die Stiftung wird gerichtlich und außergerichtlich durch das Kuratorium, dieses durch den Vorsitzenden des Kuratoriums gemeinsam mit einem seiner Stellvertreter oder gemeinsam durch die beiden Stellvertreter des Vorsitzenden vertreten. Das Kuratorium soll durch die beiden Stellvertreter des Vorsitzenden nur vertreten werden, wenn der Vorsitzende verhindert ist.

§ 7 Aufgaben des Kuratoriums

Das Kuratorium verwaltet die Stiftung. Ihm obliegen insbesondere

a) Beschlußfassung über die Vergabe der Förderungsmittel,
b) Festlegung des Verteilungsschlüssels gemäß § 8 Absatz 3,
c) Aufstellung eines jährlichen Wirtschaftsplans,
d) Aufstellung der Jahresrechnung,
e) Aufstellung und Veröffentlichung des Jahresberichts über die Tätigkeit der Stiftung.

§ 8 Vergabe der Förderungsmittel

(1) Die Förderungsmittel sind als zweckgebundene Zuwendungen für förderungswürdige Einrichtungen der Wissenschaft und Technik in Forschung und Lehre zu vergeben. Dabei ist sicherzustellen, daß sie als zusätzliche Förderungsmittel verwandt werden; darunter fallen auch zusätzliche laufende Personal- und Sachkosten, jedoch nur in Ausnahmefällen über die Dauer von 5 Jahren hinaus.

(2) Der vom Lande Niedersachsen an die Stiftung gezahlte Gegenwert der jährlichen Dividende von 20 % des Aktienkapitals der Volkswagenwerk Aktiengesellschaft sowie 10 % der übrigen gemäß § 4 Abs. 3 a und b zur Verfügung

stehenden Mittel sind entsprechend den Vorschlägen des Niedersächsischen Landesministeriums und nach Abzug der anteiligen Verwaltungskosten zur Förderung von Vorhaben der im Rahmen des Absatzes 1 genannten Zwecke an das Land Niedersachsen vorweg zu vergeben.

(3) Die übrigen Mittel sind für regionale und überregionale Einrichtungen zu vergeben. Ein Verteilungsschlüssel bestimmt, welcher Anteil der zur Förderung regionaler Einrichtungen aufgewandten Mittel auf jedes Bundesland entfällt. Bei der Vergabe dieser Mittel soll das Kuratorium darauf achten, daß in dem Zeitraum, für den der Verteilungsschlüssel gilt, förderungswürdige regionale Einrichtungen in allen Ländern angemessen berücksichtigt werden.

(4) Das Kuratorium hat vor seiner Entscheidung über Anträge auf Zuwendung von Förderungsmitteln eine Stellungnahme der für die zu fördernde Einrichtung zuständigen obersten Behörde einzuholen.

§ 9 Verwendungsnachweis

Bei der Vergabe von Förderungsmitteln hat das Kuratorium Bestimmungen hinsichtlich des Nachweises über die Verwendung dieser Mittel durch den Empfänger und über die Nachprüfung des Verwendungsnachweises zu treffen. Dabei ist auszubedingen, daß die Stiftung befugt ist, die bestimmungsgemäße Verwendung der Mittel auch bei dem Empfänger zu prüfen oder prüfen zu lassen.

§ 10 Jahresrechnung, Prüfung

(1) Das Haushaltsjahr der Stiftung ist das Kalenderjahr. Innerhalb der ersten 5 Monate eines jeden Jahres hat das Kuratorium eine Jahresrechnung für das abgelaufene Kalenderjahr aufzustellen. Die Rechnung einschließlich der Verwendungsnachweise ist jährlich durch einen Wirtschaftsprüfer oder eine Wirtschaftsprüfungsgesellschaft zu prüfen, die vom Kuratorium zu bestellen und für deren Prüfung im Einvernehmen mit den nachstehenden Rechnungshöfen Richtlinien festzusetzen sind.

(2) Die Stiftung unterliegt der Prüfung durch den Niedersächsischen Landesrechnungshof und den Bundesrechnungshof*.

§ 11 Satzungsänderungen

Änderungen dieser Satzung bedürfen der Zustimmung der Stifter.

§ 12 Beendigung, Heimfall

Im Falle der Beendigung der Stiftung fällt ihr Vermögen zu gleichen Teilen der Bundesrepublik Deutschland und dem Land Niedersachsen zu. Die Berechtigten sollen das Vermögen entsprechend dem Stiftungszweck verwenden.

Schloß Arensburg, den 19. Mai 1961

Für den Niedersächsischen Ministerpräsidenten: Der Niedersächsische Minister der Finanzen (gez.) Ahrens	Der Bundesminister für wirtschaftlichen Besitz des Bundes (gez.) Wilhelmi

---

* Rechtsbestand und Tragweite des § 10, Abs. 2 sind umstritten. (Siehe S. 255 f.; vgl. auch Bericht 1972, S. 201 ff.) Mit erstinstanzlichem Urteil vom 29. März 1979 hat das Verwaltungsgericht Hannover festgestellt, daß § 10 Abs. 2 mangels öffentlich-rechtlicher Ermächtigungsgrundlage nichtig ist.

Bewilligungsgrundsätze
Stand: 1.10.1979

A. Mittelabruf, Allgemeines zur Bewirtschaftung

1. *Abruf der Mittel*

(1) Der jeweilige Mittelbedarf ist möglichst frühzeitig, im allgemeinen mindestens 6 Wochen im voraus (anhand des beiliegenden Formblatts – zweifach) anzumelden. Änderungen sind unverzüglich mitzuteilen.

(2) Um Zinsverluste zu vermeiden, überweist die Stiftung die Mittel grundsätzlich erst zu Beginn des Monats, in dem sie für den Bewilligungszweck gebraucht werden. Der Abrufplan soll daher monatsweise Anforderungen enthalten. Bei monatlichen Raten unter 10 000 DM kann ein Vierteljahresbedarf im voraus abgerufen werden.

Die Stiftung überweist nur fest abgerufene Beträge, und zwar nur auf ein Konto der Institution des Bewilligungsempfängers, bei Hochschulen und anderen öffentlich-rechtlichen Einrichtungen an die zuständige Kasse.

(3) Ausgezahlte Mittel, die wider Erwarten zunächst nicht verwendet werden, sind (mit den angefallenen Zinsen) unverzüglich zurückzuüberweisen und bei Bedarf erneut abzurufen.

(4) Die bewilligten Mittel sind nicht an Haushaltsjahre gebunden und verfallen nicht am Schluß des Kalenderjahres.

2. *Wirtschaftlichkeit und Sparsamkeit*

(1) Der Bewilligungsempfänger kann aus den bereitgestellten Mitteln nur solche Ausgaben leisten, die unmittelbar durch die im Bewilligungsschreiben konkret festgelegte Zweckbestimmung gedeckt sind. Vor Erhalt des Bewilligungsschreibens geleistete Ausgaben können nicht abgerechnet werden.

(2) Die Mittel sind so wirtschaftlich und sparsam wie möglich zu verwenden. Die Stiftung kann sie nur in Ausnahmefällen (insbesondere bei Tarif- oder Preiserhöhungen, die nicht durch Einsparungen an anderer Stelle aufzufangen sind) auf begründeten Antrag erhöhen.

(3) Nicht verbrauchte Mittel sind spätestens mit dem Verwendungsnachweis zurückzuzahlen.

3. *Abweichungen von der Bewilligung*

(1) Sieht das Bewilligungsschreiben (oder der diesem zugrunde liegende Kostenplan) mehrere Ausgabepositionen vor, so können die einzelnen Positionen* bei Bedarf bis zu 20 % verstärkt werden, wenn die Mehrausgaben notwendig sind, um den Bewilligungszweck zu erreichen, und wenn sie bei anderen Positionen eingespart werden.

Personalmittel können unter diesen Voraussetzungen und im Rahmen des der Bewilligung zugrunde liegenden Stellenplans auch um mehr als 20 % verstärkt

---

* Ausgabepositionen in diesem Sinne sind die Gesamtansätze für wissenschaftliches Personal, für sonstiges Personal, Reisekosten, sonstige laufende Sachkosten, Gerätekosten, Kosten für sonstige einmalige Beschaffungen.

werden, soweit dies wegen nachträglicher Tariferhöhungen oder sonst tariflich oder gesetzlich unabweisbar ist.

(2) Solche Umdispositionen setzen in jedem Fall voraus, daß der Bewilligungszweck eingehalten und die Gesamtsumme der Bewilligung nicht überschritten wird und daß ausdrückliche Ablehnungen oder Hinweise der Stiftung und sonstige Regelungen (z.B. besoldungsrechtlicher oder tarifvertraglicher Art sowie solche des Reisekostenrechts) nicht entgegenstehen.

(3) In anderen Fällen bedürfen Abweichungen von der Bewilligung grundsätzlich der vorherigen Einwilligung der Stiftung. Das gilt nicht für kleinere, höchstens sechsmonatige Abweichungen von der vorgesehenen Förderungsdauer.

B. Grundsätze für einzelne Kostenarten

4. *Personalmittel*

(1) Vergütungen sind der Tätigkeit und den örtlichen (Instituts-) Verhältnissen anzupassen. Die Verantwortung für die (tariflich) angemessene Einstufung liegt beim Bewilligungsempfänger; die im Bewilligungsschreiben (oder in den Bewilligungsgrundlagen) festgelegten Einstufungen bilden Obergrenzen.

(2) Die jeweils vorgesehene Vergütung setzt eine Vollzeitbeschäftigung voraus. Doktoranden, die im Rahmen des geförderten Vorhabens promovieren wollen, können höchstens 50% der Vergütungsgruppe II a BAT oder der Eingangsstufe A 13 erhalten.

(3) Aus den Personalmitteln können Sozial- und sonstige Nebenleistungen (z.B. Arbeitgeberanteil zur gesetzlichen Sozialversicherung, Umlage oder Beiträge zur zusätzlichen Alters- und Hinterbliebenenversorgung, Beihilfen im Krankheitsfall, zeitanteiliges Weihnachtsgeld, nicht Kindergeld gemäß Bundeskindergeldgesetz) nach den Vorschriften für den öffentlichen Dienst gezahlt werden, wenn die Mitarbeiter auch im übrigen entsprechend diesen Vorschriften vergütet werden.

(4) Sofern nicht schon ein geregeltes Beschäftigungsverhältnis besteht, wird der Abschluß eines schriftlichen Dienstvertrages unter Berücksichtigung der Laufzeit der Bewilligung empfohlen. Die Stiftung wird in keinem Fall Arbeitgeber der aus ihren Förderungsmitteln Beschäftigten.

5. *Reisemittel*

(1) Reisekosten sind nach den Grundsätzen des Reisekostenrechts für den öffentlichen Dienst, jedoch nicht über die beantragten und bewilligten Sätze hinaus, abzurechnen*. Ausländische Bewilligungsempfänger sollen nach den bei ihnen geltenden Reisekostenregeln abrechnen.

(2) Für Aufenthalte ausländischer Wissenschaftler im Inland kann die Stiftung besondere Rahmensätze festlegen.

6. *Geräte*

(1) Wenn die Stiftung nichts anderes mitteilt, ist die Beschaffung bewilligter Geräte dem Bewilligungsempfänger überlassen, der dabei folgendes zu beachten hat:

---

* Siehe Merkblatt Reisekosten, S. 279 ff.

a) Alle Möglichkeiten eines Preisnachlasses, insbesondere eines Forschungsrabattes, oder Skontos sind zu nutzen, gegebenenfalls unter Einschaltung zentraler Beschaffungsstellen;

b) bei größeren Objekten sind Vergleichsangebote einzuholen und die Gründe für die getroffene Wahl festzuhalten;

c) über die Bemühungen nach a) und das Verfahren nach b) ist im Verwendungsnachweis zu berichten;

d) soll aufgrund neuer Erkenntnisse anstelle des bewilligten ein Gerät anderer Ausführung erworben werden, so ist (in den Grenzen der Nr. 3) eine vorherige Einwilligung der Stiftung nicht erforderlich.

(2) Legt das Bewilligungsschreiben fest, daß Geräte von der Stiftung beschafft werden, gilt folgendes:

a) Der Bewilligungsempfänger soll umgehend mitteilen, ob die bewilligten Geräte noch seinen Anforderungen entsprechen und die angegebenen Preise noch gelten;

b) den anschließend von der Stiftung erteilten Lieferauftrag kann der Bewilligungsempfänger nicht ändern; etwaige Änderungswünsche sollte er der Stiftung unverzüglich mitteilen;

c) der Bewilligungsempfänger hat der Stiftung (gegebenenfalls mit dem beigefügten Vordruck) sofort die ordnungsgemäße Lieferung und gegebenenfalls die ordnungsmäßige geräte-technische Abnahme zu bestätigen.

(3) Der Bewilligungsempfänger hat die sachgemäße Nutzung, Unterbringung und Wartung der Geräte sicherzustellen. Die Stiftung übernimmt keine laufenden Kosten (z. B. für Energieverbrauch, Versicherungen, Wartung, Reparaturen und Ersatzteile).

(4) Die Geräte sollen auch anderen wissenschaftlichen Einrichtungen zur Verfügung stehen, soweit der Bewilligungszweck dadurch nicht beeinträchtigt wird.

7. *Eigentumsregelung bei beweglichen Sachen*

(1) Bewegliche Sachen (Geräte, Bücher, Kraftfahrzeuge usw.), die mit den bewilligten Mitteln erworben werden, gehen in das Eigentum des Bewilligungsempfängers über. Die Stiftung behält sich vor, aus wichtigem Grund die Übereignung auf eine von ihr benannte Stelle oder auf sich zu verlangen. Das gilt vor allem, wenn ein am Projekt verantwortlich Beteiligter zu einer anderen Einrichtung wechselt.

(2) Die Sachen sind in Bestandsverzeichnisse aufzunehmen, soweit es sich nicht um Verbrauchsmaterial oder Kleinstgeräte handelt. Größere Objekte sollen mit einem gut sichtbaren Hinweis (Aufschrift, Tafel, Stempelaufdruck) versehen werden, daß sie aus Mitteln der Stiftung Volkswagenwerk beschafft sind. Aus Stiftungsmitteln beschaffte Literatur soll mit einem entsprechenden Exlibris gekennzeichnet werden. (Hinweisschilder und Exlibris können mit der gegebenenfalls beigefügten Bestellkarte angefordert werden.)

(3) Der Bewilligungsempfänger kann die Sachen veräußern, wenn sie für den Bewilligungszweck nicht mehr benötigt werden oder nicht mehr zu verwenden sind. Der Veräußerungserlös ist an die Stiftung abzuführen, sofern er nicht im Rahmen des Bewilligungszwecks oder, wenn dieser erfüllt ist, für andere wissenschaftliche Zwecke benötigt wird.

(4) Für aus dem Veräußerungserlös erworbene Sachen gelten die vorstehenden Regelungen entsprechend.

(5) Bei einem Erwerb von beweglichen Sachen, die mit dem Grund und Boden fest verbunden (wesentliche Bestandteile) werden, gelten die nachstehend zu Nr. 8 genannten Regelungen.

8. *Eigentumsregelung bei Grundstücken und Gebäuden*

(1) Der Bewilligungsempfänger wird Eigentümer der Grundstücke und Gebäude, die mit den bewilligten Mitteln erworben oder errichtet werden. Er hat bei einer Zweckentfremdung (Abweichung von der im Bewilligungsschreiben unter Bezug auf die Bewilligungsgrundlage festgelegten Zweckbestimmung) der Stiftung den Teil des Verkehrswertes zu erstatten, der ihrem Zuschuß im Verhältnis zu den Gesamtgestehungskosten entspricht. Bei einem Verkauf zu einem über dem Verkehrswert liegenden Preis tritt der Verkaufserlös an die Stelle des Verkehrswerts.

(2) Außer bei Hochschulen und anderen öffentlich-rechtlichen Einrichtungen ist der Ausgleichsanspruch nach (1) in Höhe des bewilligten Zuschusses durch Eintragung einer Belastung im Grundbuch zu sichern.

(3) Grundstücke und Gebäude sollen an geeigneter Stelle mit einem deutlichen Hinweis (Aufschrift, Tafel) versehen werden, daß sie mit Mitteln der Stiftung Volkswagenwerk erworben oder errichtet worden sind.

(4) Entsprechendes gilt bei einem Erwerb von grundstücksgleichen Rechten.

9. *Druckkosten*

(1) Druckkostenzuschüsse werden nach Anforderung durch den Bewilligungsempfänger regelmäßig unmittelbar an den Verlag gezahlt. Die vollständige Auszahlung setzt voraus, daß das Werk gedruckt ist und der Stiftung ein Belegexemplar sowie die Schlußabrechnung nach (3) vorliegen. Die Stiftung leistet auf Anforderung bei Beginn der Setzarbeiten einen Teilbetrag bis zur Hälfte des Zuschusses.

(2) Das Impressum des Werkes soll einen Vermerk gemäß Nr. 12 (2) enthalten.

(3) Die Schlußabrechnung des Verlages über die tatsächlich entstandenen Herstellungskosten soll auf einem (von der Stiftung anzufordernden) Vordruck erfolgen und vom Bewilligungsempfänger bestätigt sein; sie tritt an die Stelle des Nachweises nach Nr. 10 und des Berichts nach Nr. 11. Ist nach der Schlußabrechnung ein geringerer Druckkostenzuschuß erforderlich als nach der Vorberechnung, so wird die Stiftung den Zuschuß entsprechend anpassen.

(4) Für bedingt rückzahlbare Druckkostenzuschüsse gilt ferner folgendes:

    a) Jeweils zum Ende eines Kalenderjahres ist abzurechnen und der Stiftung die entsprechende Rückzahlung zu leisten;

    b) ändert sich während der Abrechnungszeit der Ladenpreis, so ist das der Stiftung unverzüglich mitzuteilen, damit die Rückzahlungsquote angepaßt werden kann.

    c) Wenn der Zuschuß nach der fünften Jahresabrechnung noch nicht zurückgezahlt ist, wird eine abschließende Regelung vereinbart, wobei die Stiftung eine angemessene Abfindung auch im Hinblick auf etwaige weitere Auflagen verlangen kann.

(5) Der Bewilligungsempfänger hat gegenüber dem Verlag und gegebenenfalls auch gegenüber dem Verfasser oder Herausgeber sicherzustellen, daß sie diese Bewilligungsgrundsätze sowie zusätzlich mitgeteilte besondere Bedingungen anerkennen.

C. Verwendungsnachweis, Berichte, Veröffentlichungen

10. *Rechnerischer Nachweis*

(1) Der Nachweis über die Verwendung der Mittel ist grundsätzlich erst nach Abschluß der Förderungsmaßnahme zu erbringen; Teilabrechnungen sind nur auf Anforderung zu erstellen. Dem Bewilligungsempfänger gehen zu gegebener Zeit Vordrucke für den Nachweis zu. Die Stiftung bittet, sie alsbald vollständig und sorgfältig ausgefüllt zurückzusenden.

(2) Bei Vorhaben, die von der Stiftung nur zum Teil finanziert werden, hat der Nachweis eine Übersicht über die gesamten Ausgaben und Deckungsmittel für das Vorhaben zu enthalten.

(3) Der Zweck einer Ausgabe ist jeweils klar zu bezeichnen.

(4) Die abgerechneten Einnahmen und Ausgaben müssen durch prüffähige Unterlagen belegt sein. Die Belege oder Belegkopien sind für eine Prüfung bereitzuhalten, aber erst aufgrund besonderer Anforderung an die Stiftung zu senden.

(5) Die Stiftung behält sich vor, den Nachweis an Ort und Stelle zu prüfen oder prüfen zu lassen.

11. *Berichte*

(1) Der Stiftung ist alsbald nach Abschluß des Vorhabens ein Schlußbericht vorzulegen; bei Vorhaben, die zwei Jahre oder länger dauern sollen, erwartet die Stiftung außerdem jährliche Zwischenberichte.

(2) Der Schlußbericht soll, je nach der Eigenart des Vorhabens,

    a) den Projektverlauf sowie für das Vorhaben besonders förderliche oder hemmende Umstände darstellen;

    b) die Ergebnisse – auch verglichen mit den ursprünglichen Zielen, gegebenenfalls mit Hinweisen auf weiterführende Fragestellungen und auf Möglichkeiten der Umsetzung oder Anwendung – beschreiben und bewerten;

    c) sonstige für die Bewertung der Förderungsmaßnahme wichtige Umstände mitteilen (z.B. Kooperationen mit in- und ausländischen Wissenschaftlern; erschienene oder geplante Publikationen, Berichte auf Fachveranstaltungen; Graduierungen, Promotionen oder Habilitationen im Zusammenhang mit dem Vorhaben).

(3) Über diese Berichtspflichten hinaus ist der Bewilligungsempfänger gehalten, die Stiftung unaufgefordert über Ereignisse zu unterrichten, die das Vorhaben wesentlich beeinflussen. Das gilt insbesondere, wenn die Voraussetzungen für die Durchführung des Vorhabens oder dessen Ziele gefährdet erscheinen.

12. *Veröffentlichungen*

(1) Die Stiftung legt Wert darauf, daß die Ergebnisse der von ihr geförderten Vorhaben der Öffentlichkeit zugänglich gemacht werden, vorzugsweise durch Publikation in gängigen Fachorganen.

(2) Bei Publikationen, die aus dem geförderten Vorhaben hervorgehen, soll im Impressum (Rückseite des Titelblattes) vermerkt werden: „Gefördert von der Stiftung Volkswagenwerk". Ein entsprechender Hinweis ist auch in Einladungen, Programmen (bei geförderten wissenschaftlichen Veranstaltungen) oder Presseverlautbarungen anzubringen.

(3) Die Stiftung bittet sicherzustellen, daß sie alsbald ein Belegexemplar jeder Veröffentlichung erhält.

(4) Die Stiftung bittet ferner, Forschungsberichte und ähnliche nicht über den Buchhandel erhältliche Veröffentlichungen, die aus dem geförderten Vorhaben hervorgehen, in je einem Exemplar zu überlassen

> dem jeweils zuständigen Fachinformationssystem
>
> der zentralen Sammelstelle für Forschungsberichte bei der Technischen Informationsbibliothek, Welfengarten 1 B, 3000 Hannover,
>
> sowie der zuständigen Hochschulbibliothek.

13. *Öffentlichkeitsarbeit*

(1) Die Stiftung begrüßt es grundsätzlich, wenn der Bewilligungsempfänger mit dem Vorhaben und der Förderungsentscheidung der Stiftung an die Öffentlichkeit tritt (z. B. über die Universitätspressestelle, Tageszeitungen, Journalisten-Interviews). Die Stiftung hilft über ihre Pressestelle besonders durch Vermittlung von Kontaktadressen.

(2) Gegebenenfalls erbittet die Stiftung für ihre eigene Öffentlichkeitsarbeit (Pressemitteilungen, Jahresberichte usw.) Entwürfe für Informationstexte bzw. anderweitige Unterstützung.

D. Sonstiges

14. *Rücknahme, Widerruf, Einstellung*

(1) Die Stiftung kann die Bewilligung zurücknehmen, wenn diese innerhalb von zwei Jahren (ab Datum des Bewilligungsschreibens) nicht wenigstens teilweise in Anspruch genommen worden ist.

(2) Die Stiftung behält sich den Widerruf der Bewilligung und die Rückforderung gezahlter Förderungsmittel vor, wenn Bewilligungsgrundsätze oder zusätzlich mitgeteilte besondere Bedingungen nicht beachtet werden, insbesondere wenn Mittel nicht zweckentsprechend verwendet werden oder die Verwendung der Mittel nicht nachgewiesen wird.

(3) Die Stiftung behält sich vor, die Förderung eines Vorhabens aus wichtigem Grund einzustellen. Gleiches gilt, wenn wesentliche Voraussetzungen für die Durchführung des Vorhabens weggefallen sind oder die Ziele des Vorhabens nicht mehr erreichbar erscheinen. Die Abwicklung der vom Bewilligungsempfänger eingegangenen Verpflichtungen ist zwischen diesem und der Stiftung durch besondere Vereinbarung zu regeln.

15. *Weitergabe der Bewilligungsgrundsätze*

Der Bewilligungsempfänger hat dafür zu sorgen, daß diese Grundsätze sowie zusätzlich mitgeteilte besondere Bedingungen den am geförderten Vorhaben und an der Abwicklung der Bewilligung Beteiligten (z. B. Mitarbeitern, Auftragnehmern) zur Kenntnis gebracht und von ihnen eingehalten werden.

16. *Schutzbestimmungen, Haftungsausschluß*

(1) Der Bewilligungsempfänger ist für die Einhaltung einschlägiger gesetzlicher Bestimmungen und behördlicher Anordnungen verantwortlich. Er verpflichtet sich, Regeln und Konventionen einzuhalten, die in bestimmten Forschungsgebieten gelten oder als Standard angesehen werden (z. B. die Deklaration von Helsinki über die Planung und Durchführung von medizinischen und klinischen Versuchen am Menschen).

(2) Die Stiftung steht nicht für Schäden ein, die aus der Durchführung des geförderten Vorhabens entstehen. Sollte sie für solche Schäden haftbar gemacht werden, hält der Bewilligungsempfänger sie schadlos.

17. *Beteiligung an einem wirtschaftlichen Erfolg*

(1) Ergeben sich unmittelbar aus dem geförderten Vorhaben wirtschaftliche Gewinne, Kostenerstattungen oder andere Erträge (einschließlich solcher aus Schutzrechten) – jedoch jeweils ohne Gegenrechnung von Aufwendungen, so ist das der Stiftung alsbald mitzuteilen.

(2) Die Stiftung kann aus solchen Erträgen die Rückzahlung ihrer Bewilligung zuzüglich angemessener Zinsen oder eine angemessene Beteiligung verlangen.

(3) Für Einnahmen aus Publikationen (Vorträgen, Aufsätzen, Büchern) gilt das nur, wenn es das Bewilligungsschreiben oder zusätzlich mitgeteilte Bewilligungsbedingungen ausdrücklich bestimmen.

Die Stiftung geht davon aus, daß ihre Förderungsmittel – unter Beachtung der obenstehenden Grundsätze und zusätzlich mitgeteilter besonderer Bewilligungsbedingungen – entsprechend den jeweils für den Bewilligungsempfänger geltenden Regelungen (bei Hochschuleinrichtungen entsprechend den Grundsätzen für die Bewirtschaftung von „Mitteln Dritter") verwaltet werden.

Merkblatt Reisekosten

In den Bewilligungsgrundsätzen der Stiftung Volkswagenwerk wird auf die Grundsätze des Reisekostenrechts des öffentlichen Dienstes verwiesen. Das Merkblatt zur Berechnung der Reisekosten aus Zuwendungen der Stiftung Volkswagenwerk soll einen schnellen Überblick über wesentliche Regelungen für Inlandsreisen vermitteln. (Die angeführten, zur Zeit geltenden Sätze sind als Richtwerte anzusehen.) Dem Merkblatt liegt die am 1. Juli 1979 in Kraft getretene zweite Verordnung zur Änderung reisekostenrechtlicher Vorschriften vom 31. Mai 1979 zugrunde. Soweit die für Förderungsempfänger geltenden landesrechtlichen Reisekostenvorschriften Abweichungen vom Bundesgesetz vorsehen, sind diese zu berücksichtigen.

I. Tage- und Übernachtungsgelder

Die Tage- und Übernachtungsgelder bemessen sich nach folgenden Stufen:

Beamte der Bes.-Gr. A 1–A 10 Angestellte BAT X–IV b, Kr. I–IX Arbeiter MTL II–IX	Reisekostenstufe A
Beamte der Bes.-Gr. A 11–A 15, B 1, C 1–C 3, R 1 Angestellte BAT IV a–I a, Kr. X–XII	Reisekostenstufe B
Beamte der Bes.-Gr. A 16, B 2–B 11, C 4, R 2–R 10 Angestellte BAT I	Reisekostenstufe C

Die Vergütungssätze betragen:

a) *Tagegeld* (§ 9 BRKG)

Reisekostenstufen	vom vollen Satz	Eintägige Dienstreise (§ 9 Abs. 1 BRKG)			Mehrtägige Dienstreise (§ 9 Abs. 2 BRKG)		
		A	B	C	A	B	C
		DM	DM	DM	DM	DM	DM
Dauer der Dienstreise							
bis 6 Stunden	–	\multicolumn{6}{c}{Erstattung der notwendigen Auslagen}					
mehr als 6 bis 8 Stunden	0,3	6,60	7,80	9,30	8,40	9,90	11,70
mehr als 8 bis 12 Std.	0,5	11,00	13,00	15,50	14,00	16,50	19,50
mehr als 12 Stunden	1,0	22,00	26,00	31,00	28,00	33,00	39,00

Erhält der Dienstreisende seines Amtes wegen unentgeltlich Verpflegung, so wird das Tagegeld für das Frühstück um 20 v. H., für das Mittag- und Abendessen um je 35 v. H. des vollen Satzes gekürzt.

b) *Übernachtungsgeld* (§ 10 BRKG)

Das Übernachtungsgeld für eine Nacht beträgt in der

Reisekostenstufe	A	B	C
	DM	DM	DM
	28,00	33,00	39,00

Sind die nachgewiesenen Übernachtungskosten höher als das Übernachtungsgeld, so wird der Mehrbetrag bis zu 50 v. H. des Übernachtungsgeldes erstattet. Darüber hinausgehende Mehrkosten werden erstattet, soweit sie unvermeidbar sind. Übernachtungskosten, die die Kosten des Frühstücks einschließen, sind vorab um 20 v. H. des Tagesgeldes zu kürzen.

Erhält der Dienstreisende seines Amtes wegen unentgeltlich Unterkunft oder werden Auslagen für das Benutzen von Schlafwagen oder Schiffskabinen erstattet, wird Übernachtungsgeld nicht gewährt.

II. *Erstattung von Fahrtkosten*

Für Strecken, die mit regelmäßig verkehrenden Beförderungsmitteln zurückgelegt worden sind, werden die entstandenen notwendigen Fahrtkosten erstattet, und zwar beim Benutzen von

den Angehörigen der Gruppen	Land- oder Wasserfahrzeugen	Luftfahrzeugen	Schlafwagen
	bis zu den Kosten der		
Bes.-Gr. A 1–A 7 BAT X–VI, Kr. I–V MTL II–IX	zweiten Klasse	Touristen- oder Economyklasse	Touristenklasse
Bes.-Gr. A 8–A 16, B 1, C 1–C 3, R 1–R 2 BAT V–I, Kr. VI–XII	ersten Klasse	Touristen- oder Economyklasse	Spezial- oder Doppelbettklasse
Bes.-Gr. B 2–B 11, C 4, R 3–R 10	ersten Klasse	Touristen- oder Economyklasse	Einbettklasse

Die Zuschläge für die Benutzung von Schnell- (DC und D), Intercity- (IC) und Trans-Europa-Expreß-Zügen (TEE) können erstattet werden,

a) soweit durch die Benutzung dieser Züge Tage- oder Übernachtungsgeld eingespart wird oder
b) für die Hinreise, wenn diese durch Benutzung von DC- und D-Zügen mindestens eine halbe Stunde, durch die Benutzung von IC- und TEE-Zügen mindestens eine Stunde später beginnt (§ 7 BRKG), und für die Rückreise, soweit diese entsprechend früher endet, oder
c) wenn andere triftige Gründe die Benutzung rechtfertigen.

Die Zuschläge können in jedem Fall erstattet werden

a) für die Benutzung von DC- und D-Zügen mit einer Streckenzeitkarte auf einer Entfernung von mehr als 50 km oder
b) für die Benutzung von IC- (I. Klasse) oder TEE-Zügen auf einer Entfernung von mehr als 100 km.

Ist die Benutzung privateigener Kraftfahrzeuge nachweislich wirtschaftlicher oder notwendig, wird eine Entschädigung von 0,27 DM je km und – falls Mitarbeiter mitgenommen werden – für die Mitnahme je Person und Kilometer 0,03 DM gewährt. Dadurch darf jedoch grundsätzlich der Gesamtbetrag der Reisekostenvergütung des Kraftfahrzeughalters und der Mitgenommenen nicht höher werden als beim Benutzen eines regelmäßig verkehrenden Beförderungsmittels.

III. *Dauer der Dienstreise*

Die Dauer der Dienstreise richtet sich nach der Abreise und Ankunft an der Wohnung. Wird sie an der Dienststelle angetreten oder beendet, so tritt diese an die Stelle der Wohnung.

IV. *Erstattung der Nebenkosten*

Zur Erledigung des Dienstgeschäftes notwendige sonstige Auslagen werden bei Nachweis als Nebenkosten erstattet.

Auslandsdienstreisen sind unter entsprechender Anwendung der einschlägigen Bestimmungen des öffentlichen Dienstes abzurechnen.

Grundsätzliches zur Vergabe von Forschungs- und Ausbildungsstipendien

Im Rahmen einzelner Schwerpunkte sieht das Förderungsprogramm der Stiftung Volkswagenwerk eine begrenzte Anzahl von Stipendien für jüngere, besonders qualifizierte Nachwuchswissenschaftler vor (abgeschlossenes Hochschulstudium; in der Regel nur deutsche Staatsangehörige).
Gefördert werden können langfristige Forschungsvorhaben, Ergänzungsstudien, zusätzliche Ausbildung und/oder Studien- und Forschungsaufenthalte im Ausland.
Im folgenden sind die Grundsätze für Höhe und Abwicklung von derzeit in einzelnen Schwerpunkten vorgesehenen Stipendien zusammengefaßt.
Die sachlichen und personellen Voraussetzungen für ein Stipendium sowie Einzel- und Besonderheiten gehen jeweils aus den Schwerpunktinformationen im Jahresbericht bzw. den im Einzelfall anzufordernden speziellen Merkblättern und Stipendienrichtlinien hervor.

Höhe des Stipendiums

Das Grundstipendium wird entsprechend der beruflichen und wissenschaftlichen Qualifikation des Stipendiaten festgesetzt (Höhe z.Z. zwischen DM 1000 und DM 1600 mtl.).
In besonders zu begründenden Fällen (z.B., wenn ein Stipendiat für die Dauer des Stipendiums aus einer Stelle beurlaubt wird) kann das Stipendium in Anlehnung an die Beamtenbesoldung oder den BAT bemessen werden.

Ein *Familienzuschlag* kann verheirateten Stipendiaten für den Ehegatten gewährt werden (z.Z. DM 300 mtl.), wenn dessen Einkünfte weniger als DM 500 mtl. betragen. Sofern kein Anspruch auf Kindergeld nach dem Bundeskindergeldgesetz besteht, kann auf besonderen Antrag ein Kinderzuschlag bereitgestellt werden.

Bei Forschungsaufenthalten im Ausland wird in der Regel ein *Auslandszuschlag* in Anlehnung an die Auslandsreisekosten-Verordnung gewährt. Begleitet die Familie den Stipendiaten nicht mindestens für sechs Monate mit in das Ausland, so wird er wie ein alleinstehender Stipendiat eingestuft.
Die derzeitigen Einzelbeträge sind der Tabelle auf Seite 284 zu entnehmen.

Zu den *Fahrtkosten* für die Hin- und Rückreise zum Studienort kann ein Zuschuß für den Stipendiaten bis zur Höhe der tatsächlichen Kosten (2. Klasse bzw. Economy class), gezahlt werden, für den Ehegatten und die Kinder bis zur Hälfte unter der Voraussetzung, daß sie den Stipendiaten für mehr als sechs Monate in das Ausland begleiten.

Für zusätzliche Aufwendungen, die in unmittelbarem Zusammenhang mit der Inanspruchnahme des Stipendiums stehen, (Lehr- und Lernmittel, Informationsreisen, Reisen im Gastland usw.) kann ein pauschaler Zuschuß (*Ersatzgeld*) in Höhe von DM 200 mtl. gewährt werden.

Bei Auslandsaufenthalten kann die Notwendigkeit zur Übernahme eines besonderen *Versicherungsschutzes* (anhand der Antragsunterlagen) geprüft werden.

Die Stipenen sind im Rahmen der Bestimmungen des § 3 Ziff. 44. EStG steuerfrei.

Antragstellung und Entscheidung

Da Stipendien nur an wissenschaftliche Einrichtungen vergeben werden können, sollte der Antrag bereits über die wissenschaftliche Einrichtung vorgelegt werden, die im Falle einer Bewilligung des Stipendiums die spätere Abwicklung übernehmen wird.
Die Entscheidung über den Antrag liegt allein bei der Stiftung Volkswagenwerk. Ablehnungsbescheide ergehen ohne Begründung. Eine Wiederaufnahme abgelehnter Anträge ist nicht möglich.
Ein Anspruch auf Förderung besteht nicht.

Verpflichtungen

Die Annahme eines Stipendiums verpflichtet den Stipendiaten:

Seine Arbeitskraft auf das in seinem Studien- bzw. Arbeitsplan beschriebene Vorhaben zu konzentrieren.

Keine Erwerbstätigkeit aufzunehmen (die Stiftung wird gegen gelegentliche geringfügige Einkünfte bis zur max. Höhe von DM 300 mtl. keine Einwendungen erheben).

Auf besondere Anforderung über den Verlauf seiner Studien zu berichten bzw. der Stiftung am Ende der Förderung unaufgefordert einen wertenden Abschlußbericht vorzulegen.

Darüber hinaus verpflichtet sich der Stipendiat, die Stiftung Volkswagenwerk über die wissenschaftliche Einrichtung, die den Stipendiaten fachlich betreut bzw. das Stipendium verwaltet, unverzüglich zu informieren, wenn

das Vorhaben vorzeitig abgeschlossen, unterbrochen, abgeändert oder abgebrochen wird;

Höhe der Auslandszuschüsse (monatlich in DM)

Länder-Gruppeneinteilung [1]	Höhe entsprechend dem Familienstand [2]				
	ledig (40 %)	verheiratet (50 %)	verheiratet mit:		
			1 Kind (55 %)	2 Kinder (60 %)	3 Kinder [3] (65 %)
Gruppe I Ägypten, Äthiopien, Bolivien, Brasilien, Dänemark, Griechenland, Jugoslawien, Mosambik, Niederlande, Österreich, Portugal, Spanien, Ungarn	558	697	767	837	908
Gruppe II Afghanistan, Algerien, Belgien, China, CSSR, Frankreich, Großbritannien, Italien, Irak, Israel, Jemen, Jordanien, Kambodscha, Kenia, Kolumbien, Laos, Marokko, Neuseeland, Pakistan, Papua-Neuguinea, Peru, Philippinen, Polen, Schweiz, Syrien, Taiwan, Thailand, Türkei, Tunesien	756	945	1.039	1.134	1.228
Gruppe III Argentinien, Birma, Iran, Kanada, Libanon, Libyen, Malaysia, Mexiko, Nigeria, Saudi-Arabien, Schweden, Singapur, Sudan, Tansania, USA, Vietnam	954	1.192	1.312	1.431	1.550
Gruppe IV Australien, Bahrain, Indonesien, Japan, Katar, Kuwait, Oman, UdSSR, Vereinigte Arabische Emirate	1.152	1.440	1.584	1.728	1.872

[1] Es wurde hier nur ein Teil der Länder beispielhaft aufgeführt.
[2] Begleitet die Familie den Stipendiaten nicht für mindestens 6 Monate in das Ausland, wird der Auslandszuschlag in gleicher Höhe wie für einen Ledigen gewährt.
[3] Für jedes weitere Kind erhöhen sich diese Sätze um jeweils 5 %.

er durch Beiträge Dritter für seine wissenschaftliche Tätigkeit honoriert wird oder ihm oder mit seiner Billigung einem Dritten aus dem geförderten Studienvorhaben ein wirtschaftlicher Gewinn erwächst;

er von anderer Seite ein Stipendium erhält.

Die Stiftung Volkswagenwerk behält sich das Recht vor,

aus etwaigen wirtschaftlichen Erträgen, die sich unmittelbar aus dem geförderten Studienvorhaben ergeben, Rückzahlung des Stipendiums zuzüglich angemessener Zinsen oder eine angemessene Beteiligung zu verlangen;

die Bewilligung zurückzunehmen für den Fall, daß das Stipendium nicht binnen angemessener Frist in Anspruch genommen wird, oder

die Bewilligung unter Rückforderung gezahlter Förderungsmittel zu widerrufen, wenn die geltenden Bewilligungsbedingungen, insbesondere auch die oben genannten Verpflichtungen nicht eingehalten werden, oder

die Förderung aus wichtigem Grund einzustellen, wenn wesentliche Voraussetzungen für eine erfolgreiche Durchführung entfallen sind;

Ergänzungen und Änderungen der besonderen Förderungrichtlinien vorzunehmen und laufende Stipendien ohne Rückwirkung veränderten Verhältnissen anzupassen.

Merkblätter für Antragsteller; Stipendienrichtlinien

Zur Information über Ziele, Thematik und Abgrenzung ihrer Schwerpunkte und Förderungsprogramme sowie der Antragsvoraussetzungen und Förderungsmöglichkeiten gibt die Stiftung Merkblätter für Antragsteller und Richtlinien für Stipendienprogramme zu einzelnen Schwerpunkten heraus. Bis Oktober 1979 sind 23 Merkblätter erschienen. Im folgenden sind die zur Zeit geltenden Merkblätter aufgeführt.

(1) Symposienprogramm (S. 287)

(2) Akademie-Stipendien (S. 289)

(4) Gegenwartsbezogene Forschung zur Region Vorderer und Mittlerer Orient (S. 292)

(8) Gegenwartsbezogene Forschung zur Region Osteuropa (S. 294)

(11) Das chronisch-kranke Kind (S. 297)

(12) Entwicklungspsychologie (S. 299)

(13) Gastarbeiterforschung – Migration und ihre sozialen Folgen (S. 301)

(14) Geschichtsforschung und Geschichtsdarstellung im Europäischen Zusammenhang und Vergleich (S. 303)

(15) Wissenschaft und Technik – Historische Entwicklung und Sozialer Kontext (S. 305)

(16) Alternsforschung (S. 306)

(17) Mikrochirurgie (S. 309)

(19) Nordamerika-Studien (S. 310)

(20) Wandel und Krisenfaktoren in demokratischen Industriegesellschaften; mit Anlage: Ausgewählte Themenbereiche/Kurzfassung (S. 313)

(21) Physik und Chemie unkonventioneller Materialien: Herstellung und Charakterisierung (S. 321)

(22) Deutschland nach 1945 (S. 323)

(23) Habilitiertenförderung (S. 327)

(—) Stipendienrichtlinien zur gegenwartsbezogenen Südostasienforschung (S. 329)

Stiftung Volkswagenwerk

Merkblatt für Antragsteller 1

Postfach 81 05 09   D-3000 Hannover 81
Telex 9 - 22965
Telefon Vermittlung (05 11) 83 81 - 1
Telefon Durchwahl   83 81 - (-)

Kastanienallee 35   Hannover-Dohren

Schwerpunkt Symposienprogramm

I. Ziel des Förderungsprogramms

Der Schwerpunkt „Symposienprogramm" dient der Förderung der wissenschaftlichen Kommunikation über ein abgegrenztes wissenschaftliches Thema, vor allem der Diskussion neuer wissenschaftlicher Entwicklungen. Die Stiftung fördert vorzugsweise solche Veranstaltungen, die eine interdisziplinäre oder überörtliche Zusammenarbeit – insbesondere auch mit ausländischen Forschern und unter angemessener Beteiligung jüngerer Wissenschaftler – herbeiführen.

Im Schwerpunkt „Symposienprogramm" können alle Fachgebiete gefördert werden. Es ist nicht erforderlich, daß sich das Thema der zu fördernden Veranstaltung auf einen anderen Schwerpunkt der Stiftung bezieht.

II. Förderungsmöglichkeiten

Die Stiftung fördert im Schwerpunkt „Symposienprogramm" nur Veranstaltungen. Anträge von Einzelpersonen auf Reise- und Aufenthaltskosten für Tagungsbesuche können im Rahmen dieses Programms nicht bearbeitet werden.

Voraussetzungen

Die Stiftung kann Zuschüsse vergeben zur Veranstaltung von

Symposien (Arbeitstagungen, Workshops) und

Kursen (Ferienkurse, Sommerschulen)

Die Teilnehmerzahl ist so zu begrenzen, daß den Beteiligten ein intensiver Meinungsaustausch im Plenum möglich ist.

Als obere Grenze für die Förderung von Symposien sieht die Stiftung auch bei einer anzustrebenden ausgewogenen Beteiligung mehrerer Disziplinen oder Arbeitsrichtungen in der Regel eine Teilnehmerzahl von 30 an; sie kann bis auf 60 (unter Einschluß von Zuhörern) erhöht werden, wenn dafür besondere Gründe sprechen, z. B. wenn dies notwendig erscheint, um verstärkt jüngere Wissenschaftler zu beteiligen. Auch bei Kursen sollte die Teilnehmerzahl auf höchstens 60 beschränkt werden.

Der Tagungsort sollte in der Bundesrepublik Deutschland einschließlich Berlin (West) liegen.

Von einer Förderung allgemein ausgeschlossen sind Kongresse, Jahrestagungen wissenschaftlicher Vereinigungen und ähnliche Großveranstaltungen oder Teile davon. Sind zeitlich vor oder nach derartigen Tagungen auch solche Veranstaltungen geplant, die den Förderungsmöglichkeiten des Schwerpunktes „Symposienprogramm" entsprechen, kommt ein Zuschuß nur zur Deckung der echten Mehrkosten in Betracht.

Umfang der Förderung

Im Interesse eines sparsamen Einsatzes von Förderungsmitteln beschränkt die Stiftung ihre Zuschüsse in erster Linie auf Reise- und Aufenthaltskosten für die Teilnehmer, sofern sie den Besuch der Veranstaltung nicht aus anderen Mitteln finanzieren können. Derartige Kosten können bis zur Höhe der sich aus den Bestimmungen des Reisekostenrechtes des öffentlichen Dienstes ergebenden Sätze berücksichtigt werden.

Kosten für mitreisende Angehörige oder für die Bewirtung von Gästen können nicht übernommen werden. Gleiches gilt für ein etwaiges Rahmenprogramm; hier geht die Stiftung von einer Eigenbeteiligung der Teilnehmer aus.

Im allgemeinen rechnet die Stiftung bei der Art der von ihr geförderten Veranstaltungen damit, daß etwaige Kosten zur Vorbereitung und Durchführung der Tagungen vom Veranstalter getragen werden. Soweit dennoch eine zusätzliche Förderung beantragt wird (z. B. weil auch durch Tagungsbeiträge keine Kostendeckung zu erwarten ist), sind die notwendigen Aufwendungen besonders zu begründen. Honorare werden von der Stiftung jedoch in aller Regel nicht übernommen. Druckkosten können grundsätzlich nur in besonderen Fällen berücksichtigt werden, z. B. wenn eine zusammengefaßte Veröffentlichung in wissenschaftlichen Zeitschriften den erzielten wesentlichen Ergebnissen nicht gerecht würde und kein Verlag die Publikation ohne Zuschuß übernimmt. Über die Gewährung von Mitteln für eine eventuelle Publikation kann jedoch erst nach Vorlage und Prüfung eines Manuskripts sowie einer Verlagskalkulation entschieden werden.

III. *Antragsfrist*

Anträge mit allen erforderlichen Angaben sollten möglichst sechs Monate vor dem Veranstaltungstermin bei der Stiftung vorliegen; beträgt dieser Zeitraum weniger als drei Monate, können sie in der Regel nicht mehr bearbeitet werden.

IV. *Antragstellung*

Anträge werden schriftlich ohne weitere Formerfordernisse an die Geschäftsstelle der Stiftung Volkswagenwerk, Kastanienallee 35, 3000 Hannover 81, erbeten.

Sie sollen so abgefaßt sein, daß sie sowohl der Stiftung als auch den von ihr zu Rate gezogenen Fachgutachtern ein für die Prüfung ausreichendes Bild der geplanten Veranstaltung vermitteln. Spezielle fachliche Ausführungen können dem Antrag gegebenenfalls auch als Anlage beigegeben werden.

Als Anhalt für die allgemein benötigten Informationen werden folgende Punkte genannt:

- Klare, möglichst aussagefähige Bezeichnung des Themas der Veranstaltung
- Ausführliche Darstellung (Begründung, Anlaß, Zielsetzung)
- Bezug zum gegenwärtigen Forschungsstand
- Wissenschaftliches Programm der Veranstaltung mit Zeitplan (zumindest vorläufige Übersicht über Vortrags- bzw. Diskussionsthemen)
- Ort, Datum und Dauer der geplanten Veranstaltung (gegebenenfalls auch Erläuterungen zum Zusammenhang mit einer anderen Veranstaltung)

- Begründung und Aufschlüsselung der bei der Stiftung zur Finanzierung beantragten Positionen einschließlich Angaben zur Gesamtfinanzierung der Veranstaltung
- Angaben zur interdisziplinären oder überörtlichen Zusammenarbeit
- Namensliste der vorgesehenen bzw. eingeladenen Teilnehmer sowie eventuell bereits vorliegender Zusagen (zumindest für die Vortragenden)
- Angaben zur Auswahl der Teilnehmer (insbesondere auch hinsichtlich des Umfanges der Beteiligung ausländischer und jüngerer Wissenschaftler)
- Bezeichnung des Veranstalters bzw. der einladenden Institution
- Bezeichnung des Bewilligungsempfängers
  (Die Stiftung kann Förderungsmittel satzungsgemäß nur an wissenschaftliche Einrichtungen vergeben. Bei Antragstellern bzw. vorgesehenen Bewilligungsempfängern außerhalb des unmittelbaren Hochschulbereiches und der Max-Planck-Gesellschaft fordert die Stiftung gegebenenfalls noch einen Tätigkeitsbericht bzw. Angaben zur Rechtsform, Satzung, Gemeinnützigkeit, Besetzung der Organe und Gremien, Etatgestaltung und Haushaltsprüfung der zu fördernden Einrichtung an.)
- Angabe, ob Anträge gleichzeitig anderen Stellen zur Förderung der betreffenden Veranstaltung vorgelegt wurden oder vorliegen

V. *Auskünfte*

Für weitere Auskünfte steht die Geschäftsstelle der Stiftung Volkswagenwerk, Hannover (Tel.: 05 11 / 83 81-1), zur Verfügung.

Stand 1. 7. 1979

Stiftung Volkswagenwerk

Merkblatt für Antragsteller 2

Postfach 81 05 09   D-3000 Hannover 81
Telex 9 - 22965
Telefon Vermittlung (05 11) 83 81 - 1
Telefon Durchwahl   83 81 - 289

Kastanienallee 35   Hannover-Dohren

Schwerpunkt
Akademie-Stipendien

I. *Förderungsprogramm*

Besonders qualifizierten Hochschullehrern, die durch Ausbildungs- und Verwaltungsaufgaben stark belastet sind, bietet die Stiftung die Möglichkeit, während einer Befreiung von ihren sonstigen dienstlichen Verpflichtungen wissenschaftliche Arbeiten zu begründen, fortzuführen oder abzuschließen. Dazu zählen auch Lehrbücher oder zusammenfassende Darstellungen.

Die Stiftung fördert in diesem Programm weder Promotionen noch Habilitationen.

Durch dieses Förderungsprogramm für Hochschullehrer soll die öffentliche Hand von ihren Verpflichtungen nicht entlastet werden.

II. *Personenkreis*

Das Angebot richtet sich an Hochschullehrer in gesicherter Position, die die deutsche Staatsangehörigkeit besitzen und/oder den Hochschulen der Bundesrepublik Deutschland angehören. Die Vergabe von Akademie-Stipendien zugunsten von Wissenschaftlern im Ausland ist auf deutsche Staatsangehörige beschränkt, die für ihre wissenschaftliche Arbeit einen längeren Forschungsaufenthalt in der Bundesrepublik benötigen und danach auf ihre Stelle an der ausländischen Hochschule zurückkehren.

Mindestvoraussetzungen für eine Förderung in diesem Programm sind eine dreijährige Tätigkeit im Hochschulbereich nach der Promotion sowie die Publikation wissenschaftlicher Arbeiten.

III. *Dauer und Höhe des Stipendiums*

Das Stipendium wird in der Regel für ein Jahr gewährt. Es kann jedoch für mindestens 6 Monate und höchstens 2 Jahre vergeben werden.

Für die Dauer des Stipendiums kann die Stiftung Mittel in Höhe der persönlichen Bezüge des Bewerbers, eventuell anfallende Beihilfen im Krankheitsfall sowie zeitanteilige Sonderzuwendungen, die nach den Regeln des öffentlichen Dienstes vorgesehen sind, wie Weihnachts- und Urlaubsgeld, bereitstellen. Außerdem können Zuschüsse zu Aufenthaltskosten im Ausland sowie Reise- und Sachmittel gewährt werden. In begründeten Einzelfällen ist in beschränktem Umfang auch die Finanzierung von zusätzlichem Personal zur Durchführung eines Stipendienvorhabens möglich.

Für Auslandsaufenthalte von mehr als 6 Monaten Dauer können auch Zuschüsse nur zu Reise- und Aufenthaltskosten gewährt werden.

IV. *Befreiung von sonstigen Dienstpflichten*

Der Bewerber sollte vor Beantragung eines Akademie-Stipendiums die Modalitäten seiner Befreiung von den sonstigen dienstlichen Aufgaben, die Fragen seiner Lehrvertretung sowie das Verfahren bei der Abwicklung einer Förderung mit seinem Dienstherrn und mit anderen zuständigen Stellen und Gremien klären. Es hat sich gezeigt, daß im Falle einer Beurlaubung eines beamteten Hochschullehrers unter Fortfall der Dienstbezüge verschiedene Probleme im Hinblick auf Versicherungspflicht, Altersversorgung, Unfallfürsorge, Weihnachts- und Urlaubsgeld usw. auftreten können. Zur Vermeidung dieser Schwierigkeiten erscheint es am günstigsten, wenn der Empfänger eines Stipendiums, ohne Veränderung seines Status im übrigen, weiterhin seine Bezüge von der bisher zuständigen Besoldungsstelle erhält. Hierfür wird überwiegend die Form der Freistellung oder der Beurlaubung unter Fortzahlung der Bezüge gewählt. In jedem Fall erstattet die Stiftung die im Rahmen der Förderung an den Stipendiaten auszuzahlenden Beträge. Die Stiftung wird keinesfalls Arbeitgeber des Stipendiaten.

V. Antragstellung

Anträge werden schriftlich ohne weitere Formerfordernisse an die Geschäftsstelle der Stiftung Volkswagenwerk, Kastanienallee 35, 3000 Hannover 81, erbeten. Da die Stiftung zu den ihr vorgelegten Anträgen jeweils die für den vorgesehenen Bewilligungsempfänger zuständige oberste Behörde befragt, wird empfohlen, dieser zur Beschleunigung der Antragsbearbeitung eine Kopie des Antrages direkt zuzuleiten. Die Stiftung rechnet in der Regel mit einer Bearbeitungszeit von 6 Monaten bis zur Entscheidung.

Der Bewerber sollte in seinem Antrag auf die in den vorstehenden Abschnitten genannten Antragsvoraussetzungen, insbesondere auf seine dienstrechtliche oder arbeitsrechtliche Stellung, eingehen. Als Anhalt für die im allgemeinen benötigten Informationen seien die folgenden Punkte genannt:

- Ausführliche Schilderung des wissenschaftlichen Vorhabens
- Zusammenfassung (1 bis 2 Seiten); bei auslandsbezogenen Anträgen zusätzlich auch in englischer Sprache
- Angaben über den vorgesehenen Arbeitsort, den Beginn des Stipendiums und die Zeitplanung
- Darstellung der Belastung des Bewerbers durch Lehr- und Verwaltungsaufgaben
- Lebenslauf
- Publikationsliste
- Referenzen
- Angaben über Vorlage dieses Antrags oder thematisch verwandter Anträge bei anderen Förderungsinstitutionen
- Detaillierter Kostenplan

Die Kostenaufstellung sollte spezifiziert werden nach Bezügen des Bewerbers, eventuellen Mehrkosten eines Auslandsaufenthalts, zusätzlichen Personal- und/oder Sachmitteln sowie Reisemitteln.

Die Stiftung benötigt Belege über die Höhe der Bezüge; Personalunterlagen werden von ihr vertraulich behandelt. Bei Arbeitsaufenthalten im Ausland empfiehlt es sich, die Einladung der ausländischen Institution beizufügen.

Da die Stiftung Förderungsmittel nur an wissenschaftliche Einrichtungen vergeben kann, sollte die Bewerbung Angaben darüber enthalten, welche Institution zur Abwicklung des Akademie-Stipendiums bereit wäre.

VI. Auskünfte

Für weitere Auskünfte zu diesem Programm stehen in der Geschäftsstelle der Stiftung Günter Dege (Tel.: 05 11/83 81-2 89) und Ina Cords (Tel.: 05 11/83 81-3 89) zur Verfügung.

Stand: 1.10.1979

Stiftung Volkswagenwerk

Merkblatt für Antragsteller 4

Postfach 81 05 09   D-3000 Hannover 81
Telex 9 - 22965
Telefon Vermittlung (05 11) 83 81 - 1
Telefon Durchwahl   83 81 - 245

Kastanienallee 35   Hannover-Dohren

Schwerpunkt
Gegenwartsbezogene Forschung zur Region
Vorderer und Mittlerer Orient

I. *Ziel des Förderungsprogramms*

Mit dem Programm „Gegenwartsbezogene Forschung zu der Region Vorderer und Mittlerer Orient" wird die Absicht verbunden, insbesondere auf den Gebieten der Islamwissenschaft und der ihr nahestehenden orientalistischen Disziplinen, der Sozialwissenschaften, der Wirtschaftswissenschaften, der Geographie, der Agrarwissenschaften sowie der angewandten Technik

- Forschungsprojekte
- den wissenschaftlichen Gedankenaustausch
- den wissenschaftlichen Nachwuchs
- die Ausbildung in den Sprachen des modernen Orients

zu fördern.

II. *Thematik und Abgrenzung des Förderungsprogramms*

Entwicklungen und Probleme des heutigen Vorderen und Mittleren Orients, der sich als geographischer Raum auf Nordafrika und Vorderasien erstreckt.

Gefördert werden können Projekte, die

- eine regionsspezifische Thematik aufweisen
- einen unmittelbaren Bezug zur Gegenwart besitzen
- einen interdisziplinären Ansatz zur Grundlage haben oder eine transdisziplinäre Auswertbarkeit der Ergebnisse erwarten lassen
- dem Gedanken der Kooperation dienen

Insbesondere soll die empirische Feldforschung angeregt werden. Untersuchungen zu Fragen der Vergangenheit können nur insoweit Berücksichtigung finden, als die zu erwartenden Projektergebnisse von Bedeutung für die Wissenschaften sind, die sich mit dem modernen Orient beschäftigen.

Folgende Bereiche werden als vorrangig angesehen:

- moderne politische Geschichte
- empirische Religionssoziologie

- vergleichende politische Analyse (comparative politics)
- internationale Beziehungen
- internationales Recht
- Entwicklungsprozeßforschung
- vergleichende Erziehungswissenschaften (empirisch-sozialwissenschaftlich)
- vergleichende und angewandte Rechtswissenschaft und Rechtssoziologie
- Verwaltungswissenschaften
- Wirtschafts- und Sozialpolitik
- Geschichte und Analyse der Wirtschafts- und Sozialstrukturen
- Wirtschafts-, Sozial- und Siedlungsgeographie
- Ökologie und Bio-Geographie

III. *Förderungsmöglichkeiten*

1. *Projektförderung*

Durch Vergabe von Personal-, Reise- und Sachmitteln an wissenschaftliche Einrichtungen. Bei der Projektdurchführung können einzelne graduierte Wissenschaftler, vorzugsweise jedoch interdisziplinäre Forschungsgruppen gefördert werden.

2. *Kommunikation*

Unterstützung von Arbeitstagungen, Seminaren und Sommerschulen durch Beteiligung an Reise- und Aufenthaltskosten. Die Veranstaltungen sollten möglichst eine interdisziplinäre oder überörtliche Zusammenarbeit – auch mit ausländischen Forschern und jüngeren Wissenschaftlern – herbeiführen. Die aktive Mitwirkung aller Veranstaltungsteilnehmer sollte sichergestellt sein.

3. *Sprachausbildung*

Entwicklung und Durchführung von Intensivkursen in den modernen Sprachen des Vorderen und Mittleren Orients an wissenschaftlichen Einrichtungen.

Eine Unterstützung durch die Stiftung Volkswagenwerk ist in der Regel nicht möglich, wenn Themenkreise berührt werden, die in den erklärten Aufgabenbereich anderer Förderungsorganisationen fallen.

IV. *Antragstellung*

Anträge können jederzeit bei der Stiftung Volkswagenwerk vorgelegt werden.
Anträge aus dem Ausland sind deutschen Anträgen prinzipiell gleichgestellt, doch sind Angaben über eine definierte Kooperation mit wissenschaftlichen

Einrichtungen oder Wissenschaftlern in der Bundesrepublik Deutschland erforderlich. Eine Zusammenfassung in deutscher Sprache ist hilfreich.

Zur Abfassung der Anträge / Anhaltspunkte für die im allgemeinen benötigten Informationen: siehe Kap. II, S. 36 ff. / Hinweise zur Antragstellung, für wissenschaftliche Veranstaltungen auch S. 36 ff. / Merkblatt Symposienprogramm.

V. *Auskünfte*

Für weitere Auskünfte steht die Geschäftsstelle der Stiftung Volkswagenwerk, Hannover (Dr. Axel Horstmann, Tel.: 05 11 / 83 81 - 245), zur Verfügung.

Stand: 15.10.1979

Stiftung Volkswagenwerk

Merkblatt für Antragsteller 8

Postfach 81 05 09   D-3000 Hannover 81
Telex 9 - 22965
Telefon Vermittlung (05 11) 83 81 - 1
Telefon Durchwahl   83 81 - 256
Kastanienallee 35   Hannover-Dohren

Schwerpunkt
Gegenwartsbezogene Forschung
zur Region Osteuropa

I. *Ziel des Förderungsprogramms*

Mit dem Programm wird die Absicht verbunden, im Rahmen gegenwartsbezogener Osteuropaforschung

- Forschungsprojekte
- den wissenschaftlichen Gedankenaustausch
- internationale Kooperation
- den wissenschaftlichen Nachwuchs
- die Ausbildung in osteuropäischen Sprachen

zu fördern.

II. *Thematik des Förderungsprogramms*

Entwicklungen und Probleme der Länder Ost- und Südosteuropas, die sich auf die Zeit nach Gründung der Sowjetunion bzw. auf die Zeit nach dem Zweiten Weltkrieg, ggf. auf die Zeit der unmittelbaren Vorgeschichte beziehen.

Gefördert werden können insbesondere Projekte, die

- eine Thematik von spezifischer Bedeutung für die Region aufweisen
- einen Bezug zur Gegenwart besitzen
- möglichst einen interdisziplinären oder komparativen Ansatz zur Grundlage haben
- möglichst auch eine transdisziplinäre Auswertbarkeit der Ergebnisse für die Wissenschaft, ggf. für die politische Praxis erwarten lassen

Vorrang haben folgende Bereiche:

- moderne politische Geschichte, insbesondere Zeitgeschichte
- politisches System und Verfassungsordnung
- vergleichende politische Analyse
- zeitbezogene Wirtschafts- und Sozialgeschichte
- empirische Sozialforschung
- Theorie und Empirie des politischen, sozialen und wirtschaftlichen Wandels
- Entwicklung von Verfassungs- und Rechtsordnung in ihrer Beziehung zur politischen, wirtschaftlichen und sozialen Struktur
- Entwicklung des Marxismus-Leninismus in seinem Verhältnis zur Praxis
- Wechselbeziehungen zwischen Innen- und Außenpolitik
- Hegemonial- und Integrationsprobleme
- Bildungs- und Ausbildungssystem
- zeitgeschichtliche und soziologische Literatur- und Sprachwissenschaft

III. *Förderungsmöglichkeiten*

1. *Projektförderung*

Durch Vergabe von Personal-, Reise- und Sachmitteln an wissenschaftliche Einrichtungen. Es werden sowohl einzelne graduierte Forscher wie Arbeitsgruppen oder multinationale Zusammenarbeit auf der Basis regelmäßiger Zusammenkünfte gefördert.

2. *Nachwuchsförderung und Weiterbildung*

a) Vergabe von Stipendien an wissenschaftliche Einrichtungen zur Förderung von deutschen Graduierten aller Disziplinen zur ergänzenden Ausbildung und fachlichen Spezialisierung auf Osteuropa;

b) Vergabe von Stipendien an wissenschaftliche Einrichtungen zur ergänzenden fachlichen Aus- und Weiterbildung für deutsche Graduierte aus den Bereichen der Osteuropaforschung;

c) Vergabe von Stipendien zur Weiterbildung für Wissenschaftler mit osteuropäischer Erfahrung.

3. *Sprachausbildung*

Entwicklung und Durchführung von Fachprogrammen in osteuropäischen Sprachen an wissenschaftlichen Einrichtungen; Förderung der Teilnahme an Intensivkursen.

4. *Kommunikation*

   a) Unterstützung von Arbeitstagungen, Seminaren und Sommerschulen durch Beteiligung an Reise- und Aufenthaltskosten. Die Veranstaltungen sollten möglichst eine interdisziplinäre oder überörtliche Zusammenarbeit – auch mit ausländischen Forschern und jüngeren Wissenschaftlern – herbeiführen. Die aktive Mitwirkung aller Veranstaltungsteilnehmer sollte sichergestellt sein;

   b) Studien- und Forschungsaufenthalte, auch für jüngere Wissenschaftler in osteuropäischen und westlichen Ländern;

   c) Forschungskontakte mit osteuropäischen Wissenschaftlern;

   d) Förderung der Erschließung ausländischer Fachliteratur.

Eine Unterstützung durch die Stiftung Volkswagenwerk ist in der Regel dann nicht möglich, wenn Themenkreise berührt werden, die in den erklärten Aufgabenbereich anderer Förderungsorganisationen fallen.

Wie in allen Schwerpunkten besteht auch hier die Möglichkeit der Förderung habilitierter Wissenschaftler zur Sicherung des wissenschaftlichen Nachwuchses (nähere Informationen können hierzu bei der Stiftung angefordert werden).

IV. *Antragstellung*

Anträge können jederzeit bei der Stiftung Volkswagenwerk vorgelegt werden.
Anträge aus dem Ausland sind deutschen Anträgen prinzipiell gleichgestellt, doch sind Angaben über eine definierte Kooperation mit wissenschaftlichen Einrichtungen oder Wissenschaftlern in der Bundesrepublik Deutschland erforderlich.

Zur Abfassung der Anträge / Anhaltspunkte für die im allgemeinen benötigten Informationen: siehe Kap. II, S. 36 ff. / Hinweise zur Antragstellung; für wissenschaftliche Veranstaltungen auch S. 287 ff. / Merkblatt Symposienprogramm.

V. *Auskünfte*

Für weitere Auskünfte steht die Geschäftsstelle der Stiftung Volkswagenwerk, Hannover (Dr. N. Marahrens, Tel.: 05 11 / 83 81 - 2 56), zur Verfügung.

Stand: 1.8.1979

Stiftung Volkswagenwerk

Merkblatt für Antragsteller 11

Postfach 81 05 09   D-3000 Hannover 81
Telex 9 - 22965
Telefon Vermittlung (05 11) 83 81 - 1
Telefon Durchwahl   83 81 - 341

Kastanienallee 35   Hannover-Dohren

Schwerpunkt
Das chronisch-kranke Kind

I. *Ziel des Schwerpunktes*

Im Rahmen des Schwerpunktes sollen besonders Spätschäden bzw. Therapieerfolge speziell beim chronisch-kranken Kind wissenschaftlich ausgewertet werden. Dabei erscheinen Langzeitstudien – möglichst im koordinierten überregionalen Verbund – von besonderer Bedeutung und interdisziplinäre Zusammenarbeit vielfach von Vorteil.

Ziele des Schwerpunktes sind besonders die Verbesserung, Klärung und Entwicklung therapeutischer Verfahren in der Kinderheilkunde und Kinderchirurgie sowie die Entwicklung von Verfahren zur Früherkennung und Prävention chronischer Erkrankungen. Dem entsprechende Anträge können aus allen Bereichen der Kinderheilkunde und Kinderchirurgie bei der Stiftung gestellt werden.

Unabhängig davon ist die Stiftung im Rahmen besonderer Programme innerhalb des Schwerpunktes um die Bereiche

„Pädiatrische Onkologie"
„Pädiatrische Nephrologie und Urologie"
„Orthopädie"

bemüht.

Im Rahmen des Schwerpunkts hält es die Stiftung Volkswagenwerk für besonders sinnvoll, auch die internationale wissenschaftliche Zusammenarbeit zu fördern. Unter anderem möchte sie durch Beihilfen auch zur Beteiligung und Mitarbeit bei Forschungsarbeiten an ausländischen Einrichtungen und zur Einladung bereits qualifizierter Wissenschaftler aus dem Ausland zur zeitlich begrenzten Mitarbeit an Forschungsvorhaben in der Bundesrepublik Deutschland ermutigen.

II. *Förderungsmöglichkeiten*

- *Forschungsprojekte*

  Vergabe von Sach-, Personal- und Reisemitteln an wissenschaftliche Einrichtungen.

- *Kommunikation und Publikation*

  Unterstützung von Arbeitstagungen durch Vergabe von Reise- und Aufenthaltszuschüssen an veranstaltende wissenschaftliche Einrichtungen. Die Veranstaltungen sollen in der Regel nicht länger als zwei bis drei Tage dauern und in der Bundesrepublik oder Berlin (West) stattfinden. Der Teilnehmerkreis sollte so begrenzt sein, daß noch eine aktive Mitwirkung aller als gesichert erscheint.

Beihilfen für Dissemination und Publikation von Ergebnissen aus geförderten Projekten.

- *Internationale wissenschaftliche Kooperation*
  Die Förderung internationaler wissenschaftlicher Kooperation setzt die Vorlage konkreter Angaben – z.B. zur Arbeitsteilung, zur Organisation gemeinschaftlicher Arbeiten, zum Informationsaustausch – voraus.

Auch in diesem Schwerpunkt können von der Stiftung Volkswagenwerk *nicht* finanziert werden:

- der Aus- und Aufbau von Krankenhäusern
- die Beschaffung von Bestrahlungsgeräten, die zugleich der Therapie dienen sollen
- die Aufstockung von Beihilfen für Auslandsreisen, die von anderer Seite bereits gefördert werden
- Druckkostenzuschüsse ohne Verbindung mit Stiftungsprojekten

III. Antragstellung

Anträge können jederzeit bei der Stiftung Volkswagenwerk vorgelegt werden.

Anträge aus dem Ausland sind deutschen Anträgen prinzipiell gleichgestellt, doch werden für eine nähere Prüfung Angaben über eine definierte Kooperation mit wissenschaftlichen Einrichtungen oder Wissenschaftlern in der Bundesrepublik Deutschland grundsätzlich vorausgesetzt.

Zur Abfassung der Anträge / Anhaltspunkte für die im allgemeinen benötigten Informationen: siehe Kap. II, S. 36 ff. / Hinweise zur Antragstellung; für wissenschaftliche Veranstaltungen auch S. 287 ff. / Merkblatt Symposienprogramm.

IV. Auskünfte

Für weitere Auskünfte steht die Geschäftsstelle der Stiftung Volkswagenwerk, Hannover (Dipl.-Ing. H. Penschuck, Tel.: 05 11/83 81-217, Brunhilde Mai, Tel.: 05 11/83 81-341) zur Verfügung.

Stand: Juli 1978

Stiftung Volkswagenwerk

Merkblatt für Antragsteller 12

Postfach 81 05 09   D-3000 Hannover 81
Telex 9 - 22965
Telefon Vermittlung (05 11) 83 81 - 1
Telefon Durchwahl   83 81 - 385

Kastanienallee 35   Hannover-Dohren

Schwerpunkt
Entwicklungspsychologie

I. *Ziel der Förderung*

Der Schwerpunkt dient in erster Linie der Förderung der entwicklungspsychologischen Forschung in der Bundesrepublik. Gefördert werden insbesondere problemorientierte entwicklungspsychologische Forschungsprojekte, jedoch können auch Vorhaben unterstützt werden, die geeignet sind, die Infrastruktur entwicklungspsychologischer Forschung in der Bundesrepublik Deutschland zu verbessern.

II. *Förderungsmöglichkeiten*

1. *Forschungsprojekte*

Vergabe von Personal-, Reise- und Sachmitteln an wissenschaftliche Einrichtungen; es können sowohl einzelne graduierte Forscher als auch Forschergruppen unterstützt werden. Bevorzugt werden solche Projekte, denen eine Förderung durch die Stiftung gemäß den unter II, 2-4 genannten Möglichkeiten vorausgegangen ist oder die gemeinsam von deutschen und ausländischen Wissenschaftlern durchgeführt werden sollen.

2. *Kommunikation und Kooperation*

Auf nationaler oder internationaler Ebene können unterstützt werden

- Planung und Durchführung von Workshops zu Problemstellungen entwicklungspsychologischer Theorie und Methode – insbesondere in der Form von Methodentraining zur Einübung neuer Forschungsmethoden – sowie zu entwicklungspsychologischen Teilgebieten. Die Teilnehmerzahl sollte auf 20 beschränkt sein.
- Die Teilnahme deutscher Wissenschaftler an entsprechenden Workshops im Ausland, soweit es sich nicht um die Aufstockung von Beihilfen für Auslandsreisen handelt, die von anderer Seite bereits gefördert werden.
- Forschungsseminare insbesondere zur Fort- und Weiterbildung für in der Forschung stehende Wissenschaftler. Die Teilnehmerzahl sollte auf 30 bis 40 beschränkt, die Dauer des Seminars auf zwei bis drei Wochen festgelegt werden.
- Aufenthalte ausländischer Wissenschaftler in der Bundesrepublik zur kurzfristigen Mitarbeit (Beratung) an Forschungsprojekten.

3. *Wissenschaftlicher Nachwuchs*

Vergabe einer begrenzten Anzahl von Forschungsstipendien an qualifizierte deutsche Nachwuchswissenschaftler (post-doctoral). Die Stipendien sollen insbesondere über die Mitarbeit an Projekten im Ausland eine zusätzliche Ausbildung vermitteln sowie der Planung eigener Projekte dienen. Die Höhe der Stipendien hängt ab von der zusätzlichen beruflichen und wissenschaftlichen Qualifikation nach der Graduierung (Richtlinien dazu können bei der Stiftung angefordert werden; vgl. auch Gründsätzliches zur Vergabe von Forschungs- und Ausbildungsstipendien, S. 282 ff.).

4. *Gastprofessuren*

Finanzierung und Einrichtung von Gast-(Forschungs-)Professuren an Hochschulen in der Bundesrepublik Deutschland. Dadurch soll die Möglichkeit geschaffen werden, den internationalen Stand entwicklungspsychologischer Forschung zu vermitteln.

III. *Antragstellung*

Die Möglichkeit zur Antragstellung ist auf den Zeitraum bis Ende 1980 beschränkt.

Der Zielsetzung entsprechend richtet sich das Förderungsprogramm in erster Linie an deutsche und deutschsprachige Wissenschaftler. Anträge aus dem Ausland sind deutschen Anträgen prinzipiell gleichgestellt, doch werden für eine nähere Prüfung Angaben über eine definierte Kooperation mit wissenschaftlichen Einrichtungen oder Wissenschaftlern in der Bundesrepublik Deutschland grundsätzlich vorausgesetzt.

Zur Abfassung der Anträge / Anhaltspunkte für die im allgemeinen benötigten Informationen für
Forschungsprojekte: siehe Kap. II, S. 36 ff. / Hinweise zur Antragstellung; Veranstaltungen: siehe auch S. 287 ff. / Merkblatt Symposienprogramm. Weitere Hinweise:

Stipendien

- Angaben zur Person und zur wissenschaftlichen Qualifikation des Antragstellers
- Referenzen
- Zielsetzung und wissenschaftliche Begründung des Vorhabens
- Arbeitsplan
- Begründung und Aufschlüsselung möglicher Nebenkosten

Gastprofessuren

- Angaben zu Besetzungsvorschlägen und Auswahlmodus
- Aufenthaltsdauer
- Geplante Forschungs- und Lehrprogramme
- Höhe der Bezüge
- Begründung und Aufschlüsselung möglicher Nebenkosten

Anträge können im angegebenen Zeitraum zu jeder Zeit bei der Stiftung Volkswagenwerk vorgelegt werden, ausgenommen Anträge zu solchen Bereichen, für die eine Ausschreibung vorgesehen ist.

IV. Auskünfte

Für weitere Auskünfte steht die Geschäftsstelle der Stiftung Volkswagenwerk, Hannover (Dr. Helga Junkers, Tel.: 05 11 / 83 81-385), zur Verfügung.

Stand: 1. 9. 1978

Stiftung Volkswagenwerk

Merkblatt für Antragsteller 13

Postfach 81 05 09   D-3000 Hannover 81
Telex 9 - 22965
Telefon Vermittlung (05 11) 83 81 - 1
Telefon Durchwahl   83 81 - 237
Kastanienallee 35   Hannover-Döhren

Schwerpunkt
Gastarbeiterforschung – Migration und ihre sozialen Folgen

I. Vorbemerkung

Der seit 1975 bestehende Förderungsschwerpunkt „Wanderbewegungen von Arbeitnehmern in Europa (einschließlich der außereuropäischen Entsendeländer) – Forschungen zu Ursachen und Wirkungen" wurde 1978 in alter Form beendet. Er wird seit 1979 für weitere drei Jahre in modifizierter und thematisch konzentrierter Form unter dem Titel „Gastarbeiterforschung – Migration und ihre sozialen Folgen" weitergeführt.

II. Zielsetzung

Vorrangig wird in dem neu orientierten Schwerpunkt die Erforschung der Integrationshemmnisse und Integrationsmöglichkeiten für ausländische Arbeitnehmer und deren Familien in der Bundesrepublik gefördert. Entsprechend der Akzentsetzung im Bereich der Integration können entsendeländerbezogene Forschungen besonders dann unterstützt werden, wenn sie den Integrationsaspekt berücksichtigen. Die Stiftung beschränkt sich dabei auf solche Vorhaben, die von wissenschaftlichen Instituten *in* den südeuropäischen Entsendeländern in Zusammenarbeit mit deutschen Wissenschaftlern unternommen werden.
Ein weiteres Ziel ist Auswertung der Ergebnisse bereits geförderter Projekte, Koordination laufender Forschungen und kontinuierliche Umsetzung von Forschungsergebnissen in die Praxis*.

III. Thematik

Im Rahmen der genannten Zielsetzung räumt die Stiftung folgenden Bereichen Priorität ein:

---

* Die Stiftung wird hierbei von Professor Dr. H. Korte (Universität Bochum), Steinweg 18, 4840 Rheda-Wiedenbrück, als wissenschaftlichem Berater unterstützt.

- *Integrierende Grundlagenforschung:* übergreifende Analysen und Darstellungen zur Minderheiten- und Migrationsforschung, die vorliegendes Datenmaterial verarbeiten, mit dem Ziel eines Beitrags zu einer allgemeinen Theorie der Migrationsprozesse unter besonderer Berücksichtigung der Integration und sozialer Konflikte. Einzelprojekte werden nur zu Themenkomplexen berücksichtigt, in denen noch wesentliche Datenlücken bestehen.
- *Handlungsorientierte Modellvorhaben* im kommunalen Bereich, insbesondere für die Zielgruppen Jugendliche und Frauen. Eine Förderung der Stiftung ist grundsätzlich nur für den Forschungsteil der Modellprojekte und die wissenschaftliche Begleitung möglich.

Keine Priorität räumt die Stiftung Projekten über Ausländerkinder, schulische Ausbildung und über den Spracherwerb ein.

IV. Förderungsmöglichkeiten

- *Projekte*
  Vergabe von Personal-, Sach- und Reisemitteln an wissenschaftliche Einrichtungen.

- *Veranstaltungen*
  Unterstützung von Arbeitstagungen durch Vergabe von Reise- und Aufenthaltszuschüssen an veranstaltende wissenschaftliche Einrichtungen. Die Veranstaltungen sollen in der Regel nicht länger als zwei bis drei Tage dauern und einen Teilnehmerkreis von ca. 30 Personen nicht überschreiten.

- *Internationale Kooperation*
  Projekte und Veranstaltungen können – unter Voraussetzung der Kooperation mit deutschen Wissenschaftlern – auch von wissenschaftlichen Einrichtungen im südeuropäischen Ausland beantragt werden. Entsendeländerbezogene Vorhaben setzen – unter deutscher Beteiligung – die Trägerschaft durch eine wissenschaftliche Einrichtung im Entsendeland voraus.

V. Antragstellung

Anträge können jederzeit bei der Stiftung Volkswagenwerk vorgelegt werden.
Anträge aus dem Ausland sind deutschen Anträgen prinzipiell gleichgestellt, doch setzt eine nähere Prüfung grundsätzlich Angaben über eine definierte Kooperation mit wissenschaftlichen Einrichtungen oder Wissenschaftlern in der Bundesrepublik Deutschland voraus.

Zur Abfassung der Anträge / Anhaltspunkte für die im allgemeinen benötigten Informationen: siehe Kap. II, S. 36 ff. / Hinweise zur Antragstellung.

VI. Auskünfte

Für weitere Auskünfte steht die Geschäftsstelle der Stiftung Volkswagenwerk, Hannover (Dr. A. Schmidt, Tel.: 0511/8381-237), zur Verfügung.

Stand: 1.9.1979

Stiftung Volkswagenwerk

Merkblatt für Antragsteller 14

Postfach 81 05 09 D-3000 Hannover 81
Telex 9 - 22965
Telefon Vermittlung (05 11) 83 81 - 1
Telefon Durchwahl 83 81 - 254

Kastanienallee 35 Hannover-Dohren

Schwerpunkt
Geschichtsforschung und Geschichtsdarstellung im Europäischen Zusammenhang und Vergleich

I. Förderungsbereich

Durch den Schwerpunkt sollen

- Forschungsprojekte und
- wissenschaftliche Kommunikation

gefördert werden, die der wissenschaftlichen Erforschung und Darstellung innereuropäischer Bezüge, gesamteuropäischer Entwicklungen sowie europäisch geprägter Entwicklungen außerhalb Europas gewidmet sind.
Die Förderung steht Vorhaben im gesamten Bereich der Politischen, Verfassungs-, Sozial-, Wirtschafts-, Kirchen-, Religions- und Rechtsgeschichte offen.

Vorrangig gefördert werden können Vorhaben, die sich auf

- „geistige Bewegungen"
  (beispielsweise Reformation und Gegenreformation, Aufklärung, Nationalismus, Liberalismus, Sozialismus)
- „Institutionen"
  (beispielsweise mittelalterliche Stadt, bürokratischer Rechtsstaat, liberale Demokratie, Kirche, Schiedsgerichtshöfe)
- „Aktionen"
  (beispielsweise Türkenabwehr, Kreuzzüge, Kolonisation, Revolutionen)

beziehen.

Leitende Aspekte können sein

- Bedingungen und Elemente der Einheit bei gegebener Vielfalt
- nationale und regionale Differenzierung bei gegebener Einheit
- Außenwirkungen Europas
- Rückwirkungen auf Europa

Gefördert werden können insbesondere Projekte, die international kooperativ organisiert sind.
Von der Förderung ausgenommen sind Untersuchungen, die ausschließlich an nationalgeschichtlicher Entwicklung orientiert sind.

II. Förderungsmöglichkeiten

Gefördert werden können

- Forschungsprojekte durch Vergabe von Personal-, Reise- und Sachmitteln. Es werden sowohl einzelne Wissenschaftler wie – insbesondere international zusammengesetzte – Arbeitsgruppen gefördert;
- Arbeitstagungen und Seminare durch Vergabe von Reise- und Sachmitteln. Arbeitstagungen können auch als Serie von zwei bis vier Tagungen gefördert werden, wenn diese der Initiierung und koordinierenden Begleitung von Forschungsprojekten dienen. Aktive Mitwirkung aller Veranstaltungsteilnehmer sowie die Beteiligung jüngerer Wissenschaftler sollte sichergestellt sein;
- im Rahmen von Projekten kurzfristige Auslandsaufenthalte durch Vergabe von Reisemitteln; dies soll auch jüngeren Wissenschaftlern ermöglichen, sich mit dem Entwicklungsstand in anderen Ländern vertraut zu machen.

Bewilligungen erfolgen an wissenschaftliche Einrichtungen.

III. Antragstellung

Anträge können jederzeit bei der Stiftung Volkswagenwerk vorgelegt werden.

Anträge aus dem Ausland sind deutschen Anträgen grundsätzlich gleichgestellt, vorausgesetzt, daß sie Angaben über eine definierte Kooperation mit deutschen wissenschaftlichen Einrichtungen bzw. Wissenschaftlern enthalten.

Zur Abfassung der Anträge / Anhaltspunkte für die im allgemeinen benötigten Informationen: siehe Kap. II, S. 36 ff. Hinweise zur Antragstellung.

IV. Auskünfte

Für weitere Auskünfte steht die Geschäftsstelle der Stiftung Volkswagenwerk, Hannover (Dr. W. Boder, Tel.: 05 11 / 83 81 - 254), zur Verfügung.

Stand: 1. 7. 1978

Stiftung Volkswagenwerk

Merkblatt für Antragsteller 15

Postfach 81 05 09 D-3000 Hannover 81
Telex 9 - 22965
Telefon Vermittlung (05 11) 83 81 - 1
Telefon Durchwahl 83 81 - 245

Kastanienallee 35 Hannover-Döhren

Schwerpunkt
Wissenschaft und Technik
Historische Entwicklung und Sozialer Kontext

I. Förderungsbereich

Durch den Schwerpunkt sollen auf dem Gebiet der Wissenschafts- und Technikgeschichte
- Forschungsprojekte
- wissenschaftliche Kommunikation
- wissenschaftlicher Nachwuchs

gefördert werden.

Die Förderung steht solchen Vorhaben offen, die der Erforschung der Wissenschaft (Geistes-, Sozial- und Naturwissenschaften) sowie der Technik in ihrer historischen Entwicklung von den Anfängen bis zur Gegenwart vor allem in ihrem Zusammenhang mit verschiedenen sozialen Bereichen gewidmet sind. Vorhaben aus dem weiteren Bereich der Wissenschaftsforschung, insbesondere der Wissenschaftssoziologie, -psychologie und -ökonomie können einbezogen werden, soweit in ihnen der geschichtliche Aspekt berücksichtigt bleibt.

Ein besonderes Ziel des Schwerpunktes ist es, eine Initiierung oder Intensivierung wissenschaftlicher Kontakte deutscher Forscher zu wissenschaftlichen Institutionen im Ausland zu fördern.

Gefördert werden können demnach insbesondere Vorhaben, die
- interdisziplinär angelegt sind
- einen internationalen Bezug haben.

II. Förderungsmöglichkeiten

1. *Projekte*

Vergabe von Personal-, Reise- und Sachmitteln zur Durchführung von Forschungsprojekten. Es werden sowohl einzelne Wissenschaftler wie insbesondere interdisziplinär und international zusammengesetzte Arbeitsgruppen gefördert.

2. *Wissenschaftliche Kommunikation*

Vergabe von Reise- und Sachmitteln zur Durchführung von Arbeitstagungen und Seminaren. Die Veranstaltungen sollten möglichst eine interdisziplinäre und internationale Zusammenarbeit herbeiführen. Die aktive

Mitwirkung aller Veranstaltungsteilnehmer sowie die Beteiligung jüngerer Wissenschaftler sollte sichergestellt sein.

Vergabe von Reise- und Sachmitteln zur Förderung des Erfahrungsaustausches zwischen wissenschaftlichen Disziplinen sowie mit ausländischen Fachgenossen.

3. *Wissenschaftlicher Nachwuchs*

Nachwuchsförderung kann erfolgen in Zusammenhang mit Forschungsprojekten. Außerdem können in zahlenmäßig beschränktem Umfang Stipendien an Graduierte für Studien außerhalb ihrer eigenen Fächer unter der Bedingung vergeben werden, daß ein ausgewiesener Vertreter der jeweiligen Disziplin eine Anleitung des Stipendiaten übernimmt.

Bewilligungen erfolgen an wissenschaftliche Einrichtungen.

III. *Antragstellung*

Anträge können jederzeit bei der Stiftung Volkswagenwerk vorgelegt werden. Anträge aus dem Ausland sind deutschen Anträgen grundsätzlich gleichgestellt, vorausgesetzt, daß sie Angaben über eine definierte Kooperation mit deutschen wissenschaftlichen Einrichtungen bzw. Wissenschaftlern enthalten.

Zur Abfassung der Anträge / Anhaltspunkte für die im allgemeinen benötigten Informationen: siehe Kap. II, S. 36 ff. / Hinweise zur Antragstellung.

IV. *Auskünfte*

Für weitere Auskünfte steht die Geschäftsstelle der Stiftung Volkswagenwerk, Hannover (Dr. A. Horstmann, Tel.: 05 11/83 81 - 2 45), zur Verfügung.

Stand: 15. 10. 1979

Stiftung Volkswagenwerk

Merkblatt für Antragsteller 16

Postfach 81 05 09   D-3000 Hannover 81
Telex 9 - 22965
Telefon Vermittlung (05 11) 83 81 - 1
Telefon Durchwahl   83 81 - 237
Kastanienallee 35   Hannover-Döhren

Schwerpunkt
Alternsforschung

I. *Ziel des Förderungsprogramms*

Mit dem Schwerpunkt wird die Absicht verfolgt, zu einer verstärkten Bearbeitung wissenschaftlicher Fragestellungen auf dem Gebiet der Alternsforschung anzuregen. Unter Konzentration auf die Disziplinen

Psychologie, Soziologie, Geriatrie und Gerontopsychiatrie,

wobei psychologischen und soziologischen Fragestellungen besondere Bedeutung zukommt, dient der Schwerpunkt der Förderung

- fachübergreifender sowie überregionaler Forschungsprojekte
- ortsgebundener Modelle (unter Beschränkung auf die Belange der Forschung bzw. der wissenschaftlichen Begleitung)
- des wissenschaftlichen Gedankenaustausches insbesondere auch mit dem Ziel, Forschungsaktivitäten aufeinander abzustimmen.

II. *Thematik des Förderungsprogramms*

Gefördert werden können z. B. Vorhaben zu folgenden Themenbereichen:

- *Prognose*
  Erforschung von Risikofaktoren und Verlaufsindikatoren alternsabhängiger Prozesse (z. B. Psychodynamik und Psychopathologie im Erwachsenenalter, Veränderungen von Leistungs- und Persönlichkeitsvariablen im Zusammenhang u. a. mit sozio-ökonomischer, beruflicher und familiärer Situation, Ausscheiden aus dem Berufsleben unter Einbeziehung sozialer und psychologischer Variablen, altersbedingte psychische Erkrankungen)

- *Prävention*
  Erforschung konkreter Maßnahmen, die geeignet sind, psychische, soziale und körperliche Funktionseinbußen zu verringern bzw. zu verhindern (z. B. Veränderungen von Intelligenz und Persönlichkeit, „Lernen für das Alter", Prophylaxe gegen depressiv-resignierende Charakterdekompensationen)

- *Intervention*
  Erforschung von alternsgerechten Behandlungs- und Rehabilitationsverfahren sowie deren Evaluierung (z. B. Entwicklung von Zweitberufsmodellen für den alternden und alten Menschen, psychotherapeutische Verfahren)

- *Bedarfsanalyse*
  Erforschung der subjektiven Bedürfnisse und des objektiven Bedarfs der älteren Bevölkerung im Hinblick auf die Bereitstellung von Daten und Ergebnissen für die gesundheitspolitische Planung (z. B. Evaluation bestehender Versorgungseinrichtungen)

III. *Förderungsmöglichkeiten*

Gefördert werden können:

- Forschungsprojekte durch Vergabe von Personal-, Reise- und Sachmitteln. Entsprechend der Thematik des Förderungsprogramms sollten die

Projekte in der Regel von fachübergreifenden Forschungsgruppen bearbeitet werden;

- ortsgebundene Modellprojekte durch Vergabe von Personal- und Sachmitteln. Eine Förderung der Stiftung ist grundsätzlich nur für den Forschungsteil der Modellprojekte und die wissenschaftliche Begleitung für eine Dauer von längstens fünf Jahren möglich;
- Arbeitstagungen und Symposien zur Intensivierung des wissenschaftlichen Gedankenaustausches durch Vergabe von Reise- und Aufenthaltszuschüssen. Arbeitstagungen können auch als Serie von zwei bis vier Tagungen gefördert werden, wenn diese der Initiierung und koordinierenden Begleitung von Forschungsprojekten dienen.

Bewilligungen erfolgen an wissenschaftliche Einrichtungen.

Es können nicht gefördert werden:

- Aus- und Aufbau von Krankenhäusern
- Entwicklung von Aus- und Fortbildungsprogrammen im sozialpflegerischen Bereich sowie spezieller didaktischer Programme und Lehrmittel für alte Menschen.

IV. *Antragstellung*

Anträge können jederzeit bei der Stiftung Volkswagenwerk vorgelegt werden.

Anträge aus dem Ausland sind deutschen Anträgen grundsätzlich gleichgestellt, vorausgesetzt, daß sie Angaben über eine definierte Kooperation mit wissenschaftlichen Einrichtungen bzw. Wissenschaftlern in der Bundesrepublik enthalten.

Zur Abfassung der Anträge / Anhaltspunkte für die im allgemeinen benötigten Informationen: siehe Kap. II, S. 36 ff. / Hinweise zur Antragstellung; für wissenschaftliche Veranstaltungen auch S. 287 ff. / Merkblatt Symposienprogramm.

V. *Auskünfte*

Für weitere Auskünfte steht die Geschäftsstelle der Stiftung Volkswagenwerk, Hannover (Dr. A. Schmidt, Tel.: 05 11 / 83 81 - 237), zur Verfügung.

Stand: 1.9.1979

Stiftung Volkswagenwerk

Merkblatt für Antragsteller 17

Postfach 81 05 09   D-3000 Hannover 81
Telex 9 - 22965
Telefon Vermittlung (05 11) 83 81 - 1
Telefon Durchwahl   83 81 - 341
Kastanienallee 35   Hannover-Dohren

Schwerpunkt Mikrochirurgie

I. *Ziel des Schwerpunktes*

Im Rahmen des Förderungsprogramms wird Mikrochirurgie als Chirurgie unter dem Mikroskop verstanden. Der Schwerpunkt dient der Förderung klinisch orientierter Forschung mit dem Ziel

- der Verbesserung und Weiterentwicklung mikrochirurgischer Verfahren und Methoden;
- der Vermittlung dieser Verfahren und Methoden sowie ihrer Übertragung in jeweils andere operative Bereiche.

Er richtet sich an alle operativen Fachgebiete.

II. *Förderungsmöglichkeiten*

Gefördert werden können

- experimentelle und klinische Forschungsprojekte – einschließlich wissenschaftlicher Verlaufskontrolle therapeutischer Maßnahmen im Projektrahmen – durch Vergabe von Personal-, Sach- und Reisemitteln: Im Interesse der Übertragung der Ergebnisse in jeweils andere operative Bereiche sollte nach Möglichkeit eine fachübergreifende Zusammenarbeit vorgesehen werden;
- der wissenschaftliche Erfahrungsaustausch durch Veranstaltung von Symposien, Seminaren und Kursen mit begrenzter Teilnehmerzahl (Symposien bis ca. 30. Kurse bis 60 Teilnehmer), wofür Reise- und Aufenthaltszuschüsse (bei Kursen im Bedarfsfall auch Sachmittelzuschüsse) gewährt werden können;
- die zusätzliche Qualifizierung jüngerer Chirurgen durch Vergabe einer begrenzten Anzahl spezieller Stipendien für eine ergänzende Ausbildung auf dem Gebiet der Mikrochirurgie an einschlägigen wissenschaftlichen Einrichtungen.

Bewilligungen erfolgen an wissenschaftliche Einrichtungen (auch im Falle einer Stipendiengewährung).

III. *Antragstellung*

Anträge können jederzeit bei der Stiftung Volkswagenwerk vorgelegt werden.

Zur Abfassung der Anträge / Anhaltspunkte für die im allgemeinen benötigten Informationen für
Forschungsprojekte: siehe Kap. II, S. 36 ff. / Hinweise zur Antragstellung; Veranstaltungen: siehe auch S. 287 ff. / Merkblatt Symposienprogramm. Weitere Hinweise:

Stipendien

- Angaben zur Person und zur wissenschaftlichen Qualifikation des Antragstellers
- Referenzen
- Zielsetzung und wissenschaftliche Begründung des Vorhabens
- Arbeitsplan
- Begründung und Aufschlüsselung möglicher Nebenkosten
- Nachweis der wissenschaftlichen Einrichtung, bei der die ergänzende Ausbildung absolviert werden soll
- Benennung der wissenschaftlichen Einrichtung, die als Bewilligungsempfänger in Frage kommt.

IV. *Auskünfte*

Für weitere Auskünfte steht die Geschäftsstelle der Stiftung Volkswagenwerk, Hannover (Dipl.-Ing. H. Penschuck, Tel.: 05 11 / 83 81-217, Brunhilde Mai, Tel.: 05 11 / 83 81-341), zur Verfügung.

Stand: 1. 8. 1977

Stiftung Volkswagenwerk

Merkblatt für Antragsteller 19

Postfach 81 05 09 D-3000 Hannover 81
Telex 9 - 22965
Telefon Vermittlung (05 11) 83 81 - 1
Telefon Durchwahl 83 81 - 254
Kastanienallee 35 Hannover-Döhren

Schwerpunkt
Nordamerika-Studien

I. *Ziel und Thematik des Förderungsprogramms*

Mit dem Schwerpunkt wird die Absicht verbunden, dem in der Bundesrepublik Deutschland und in Westeuropa herrschenden Mangel an gegenwartsbezogenen Forschungen über die Region Nordamerika (USA und Kanada) entgegenzuwirken und den allgemeinen Wissensstand über nordamerikanische Entwicklungen zu erweitern.

Gegenstand der Förderung sollen Forschungsvorhaben über politische, wirtschaftliche, gesellschaftliche und geistige Entwicklungen und Strukturen in Nordamerika im 20. Jahrhundert, bei deutlich gegenwartsbezogenen Themen auch im 19. Jahrhundert, sowie die Relevanz dieser Entwicklungen und Strukturen für die internationale Position der Region sein. Von besonderem Interesse ist dabei die Auseinandersetzung mit spezifisch amerikanischen Theorien und Lösungsansätzen zu gegenwärtigen politischen, gesellschaftlichen und wirtschaftlichen Problemen der Industriegesellschaft und mit Alternativen aus europäischer Sicht. In diesem Zusammenhang können Themen behandelt werden, die für die Entwicklung und die internationale Position der Bundesrepublik Deutschland von Bedeutung sind. Entsprechende Vorhaben sollten einen komparatistischen Ansatz verfolgen und einen eigenständigen Beitrag auch für den Stand der Forschung in Nordamerika selbst leisten.

In diesem Rahmen soll das Programm dazu beitragen, Ergebnisse der amerikanischen Forschung in Deutschland und Westeuropa zu erschließen sowie die Darstellung deutscher und westeuropäischer Forschungsergebnisse in den USA zu erleichtern, die Dokumentations- und Informationsbasis der deutschen Nordamerikaforschung zu verbessern und den allgemeinen Informationsstand in der Bundesrepublik zu erweitern.

II. *Themenbereiche*

Gedacht ist insbesondere an die Förderung folgender Themenbereiche:
- Politik (Verfassung, präsidentielles und parlamentarisches System im Vergleich, Grundrechte und Rechtsprechung, Verwaltung, Parteien, Probleme des Föderalismus, Verbände; Außenpolitik, einschließlich der Wechselwirkung von Innen- und Außenpolitik, Willensbildung und Entscheidungsprozeß, Nordamerika im Spannungsfeld atlantischer und pazifischer Interessen, Beziehungen USA–Kanada, Probleme einer „demokratischen" Außenpolitik)
- Politische Kultur (Politische Theorien, Presse und öffentliche Meinung, amerikanische Ideologie, Legitimationskrise)
- Wirtschaft (Markt- und Planungsprozesse, Konjunktursteuerung, Energiepolitik, Ökologie, Technologie, Verteilungs- und Sozialpolitik, Gewerkschaften)
- Gesellschaft (soziale Schichtung und Mobilität, Aus- und Einwanderungsprobleme, Minderheitsgruppen, geschlechtsspezifische Rollenverteilung, Bildungswesen, Rolle kirchlicher Institutionen, Sozialisation)
- Räumliche Gliederung (Kultur- und Wirtschaftsgeographie, Migrationsprobleme, Urbanisierung, Regionalentwicklungen und ihre Disparitäten)

Die Förderung von Arbeiten zur amerikanistischen Literatur- und Sprachwissenschaft ist nicht vorgesehen.

III. *Förderungsmöglichkeiten*

1. *Projektförderung*

Vergabe von Personal-, Reise- und Sachmitteln an wissenschaftliche Einrichtungen. Es werden sowohl einzelne graduierte Forscher als auch Forschergruppen unterstützt.

2. Nachwuchsförderung

Vergabe einer begrenzten Anzahl von Stipendien an wissenschaftliche Einrichtungen zur Förderung von Promovierten sozial- und geschichtswissenschaftlicher Disziplinen zur Durchführung von längerfristigen Forschungsvorhaben. Die Stipendien können bis zu einer maximalen Laufzeit von drei Jahren gewährt werden. Sie sind in der Regel an folgende Voraussetzungen gebunden:

- Nachweis, daß zumindest ein zeitweiser Feldaufenthalt in Nordamerika erforderlich ist;
- Nachweis einer definierten Zusammenarbeit mit einer amerikanischen wissenschaftlichen Einrichtung oder mit amerikanischen Wissenschaftlern während des Aufenthalts in Nordamerika.

(Bewerbungsbogen sind bei der Geschäftsstelle der Stiftung erhältlich; Vergabe ausschließlich nach Leistungsgesichtspunkten; siehe im übrigen S. 282 ff. / Grundsätzliches zur Vergabe von Forschungs- und Ausbildungsstipendien.

3. Kommunikation

Förderung europäisch-nordamerikanischer wissenschaftlicher Zusammenarbeit durch Unterstützung von

- Arbeitstagungen und Seminaren durch Beteiligung an Reise-, Aufenthalts- und, im Einzelfall, Vorbereitungs- und Organisationskosten. Die aktive Mitwirkung aller Veranstaltungsteilnehmer und die Beteiligung jüngerer Wissenschaftler sollte sichergestellt sein. Die Teilnehmerzahl sollte in der Regel nicht mehr als 30 betragen. Der Tagungsort sollte in der Bundesrepublik einschließlich Berlin (West) liegen. Anträge für Veranstaltungen, zu einem abgegrenzten wissenschaftlichen Thema, sollten mit ausführlicher Darstellung des Tagungsprogramms und einer Liste der vorgesehenen Teilnehmer bzw. Referenten bis sechs Monate vor Veranstaltungsbeginn vorliegen,
- Forschungsaufenthalten deutscher und westeuropäischer Wissenschaftler in Nordamerika durch Übernahme von Reise- und Aufenthaltskosten. Die Aufenthaltsdauer sollte in der Regel mindestens zwei, höchstens sechs Monate betragen.

Eine Unterstützung durch die Stiftung Volkswagenwerk ist grundsätzlich dann nicht möglich, wenn Förderungsbereiche berührt werden, die in die erklärten Aufgabengebiete anderer Förderungsorganisationen fallen.

IV. Antragstellung

Anträge können jederzeit bei der Stiftung Volkswagenwerk vorgelegt werden.
Der Zielsetzung entsprechend richtet sich das Förderungsangebot in erster Linie an deutsche und westeuropäische Wissenschaftler. Förderungsanträge können daher grundsätzlich nur von wissenschaftlichen Einrichtungen in der Bundesrepublik Deutschland oder einem anderen westeuropäischen Land entgegengenommen werden.

Anträge aus dem westeuropäischen Ausland sind deutschen Anträgen prinzipiell gleichgestellt, doch werden für eine nähere Prüfung Angaben über eine definierte Kooperation mit wissenschaftlichen Einrichtungen oder Wissenschaftlern in der Bundesrepublik Deutschland grundsätzlich vorausgesetzt.

Wissenschaftler aus den USA und Kanada können sich an dem Förderungsprogramm beteiligen, sofern eine definierte Kooperation mit einer deutschen wissenschaftlichen Einrichtung nachgewiesen wird und die deutsche wissenschaftliche Einrichtung als Antragsteller auftritt.

Zur Abfassung der Anträge / Anhaltspunkte für die im allgemeinen benötigten Informationen: siehe Kap. II, S. 36 ff. / Hinweise zur Antragstellung.

V. Auskünfte

Für weitere Auskünfte steht die Geschäftsstelle der Stiftung Volkswagenwerk, Hannover (Dr. W. Boder, Tel.: 05 11/83 81-2 54), zur Verfügung.

Stand: 2.1.1979

Stiftung Volkswagenwerk

Merkblatt für Antragsteller **20**

Postfach 81 05 09   D-3000 Hannover 81
Telex 9-22965
Telefon Vermittlung (05 11) 83 81-1
Telefon Durchwahl   83 81-385
Kastanienallee 35   Hannover-Döhren

Schwerpunkt
Wandel und Krisenfaktoren in demokratischen
Industriegesellschaften

I. Zielsetzung

Ziel des Schwerpunktes ist es, Analysen der gegenwärtigen und künftigen Probleme der industriell fortgeschrittenen Demokratien (der Länder Westeuropas, Nordamerikas und Japans) und Lösungsanstöße hierzu auf der Basis problemorientierter Forschung zu fördern. Dazu sollen auslösende Faktoren und zugrunde liegende Prozesse untersucht sowie theoretisch fundierte und empirisch abgesicherte Modelle und Strategien zu ihrer Erklärung und zur Problembewältigung entwickelt werden.

Ein weiteres Ziel des Schwerpunktes und zugleich eine Bedingung für seinen Erfolg wird darin gesehen, daß bei Bedarf gezielte Hilfen für den Ausbau qualifizierter sozial- und wirtschaftswissenschaftlicher Forschungskapazität in der Bundesrepublik gegeben und Bestrebungen einer verstärkten Forschungskooperation in Europa unterstützt werden.

313

II. *Thematik*

Die Thematik des Förderungsschwerpunktes bezieht sich auf Strukturprobleme in Politik und Administration, auf Zusammenhänge zwischen ökonomisch-sozialer und technischer Entwicklung, insbesondere auch im Hinblick auf wachsende weltwirtschaftliche Verflechtungen, sowie auf Veränderungen im Bereich der Sozialstruktur, der Werte und des Verhaltens.

In diesem Rahmen räumt die Stiftung innerhalb der nächsten vier Jahre Forschungsprojekten zu folgenden Themenbereichen Priorität ein:

- Wirtschaftswachstum, Wohlfahrtsentwicklung und technischer Fortschritt
- Weltwirtschaft und nationale Wirtschaftspolitik
- Funktionsprobleme des parlamentarischen Systems
- Öffentliche Dienstleistungen
- Wertwandel

Nähere Einzelheiten hierzu gehen aus der Anlage zu diesem Merkblatt hervor.

Unberührt davon bleibt die Möglichkeit der laufenden Prüfung besonders qualifizierter Anträge außerhalb der genannten Themenbereiche, soweit sie im Rahmen der Zielsetzung des Schwerpunktes zentrale Fragestellungen betreffen.

III. *Förderungskriterien*

Vorhaben bzw. Anträge sollten ihren Bezug zur Schwerpunktthematik besonders begründen und insbesondere die zwischen den verschiedenen Themenbereichen bestehenden Querverbindungen beachten. Vorrangig gefördert werden Projekte, die einem oder mehreren der folgenden Kriterien genügen:

1. *Vergleichende Forschung*

Die Krisen- und Wandlungsprozesse der Industriegesellschaften finden in verschiedenen Ländern und in unterschiedlichen Bereichen statt, sind geographisch nicht isoliert und wirken über die jeweiligen Grenzen hinaus. Daher sind internationale und vergleichende Forschungen nötig, die auch die Beziehungen zwischen Industrienationen und Ländern der Dritten Welt einschließen können. Der komparative Aspekt ist jedoch nicht nur im Hinblick auf verschiedene Länder, sondern auch auf Zeiträume, Strukturen und Gruppierungen wünschenswert.

2. *Internationale Zusammenarbeit*

Vergleichende Forschung ist in vielen Fällen nur sinnvoll und fruchtbar, wenn Wissenschaftler aus verschiedenen Ländern beteiligt sind. Gleichzeitig können durch internationale Zusammenarbeit Erfahrungen ausgetauscht und die wissenschaftliche Kompetenz der Beteiligten gesteigert werden. Die internationale Zusammenarbeit soll auch eine Weiterqualifizierung des wissenschaftlichen Nachwuchses ermöglichen.

3. *Verbundprojekte*

Durch Verbundprojekte soll die Kooperation zwischen den Wissenschaftlern gefördert werden. Der Verbund kann in der Zusammenfassung verschiedener Einzelprojekte zu einem Gesamtantrag bestehen, aber auch in der Abstimmung getrennt ausgearbeiteter und in getrennten Begutachtungsverfahren zu bewertender und unter Umständen von verschiedenen Stellen geförderter Projekte. Auch bei anderen, weniger intensiv koordinierten Projekten sollte ein enger Kontakt mit auf dem gleichen Gebiet arbeitenden Wissenschaftlern bestehen.

4. *Fachübergreifende Zusammenarbeit*

Bei manchen Fragestellungen kann eine Zusammenarbeit von Wissenschaftlern aus verschiedenen Disziplinen erforderlich sein. Wegen der bisher zum Teil noch ungelösten Probleme einer solchen Zusammenarbeit sollen Projekte angeregt werden, die insbesondere auch auf die Integration von Sozial-, Wirtschafts- und Geschichtswissenschaften ausgerichtet sind. Die Stiftung würde es begrüßen, wenn durch das Programm nicht nur die unmittelbar angesprochenen Sozial- und Wirtschaftswissenschaften, sondern auch Natur- und Ingenieurwissenschaften für eine Kooperation gewonnen werden könnten.

5. *Literaturaufarbeitung*

Die systematische Darstellung und die Synthese bereits durchgeführter Untersuchungen und Analysen sollten Bestandteil eines jeden Projektes sein. In zentralen, bisher nur unzureichend aufbereiteten Forschungsgebieten kann in Einzelfällen auch ein Literaturprojekt – etwa als Bestandsaufnahme ausländischer sozialwissenschaftlicher Forschung – gefördert werden. In der Regel sollte aber jede Untersuchung mit einer gründlichen Aufarbeitung der in- und ausländischen Literatur beginnen, sofern nicht auf bereits veröffentlichte Aufarbeitungen zurückgegriffen und verwiesen werden kann.

6. *Methoden*

Grundsätzlich werden sowohl analytische als auch empirische Forschungsvorhaben gefördert. Bei letzteren wird – wenn auch abhängig von der Fragestellung – erwartet, daß empirische sozial- und wirtschaftswissenschaftliche Erhebungsmethoden und statistische Auswertungsverfahren des neuesten Entwicklungsstandes verwendet werden. Auf eine ausführliche Darstellung der zu verwendenden Methoden und Forschungsinstrumente wird Wert gelegt.

Da es besonders im Bereich der vergleichenden Forschung an leistungsfähigen Methoden fehlt, kann auch die Weiterentwicklung von Forschungsmethoden gefördert werden. Dabei wird die Zusammenarbeit mit entsprechenden Hilfseinrichtungen (vor allem zur Methodenberatung) empfohlen. Die Ausarbeitung und Weiterentwicklung oder auch die systematische Zusammenfassung von Forschungsmethoden und -instrumenten sollte sich in der Regel an Fragestellungen des Schwerpunktes orientieren.

Die Entwicklung und Bearbeitung neuer komplexer Fragestellungen im Rahmen des Schwerpunktes wird in erster Linie als Grundlagenforschung verstanden, was Praxisrelevanz und Anwendungsbezug nicht ausschließt. Vor allem bei Langzeitstudien wird auf laufende wissenschaftliche Kommunikation während der Projektarbeit Wert gelegt.

IV. Förderungsmöglichkeiten

1. Projektförderung

Vergabe von Sach-, Personal- und Reisemitteln. Es werden sowohl einzelne Wissenschaftler als auch Arbeitsgruppen gefördert. Dies schließt die Möglichkeit der Förderung von Projekten ausländischer Antragsteller ein; Voraussetzung hierfür ist eine enge Zusammenarbeit mit deutschen Wissenschaftlern.

2. Forschungsinfrastruktur und Nachwuchsförderung

Gezielte, langfristig wirkende Hilfen für den Ausbau der sozial- und wirtschaftswissenschaftlichen Forschung in der Bundesrepublik sind möglich. Dazu gehören beispielsweise die Förderung von Modellen zu einer forschungsintensiven Nachwuchsausbildung und im Zusammenhang hiermit gegebenenfalls auch die Bereitstellung von Stipendien; ferner die Förderung Habilitierter zur Sicherung des wissenschaftlichen Nachwuchses (Nähere Informationen hierzu können bei der Stiftung angefordert werden).

3. Kommunikation

Arbeitstagungen und Seminare, vor allem zur Initiierung, Vorbereitung und koordinierenden Begleitung von nationalen oder internationalen Forschungsvorhaben können durch Vergabe von Reise- und Sachmitteln unterstützt werden.

Zur Vorbereitung und Durchführung von Projekten können Auslandsaufenthalte – insbesondere an hervorragenden sozialwissenschaftlichen Einrichtungen – gefördert werden. Die Aufenthaltsdauer sollte in der Regel mindestens zwei, höchstens sechs Monate betragen.

V. Antragstellung

Anträge können jederzeit bei der Stiftung Volkswagenwerk vorgelegt werden.

Anträge aus dem Ausland sind deutschen Anträgen prinzipiell gleichgestellt, doch werden für eine nähere Prüfung Angaben über eine definierte Kooperation mit wissenschaftlichen Einrichtungen oder Wissenschaftlern in der Bundesrepublik Deutschland grundsätzlich vorausgesetzt.

Zur Abfassung der Anträge / Anhaltspunkte für die im allgemeinen benötigten Informationen: siehe Kap. II, S.36 ff. / Hinweise zur Antragstellung.

VI. Auskünfte

Für weitere Auskünfte steht die Geschäftsstelle der Stiftung Volkswagenwerk, Hannover (Dr. Helga Junkers, Tel.: 0511/8381-385, und Dr. Norbert Marahrens, Tel.: 0511/8381 256), zur Verfügung.

Stand: 1.6.1979

Anlage zum Merkblatt 20 (Kurzfassung)

Ausgewählte Themenbereiche im Rahmen des Förderungsschwerpunktes: Wandel und Krisenfaktoren in demokratischen Industriegesellschaften

Seit einigen Jahren lassen Rohstoff- und Energieknappheit, weltweite Inflation und Rezession, die Auseinandersetzung um die Verteilung der Einkommensströme zwischen Industriestaaten und Entwicklungsländern und die Bedrohung der Umwelt die ökonomisch-soziale Entwicklung gefährdet erscheinen; sie setzen das politische System der pluralistischen Demokratie besonderen Belastungen aus. Gleichzeitig werden Wertorientierungen und Zielvorstellungen, nach denen sich privates und öffentliches Verhalten ausrichten konnte, in Frage gestellt. Zur Erklärung und Bewältigung dieser vielfach als krisenhaft empfundenen Entwicklungen sollen ihre ökonomisch-sozialen und technologischen, politisch-administrativen und kulturell-verhaltensmäßigen Aspekte verstärkt erforscht werden.

Themenbereich 1: *Wirtschaftswachstum, Wohlfahrtsentwicklung und technischer Fortschritt*

Möglichkeit und Wünschbarkeit des Wirtschaftswachstums werden zunehmend in Zweifel gezogen. Verknappung von Energie und Rohstoffen, Verlangsamung und Verteuerung technologischer Neuanstöße, weltwirtschaftliche Umverteilungen und weltweite Inflation sind u.a. Ursachen für wirtschaftliche Stagnation; zugleich haben „gesellschaftliche Kosten" als Folge des wirtschaftlichen Wachstums zu grundsätzlicher Skepsis und Kritik geführt. Andererseits erscheinen Vollbeschäftigung, Zunahme des materiellen Wohlstandes und bessere soziale Sicherung nur bei Wachstum erreichbar.

Der technologische Fortschritt ermöglichte einen effizienteren Gebrauch knapper Ressourcen. Weniger als früher erscheint er allerdings in der Lage, Engpässe zu sprengen und Wachstumsgrenzen hinauszuschieben, und Nebenfolgen wie technologisch bedingte Arbeitslosigkeit und Umweltbeanspruchung werden beklagt.

Für die Industrieländer stellt sich die Frage, ob sie sich auf geringere Wachstumsraten einstellen, ob es Möglichkeiten der Beseitigung der Wachstumsengpässe gibt, oder welcher „Mischstrategie" sie folgen. Kennzeichnend für die Diskussion ist das weitgehende Fehlen empirisch fundierter Analysen.

Vordringlich erscheint die Bearbeitung zweier Problembereiche:

- Wachstumsschwäche und Unterbeschäftigung sind auf die Ursachen ihrer Entstehung und ihre Interdependenz zu untersuchen. Soweit aufgrund solcher Analysen möglich, sollten auch Maßnahmen zu ihrer Überwindung entwickelt werden. Hierher gehören auch Untersuchungen, inwieweit sich die Bedürfnisse von Gütern auf personenbezogene Dienstleistungen (und deren Erbringung in Selbstorganisation und Freizeit) verlagern.

- Für den Fall, daß die ökonomische Stagnation mittelfristig nicht zu beheben und vorerst mit anhaltender Unterbeschäftigung zu rechnen ist, ist das „Management der Unterbeschäftigung" (durch Arbeitszeitverkürzung, Beschäftigungsprogramme und neue Beschäftigungsformen, „aktive" Arbeitsmarktpolitik etc.) ein wichtiges Forschungsthema.

Themenbereich 2: *Weltwirtschaft und nationale Wirtschaftspolitik*

Große weltwirtschaftliche Verschiebungen zeichnen sich ab. Gleichzeitig nimmt die Wirksamkeit nationaler Wirtschaftspolitik ab, es wachsen die Notwendigkeit und die Schwierigkeiten internationaler wirtschaftspolitischer Koordination. Im einzelnen stellen sich z. B. folgende Probleme:

- Verschiebungen der weltwirtschaftlichen Arbeitsteilung: Auswirkungen der zunehmenden Industrialisierung von Entwicklungsländern. Produktionskooperation mit Niedriglohnländern einschließlich Kapitalabwanderung. Verdrängungswettbewerb der neuen Kapitalanlagen gegenüber den Produkten der alten Industrieländer. Rolle der multinationalen Gesellschaften.

- Verteilungskämpfe zwischen Erzeugern von Industriegütern und Anbietern von Roh- und Brennstoffen; Folgen plötzlich geänderter Terms of Trade. Vor- und Nachteile stabilisierter Rohstoffpreise oder Rohstofferlöseinkommen durch eine „Neue Weltwirtschaftsordnung". Notwendigkeit multilateral ausgehandelter politischer Lösungen.

- Begrenzung einzelstaatlicher Wirtschaftspolitik durch das instabile Weltwährungssystem. Folgen des Zusammenbruchs des Systems fester Wechselkurse; Vorteile und Gefahren der gegenwärtigen Form von „Flexibilität". Möglichkeiten einer international koordinierten Währungspolitik.

- Grenzen einer nationalen Strukturpolitik (zur Beeinflussung der Wachstumsrichtung und zur Ressourcen- und Umweltschonung). Chancen und Hindernisse einer internationalen Koordination solcher Maßnahmen.

Themenbereich 3: *Funktionsprobleme des parlamentarischen Systems*

Die Anforderungen an das politische System sind laufend gestiegen; es ist weiter zunehmenden Erwartungen der sozialen Sicherung und des Krisenmanagements ausgesetzt. Man befürchtet eine „Überlastung" und damit schwerwiegende Funktionsprobleme für die industriell fortgeschrittenen Demokratien. Daher erscheinen Forschungen zu folgenden Gebieten vordringlich:

- Beziehungen zwischen Regierung, Parlament und Interessengruppen: Abhängigkeit erfolgreicher Wirtschaftspolitik von der Verständigung mit den Hauptgruppen (Vergleich alternativer Methoden wie gesetzliche Einkommenspolitik, konzertierte Aktion und Sozialkontrakt). Verantwortung der Regierung gegenüber Parlament und Interessengruppen: Schutz der parlamentarischen Verantwortung gegen korporative Gefahren, Tendenz zur Benachteiligung unorganisierter Interessen.

- Dauerpolarisierung als Lähmungsfaktor besonders bei knappen Mehrheitsverhältnissen; Dauerwahlkampf mit reduzierter Konsens- und Entscheidungsfähigkeit; Verrechtlichung der Politik und Politisierung der Justiz als mögliche Konsequenzen.

- Aufrechterhaltung der Handlungsfähigkeit bei notwendiger Entscheidungsverflechtung. Kompetenzüberschneidungen zwischen Zentralregierung und Lokal- oder autonomen Funktionalbehörden als allgemeines (zwischen Bund und Ländern als speziell föderatives) Problem; Zentralisierungs-/Dezentralisierungsdilemmata; daraus resultierende Entscheidungslähmungen.

- Probleme staatlicher Zentralverwaltung: Zunahme regionaler Autonomiebewegungen einerseits, lokaler Bürgerinitiativen andererseits. Möglichkeiten der Dezentralisierung in Gesetzgebung und Verwaltung.
- Private Entscheidungen (z. B. Rationalisierungsinvestitionen) als Ursachen öffentlicher Sachzwänge (zur Beseitigung von Arbeitslosigkeit, Umschulung etc.). Umgekehrt Auswirkungen öffentlicher Anreizpolitik auf die Investitionsstruktur. Gewichtsverhältnis beider Einflußrichtungen und Wünschbarkeit einer Gewichtsverlagerung.
- Probleme der parlamentarischen Kontrolle der spezialisierten Ministerialbürokratie; mögliche Gegengewichte; Zusammenarbeit der Bürokratie mit Betroffenen. Überforderung der Parlamente durch Kompliziertheit der Materie.
- Finanzielle Überbeanspruchung der Träger öffentlicher Aufgaben bei Zuwachsansprüchen trotz gebremsten Wirtschaftswachstums. Gefahren einer weitgehenden sozialen Umverteilung durch den Staat z. B. für Leistungsbereitschaft und Eigenverantwortung. Wachsender Bedarf an teilweise ineffizient produzierten öffentlichen Gütern und Dienstleistungen.

Themenbereich 4: *Öffentliche Dienstleistungen*

Die Befriedigung der Bedürfnisse hängt zunehmend von der Leistungsfähigkeit des Dienstleistungssektors ab. Dessen weitere Ausdehnung wird jedoch wegen seiner geringen Produktivität als problematisch angesehen; das gilt besonders für den Bereich der öffentlichen und öffentlich gestützten Dienstleistungen. Ein Auseinanderklaffen von Dienstleistungsangebot und tatsächlichem gesellschaftlichem Bedarf wird beklagt.

Wichtig erscheinen Forschungen über Organisation, Qualität und Kosten personenbezogener, nicht ausschließlich kommerziell erbrachter Dienstleistungen (beispielsweise im Gesundheits- und Sozialbereich, im Bildungsbereich sowie etwa in der Familienberatung). Zwei Forschungsperspektiven sollten dabei maßgeblich sein und möglichst miteinander verbunden werden:

- Fragen der Rationalisierung und betriebswirtschaftlichen Kostenorientierung; dabei können auch Probleme der Leistungs- und Effizienzmotivation (Leistungszufriedenheit) der im Dienstleistungssektor Beschäftigten behandelt werden.
- Das Verhältnis zwischen Dienstleistungsorganisation und Klienten (Abnehmern/Betroffenen); insbesondere Erarbeitung und Analyse von Modellen, wie der bürokratische Apparat stärker auf die Lebenslage und die Bedürfnisse der Klienten auszurichten wäre.

Themenbereich 5: *Wertwandel*

Mit der eindeutigen Orientierung der Industriegesellschaft auf wirtschaftliches Wachstum war eine grundlegende Wert- und Zielrichtung gegeben. Diese und andere Wertorientierungen – etwa im familiären, religiösen und staatsbürgerlichen Bereich – verlieren offensichtlich an Bedeutung. Für den einzelnen entstehen damit Probleme, die als Orientierungslosigkeit, Motivationskrise oder Sinndefizit erlebt werden und im Arbeitsbereich zu Leistungs-, im politischen zu Loyalitätsverweigerungen führen. Im politisch-administrativen Bereich fehlen

gesicherte Zielgrößen für das politische Handeln zur verbesserten Bedürfnisbefriedigung und zur Sicherung der Massenloyalität der Bürger. Für die Wirtschaft stellt sich die Frage, wonach sich eine bedürfnisorientierte statt wachstumsorientierte Produktion konkret ausrichten sollte.
In vielen Einzelinitiativen zeichnet sich die „Wertforschung" als junges Gebiet ab. Bisher ist aber weder ein theoretisch fundiertes Programm für derartige Forschungen vorhanden, noch ein gesicherter Bestand an Methoden und empirischen Forschungsresultaten.

Folgende Fragestellungen könnten zum Gegenstand von Forschungen gemacht werden:

- Grundlagenforschung zur Erarbeitung theoretischer Bezugsrahmen der Wertforschung
- Sozialphilosophische Ansätze zur Wertforschung im Sinne kultureller Determiniertheit von Verhaltensweisen
- Analyse der historischen Wertgrundlagen europäischer Kultur
- Ermittlung der geschichtlichen Beziehungen zwischen Wertorientierungen von Einzelnen, Kirchen, Institutionen, Gruppen etc.
- Methoden der Messung von Werthaltungen und -veränderungen
- Theoretisch fundierte empirische Beobachtung, Beschreibung und Analyse gesellschaftlicher Werte; Wertwandlungen in der Gesamtgesellschaft, in Institutionen, Organisationen, Sektoren und insbesondere auch in sozialen Gruppen (gruppenspezifischer Wertwandel)
- Untersuchung von Zusammenhängen zwischen Werten, Einstellungen, Verhaltensweisen und gesamtwirtschaftlicher/politischer Entwicklung
- Mehrebenen-Analyse des Verhältnisses von Werten auf der Makro-, Meso- (Organisations-) und Mikro- (sozial-psychologischen) Ebene
- Ermittlung des hierarchischen Aufbaues von Wertsystemen in verschiedenen gesellschaftlichen Bereichen, auch als Grundlage der Entscheidung in Konfliktsituationen
- Einsatz von Daten und Modellen aus den aufgeführten Untersuchungsbereichen zur Voraussage des Wertwandels auch im Generationswechsel
- Ermittlung von Zielgrößen für das politische Handeln und zur Bestimmung von Strukturen der Entscheidungsfindung

Stiftung Volkswagenwerk

Merkblatt für Antragsteller 21

Postfach 81 05 09   D-3000 Hannover 81
Telex 9 - 22965
Telefon Vermittlung (05 11) 83 81 - 1
Telefon Durchwahl   83 81 - 376

Kastanienallee 35   Hannover-Döhren

Schwerpunkt
Physik und Chemie unkonventioneller Materialien:
Herstellung und Charakterisierung

I. Ziel des Förderungsprogramms

Der Schwerpunkt soll dazu anregen, neue Materialien aus dem Bereich der organischen Chemie mit ungewöhnlichen Eigenschaften aufzufinden und zu charakterisieren. Gedacht ist an organische Festkörper mit unerwarteten elektrischen, magnetischen oder optischen Eigenschaften, mit ungewöhnlichen chemischen Reaktionen (Kinetik) sowie unerwartetem photochemischen Verhalten. (Beispielhaft genannt seien die „organischen Metalle".)

Gemeinsam von (Festkörper-)Physikern und (insbesondere präparativ arbeitenden) Chemikern geplante Forschungsprojekte werden bevorzugt behandelt, da die Stiftung den für ein gezieltes Vorgehen bei der Synthese und Charakterisierung neuer Materialien notwendigen engen Verbund zwischen physikalischer und chemischer Grundlagenforschung stärken möchte.

II. Thematik des Förderungsprogramms

Berücksichtigt werden können Projekte aus dem Bereich der organischen Festkörper, die sich zum Beispiel mit folgenden Aufgabenstellungen befassen:

- Herstellung sowie chemische und physikalische Charakterisierung von kristallinen oder glasartigen Substanzen, bei denen man aufgrund von Molekülstruktur und elektronischen Eigenschaften auf interessantes und neuartiges physikalisches oder technisch verwertbares Verhalten schließen kann.

- Experimentelle und theoretische Bearbeitung der Physik von ein- und mehrdimensionalen Systemen.

- Erforschung der Prinzipien von Festkörperreaktionen (zum Beispiel gitterkontrollierte chemische Reaktion).

- Untersuchung von Fehlordnungen und Defekten in neu synthetisierten Kristallen sowie deren Auswirkungen auf die physikalischen und chemischen Eigenschaften der Festkörper; Untersuchung der Struktur von Mischkristallen.

- Optimierung der für technische Anwendungsmöglichkeiten interessanten Eigenschaften sowie Prüfung der neuartigen Stoffe in elektrischen Schaltungen, optischen Systemen oder Einrichtungen der Informationsverarbeitung.

Abgrenzung

Die Untersuchung der mechanischen Eigenschaften der organischen Materialien wird zur klassischen Werkstoffkunde gerechnet, so daß entsprechende Vorhaben zum Beispiel auf dem Gebiet polymerer Verbindungen nur bei grundsätzlich neuartigen Ansätzen berücksichtigt werden können. Untersuchungen an ultradünnen Schichtstrukturen, die dem Gebiet der Membranforschung zuzurechnen sind, können im Rahmen des Schwerpunktes ebensowenig berücksichtigt werden wie Vorhaben, für die Förderungsprogramme bei anderen Institutionen bestehen.

III. *Förderungsmöglichkeiten*

- *Forschungsprojekte*
  Vergabe von Personal-, Sach- und Reisemitteln an wissenschaftliche Einrichtungen.

- *Wissenschaftlicher Gedankenaustausch*
  Unterstützung von Symposien, Sommerschulen und ähnlichen Tagungen über ein abgegrenztes Thema, insbesondere durch Vergabe von Reise- und Aufenthaltszuschüssen an veranstaltende wissenschaftliche Einrichtungen. Der Teilnehmerkreis sollte bei Symposien oder vergleichbaren Veranstaltungen auch bei anzustrebender ausgewogener Beteiligung mehrerer Disziplinen oder Arbeitsrichtungen auf 30 Personen beschränkt sein; die Teilnehmerzahl kann bis auf 60 (unter Einschluß von Zuhörern) erhöht werden, wenn dafür besondere Gründe sprechen, zum Beispiel wenn dies notwendig erscheint, um verstärkt jüngere Wissenschaftler zu beteiligen. Auch bei Kursen sollte die Teilnehmerzahl höchstens 60 betragen.
  In besonderen Fällen (zum Beispiel zur Vorbereitung eines zu beantragenden Forschungsprojektes oder aus dringendem Anlaß bei einem schon geförderten Vorhaben) können Zuschüsse auch zu Einzelreisen für gezielte Arbeitsaufenthalte oder zum Besuch wichtiger Veranstaltungen (ohne Kongresse) gewährt werden.

Ferner ist die Förderung Habilitierter zur Sicherung des wissenschaftlichen Nachwuchses möglich (nähere Informationen hierzu können bei der Stiftung angefordert werden).

IV. *Antragstellung*

Anträge können jederzeit bei der Stiftung Volkswagenwerk vorgelegt werden.
Anträge aus dem Ausland sind deutschen Anträgen prinzipiell gleichgestellt, doch setzt eine nähere Prüfung grundsätzlich Angaben über eine definierte Kooperation mit wissenschaftlichen Einrichtungen oder Wissenschaftlern in der Bundesrepublik Deutschland voraus.
Zur Abfassung der Anträge / Anhaltspunkte für die im allgemeinen benötigten Informationen: siehe Kap. II, S. 36 ff. / Hinweise zur Antragstellung und S. 287 ff. / Merkblatt Symposienprogramm.

V. Auskünfte

Für weitere Auskünfte steht die Geschäftsstelle der Stiftung Volkswagenwerk, Hannover (Dr.-Ing. M. Maurer, Tel.: 05 11/83 81-376), zur Verfügung.

Stiftung Volkswagenwerk

Merkblatt für Antragsteller 22

Postfach 81 05 09   D-3000 Hannover 81
Telex 9-22965
Telefon Vermittlung (05 11) 83 81-1
Telefon Durchwahl   83 81-254

Kastanienallee 35   Hannover-Döhren

Schwerpunkt Deutschland nach 1945 – Entstehung und Entwicklung der Bundesrepublik und der DDR

I. Zielsetzung

Die Stiftung Volkswagenwerk möchte mit diesem Förderungsschwerpunkt zu einer empirisch-quellenmäßig fundierten Erforschung der deutschen Entwicklung seit dem Ende des Zweiten Weltkrieges beitragen. Dabei werden auch die besonderen Probleme der zeitgeschichtlichen Forschung zur Nachkriegsentwicklung gesehen, die in dem durch die große Materialfülle bedingten erhöhten Bearbeitungsaufwand, in der zunehmenden Notwendigkeit multidisziplinär besetzter Projektgruppen und in den erhöhten Qualifikationsanforderungen für Projektbearbeiter liegen.

Das Förderungsangebot der Stiftung möchte insgesamt dazu beitragen, die wissenschaftliche Behandlung des Themenbereichs „Nachkriegsgeschichte" zu intensivieren, zu systematisieren und – wo notwendig – zu koordinieren.

II. Thematik

Gegenstandsbereiche

Der *allgemeine Gegenstandsbereich* umfaßt solche Vorhaben, die die empirische, quellenmäßig gesicherte Erforschung der politischen, wirtschaftlichen, sozialen und kulturellen Entwicklungen in Deutschland seit 1945, d. h. im Deutschland der unmittelbaren Nachkriegszeit sowie in der Bundesrepublik und in der DDR, zum Gegenstand haben. Die unmittelbare Vorgeschichte – Weimarer Republik, Drittes Reich – kann in besonderen Fällen, in denen sie zur Erhellung einer relevanten Nachkriegsentwicklung wesentlich erscheint, berücksichtigt werden.

Das Thema „Deutschland nach 1945" ist dabei nicht im Sinne einer verengten Nationalgeschichtsbetrachtung zu verstehen, sondern die deutsche Entwicklung ist weitgehend einzubeziehen in die allgemeine, vor allem durch internationale Entwicklungen geprägte Nachkriegsgeschichte. Deshalb haben für die Stiftung solche Forschungsvorhaben Vorrang, die in ihrer Betrachtungsweise die Trennung innen- und außenpolitischer Entwicklungen überwinden wollen und dafür die wechselseitigen Verflechtungen zwischen inneren und äußeren Bezügen betonen. Innerhalb dieses thematischen Rahmens werden folgende Teilbereiche berücksichtigt:

- Themenbereich westliche Besatzungszonen/Bundesrepublik
  – Gründungsgeschichte
- Themenbereich westliche Besatzungszonen/Bundesrepublik
  – Verlaufsgeschichte
- Themenbereich SBZ/DDR (Frühgeschichte)
- Quelleneditionen unter besonderen Bedingungen
- Kooperation und Koordination

Im *Themenbereich westliche Besatzungszonen/Bundesrepublik – Gründungsgeschichte* werden Forschungsarbeiten zur Umbruchs- und Gründungsphase der deutschen Nachkriegsgeschichte bis zur Mitte der 50er Jahre besondere Beachtung finden. Dabei können insbesondere berücksichtigt werden:

die Frühgeschichte des Parlamentarismus und der politischen Parteien

die Entstehungsgeschichte grundlegender Gesetze

die Einwirkungen der Besatzungsmächte

die Begründung von Normen (z. B. im geistig-kulturellen Selbstverständnis)

Neuansätze einschließlich „vergeblicher" Gründungen (z. B. im geistig-politischen Bereich)

Der *Themenbereich westliche Besatzungszonen/Bundesrepublik – Verlaufsgeschichte* erfaßt Vorhaben, die mittelfristige, etwa bis Mitte der 60er Jahre anhaltende bzw. vollzogene Entwicklungen zum Gegenstand haben. In diesen Bereich gehört insbesondere

die Erforschung der allmählichen gleitenden Veränderungsprozesse (sogenannte „stille Revolutionen")

die Institutionengeschichte

die Rechts- und Verfassungsentwicklung in zeitgeschichtlichen Zusammenhängen

die Entwicklung der Deutschlandpolitik in den westlichen Besatzungszonen/Bundesrepublik und in der SBZ/DDR (einschließlich ihres Stellenwertes bei Parteien, gesellschaftlichen Gruppen und in der weiteren Öffentlichkeit)

Der *Themenbereich Sowjetische Besatzungszone (SBZ)/DDR* konzentriert sich zunächst auf die Förderung von Arbeiten zur zeitgeschichtlichen Erforschung der Frühphase bis in die zweite Hälfte der 50er Jahre. Der Zeitraum bis Mitte der 60er Jahre sollte nur dann einbezogen werden, wenn es sich um die Erforschung von Entwicklungen handelt, die schwerpunktmäßig in der Frühphase der SBZ/DDR angelegt sind. Für die Beschränkung auf die zeitgeschichtliche Erforschung der Frühphase spricht die besondere Quellenlage. Als mögliche Teilgebiete sind zu nennen Vorhaben

- zu Parteiensystem und Massenorganisationen
- zu staatlichen und nichtstaatlichen Institutionen
- zur Wirtschafts- und Sozialgeschichte
- zum Prozeß der Einbeziehung der SBZ/DDR in den Wirkungszusammenhang des Ostblocks
- zur Quellenerfassung (insbesondere Bestandsübersichten)

Die Förderung in diesem Themenbereich verfolgt zugleich die Absicht, zur Stärkung der zeitgeschichtlichen SBZ/DDR-Forschung im Hochschulbereich beizutragen. Keine Priorität haben für die Stiftung Arbeiten zum ideologisch-politischen Systemvergleich zwischen der DDR und der Bundesrepublik.

Quelleneditionen können nur in sehr eingeschränktem Umfang gefördert werden, wenn

- die Relation zwischen Aufwand und späteren Verwendungsmöglichkeiten angemessen ist
- es sich um zentrale Vorhaben von besonderer, auch forschungspolitischer Bedeutung handelt oder
- wenn besondere methodische Probleme in Modellvorhaben gelöst werden sollen (z. B. neue Formen der Editionstechnik und der wissenschaftlichen Kommentierung, neuartige Quellengattungen, ungewöhnliche Provenienzen)

Größere Vorhaben müssen von Beginn an institutionell-organisatorisch gesichert sein, da die Stiftung nur dann eine Startförderung übernehmen kann, wenn die Fortsetzung der Arbeiten gewährleistet ist.

Übergreifende Gesichtspunkte

Der Schwerpunkt steht *fachübergreifenden Forschungen* offen. Anträge können also nicht nur aus der zeitgeschichtlich orientierten Geschichtswissenschaft vorgelegt werden, sondern auch aus den benachbarten Sozial- und Geisteswissenschaften, wenn dort zeitgeschichtlich-entwicklungsbezogene und quellenmäßig fundierte Vorhaben beabsichtigt werden. Besonderes Interesse besteht an der Bearbeitung völker- und staatsrechtlicher sowie sonstiger rechtspolitischer Fragestellungen in zeitgeschichtlichen Zusammenhängen.

Ebenso wird die Beteiligung ausländischer Wissenschaftler bzw. wissenschaftlicher Institutionen in *internationalen Kooperationsvorhaben* begrüßt, da die zunehmende internationale Verflechtung der deutschen Entwicklung auch entsprechende Betrachtungsweisen verlangt. Dies gilt für die Besatzungsmächte ebenso wie für die kleineren europäischen Staaten, unter denen Österreich wegen der Verknüpfung in der Ausgangssituation des Jahres 1945 besonders zu erwähnen ist.

Im Rahmen des Schwerpunktes ist ferner die Unterstützung von *Koordinationsbestrebungen* – etwa in Form von Arbeitsgemeinschaften und Arbeitstagungen – für Teilbereiche möglich. Entsprechende Aktivitäten bieten sich u. a. an für:

> die Zeitgeschichte der SBZ/DDR
>
> die Parteiengeschichte
>
> die Institutionengeschichte
>
> die Kooperation zwischen Rechtswissenschaft und Zeitgeschichtsforschung
>
> die wirtschaftsgeschichtliche Forschung
>
> Arbeiten zur amerikanischen Deutschlandpolitik
>
> methodologische Probleme (z. B. Oral History)

III. *Förderungsmöglichkeiten*

Anträge können sich auf die Förderung von

- Forschungsprojekten (durch Vergabe von Sach-, Personal- und Reisemitteln) und
- Arbeitstagungen (im wesentlichen Reisemittel) beziehen.

Ferner ist die Förderung Habilitierter zur Sicherung des wissenschaftlichen Nachwuchses möglich (nähere Informationen hierzu können bei der Stiftung angefordert werden).

IV. *Antragstellung*

Anträge können jederzeit bei der Stiftung Volkswagenwerk vorgelegt werden. Anträge aus dem Ausland sind deutschen Anträgen prinzipiell gleichgestellt, doch setzt eine nähere Prüfung grundsätzlich Angaben über eine definierte Kooperation mit wissenschaftlichen Einrichtungen oder Wissenschaftlern in der Bundesrepublik Deutschland voraus.

> *Zur Abfassung der Anträge/Anhaltspunkte für die im allgemeinen benötigten Informationen: siehe Kap. II, S. 36ff./Hinweise zur Antragstellung.*

V. *Auskünfte*

Für weitere Auskünfte steht die Geschäftsstelle der Stiftung Volkswagenwerk, Hannover (Dr. W. Boder, Tel.: 05 11 / 83 81 - 254), zur Verfügung.

Stand: 15. 10. 1979

Stiftung Volkswagenwerk

Merkblatt für Antragsteller 23

Postfach 81 05 09   D-3000 Hannover 81
Telex 9 - 22965
Telefon Vermittlung (05 11) 83 81 - 1
Telefon Durchwahl   83 81 - 265
Kastanienallee 35   Hannover-Dohren

Programm
Förderung habilitierter Wissenschaftler

I. Zweckbestimmung und Personenkreis

Die Stiftung Volkswagenwerk möchte angesichts der zunehmend schwieriger werdenden Lage des Hochschullehrernachwuchses einen ihren Förderungsmöglichkeiten und -prinzipien entsprechenden Beitrag zur Sicherung der Forschung und des wissenschaftlichen Nachwuchses leisten.

Die Stiftung eröffnet daher hochqualifizierten habilitierten Wissenschaftlern (oder Bewerbern mit vergleichbarer Qualifikation), die dem Hochschullehrernachwuchs zuzurechnen sind und für die zunächst keine Dauerstellen bereitstehen, im Rahmen ihrer (jeweils im Jahresbericht veröffentlichten*) Förderungsschwerpunkte die Möglichkeit, sich für eine begrenzte Zeit um eine Förderung zu bewerben. Als Bewerber können in aller Regel nur deutsche Staatsangehörige berücksichtigt werden, die nicht älter als 35 Jahre sein sollen.

Die Stiftung fördert im Rahmen dieses Programms keine Habilitationen. Hierzu wird auf die Vergabe von Habilitationsstipendien durch die Deutsche Forschungsgemeinschaft verwiesen.

II. Förderungsmöglichkeiten

Die Stiftung geht davon aus, daß die Bewerber von Hochschulen oder wissenschaftlichen Einrichtungen außerhalb des Hochschulbereichs für die Dauer der Förderung und zur Durchführung ihrer Forschungen als wissenschaftliche Mitarbeiter/Angestellte eingestellt werden können. Während dieser Zeit sollte für den geförderten Wissenschaftler die Möglichkeit bestehen, in der Hochschullehre mitzuwirken.

Das Förderungsprogramm steht auch habilitierten Bewerbern offen, die Studien in noch wenig etablierten Forschungsrichtungen nachgehen möchten, an fächerübergreifender Kooperation besonders interessiert sind oder Forschungs- und Lehrerfahrung im Ausland gesammelt haben oder sammeln möchten.

III. Dauer und Höhe der Förderung

Die Förderung kann für die Dauer von maximal vier Jahren beantragt werden.

Für die Höhe der Förderung gilt der BAT (mit den entsprechenden Beihilfevorschriften des Öffentlichen Dienstes) und die Vergütungsgruppe Ib entsprechend dem Alter.

* vgl. S. 15 u. S. 43 ff.

Während der Laufzeit der Förderung wird eine monatliche Ersatzgeldpauschale von 200 DM (zur Abgeltung der Aufwendungen für z. B. Bücher, Verbrauchsmaterial usw.) gewährt. Darüber hinaus können im Einzelfall und bei besonderer Begründung zusätzliche Sach- und Reisemittel gewährt werden.

IV. *Antragstellung*

Anträge werden schriftlich und formlos an die Geschäftsstelle der Stiftung Volkswagenwerk, Kastanienallee 35, 3000 Hannover 81, gerichtet. Die Antragstellung sollte bereits über die wissenschaftliche Einrichtung erfolgen, die im Bewilligungsfalle die Einstellung des Bewerbers vornehmen wird.
Die Stiftung zieht für die Beurteilung von Anträgen Fachgutachter zu Rate. Der Projektvorschlag sollte daher eine ausführliche und konkrete Darstellung der Forschungsthematik enthalten, der sich der Bewerber im Förderungszeitraum widmen will. Mittel für Reisen, evtl. auch für Forschungsaufenthalte im Ausland, können vorgesehen werden.
Für die Prüfung und Beurteilung von Anträgen werden folgende Angaben benötigt:

1. *Zur Person*
   - Wissenschaftlicher Werdegang (Art, Zeitpunkt und Ergebnis der abgelegten Examina) und der bisher ausgeübten beruflichen Tätigkeiten, insbesondere bisherige Forschungstätigkeit
   - Aussage, ob der Deutschen Forschungsgemeinschaft ein Antrag auf Bewilligung eines Heisenberg-Stipendiums vorliegt bzw. vorgelegen hat
   - Referenzen sowie eine Publikationsliste (ggfs. gegliedert nach Originalbeiträgen, Beiträgen als Ko-Autor, Reviewartikeln sowie sonstigen Publikationen. Originale von Veröffentlichungen bitten wir erst auf besondere Anforderung einzureichen)

2. *Zum Vorhaben*
   - Darstellung der Forschungsthematik
   - Bezug zum gegenwärtigen Forschungsstand
   - Eigene Vorarbeiten zur Forschungsthematik
   - Durchführungs-/Zeitplan
   - Kostenplan mit Begründung und Aufschlüsselung der beantragten Mittel

Bei antragstellenden Einrichtungen außerhalb des unmittelbaren Hochschulbereichs und der Max-Planck-Gesellschaft sind außerdem Angaben zur Rechtsform, zur Satzung, zur Besetzung der leitenden Gremien, zur Gemeinnützigkeit, Etatgestaltung und Haushaltsprüfung erforderlich.

V. *Auskünfte*

Für weitere allgemeine Auskünfte zu diesem Förderungsprogramm steht die Geschäftsstelle der Stiftung Volkswagenwerk, Hannover (Liselotte Proske, Tel.: 05 11 / 83 81 - 265), zur Verfügung.

Stand: 1. 4. 1979

Richtlinien für die Vergabe von Stipendien zur gegenwartsbezogenen Südostasienforschung

Die Stiftung Volkswagenwerk unterstützt schwerpunktmäßig die gegenwartsbezogene Regionenforschung, da die zunehmenden wirtschaftlichen, politischen und kulturellen Beziehungen auf internationaler Ebene nicht nur gesicherte Erkenntnisse über Entwicklungen und Probleme in anderen Teilen der Welt erfordern, sondern darüber hinaus die Bereitschaft, in Kooperation mit Wissenschaftlern aus der Region zur Lösung der Probleme beizutragen. Da es dazu auch der Heranbildung eines fächerübergreifend ausgebildeten wissenschaftlichen Nachwuchses bedarf, stellt die Stiftung in den Jahren 1977 bis 1980 eine begrenzte Anzahl von Stipendien zur Verfügung, die jungen Wissenschaftlern eine Spezialisierung auf die Probleme des heutigen Südostasien ermöglichen sollen.

Dazu zählt die Stiftung Volkswagenwerk die derzeit selbständigen Staaten Birma, Thailand, Kambodscha, Laos, Vietnam, Malaysia, Singapur, Indonesien und Philippinen, unter Einschluß Papua-Neuguineas und Australiens, soweit es sich um Themen handelt, die in einer Beziehung zu Südostasien\stehen.

1. *Zweckbestimmung und Personenkreis*

1.1 Das Stipendium soll überdurchschnittlich qualifizierten graduierten Nachwuchskräften (mit abgeschlossenem Hochschulstudium) eine Spezialisierung auf Gegenwartsprobleme der oben näher umschriebenen Region ermöglichen.

1.2 Das Stipendium wird an wissenschaftliche Einrichtungen vergeben. Es wird ausschließlich nach Leistungsgesichtspunkten und in der Regel nur deutschen Staatsangehörigen gewährt.

2. *Art des Stipendiums*

Die Stiftung Volkswagenwerk möchte mit diesem Stipendienprogramm auch die Besonderheiten der Regionenforschung berücksichtigen und insbesondere kleinere Arbeits- oder Projektgruppen fördern, in denen die Stipendiaten unter der Leitung eines in der Regionenforschung erfahrenen Wissenschaftlers nicht nur an aufbauenden oder ergänzenden Lehrveranstaltungen teilnehmen können, sondern darüber hinaus auch die Möglichkeit haben, Sprach- und Quellenstudien nachzugehen, ehe sie mit einer wissenschaftlichen Arbeit beginnen. Im Mittelpunkt des Stipendiums soll jedoch der Feldaufenthalt stehen.

2.1 Im einzelnen können gefördert werden
- aufbauende oder ergänzende Fachstudien bis zu 2 Jahren (keine Zweitstudien)
- Sprach- und Bibliotheksstudien (bis zu 1 Jahr)
- Studien- und/oder Forschungsaufenthalt in der Region (bis zu 1 Jahr)
- Anfertigung einer wissenschaftlichen Arbeit zu einem gegenwartsbezogenen Problem der Region Südostasien.

2.2 Das einzelne Stipendium kann als Kombination dieser Möglichkeiten angelegt sein. Die maximale Förderungsdauer beträgt 3 Jahre.

3. *Höhe der Stipendien*

Das Grundstipendium wird aufgrund der beruflichen und/oder wissenschaftlichen Qualifikation sowie des Alters des Stipendiaten am Ende des Förderungszeitraums berechnet.

Vgl. im übrigen: S. 282 ff. / Grundsätzliches zur Vergabe von Forschungs- und Ausbildungsstipendien. Weitere Hinweise:

Kosten für die wissenschaftliche Betreuung

Um die fachliche Betreuung der Einzelstipendiaten oder Arbeits- bzw. Forschungsgruppen auch während des Forschungsaufenthaltes in der Region zu ermöglichen, können Reise- und Aufenthaltskosten für die betreuenden Wissenschaftler nach den Antragsunterlagen übernommen werden.

4./5. *Zu Antragstellung/Verpflichtungen*

Die Anträge – einschließlich der bei der Geschäftsstelle der Stiftung erhältlichen Bewerbungsbogen – können innerhalb der Laufzeit des Stipendienprogramms jederzeit von dem Bewerber über eine wissenschaftliche Einrichtung gestellt werden, die im Falle einer Bewilligung des Stipendiums auch die spätere Abwicklung übernehmen würde. Darüber hinaus ist eine Zusage des Wissenschaftlers erforderlich, der die Betreuung des Vorhabens übernehmen wird. Außerdem ist dem Antrag ein Fachgutachten beizufügen, aus dem die Qualifikation des Bewerbers und die Bedeutung des von ihm geplanten Forschungsvorhabens bzw. die Funktion des beabsichtigten Sprach- oder Ergänzungsstudiums sowie Feldaufenthalts für seine weitere wissenschaftliche und berufliche Qualifikation hervorgeht.

Stand: März 1977

Vgl. im übrigen S. 282 ff. Weitere Auskünfte: Priv.-Doz. Dr. W. Wittwer, Tel.: 0511/8381-216; Liselotte Proske, Tel.: 0511/8381-265

Niedersächsisches Vorab 1978 ausgesprochene Einzelbewilligungen auch aus dem Vorab-Anteil früherer Jahre	Fachgebietsstatistik 1978		
	Anzahl	TDM	v. H.
Geistes- und Gesellschaftswissenschaften	50	2.874,5	16,9
Theologie	–	–	–
Rechtswissenschaft	5	387,9	2,3
Wirtschaftswissenschaften	3	50,9	0,3
Sozialwissenschaften	4	182,3	1,1
Philosophie	–	–	–
Psychologie	4	102,4	0,6
Pädagogik	8	481,5	2,8
Alte und orientalische Kulturen	–	–	–
Sprachwissenschaften und Literaturwissenschaft	2	36,5	0,2
Volkskunde	–	6,0	–
Geschichte	1	6,0	–
Kunstwissenschaften	6	112,7	0,7
Musikwissenschaft	6	227,4	1,3
Völkerkunde	–	–	–
Wissenschafts- und Technikgeschichte	–	–	–
Verschiedene Fächer	11	1.286,9	7,6
Biowissenschaften	54	4.861,5	28,5
Biologie	11	1.956,3	11,5
Medizin	15	1.321,4	7,7
Veterinärmedizin	13	693,3	4,1
Agrarwissenschaften	10	258,8	1,5
Forstwissenschaft	3	307,0	1,8
Verschiedene Fächer	2	324,7	1,9
Mathematik und Naturwissenschaften	43	3.153,9	18,5
Mathematik	1	24,2	0,2
Physik	14	756,5	4,4
Chemie	17	2.014,3	11,8
Geologie und Mineralogie	7	217,8	1,3
Geographie	2	57,1	0,3
Verschiedene Fächer	2	84,0	0,5
Ingenieur- und Angewandte Wissenschaften	80	4.884,8	28,6
Allgemeine Ingenieurwissenschaften	19	688,5	4,0
Architektur, Städtebau und Landesplanung	5	94,7	0,6
Bauingenieurwesen	15	905,1	5,3
Bergbau und Hüttenwesen	2	100,0	0,6
Maschinenwesen	10	384,2	2,2
Elektrotechnik	11	558,6	3,3
Informatik	1	16,0	0,1
Verschiedene Fächer	17	2.137,7	12,5
Fachübergreifend / Verschiedene Fächer	5	1.283,2	7,5
Insgesamt	232	17.057,9	100,0

Niedersächsisches Vorab

Nach § 8 Abs. 2 der Stiftungssatzung ist ein festgelegter Teil der zur Verfügung stehenden Förderungsmittel innerhalb des Stiftungszweckes an das Land Niedersachsen vorweg zu vergeben (S. 271 f.; vgl. a. S. 36).

Aus diesem „Niedersächsischen Vorab" wurden auf Vorschlag des Niedersächsischen Landesministeriums im Jahre 1978 folgende Einzelbewilligungen ausgesprochen:

Wissenschaftliche Hochschulen

Universität Braunschweig

Institut für Pharmazeutische Biologie: Laborausrüstung

Lehrstuhl B für Physikalische Chemie: Blitzlichtphotolysespektrometersystem, Excimer Laser EMG 500

Lehrstuhl für allgemeine Elektrotechnik: Impulsgenerator, Funktionsgenerator, Zusatzspeicher für Digitalrechner

Institut für Geologie und Paläontologie: Geräteausstattung (u. a. Mikroskope, Spiegelstereoskope)

Institut für Hochspannungstechnik: Beschaffung einer Dauerprüfanlage, Bauarbeiten für die Dauerprüfanlage

Lehrstuhl für Kunstgeschichte: Spezialkamera mit Zubehör

Institut für Lebensmittelchemie: Hochdruck-Flüssigkeits-Chromatograph

Lehrstuhl A für Mechanik mit Institut für Technische Mechanik: Spektrallampe mit Zubehör

Naturwissenschaftliche Fakultät – Fakultätswerkstatt: Stahl- und Metallbandsäge

Institut für Pharmakologie und Toxikologie: Chromatogramm-Spektralphotometer

Institut A für Physik: Vielkanalanalysator

Institut für Technische Physik: Digitalmultimeter, Sperrschieberpumpe, Helium-Verflüssigungsanlage

Lehrstuhl für Städtebau, Wohnungswesen und Landesplanung: Überblendanlage, Video-Recorder mit Monitor

Institut für Stahlbau: Einraumprüfmaschine

Lehrstuhl für Stahlbeton- und Massivbau: Plattenspeicher

Lehrstuhl für Straßenwesen und Erdbau: Extraktionsanlage mit Hochleistungs-Extraktionszentrifuge und automatischer Lösemittelrückgewinnungsanlage

Institut für Strömungsmechanik: Kompressoren für Hyperschall-Windkanal

Lehrstuhl für Statistik und Ökonometrie: Textverarbeitungssystem

Institut für Pharmazeutische Technologie: Zerstäubungstrockner, Kompressoranlage, Pumpen

Institut für Thermodynamik: Vakuumpumpenstand

Institut für Verfahrenstechnik: Graphisches Rechnersystem mit Zubehör

Lehrstuhl für Verfahrens- und Kerntechnik: 2-Strahl-Speicherozillograph

Institut für Vermessungskunde: Elektronischer Reduktionstachymeter

Technische Universität Clausthal: Modellversuch *Weiterbildendes Studium*   Technische Universität Clausthal

Arbeitsstelle Auslandsstudien: Modellversuch

Institut für Aufbereitung: Ionenmeter

Institut für Bergbau: Klimaversuchsstand für das Wetterlabor u. a.

Institut für Bergbaukunde und Bergwerkschaftslehre: Hydrostatischer Antrieb

Lehrstuhl für Erdölgeologie: Stereo-Mikroskope für das Mikro-paläontologische Praktikum

Institut für Geophysik: Registrierapparatur für flachseismische Untersuchungen

Lehrstuhl für Glas und Keramik: Pumpenstand für Massenspektrometer

Organisch-Chemisches Institut B: Gaschromatograph

Physikalisches Institut: UHV-System mit Leed-Optik

Lehrstuhl für Regeltechnik und Elektronik: Nachlaufgenerator, Programmierbare Eichleitung, Mikrocomputer Entwicklungssystem

Institut für Chemische Technologie und Brennstofftechnik: Interface-Einheit, Wechselplattenlaufwerk, Bildschirmgerät

Institut für Tiefbohrkunde und Erdölgewinnung: XY-Schreiber

Institut für Thermische Verfahrenstechnik: Zentraleinheit für Analog-Hybrid-Prozeß-Simulator, Gleichgewichtsapparatur, W + W Dreikanalschreiber

Lehrstuhl für Werkstoffkunde und Werkstofftechnik: Automatische Meßwerterfassung, Kleinlasthärteprüfer

Niedersächsische Staats- und Universitätsbibliothek: Ergänzung der Buchbestände durch den Erwerb von Monographien   Universität Göttingen

Universität Göttingen Institut für Arbeitsrecht: Ergänzung der Buchbestände über ausländisches und internationales Arbeitsrecht

Lehrstuhl Biochemie der Pflanze: Laborausrüstung

Anorganisch-Chemisches Institut: Automatischer Röntgen-Vierkreis-Diffraktometer

Lehrstuhl für Klinische Chemie: Laborausrüstung

Lehrstuhl für Entwicklungslehre: Phasenkontrastmikroskope

Forschungsstelle für Gruppenprozesse (Hochschuldidaktik): Finanzierung der Forschungsstelle 1978

Forstbotanisches Institut: Scanner-Modifikation

Frauenklinik, Abt. für klinische und experimentelle Endokrinologie: Flüssigkeitszintillationszähler, Ultrazentrifuge

Geochemisches Institut: Geräte zur Instandsetzung der Mikrosonde

Hautklinik: Klimatisierung des Operationstraktes in der Hautklinik. Glukose Analysator, Gefriertrocknungsanlage, Kryochirurgiegerät

Institut für Histologie: Fotomikroskop, Fotoeinrichtung, 4 Mikrotome

Hochschuldidaktisches Zentrum: Finanzierung des Zentrums 1978

Institut für Humangenetik: Geräteausstattung (u. a. Ultrazentrifuge, CO_2-Brutschrank)

Hygiene-Institut: Präparative Ultrazentrifuge

Lehrstuhl für Immunologie: Laborausrüstung

Kinderklinik: Aminosäuren-Analysator, Gamma-Proben-Wechsler

Landmaschinen-Institut: Strohschrotmühle

Institut für Metallphysik: Helium-Lecksuchgerät

Mineralogische Anstalten: Universal-Werkzeugschleifmaschine

Mineralogisch-Kristallographisches Institut: Röntgengeneratoren

Abt. Pädagogische Hochschule in Göttingen, Erziehungswissenschaftlicher Fachbereich: Forschungsvorhaben *Durchführungs- und auswertungsobjektive Kriterien für die Bewertung von Grundschüleraufsätzen*

Institut für Tropischen und Subtropischen Pflanzenbau: Labormikroskop

Institut für Pflanzenpathologie: Tonfilmprojektor, L. F. Werkbank

Pflanzenphysiologisches Institut, Cytologische Abt.: Pyramitom

Psychiatrische Klinik: Wissenschaftliche Begleitung der sozialtherapeutischen Anstalt in Bad Gandersheim

Institut für Psychologie: Video-Anlage

Seminar für Wirtschafts- und Sozialpsychologie: Tischrechner

Tierärztliches Institut: Gefriertrocknungsanlage

Institut für Völkerrecht: Finanzierung der Abt. Atomenergierecht im Haushaltsjahr 1978

Lehrstuhl für Zoologie: Geräte und Werkzeuge für Labor und Praktikum

Universität Hannover: Grunderwerb für Zwecke der Universität

Lehrstuhl für Arbeitsmaschinen und Fabrikanlagen: Flexibles Steuerungssystem

Seminar für Arbeitstechnik und Didaktik im Bauwesen: Siebdruckanlage, Trockenschrank

Lehrstuhl für Arbeitswissenschaft und Didaktik des Maschinenbaus: Vielfachmeßgerät

Lehrstuhl und Institut für Baustoffkunde und Materialprüfung: Porenzählgerät

Institut für Anorganische Chemie: Kälteumwälzthermostat, Feinstruktur-Röntgengenerator

Institut für Physikalische Chemie und Elektrochemie: Fasti-Schwenkbiegemaschine

Institut für Technische Chemie, Arbeitsgruppe „Prozeßdynamik": Prozeßrechnersystem, Systemerweiterungen

Lehrstuhl B für Grundlagen der Elektrotechnik und Leistungselektronik: Ausstattung von Laborarbeitsplätzen, 4-Kanal-Meßwerterfassungs- und Speichersystem

Lehrbereich Ernährung: Fortführung und Abschluß des Forschungsvorhabens *Ernährungslehre an den Schulen Niedersachsens*

Institut A für Experimentalphysik: Pumplaser

Lehrstuhl C für Experimentalphysik: Vielkanalanalysator

Institut für Fabrikanlagen und Institut für Fertigungstechnik und Spanende Werkzeugmaschinen: Voruntersuchung für den Aufbau einer Modelldreherei

Institut für Angewandte Genetik: TLC Scanner, Schüttelgerät

Lehrstuhl für Theoretische Geodäsie: Rubidium Frequenz Standard

Institut für Grünplanung und Gartenarchitektur: Automatischer Protektorverdichter, Transportable Videoanlage, Material-Prüftruhe

Lehrstuhl und Institut für Industrielle Formgebung: Rolleiflex SLX Kamera

Institut für Kolbenmaschinen: Elektro-Leistungsbremse

Lehrstuhl für Lebensmittelchemie: Gefriertrocknungsanlage

Institut für Massivbau: Ultraschall-Impulsgerät

Lehrstuhl und Institut für Meßtechnik und Maschinenbau: 4-Kanal-Brückenverstärkersystem

Lehrstuhl und Institut für Allgemeine Nachrichtentechnik: Pegelschreiber, Graphisches Sichtgerät

Universität Hannover Institut für Obstbau und Baumschule: Ausstattung von 2 Kühlkammern, 2 Serien Versuchskühlcontainer, Regel- und Meßeinrichtung und Zubehör

Pädagogisches Seminar – Seminar für Berufspädagogik: Mediensystem für Lehr- und Forschungszwecke; Bauarbeiten für das Mediensystem

Institut für Photogrammetrie und Ingenieurvermessungswesen: Universal-Meßkammer UMK 10/1318

Institut für Plasmaphysik: 2-Kanal-Transientenrecorder

Fakultät für Rechtswissenschaft: Wissenschaftliche Begleituntersuchung zur Evaluation der einstufigen Juristenausbildung in Hannover (1978–1980)

Regionales Rechenzentrum: Erweiterung der maschinellen Ausstattung

Schering-Institut für Hochspannungstechnik und Hochspannungsanlagen: Gießanlage für Epoxidharze, Frequenzgenerator

Lehrstuhl und Institut für Schiffsmaschinen: Säulenbohrmaschine

Sekretariat für Seminarkurse: Forschungsvorhaben *Hochschulen und extramurale Weiterbildung*

Lehrstuhl für Soziologie: Voruntersuchung zum Projekt *Beobachtung der Handhabung und Wirkungen der neuen Familiengerichtsbarkeit im Rahmen des Scheidungsgesetzes*

Lehrstuhl für Stahlbau: Regelkreis

Lehrstuhl für Strömungsmechanik: Lehrmodell *Strömungsmechanisches Praktikum*

Institut für Technik in Gartenbau und Landwirtschaft: Datenstation mit Massenspeicher

Lehrstuhl und Institut für Umformtechnik und Umformmaschinen: Multi-Pen-Recorder, Comp-Recorder PM 8132

Lehrstuhl für Verkehrswasserbau und Küsteningenieurwesen: Wellen- und Strömungsmodell

Medizinische Hochschule Hannover Abt. Klinische Biochemie: Hochgeschwindigkeits-Zentrifuge mit Rotoren

Abt. Biophysikalisch-Chemische Meßgeräte: Titanrotoren

Abt. Physiologische Chemie: Gaschromatograph mit Analogmeßplatz, Säulenchromatographie Einheit, Analogphotometer mit Registriereinrichtung

Forschungswerkstätten: Geräte

Lehrstuhl für Hautkrankheiten: Spektralphotometer

Institut für Humangenetik: Mikroskop, Analysen-Waage

Neurologische Klinik: Geräte (u. a. Brutschrank, Gefriereinrichtung, Mikroskop)

Abt. für Nuklearmedizin und Spezielle Biophysik: Geräte (u. a. Pumpenkombinationen, Mikroskop-Photometer)

Department Physiologie, Abt. 2: Revomat

Zentrallabor im Krankenhaus Oststadt: Hochleistungs-Flüssigkeitschromatograph, Differenzial-Refraktometer (mit Zubehör)

Zentrales Tierlabor: Isolator

Botanisches Institut: Rasterelektronenmikroskop, Analysator, Anlage für Wasser-Vollentsalzung mit Reinigungsautomat, Kühlzelle mit Kälteanlage   Tierärztliche Hochschule Hannover

Chemisches Institut: Chromatograph, Ausstattung zusätzlicher Laborplätze für das organische-chemische Praktikum

Institut für Geflügelkrankheiten: Tiefkühlschrank

Institut für Haustierbesamung: Fernsehanlage, Trainings-Cow

Klinik für Geburtshilfe und Gynäkologie des Rindes: u. a. Farbfernsehanlage, Stereomikroskop

Klinik für kleine Haustiere: Umbau einer Stallabteilung in eine Station zur Intensivbehandlung von Tieren

Klinik für kleine Klauentiere: VW-Bus

Klinik für Pferde: Narkosegeräte, Lakyngoskope

Klinik für Rinderkrankheiten: Brennerzusatz, fahrbares Röntgengerät

Institut für Pathologie: Fernsehanlage, Hängewaage mit Dia-Kopiergerät

Institut für Physiologie: Geräte (u. a. Mikroskop, Oszillograph)

Institut für Tierernährung: Spektralphotometer, Fraktionensammler

Zentrale Einrichtung für technisch wissenschaftliche Anlagen (ZETWA): Laborausrüstung (Werkzeugmaschinen und Elektronik)   Universität Oldenburg

FB I – Fach Musik: Geräteausstattung (u. a. Video-Recorder)

FB III – Fach Arbeitslehre: Spitzendrehbank, Flächenschleifmaschine, Säulenbohrmaschine, Saugspannanlage

FB IV – Fach Biologie: Kühlzelle, Mikroskope, Ultramikrotom, Knife-maker

FB IV – Fach Chemie: Laborausrüstung

FB IV – Fach Geographie: Gitterspektrograph, Geländemeßausrüstung

FB IV – Fach Physik: Geräteausstattung (u. a. IR-Detektorsystem, meterologische Meßanlage)

Alle Fachbereiche: A-B-Dick-Anlage   Universität Osnabrück

FB 1 – Pädagogik (Abt. Vechta): Video-Farbkamera mit Monitor

FB 2 – Fach Musik (Abt. Vechta): Spezialarbeitstische mit Ausstattung

FB 3 – Fach Physik (Abt. Vechta): Luftkissenfahrbahn mit Zubehör

FB 3 – Fach Psychologie: Prozeßperipherie, Grundausstattung Wahrnehmungspraktikum, Grundausstattung Lernpraktikum

Universität Osnabrück FB 3 – Sozialwissenschaften, Erziehung und Sozialisation: Forschungsvorhaben *Rückwirkungen des Prüfungssystems auf einzelne Studiengänge bzw. Fachgebiete*

FB 3 – Fach Werken (Abt. Vechta):   Labor-Schmelzofen

FB 4 – Elektronikwerkstatt: Einschuboszillograph, Digitalzähler

FB 4 – Feinmechanische Werkstatt: Rollbank und Positionieranzeige für eine Maho-Fräsbank

FB 4 – Fach Geographie (Abt. Vechta):   Schnellentwicklungsgerät incl. Pumpenschrank

FB 4 – Fach Physik: Infrarot-Detektor, Oszillograph

FB 5 – Fach Biologie: Lyophilisationsanlage, Tachophor, Gradientenmischanlage

FB 5 – Fach Chemie: Count-Rate-Meter

FB 6 – Fach Mathematik: Lehrmaschine

FB 7 – Fach Kunst: Setzer-Arbeitsplatz, Tiefdruckpresse

FB 7 – Fach Kunstgeschichte: Stahl-Diaschränke

FB 7 – Fach Medien: Bild-Ton-Schneidetisch

FB 7 – Fach Musik: Echtzeit-Analysator

FB 7 – Sprachlabor: Einrichtung eines audiovisuellen Gruppenraums

Künstlerisch-Wissenschaftliche Hochschulen

Braunschweig Staatliche Hochschule für Bildende Künste

Bibliothek: Dia-Schränke

FB Gestaltung: Pappschere, kleine Hydraulik sowie weitere Kleingeräte

FB Kunst: Geräte für Bildhauerei, Projektoren und Studioleuchten für Fachgebiet Film

FB Kunst- und Werkpädagogik: Projektoren mit Steuergerät, Spiegelreflexkamera

Hannover Staatliche Hochschule für Musik und Theater: Forschungsvorhaben *Entwicklung quantitativer Methoden zur Beurteilung der Leistungsfähigkeit der Hand.* Steinway-Flügel, Orgelpositiv (Truhenorgel)

Fachhochschulen

Braunschweig/Wolfenbüttel FB Maschinenbau: Hydraulische Presse

FB Versorgungstechnik: Kompensationsschreiber

Zentrale Werkstatt: Universal-Schwenkbiegemaschine

FB Architektur: Lichtpausmaschine, Kamera-Ausrüstung	Hannover
FB Bauingenieurwesen: Wasserbaulabor	
FB Elektrotechnik: Ausstattung des Fachbereichs mit Geräten	
FB Kommunikationsgestaltung: Illig-Vakuumform- und Tiefziehmaschine mit Zubehör	
FB Milch- und Molkereiwirtschaft: Promomat	
FB Architektur, Hildesheim: Schrankfächer	Hildesheim/ Holzminden
FB Bauingenieurwesen, Hildesheim: Spannungsoptische Versuchsanlage	
FB Bauingenieurwesen, Holzminden: Spektral-Linien-Photometer	
FB Forstwirtschaft: Grundausstattung der Fachbereichsbibliothek am Standort Göttingen	
FB Kommunikationsgestaltung: Grundausstattung des Fotolabors	
FB Produktgestaltung: Einrichtung einer Werkstatt	
FB Sozialpädagogik: Grundausstattung eines Werkraumes	
FB Architektur: Grundausstattung Bauphysik/Haustechnik	Nordost- niedersachsen Buxtehude
FB Bauingenieurwesen: Schnelldrucker für EDV-Anlage	
FB Bauingenieurwesen (Suderburg): Laborwaage	
FB Sozialwesen: Einrichtung eines elektronischen Tonstudios	
FB Architektur: Mikroportanlage	Oldenburg
FB Bauingenieurwesen: Extraktionszentrifuge, Drehbank, Sickergerinne	
FB Seefahrt: Automatischer Radarauswerter	
FB Vermessungswesen: Elektronischer Tachymeter	
FB Elektrotechnik: Meßgeräte und Schreiber	Osnabrück
FB Gartenbau: Mehrbereich-Flachsschreiber, Taupunktmeßgerät	
FB Landbau: Geräteausstattung	
FB Landespflege: Geräteausstattung	
FB Werkstofftechnik: Vakuumheiztisch, hydraulisches Enthaftungsprüfgerät, Torsions-(Pendel)-schwingungsversuch	
Alle Fachbereiche: Druckanlage, Foliengerät, Folienauswerfer, Etschgerät	Ostfriesland/ Emden
FB Seefahrt: Radargerät	
FB Sozialwesen: Grundausstattung eines Musikstudios und der Bibliothek	
FB Wirtschaft: Rechenautomat	

Wilhelmshaven FB Elektrotechnik: Digitalzusatz, Hochleistungsoszilloskop, Meßplatz

FB Feinwerktechnik: Erweiterung des Analogrechners

FB Maschinenbau: Werkzeug für eine Presse und Kunststoffmikroskopie

Rechenzentrum: Bildschirmgeräte mit Interfaces

Verschiedene Einrichtungen

Braunschweig Georg-Eckert-Institut für Internationale Schulbuchforschung: Beschaffung wissenschaftlicher Literatur. Erschließungsarbeiten in der wissenschaftlichen Handbibliothek

Frankfurt/M. Freunde der hebräischen Universität Jerusalem in Deutschland e. V.: Deutsch-israelisches Gemeinschaftsvorhaben *Biologische und physiologische Kontrolle pflanzenpathogener Basidiomyceten*

Göttingen Akademie der Wissenschaften: Durchführung eines Forschungsvorhabens

Hannover Hochschul-Informations-System GmbH: Forschungsvorhaben *Baubezogene Kapazitätenanalysen an den Niedersächsischen Hochschulen*

Institut für angewandte Systemforschung und Prognose e. V.: Forschungsvorhaben *Entwicklung eines Instruments für die Hochschulplanung in Niedersachsen*

Institut für regionale Bildungsplanung – Arbeitsgruppe Standortforschung – GmbH: Durchführung des Modellversuchs *Entwicklung eines mehrmedialen Chemie-Curriculums auf der Grundlage des Chem-Study-Konzeptes für verschiedene Studiengänge und zur Einführung an mehreren Hochschulen*

Niedersächsischer Kultusminister (für Prof. Dr. A. Regenbrecht, Münster): *Bestandsaufnahme der Arbeit in den Niedersächsischen Gesamtschulen*

Niedersächsische Landesbibliothek: Katalogisierungsarbeiten

Wolfenbüttel Herzog August Bibliothek: Katalogisierung der Stahlstich-Porträtsammlung

Hochschul-Register (Inland; ortsalphabetisch)

Bewilligte/laufende Projekte (ohne Nds. Vorab)

Aachen (TH) 56, 154, 155, 188, 204, 208
Aachen (PH Rheinland) 82
Augsburg (U) 48, 56, 57, 82, 198, 199, 228

Bamberg (GHS) 57, 75, 97, 179
Bayreuth (U) 97
Berlin (FU) 49, 57, 82, 87, 97, 99, 107, 112, 117, 122, 134, 161, 169, 179, 188, 199, 208, 217, 221, 228, 241
– (TU) 49, 58, 82, 107, 122, 155, 188, 208
– (PH) 87, 123
Bielefeld (U) 49, 58, 108, 123, 141, 199, 202, 208, 229, 241
Bochum (U) 49, 58, 92, 99, 112, 123, 134, 137, 155, 200, 202, 208, 209, 241
Bonn (U) 49, 71, 82, 99, 108, 145, 161, 179, 189, 221, 229, 241
Braunschweig (TU) 155, 189, 190, 203, 240, 332 f.
Bremen (U) 59, 76, 92, 113, 118, 123, 134, 155, 213, 217

Clausthal (TU) 190, 203, 231, 333

Darmstadt (TH) 49, 71, 137, 141, 190, 200, 209
Dortmund (PH) 118
Düsseldorf (U) 139, 161, 179, 190
Duisburg (GHS) 229

Erlangen-Nürnberg (U) 50, 59, 71, 99, 100, 113, 137, 145, 146, 156, 169, 179, 190, 191
Essen (GHS) 50, 88, 100, 156, 161, 169

Frankfurt/M. (U) 59, 71, 72, 82, 113, 118, 123, 124, 134, 137, 169, 179, 218, 229, 240, 242
Freiburg/Br. (U) 59, 100, 108, 109, 135, 137, 140, 149, 200, 203, 209, 240
– (PH) 123

Gießen (U) 59, 108, 123, 135, 161, 169, 179, 190, 191, 200, 209, 229
Göttingen (U) 73, 88, 100, 101, 113, 118, 135, 137, 138, 141, 156, 161, 170, 200, 203, 209, 218, 221, 229, 333 ff.

Hamburg (U) 50, 76, 101, 108, 109, 113, 118, 135, 138, 141, 145, 146, 161, 170, 180, 189, 200, 209, 240
Hannover (U) 71, 101, 109, 135, 136, 156, 157, 204, 209, 218, 240, 335 f.
– (MHH) 138, 142, 146, 156, 170, 172, 336 f.
– (TiHo) 101, 142, 337
– (PHNds.) 209
Heidelberg (U) 51, 59, 73, 74, 101, 136, 138, 161, 172, 191, 193, 209, 210

Karlsruhe (U) 51, 74, 157, 191, 230
Kassel (GHS) 109, 180, 218
Kiel (U) 51, 83, 124, 142, 172, 203, 210, 222
Köln (U) 51, 59, 71, 93, 113, 118, 139, 161, 172, 191, 192, 201, 218, 222, 230
– (PH) 180
Konstanz (U) 51, 60, 201

Landau (Erziehungswiss. H Rheinland-Pfalz) 83
Lübeck (MHL) 136, 156

Mainz (U) 102, 136, 139, 141, 142, 173, 192, 204, 230
Mannheim (U) 83, 93, 102, 113, 222, 230
Marburg (U) 51, 60, 75, 102, 109, 118, 141, 180, 240
München (U) 60, 61, 72, 74, 93, 102, 114, 118, 136, 162, 173, 192, 203, 210, 222, 230, 240, 242
– (TU) 139, 157, 162, 192, 203
– (H Bundeswehr) 88

341

Münster (U) 61, 74, 76, 83, 93, 114, 124, 157, 158, 172, 174, 204, 210, 241

Neuss (PH Rheinland) 124

Oldenburg (U) 52, 83, 192, 218, 337
Osnabrück (U) 83, 202, 210, 231, 337f.

Paderborn (GHS) 114, 158, 210

Regensburg (U) 83, 109, 210

Saarbrücken / Bad Homburg (U Saarland) 58, 61, 72, 82, 102, 109, 114, 158, 162, 174, 192, 210, 223, 241
Siegen (GHS) 223
Speyer (H Verwaltungswiss.) 94
Stuttgart (U) 61, 158, 193, 210, 231
– (U Hohenheim) 103, 140, 180

Trier (U) 57, 61, 84, 88, 118, 181, 202, 210
Tübingen (U) 52, 73, 103, 114, 124, 140, 162, 193, 241

Ulm (U) 137, 140, 143

Würzburg (U) 146, 162, 174, 181
Wuppertal (GHS) 124

Stichwort-Register

Ablehnung(squoten) 18ff., 38
Akademien der Wissenschaften, Konferenz der 77f.
Akademie-Stipendien 15, 34, 204ff., 231, 264f., 289ff.
Alternsforschung 15, 34, 174ff., 264, 265, 306ff.
Anträge (Statistik) 16ff.
Antragsbearbietung 11, 14, 38f.
Antragstellung(sverfahren) 14, 36ff., 43ff., 287ff., 286ff.
– a. d. Ausland 14, 37, 38
– f. Stipendien 282ff.
– Merkblätter f. Antragsteller 42, 286ff.
Arbeitsweise d. Stiftung 31ff.
Arbeitstagungen s. Symposien
Archäometrie 10, 15, 17f., 34, 42, 63f., 181ff., 264, 265, 348
Ausbildungsförderung für Mathematiker und Naturwissenschaftler 29, 264, 265
Ausland, Anträge, Förderung, Projekte 7, 14, 17, 24, 38, 42, 186
Auslandskontakte 44, 52, 90, 96, 119, 206, 211, 219, 304, 311, 312, 316; s. a. Internationale Kooperation
Ausschreibungen, öffentliche 13, 36, 42, 214, 216f., 224, 227f.

Bearbeiter (im Förderungsbereich), Übersicht nach Schwerpunkten und Fachgebieten 264, 265
Bearbeitungsübersicht 18, 19
Begegnungszentren der Wissenschaft, Internationale 7, 22f., 34, 211ff., 264, 265
Behörden, Oberste 38f., 272
Bestandsaufnahmen (Schriftenreihe) 42, 47, 54, 63, 77, 90, 94, 103, 174, 213, 223, 278, 347f.
Beteiligung am wirtschaftlichen Erfolg 41, 279
Betriebsrat 266
Bewilligungen 7, 15ff., 28ff., 32ff., 39, 248ff., 255f., 331
– Bedingungen, Grundsätze 40ff., 273ff., 282ff.
– Widerruf 41, 278, 285
Bewilligungsstatistik 15ff., 329
– nach Empfängergruppen 21, 24
– nach Fachgebieten 21, 22, 331
– nach Projektgruppen 26f.
– nach Schwerpunkten 15, 17f.
– nach Verwendungsarten 21f., 25
– nach Wissenschaftsbereichen 23
Bewilligungs- und Ablehnungsquoten 18f.,; Übersicht 20
Bilanz 258f.
– Erläuterungen zur 251ff.
Bilanzstruktur 260
Bildungsforschung und Ausbildungsförderung 29
Biologie 29, 347, 348; s. Zellbiologie
Biomedizinische Technik 30
Bundesministerien 8, 32, 42, 122
Bundesrechnungshof 257f., 272
Bundesrepublik Deutschland 8, 9, 31, 35, 84ff., 243, 247, 255, 267ff.
– Darlehen an die 9, 243, 244, 267, 270

Computer-Thomographie 30, 264, 265
Curriculumforschung 29

Darlehen an die Bundesrepublik Deutschland 9, 243, 244, 267, 270
– an die Deutsche Bundesbahn 243
Datenschutz und informationsbedarf
– Forschungen zur Anwendung und Weiterentwicklung rechtlicher Regelungen (Programm/Ausschreibung) 13, 15, 34, 214, 216f., 264, 265
DECHEMA 40
Denkschriften s. Publikationen
Deutsche Forschungsgemeinschaft 32, 43, 68, 146f., 194
Deutsches Institut für Fernstudien 29
Deutschland nach 1945 13, 15, 33, 41f., 84ff., 264, 265, 323ff.
Dividenden 9, 36, 243, 244
Druckkosten(zuschüsse) 25, 27, 64, 276f.

Eigentumsregelung bei Grundstücken und Gebäuden 276
– bei beweglichen Sachen 275f.
EMBO, Europäische Organisation für Molekularbiologie 29
Energiepolitik, Forschungen zur (Ausschreibung/Programm) 13, 15, 34, 223f., 227f., 264f.,
Entwicklungspsychologie 15, 33, 79ff., 264, 265, 299ff.

343

Erfahrungsaustausch, wiss., s. Symposien(programm)
Erfassen, Erschließen, Erhalten von Kulturgut als Aufgabe der Wissenschaft 15, 17, 33, 42, 63ff., 181, 264, 265, 348
Ergebnisbewertung 39
Erträge 7, 9, 35f., 41, 243ff., 247
Europäische Geschichte s. Geschichtsforschung und -darstellung...
Experten s. Gutachten (Gutachter)

Fachgebiete 18, 21, 22, 193ff., 204ff., 264, 265, 331
Ferienkurse s. Symposienprogramm
Finanzanlagen 252
Finanzkontrolle (Prüfungsrecht) 255f., 272
Folgekosten, -projekte 15, 18, 38, 231ff.
Förderungsarbeit, -grundlagen, -grundsätze 7f., 11ff., 28ff., 32ff., 35, 273ff.
Förderungsbereiche 15, 265
Förderungsmittel 9, 17, 31f., 35f., 247ff., 271f.,
— Aufteilung der 15, 16, 20, 22ff., 248f.
— Entwicklung der 248
Förderungsprogramm 14, 15, 17, 32ff., 43ff.; s. a. Schwerpunkte
— Übersicht 15
Förderungsreferenten s. Bearbeiter
Förderungsschwerpunkte 7, 13, 17f., 33f., 43, 264, 265, 286ff.
Förderungsstatistik 15ff., 248, 250, 331
— nach Empfängergruppen 21, 24
— nach Fachgebieten 21, 22, 331
— nach Projekttypen 26f.
— nach Schwerpunkten 15, 17
— nach Verwendungsarten 21f., 25
— nach Wissenschaftsbereichen 22, 23
Förderungstypen 26, 27
Förderungsverpflichtungen 249ff.
Forschung im Bereich der Internationalen Beziehungen 13, 218ff., 264, 265
Forschungen zur Energiepolitik s. Energiepolitik
Forschungsförderung, Organisationen und Einrichtungen der 13, 32, 42
Forschungsstrukturkommission 13, 36, 266

Gastarbeiterforschung — Migration und ihre sozialen Folgen 13, 15, 33, 119ff., 264, 265, 301f.
Gastprofessuren, -aufenthalte 8, 30, 79, 103, 115, 235, 300
Gedankenaustausch, wiss., s. Internationale Kooperation; Symposienprogramm
Gegenwartsbezogene Forschung zur Region Ostasien 264, 265
— — Osteuropa 15, 33, 110ff., 264f.
Südostasien 15, 33, 103ff., 264f., 348 (Stipendien) 330f.
Vorderer und Mittlerer Orient 15, 33, 94ff., 264, 265, 292ff. 347
Generalsekretär 11, 39, 263
Geräte, Apparate(bewilligungen) 21, 25, 27, 31, 38, 40, 274ff.
Gerontologie s. Altersforschung
Geschäftsführung, -stelle 8, 11, 36, 39, 246, 263ff.
Geschichtsforschung und -darstellung im Europäischen Zusammenhang und Vergleich (Europäische Geschichte) 15, 33, 44, 52ff., 264, 265, 303f.
Gesellschaft für Molekularbiologische Forschung (GMBF) 29
Gesellschaftswissenschaften s. Sozialwissenschaften
Gesetzliche Bestimmungen, Haftungsausschluß 279
Gewinne aus Förderungsprojekten 41, 279
Gutachten (Gutachter) 8, 11, 14, 32, 36, 39

Habilitiertenförderung 13, 15, 27, 34, 43f., 327f.
Haftungsausschluß s. Gesetzliche Bestimmungen
Hochschul-Informations-System (HIS) 29

Informationen 32, 41f., 63, 348
s. Öffentlichkeitsarbeit
Ingenieurwissenschaften 22, 264, 265; s. Mathematische und Theoretische Grundlagen in den
Institut für Biotechnologische Forschung (GBF) 29
Institut für Internationales und Ausländisches Finanz- und Steuerwesen 28, 232f.
Internationale Begegnungszentren der Wissenschaft 7, 15, 17, 21, 28, 34, 211ff., 264, 265
Internationale Beziehungen s. Forschung im Bereich der

Internationale Kooperation 7f., 32, 38, 44, 52, 79, 85f., 90, 103f., 110, 115, 163, 186, 194, 206, 211, 235, 292, 294, 298, 299, 302, 314; s. a. Ausland, -skontakte
IVA Immobilien-Verwaltungs- und Anlagegesellschaft 254

Jahresrechnung 11, 243ff., 271, 272

Kind, das chronisch-kranke 15, 33, 162ff., 264, 265, 297f.
Kommunikation, wissenschaftliche s. Internationale Kooperation; Symposienprogramm
Kontakte(-veranstaltungen) 32, 193ff., 211
Konzeption 32f.
Kooperation im wiss. Bereich 14, 32, 38, 103, 163; s. a. Internationale Kooperation
Kostenplan (für Antragsbearbeitung) 37f., 291
Kulturgut s. Erfassen, Erschließen, Erhalten von ...
Kultusminister, − Konferenz 38f., 249
Kuratorium 8, 9ff., 32, 36, 39, 246, 255, 262, 271f.
Kurse (Ferienkurse, Sommerschulen) s. Symposienprogramm

Liegenschaften 25, 243, 263, 276

Mathematiker s. Ausbildungsförderung für
Mathematische und Theoretische Grundlagen in den Ingenieurwissenschaften 15, 17, 33, 149ff., 264, 265
Max-Planck-Gesellschaft bzw. -Institute 29, 37, 50, 95, 129, 164, 214, 234
Medzinische Forschung und Lehre 23, 30, 348; s. a. Alternsforschung, Biomedzinische Technik, Computer-Tomographie, Das chronisch-kranke Kind, Mikrochirurgie, Reform der med. Ausbildung
Merkblätter für Antragsteller 42, 286ff.
Mikrobiologie 28; s. a. Zellbiologie
Mikrochirurgie 15, 33, 159ff., 264, 265, 309f.
Mittelherkunft − Entwicklung der Bruttoerträge (Übersicht) 243ff.
Molekulare u. Physikalische Biologie 29, 347

Musiker-Gesamtausgaben 15, 33, 77f., 264, 265, 348

Nachwuchsförderung s. Stipendien
− für Habilitierte 13, 34, 43f., 79, 327f.
Naturwissenschaftler s. Ausbildungsförderung für
Negativliste 14, 34f.
Niedersachsen (Land, Landesregierung, Ministerien) 8, 9, 31, 35f., 245, 255f., 267ff.
Niedersächsischer Landesrechnungshof 255f., 272
Niedersächsisches Stiftungsgesetz 255
Niedersächsisches Vorab 15ff., 36, 247ff., 269, 271f., 332ff.
− − Fachgebietsstatistik 331
Nordamerika-Studien 15, 33, 44, 114ff., 264, 265, 310ff.

Öffentlichkeitsarbeit 36, 41f., 105, 263, 277f., 347f.
Ökogenetik 15, 33, 143ff., 264, 265
Orientforschung s. gegenwartsbezogene
Osteuropaforschung s. gegenwartsbezogene

Patente s. Schutzrechte
Physik und Chemie unkonventioneller Materialien 13, 15, 33, 146ff., 264, 265, 321ff.
Pressemitteilungen, -veranstaltungen, -stelle 12, 36, 41f., 263
Projekte, unkonventionelle 15, 18, 231ff.
Prüfungsrecht s. Finanzkontrolle
Publikationen 42, 47f., 54, 63, 77, 90, 94, 103, 174, 213, 223, 278, 347f.

Radioastronomie 21, 29
Rechnungsprüfung 254ff., 272; s. Treuarbeit
Rechtsgrundlagen der Stiftung 267ff.
Rechtstatsachenforschung 13, 15, 34, 213, 264, 265
Reisemittel, Reisekosten 25, 31, 40, 274
− Merkblatt 279ff.
Rücknahme s. Widerruf

Sachanlagen 21, 25, 27, 243, 251f., 275f.
Satzung 31f., 270ff.

345

Schriftenreihe der Stiftung Volkswagenwerk 42, 94, 103, 174, 213, 223, 347f.
Schutzrechte 41, 279
Schwerpunkte 7, 14, 15, 17f., 32ff., 45ff., 264, 265, 286ff.
Sommerschulen s. Symposienprogramm
Sozialwissenschaften, Gesellschaftswissenschaften 23, 30, 89ff., 313ff., 348
Sprchausbildung, orientalische Sprachen 95ff.
— ostasiatische Sprachen 103
— osteuropäische Sprachen 110, 296
Staatsvertrag 9, 267f.
Statistik 263; s. a. Bewilligungs-, Förderungs-
Stifter 8, 31, 255
Stiftungsgrundlagen 9, 31f., 267ff.
Stiftungskapital, -vermögen 7, 9, 31, 35f., 245, 251ff., 259, 269, 270
Stiftungskonzeption 13f., 32ff.
Stiftungsurkunde 269
Stipendien, Nachwuchsförderung 25, 27, 29, 42, 46, 79, 95, 96f., 104, 105, 107, 110, 115, 144, 159, 181f., 265, 282ff., 287, 289ff., 292ff., 295, 299ff., 306, 310, 312, 316, 327f., 329f.
— Grundsätzliches 282ff.; Südostasien 329f.
Südostasienforschung s. gegenwartsbezogene; s. Stipendien
Symposien, Arbeitstagungen, Wiss. Erfahrungs- und Gedankenaustausch 30, 32, 54f., 64, 70, 106, 115, 116, 125, 144, 148f., 159, 163, 168, 175, 181, 264, 265, 287, 304, 308, 312, 316, 322, 326
Symposienprogramm 15, 32, 34, 37, 193ff., 264, 265, 287ff.
Systemforschung 13, 15, 34, 223ff., 264, 265

Tagungen s. Symposien(programm)
Treuarbeit AG 251, 252, 254, 255, 257

Unkonventionelle Projekte 15, 18, 231ff.

Veranstaltungen s. Symposien(programm)
Verbundprojekte, internationale 85
Vermögensbewirtschaftung 11, 243ff., 251f.
Verteilungsschlüssel 9, 36, 247, 271
Vertrag über die Errichtung der Stiftung 9, 267f.
Verwaltung, -skosten 246f., 263, 270
Verwendungsarten 21f., 25, 31f.
Verwendungsnachweis, -prüfung 39, 40, 41, 256f., 263, 272, 277
Volkswagenwerk AG 7, 9, 35, 36, 245, 267ff.
Vorstand s. Kuratorium

Wandel und Krisenfaktoren in demokratischen Industriegesellschaften 15, 33, 88ff., 115, 264, 265, 313ff.
Wanderbewegungen von Arbeitnehmern in Europa 13, 119f.; s. a. Gastarbeiterforschung
Widerruf, Recht auf 41, 279, 285
Wirtschaftsplan(-bericht), 11, 43, 243ff., 271
Wirtschaftsprüfung s. Rechnungsprüfung; Treuarbeit
Wissenschaft und Technik — Historische Entwicklung und Sozialer Kontext (Wissenschafts- und Technikgeschichte) 15, 33, 45ff., 264, 265, 305f.
Wissenschaftsbereiche 18, 21ff.
Wolfenbütteler Forschungs- und Stipendienprogramm 47
Workshops s. Symposien

Zellbiologie 15, 17, 29, 33, 44, 125ff., 264, 265

Publikationen

Schriftenreihe der Stiftung Volkswagenwerk
(Verlag Vandenhoeck & Ruprecht, Göttingen – Höhe der Ladenpreise ab 1980)

CLAUS MÜLLER-DAEHN, Zum Problem der Abwanderung deutscher Wissenschaftler. Göttingen 1967, [Bd. 1] 122 S., kart. (vergriffen)

KARL OTTO PÖHL, Wirtschaftliche und soziale Aspekte des technischen Fortschritts in den USA. Mit dem Bericht einer amerikanischen Sachverständigen-Kommission. Göttingen 1967, [Bd. 2] 219 S., kart. DM 15,80. ISBN 3 525 85340 8

FRITZ GEBHARDT, Promotion und Stipendium. Ergebnisse einer soziologischen Erhebung über das Promotionsstipendium der Stiftung Volkswagenwerk. Mit einem Nachwort von Christian von Ferber. Göttingen 1967, [Bd. 3] 211 S., kart. DM 15,80. ISBN 3 525 85337 8

WILLI PÖHLER, Auslese und Förderung. Das Auswahlsystem und die Zweitstudienförderung der Stiftung Volkswagenwerk. Göttingen 1968, [Bd. 4] 202 S., kart. DM 15,80. ISBN 3 525 85341 6

MARIE LUISE ZARNITZ, Molekulare und physikalische Biologie. Bericht zur Situation eines interdisziplinären Forschungsgebietes in der Bundesrepublik Deutschland. Göttingen 1968, [Bd. 5] 106 S., kart. DM 9,80. ISBN 3 525 85342 4

GERD KLASMEIER, Biomedizinische Technik. Bericht zur Situation eines interdisziplinären Fachgebietes in der Bundesrepublik Deutschland. Mit einer Studie aus den USA, erstattet für den Direktor der National Institutes of Health. Göttingen 1969, [Bd. 6] 139 S., kart. DM 9,80. ISBN 3 525 85339 4

CHRISTIAN VON FERBER, FRITZ GEBHARDT, WILLI PÖHLER, Begabtenförderung oder Elitebildung. Ergebnisse einer soziologischen Erhebung über das Förderungsprogramm der Hochbegabtenförderungswerke. Göttingen 1970, [Bd. 7] 174 S., kart. DM 15,80. ISBN 3 525 85335 1

KARL KAISER, Friedensforschung in der Bundesrepublik. Gegenstand und Aufgaben der Friedensforschung, ihre Lage in der Bundesrepublik sowie Möglichkeiten und Probleme ihrer Förderung. Göttingen 1970, [Bd. 8] 271 S., kart. DM 11,–. ISBN 3 525 85338 6

ERICH ZAHN, Systemforschung in der Bundesrepublik Deutschland. Bericht zur Situation eines interdisziplinären Forschungsgebietes. Göttingen 1972, [Bd. 9] 139 S., kart. DM 11,–. ISBN 3 525 85350 5

Das Informationssystem der Stiftung Volkswagenwerk. Göttingen 1972, [Bd. 10] 147 S., kart. (vergriffen)

HANSPETER BENNWITZ, FRANZ EMANUEL WEINERT (Hrsg.), CIEL – Ein Förderungsprogramm zur Elementarerziehung und seine wissenschaftlichen Voraussetzungen. Göttingen 1973, [Bd. 11] 374 S., kart. DM 22,–. ISBN 3 525 85352 1

HELEN VON BILA, Gerontologie. Bestandsaufnahme zur Situation der Altersforschung in der Bundesrepublik Deutschland. Göttingen 1974, [Bd. 12] 108 S., kart. DM 11,–. ISBN 3 525 85354 8

RAINER BÜREN, Gegenwartsbezogene Orientwissenschaft in der Bundesrepublik Deutschland. Gegenstand, Lage und Förderungsmöglichkeiten. Göttingen 1974, [Bd. 13] 212 S., kart. DM 22,–. ISBN 3 525 85355 6

OSKAR HARTWIEG, Rechtstatsachenforschung im Übergang. Bestandsaufnahme zur empirischen Rechtssoziologie in der Bundesrepublik Deutschland. Göttingen 1975, [Bd. 14] 162 S., kart. DM 17,80. ISBN 3 525 85356 4

BERNHARD DAHM, Die Südostasienwissenschaft in den USA, in Westeuropa und in der Bundesrepublik Deutschland. Ein Bericht im Auftrag des Instituts für Asienkunde, Hamburg. Göttingen 1975, [Bd. 15] 121 S., kart. DM 16,80. ISBN 3 525 85357 2

JOHANNES M. SAUER, Erwachsenenbildung. Stand und Trend der Forschung in der Bundesrepublik Deutschland. Göttingen 1976, [Bd. 16] 132 S., kart. DM 16,80. ISBN 3 525 85358 0

ALHEIDIS VON ROHR, Kulturgut – Erfassen, Erschließen, Erhalten. Bestandsaufnahme zu Archiven, Bibliotheken, Museen, Denkmalpflegeämtern und anderen wissenschaftlichen Einrichtungen in der Bundesrepublik Deutschland. Göttingen 1977, Bd. 17, 174 S., kart. DM 16,80. ISBN 3 525 85359 9

Informationsreihe zum Förderungsangebot

Die Stiftung Volkswagenwerk informiert:
– Biologie – Medizin. Förderung in den Biowissenschaften. Hannover 1978
– Gesellschaftswissenschaften. Forschungsförderung. Hannover 1979
– Archäometrie Kulturgut. Förderung geistes- und naturwissenschaftlicher Vorhaben zu kulturhistorischen Quellen und Objekten. Hannover 1979

Sonstige Publikationen

Berichte der Stiftung Volkswagenwerk. Erscheinen seit Bericht 1962 jährlich, Göttingen 1963 ff. (Bericht 1962 und Bericht 1965 vergriffen)

Survey. Stiftung Volkswagenwerk for the promotion of science, technology and the humanities by sponsering research and university teaching. Hannover 1978 (24 S.)

THOMAS OPPERMANN, Zur Finanzkontrolle der Stiftung Volkswagenwerk. Folgerungen aus der Wahrnehmung öffentlich bedeutsamer Aufgaben in privatrechtlicher Form. Unter Mitarbeit von Eugen Fleischmann. Alfred Metzner Verlag, Frankfurt 1972, 112 S., kart. DM 14,–. ISBN 3 7875 5223 5

WERNER SEIFART, Grenzen staatlicher Stiftungskontrolle, in: Wissenschaftsrecht, Wissenschaftsverwaltung, Wissenschaftsförderung, Bd. 7 (1974) Heft 1, S. 35 – 41

–, Neue Entwicklungen im Stiftungsrecht, in: Wissenschaftsrecht, Wissenschaftsverwaltung, Wissenschaftsförderung, Bd. 8 (1975) Heft 3, S. 227 – 234

GOTTHARD GAMBKE, Funktion und Probleme einer vom Staat gegründeten Stiftung – Die Stiftung Volkswagenwerk, in: Universitas, 30. Jg. (1975) Heft 2, S. 151 – 166 (engl. Fassung: The Special Role and Problems of a Foundation Established by the State. Vol. 16 (1974) No. 4, p. 303 – 319)

–, Europäische Philanthropische Tradition. Herausgeber Alexander von Humboldt-Stiftung, Bonn-Bad Godesberg 1976

GMBF – GBF. Entwicklung eines Forschungsinstituts 1965 – 1975. Hannover 1975 (begrenzte Auflage)

HANSPETER BENNWITZ, GEORG FEDER et al. (Hrsg.), Musikalisches Erbe und Gegenwart. Musiker-Gesamtausgaben in der Bundesrepublik Deutschland. Im Auftrag der Stiftung Volkswagenwerk herausgegeben von ... Bärenreiter-Verlag, Kassel 1975, 160 S., kart. DM 25,–. ISBN 3 761 805 217